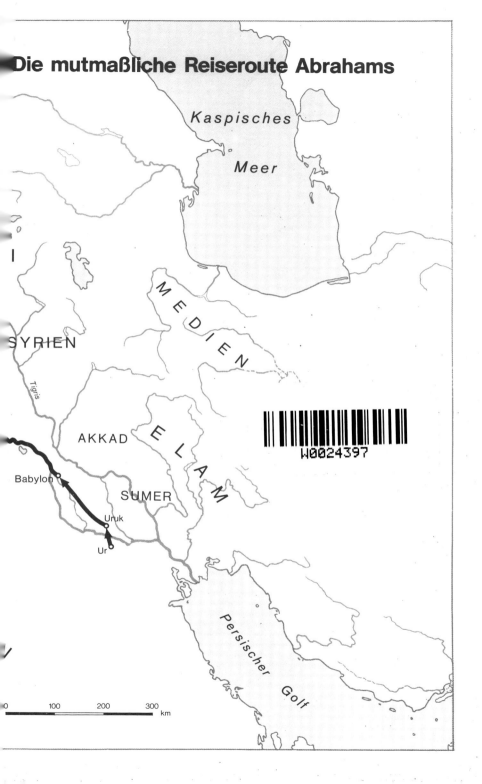

Manfred Barthel
Was wirklich in der Bibel steht

Manfred Barthel

Was wirklich in der Bibel steht

Das Buch der Bücher
aus heutiger Sicht

ECON Verlag
Düsseldorf · Wien · New York

Alle Bibelzitate nach der »Endgültigen Einheitsübersetzung«.
Einfügungen in runden Klammern ( ) stehen in dieser Übersetzung.
Einfügungen in eckigen Klammern [ ] stammen vom Autor.

CIP-Kurztitelaufnahme der Deutschen Bibliothek

Barthel, Manfred:
Was wirklich in der Bibel steht: d. Buch d.
Bücher aus heutiger Sicht / Manfred Barthel. –
Völlig überarb. u. erg. Neuausg. – Düsseldorf;
Wien; New York: ECON Verlag, 1987
ISBN 3-430-11181-1

3. Auflage 1991
Völlig überarbeitete und ergänzte Neuausgabe
Copyright © 1987 by ECON Verlag GmbH, Düsseldorf, Wien, New York
Alle Rechte der Verbreitung, auch durch Film, Funk und Fernsehen, fotomechanische
Wiedergabe, Tonträger jeder Art, auszugsweisen Nachdruck oder Einspeicherung und
Rückgewinnung in Datenverarbeitungsanlagen aller Art, sind vorbehalten.
Lektorat: H. Dieter Wirtz
Gesetzt aus der Garamond der Fa. Berthold
Satz: Dörlemann-Satz, Lemförde
Papier: Papierfabrik Schleipen GmbH, Bad Dürkheim
Druck und Bindearbeiten: Franz Spiegel Buch GmbH, Ulm
Printed in Germany
ISBN 3-430-11181-1

Inhalt

Ein Wort zur Neubearbeitung 7

I. Kapitel
Das Buch Bibel 11

II. Kapitel
Das Alte Testament 27
Die Schöpfungsmythen 35
Der Traum vom Gelobten Land 63
Die Landnahme 115
Salomos Reich – Glanz der Herrlichkeit 153
Drei Bücher – Drei Welten 193
Kampf und Auferstehung 202
Die poetischen Bücher 209
Die prophetischen Bücher 230

III. Kapitel
Der Orden zwischen den Zeiten: Die Essener 247

IV. Kapitel
Geist wird Fleisch, Fleisch wird Geist: Das Neue Testament 259
Jesus – Menschensohn aus Galiläa 267
Die Jünger – Vereinte Gegensätze 289
Das Evangelium nach Matthäus 294
Das Evangelium nach Markus 304
Das Evangelium nach Lukas und seine Apostelgeschichte 318

Das Evangelium nach Johannes	325
Die Offenbarung des Johannes	334
Die Spruchsammlung des ungläubigen Thomas	340

V. Kapitel
Das Ende – Der Anfang 345

VI. Kapitel
Paulus – Vollender oder Veränderer? 363

Literaturverzeichnis 376
Personen- und Sachregister 380

Ein Wort zur Neubearbeitung

Seit der ersten Auflage dieses Buches vor mehr als sieben Jahren gab es auf allen Gebieten der Bibelforschung erstaunliche Entdeckungen, Erkenntnisse und Irrtümer sowie deren Berichtigung. So führten die Keilschrift-Funde italienischer Archäologen in Syrien anfangs zu übertriebenen Hoffnungen. Sie hatten das Staatsarchiv und die Residenz eines bis dahin unbekannten Reiches ausgegraben, das etwa 1500 v. Chr. existierte. Im ersten freudigen Überschwang glaubte man, dem historischen Abraham nähergekommen zu sein. Ein Irrtum, wie sich inzwischen herausstellte, doch die Revision der Geopolitik des dritten Jahrtausends v. Chr. durch diese Funde in Ebla blieb.

Es ist nur zu verständlich, daß Berichte von Funden und Grabungserkenntnissen, die mit der Bibel in Verbindung stehen, mit kräftiger journalistischer Begleitmusik veröffentlicht werden als andere Entdeckungen. Zu allen Zeiten, besonders aber in unserem faktenhörigen Jahrhundert, war die Bibel nicht nur ein Buch der Inspiration, sondern auch der Information. Diese Neufassung informiert über den neuesten Stand der Bibelarchäologie und der Bibelphilologie.

Der zweite Anstoß zu dieser Bearbeitung kam aus der Welt der Kirche. Katholiken und Protestanten versuchen seit 1967, eine breitere Basis für eine gemeinsame Bibel zu schaffen. Die große Zeit der kleinen Schritte begann. 1972 lag das erste Ergebnis vor: Man hatte sich auf eine einheitliche Schreibweise der biblischen Eigennamen sowie identische Maß-, Gewichts- und Münzangaben geeinigt.

Neben der offiziellen Bezeichnung »Ökumenisches Verzeichnis der biblischen Eigennamen« bürgerte sich dafür der Name »Loccumer Richtlinien« ein. Der niedersächsische Ort Loccum war der Sitz dieser ökumenischen Kommission.

Eine Ortswahl mit Gespür für historische Signale. In Loccum gab es bereits 1163 eine Zisterzienserabtei und seit 1677 ein evangelisches Prediger-Seminar. Noch heute existiert dort das einzige evangelische Männerkloster.

So glücklich der Sitz der Kommission gewählt war, so unglücklich taktierte diese bei so mancher Anpassung in der Schreibweise biblischer Namen. Wenn aus Noah Noach, aus Hiob Jjob und aus Methusalem gar Metuschelach wird, dann erfordert dies bei älteren Bibellesern hartes Umdenken.

Den nächsten Schritt zu mehr interkonfessioneller Gemeinsamkeit unternahm Papst Johannes XXIII., der 1967 eine Kommission »Zur Förderung christlicher Einheit« ins Leben rief. Die Erfolge dieser Kommission hielten sich in Grenzen. Aber von ihr kam der Anstoß zu einer katholisch-protestantischen Einheitsübersetzung der Bibel.

Diese Bemühungen hätten sich sicher im Sand philologischer Spitzfindigkeiten verlaufen, wenn nicht Johannes XXIII. auf dem II. Vatikanischen Konzil den Gebrauch der Muttersprache in der Liturgie erlaubt hätte. Damit verbunden war die Empfehlung für neue Bibelübersetzungen, die die lateinische des Hieronymus, die sogenannte »Vulgata«, ablösen oder wenigstens ergänzen sollten. Seit 1834 war die »Vulgata« Kernstück der römischen Liturgie.

Der Gedanke, aus den Neuübersetzungen der Bibel eine ökumenische Gemeinschaftsarbeit zu machen, lag zu nahe, als daß er allen traditionellen Hindernissen zum Trotz nicht doch versucht worden wäre. Um es vorwegzunehmen: Die traditionellen Hindernisse waren stärker.

In silberlippigen Ankündigungen wuchs das lobenswerte Vorhaben zu säkularer Größe. So sollte »den Gläubigen der Tisch des Gotteswortes reicher bewirtet, die Schatzkammer der Bibel weiter aufgetan« werden.

Seit 1963 arbeiteten über vierzig Fachleute der Bibelwissenschaft, Exegeten, Germanisten, Experten der Liturgie und Katechese sowie Schriftsteller von Rang an dieser Einheitsübersetzung, die einen »sprachlich verständlichen, wissenschaftlich gesicherten Zugang« zur Bibel schaffen sollte.

Als dieser Text nach achtzehn Jahren eingesegnet und veröffentlicht werden konnte, gab es – wie nicht anders zu erwarten – neben Lob auch harsche Kritik an der Arbeit der Fachleute. Die Kritik kam aus allen Reihen, vor allem denen der katholischen Kirche.

Wieso nicht von protestantischer Seite?

Weil sich das große Wort von der Einheitsübersetzung der Heiligen Schrift nicht mehr auf die Einheit des Bibeltextes für Katholiken und Protestanten bezog, sondern jetzt sollte »Einheitsübersetzung« nur noch so verstanden werden, daß dieser Text zum ersten Mal eine einheitliche kirchenamtliche Übersetzung der Bibel für alle römisch-katholischen Diözesen im deutschsprachigen Raum darstellte. Lediglich das Neue Testament und die Psalmen wurden auch von der evangelischen Kirche akzeptiert.

»Für eine gemeinsame ökumenische Übersetzung war leider aus verschiedenen Gründen die Zeit noch nicht reif«, heißt es ebenso lapidar wie nichtssagend im Vorwort des bischöflichen Referenten für diese Einheitsübersetzung. Hoffen wir also weiter.

Einer der häufigsten Vorwürfe, der dieser neuen Übersetzung gemacht wurde, lautete: Der neue Text sei zu rational, von zu übertriebener Genauigkeit auf Kosten des sprachlichen Wohlklangs. Genau dies jedoch gab den Ausschlag, alle Bibelzitate in dieser Neufassung im Wortlaut der Einheitsübersetzung zu wählen. Denn: Was vielleicht der Intuition abträglich ist, kommt der Information im Sachbuch zugute. Der Grundsatz aller Arbeiten und Untersuchungen für dieses Buch ist ein Wort von Gustave Flaubert: »Ein wenig Wissen entfernt vom Glauben. Sehr viel führt zum Glauben zurück.«

Zu diesen beiden Gründen für eine Überarbeitung – neue archäologische Erkenntnisse, neue Wortwahl in Bibeltexten – kam ein dritter, mir besonders wichtiger hinzu: die zahlreichen Leserbriefe mit Hinweisen und Fragen, die ich dankbar aufgegriffen habe. Ihnen wie auch allen Mitarbeitern von Instituten, Forschungsgruppen und Grabungsteams, die mir beratend halfen, meinen Dank.

Ich weiß keinen besseren Beweis für meine Dankbarkeit als die Bitte: Schreiben Sie, wenn Sie Fragen zu den Themen dieses Buches haben – ich werde sie nach bestem Wissen und Maßgabe meiner Zeit beantworten.

Dr. Manfred Barthel

»Im Anfang war das Wort . . .«
(Joh. 1,1)

I. Kapitel
Das Buch Bibel

Die Bibel – Bestseller ohne Leser
Bibel ist nicht gleich Bibel
Das Alte Testament ist noch älter
Von achtzig Evangelien kamen nur vier ins Neue Testament
Papyrus – ein Exportschlager
Pergament ist abwaschbar
Vierzehn Ochsen für eine Bibel
Ungläubige machen die Bibel zu einem Bestseller

»Meine Lieblingslektüre? – Sie werden lachen: die Bibel.«
Bert Brecht

Die Bibel – Bestseller ohne Leser

»Die Endabsicht des Bibellesens ist, bessere Menschen zu machen.« Immanuel Kant hat das geschrieben, vor fast zweihundert Jahren. Sollte er auch heute noch mit seiner Ansicht recht haben – und was spräche dagegen? –, dann wollten 1985 mindestens 1960498 Menschen sich bessern. Jedenfalls wurden in diesem einen Jahr fast zwei Millionen vom »Buch der Bücher« – Teile daraus mitgerechnet – in 150 Ländern vertrieben.

In 293 verschiedenen Sprachen steht die »Heilige Schrift« in Bücherregalen rund um den Erdball. Sie liegt damit vor Lenin, dessen Werke in 222 Sprachen übersetzt worden sind. Selbst in Japan, dessen Bevölkerung nur zu einem Prozent christlichen Glaubens ist, wurden in diesem Jahrzehnt über 150 Millionen Bibelexemplare verkauft. Insgesamt gibt es von ihren Texten fast 550 Millionen rund um den Erdball.

Bei uns in der Bundesrepublik steht die Bibel an dritter Stelle aller Bücher. Nur Atlanten und Kochbücher sind weiter verbreitet und werden, so steht zu fürchten, öfter benutzt.

Eine Befragung in jüngster Zeit ergab: Von einhundert Bibelbesitzern sind nur fünfzehn Bibelleser. Die Heilige Schrift – zur Bücherschrankzierde degradiert, obgleich kein anderes Buch so verbreitet ist. Verbreitet, aber nicht gelesen. Die Bibel – ein Bestseller ohne Leser.

Dabei fehlt es nicht an Versuchen, Bibeltexte in den Alltag zu tragen: In Supermärkten kann man sie kaufen, aus Hotels mitnehmen, ohne als Dieb zu gelten, Kalenderblätter sind mit Bibelzitaten geschmückt, und auf Schallplatten sind ihre Texte abzuhören. In den USA werden Cornflakes-Packungen mit Bibelzitaten bedruckt, und zwölf belgische Benediktinermönche haben bereits einen Computer als Verkünder göttlicher Inspirationen eingesetzt. Sie programmierten ihn mit acht Bibelfassungen in fünf Sprachen.

Jetzt braucht nur noch ein Stichwort in den Computer eingegeben zu werden, und der spuckt aus, wo überall in der Bibel es zu finden ist. Gottes Wort auf Abruf.

Seit August 1986 können Kunden eines Supermarkts in Bordeaux auf ihre Einkaufszettel auch »Beten« notieren. Dem Warenlager ist ein Gebets- raum mit fünfzehn Plätzen angegliedert. Wer während der Geschäftszeit Gott danken oder um etwas bitten möchte, kann es ohne Zeitverlust zwischen Joghurtkauf und Flaschenrückgabe tun.

Auch für Urlauber, die ihre Bibel vergessen haben, ist vorgesorgt: Im Vorraum der evangelischen Kirche in dem Ferienort Höchenschwand im Südschwarzwald steht ein Automat, aus dem sich gegen Einwurf von 14 D-Mark eine »Senfkorn-Bibel« ziehen läßt.

Die Bezeichnung dieser Bibelausgabe bezieht sich auf das Gleichnis Jesu vom Senfkorn, nachzulesen bei Markus:

Dies ist das kleinste von allen Samenkörnern . . . ist es aber gesät, dann . . . wird es größer als alle anderen Gewächse . . . (Mk. 4,30–32)

Immer neue Übersetzungen versuchen, uns die Bibeltexte lesegerecht zu machen, Gottes Wort der Sprachentwicklung anzupassen. Was als Hilfe gedacht ist, könnte jedoch genau der falsche Weg sein. Je zahlreicher die Übersetzungsvarianten, um so häufiger stellt sich die Frage nach der Gültigkeit von Texten, die wir aus Kindertagen in anderen Formulierun- gen im Ohr haben.

Seit wir nicht mehr der Bibel folgen, sondern die Bibel uns sprachge- recht serviert wird, droht sich die Kluft zwischen ihr und ihren Lesern zu vergrößern. Seit Philologen das biblische Feld beackern, wächst die Ge- fahr, daß nur noch jene Zugang zum »Buch der Bücher« finden, die zwölf Semester Theologie samt einschlägiger Nebenfächer studiert haben.

Was also ist zu tun? Soll man alle Übersetzungsversuche einstellen und es mit Ricarda Huch halten: »Es besteht kein Zweifel, daß die Luthersche Bibelübersetzung so schön ist, wie kaum jemals eine andere sein könnte. Luthers Sprache ist die eines großen Gläubigen und eines großen Dichters. Sie besitzt die Körnigkeit und Ausdruckskraft, wie sie seither nicht mehr erreicht wurde. Jeder anderen Übersetzung fehlt das starke und süße Aroma, das uns die heilige Landschaft, wo die großen Taten Gottes ge- schahen, vor die Seele zaubert.«

Respekt vor der Dichterin Ricarda Huch, aber der wortgewaltige Luther übersetzte nach der Ausgabe des Alten Testaments von Gerson Ben Moshe Soncino, die keine hundert Jahre vorher – 1494 – in Brescia erschienen war, und Luther übersetzte für seine Zeit und mit dem Wissen seiner Zeit. Ihm fehlten Urtexte, die inzwischen gefunden wurden, ihm waren textkritische und archäologische Informationen unbekannt, die unser Bild der biblischen Welt veränderten.

Die Sprachkraft seiner Übersetzung bleibt unübertroffen, doch der eigentliche Sinn vieler Worte konnte inzwischen ermittelt werden, und manche kulturhistorische Einzelheit ist erst in der Neuzeit erklärt worden. Dafür ein Beispiel: Luther erwähnt – wie die meisten der neueren Bibelausgaben bis hin zur Einheitsübersetzung – eine merkwürdige Geste beim Schwören:

»Lege doch deine Hand unter meine Hüfte; ich will dich schwören lassen ...«
(1. Mos. 24,2–3)

Eine seltsame Schwurgebärde! Aus keinem Kulturkreis ist ihre Bedeutung überliefert. Das war auch nicht möglich, denn hinter dieser Formulierung versteckte sich der Griff nach dem Phallus. Diese Geste aber ist bei vielen Völkern bekannt, denen das fortpflanzende männliche Glied heilig war. Diese Gebärde war im Urmanuskript gemeint, wenn in unseren Übersetzungen von »Hand unter die Hüfte legen« die Rede ist.

Das mag für gläubige Leser unwichtig sein. Für sie ist die Bibel eine Glaubensbotschaft, die auch dann nichts von ihrem Wert verlöre, wenn nicht eine einzige Stelle ihres Textes historisch zu belegen wäre.

Andererseits: Bei aller zeitlosen Gültigkeit sind die Berichte der Bibel doch so zeitbezogen und in den damaligen Alltag eingebettet, daß ihr eigentlicher Sinn nur herausgeschält werden kann, wenn für Bibelübertragungen die jüngsten archäologischen Forschungsergebnisse herangezogen werden.

Neue Übersetzungen dürfen die Bibel nicht modernisieren, aber sie können und sollen den direkten Zugang zu ihrem eigentlichen Sinn freilegen. Zu leicht verfällt mancher sonst der Versuchung, das Wohlbehagen beim Lesen oder Hören vertrauter Formulierungen schon für religiöse Erbauung zu halten. Die Bibel darf nicht zum Wörter-Museum werden.

Erkenntnisse von der hohen Warte unseres Jahrhunderts? Aber nein – vor mehr als 1500 Jahren schrieb Origines, ein großer Geist und guter Christ: »So ist es klar, daß der christliche Lehrer auch auf eine solche

Sprache bedacht sein muß, die gemeinverständlich ist und aller Ohr zu fesseln vermag.«

Keine leichte Aufgabe. Schließlich ist die Bibel eine Sammlung der unterschiedlichsten Texte. Alle Stilformen sind in ihr vereint: Lieder, Reportagen, Rätsel, Fabeln, Sinnsprüche, Offenbarungen. Die Bezeichnung »Buch der Bücher« stimmt für die Bibel somit auch im literarischen Sinne.

Wie die Bibel entstand

Die Verfasser ihrer einzelnen Bücher lebten in einem Zeitraum von eineinhalb Jahrtausenden! Die ältesten Schriften entstanden um das Jahr 1200 v. Chr., die jüngsten wurden um 150 n. Chr. niedergeschrieben. Das ist eine Zeitspanne, größer als die zwischen Walther von der Vogelweide und Bert Brecht. Doch damit nicht genug: Als viele Berichte des Alten Testaments zum ersten Mal niedergeschrieben wurden, war ihre Überlieferung bereits uralt.

Seit Generationen waren sie als Erzählungen an den Lagerfeuern und in den Zelten der Nomaden, blumenreich ausgeschmückt, von Mund zu Mund weitergegeben worden war. Erst viel später wurden diese Berichte aufgeschrieben.

Die Texte des Alten Testament sind in hebräisch oder aramäisch niedergeschrieben – einer Sprache, in der auch Jesus lehrte. Die uns vorliegenden Texte des Neuen Testaments sind in griechisch abgefaßt. Von keinem der beiden Testamente existieren Urmanuskripte, wohl aber viele Abschriften, mehr als von irgendeinem anderen antiken Schriftwerk. Allein 1700 hebräische Bibelmanuskripte liegen in den Bibliotheken rund um den Globus. Diese ersten Abschriften standen jedoch nicht als Vorlagen für unsere Bibeltexte zur Verfügung. Unseren deutschen Bibeltexten dienten Manuskripte aus dem ersten Jahrtausend n. Chr. als Vorlagen. Um einen Zeitbegriff zu geben: Im Jahr 1000 n. Chr., aus dem die lateinischen Grundlagen für unsere Bibelübersetzungen stammen, war Karl der Große bereits 186 Jahre tot, und Venedigs Flotte beherrschte die Adria.

Wie viele Übertragungs- und Abschreibefehler können sich in diesen tausend und mehr Jahren eingeschlichen haben?

Erstaunlich wenige! Aber auch das wissen wir erst seit Anfang der fünfziger Jahre unseres Jahrhunderts, als man die ersten der 1947 entdeckten Schriftrollen vom Toten Meer entziffert hatte.

Diese Schriftrollen stammen aus den Jahren 200 bis 70 v. Chr. Sie enthalten unter anderem Abschriften von alttestamentarischen Texten in hebräischer Sprache, die sich kaum von den späteren griechischen und lateinischen Übersetzungen des Alten Testaments unterscheiden. Ähnliches gilt auch für die jüngsten Funde alter Bibeltexte. 1979 wurden Ausschnitte aus dem 4. Buch Mose, dem »Numeri«, gefunden. Sie waren in zwei silberne Amulette aus dem 7. Jahrhundert eingeritzt. Bei Ausgrabungen im Hinnomtal nahe Jerusalem war ein Archäologenteam auf ein Familiengrab aus der Zeit des ersten Tempels gestoßen, in dem die Schmuckstücke unter den Grabbeigaben lagen.

Die Öffnung der zusammengerollten und beschädigten Amulette dauerte drei Jahre. Die Mühe lohnte. Zuerst konnte das Wort »Jaweh« entziffert werden und schließlich der Priestersegen aus dem »Numeri«:

»Der Herr segne dich und behüte dich. Der Herr lasse sein Angesicht über dich leuchten und sei dir gnädig. Der Herr wende sein Angesicht dir zu und schenke dir Heil . . .« (4. Mos. 6,24–26)

Noch nie vorher wurden Amulette aus dieser Epoche in Israel gefunden. Da sie durchbohrt sind, vermutet man, daß sie um den Hals getragen wurden. »Möglicherweise waren es Vorläufer der Tefillin«, sagte mir der Archäologe Gabriel Barkai von der Universität Tel Aviv, der maßgeblich an diesen Ausgrabungen beteiligt war (über die Tefillin mehr auf Seite 300).

Das eigentlich Aufregende, ja, kaum Vorstellbare ist die Feststellung, daß sich der Text des Alten Testaments über zweieinhalb Jahrtausende – das sind siebzig Generationen – nur ganz geringfügig verändert hat.

Das dem so ist, verdanken wir den Masoreten. Diese ebenso frommen wie klugen Juden haben seit dem Jahr 100 n. Chr. die Texte des Alten Testaments überwacht. So genau, daß sie penibel feststellten: Die fünf Bücher Mose haben 5845 Verse, 79856 Wörter und 400945 Buchstaben.

DAS ALTE TESTAMENT VERBINDET JUDEN UND CHRISTEN

Noch heute bilden die fünf Bücher Mose für gläubige Israelis keine Büchersammlung, sondern ein einheitliches Werk. Die Teilung entstand, weil man die Texte handlicher machen wollte. Ungefähr 400 v. Chr. wurde der Text in fünf gleich lange Schriftrollen aufgeteilt – daher der Name »He pentateuchos«, »Das aus fünf Rollen Bestehende«.

Diese Bücher Mose (»Die fünf Fünftel der Tora«) sind die wichtigsten der drei Teile der hebräischen Bibel.

Ihre Namen: »Tora«, mit der Betonung auf der zweiten Silbe (Die fünf Bücher Mose); »Nebiim« (Die Propheten); »Ketubim« (Schriften). Jedes der fünf Bücher Mose heißt bei den Juden anders als bei uns. Sie nennen sie nach den Anfangsworten des jeweiligen Buches. So heißt das »Buch Genesis« bei ihnen »Im Anfang«, das »Buch Exodus« »Das sind die Namen«, »Leviticus« »Und er rief«, »Numeri« »In der Wüste«, und das »Buch Deuteronomium« heißt »Das sind die Namen«.

Diese Aufzählung und der Hinweis, daß Bücher und Sprüche nach den Anfangsworten benannt werden, steht nicht als breitgestreute Information hier, sondern als Vorbau für die verblüffende Erklärung eines Jesus-Wortes, von dem auf Seite 357 die Rede ist.

Auf die Buchstabengenauigkeit der Bibel ist mehr Verlaß als auf die der Shakespeare-Texte. Das aber ist keine Garantie für den gleichen Sinngehalt von Worten und Begriffen! Der ändert sich oft genug im Laufe der Jahrhunderte, wie es sich zum Beispiel bei dem Wort »Dirne« zeigt, das zu Luthers Zeit noch für ein ehrbares Mädchen angewendet wurde.

Doch nicht nur die Bedeutung der Worte, sondern bereits die Auswahl der Texte schafft Unterschiede. Denn: Bibel ist nicht gleich Bibel. Das Wort Gottes existiert in zwei Versionen. Es gibt von der »Heiligen Schrift« eine evangelisch-protestantische und eine katholische Fassung. Auch heute noch – trotz »Einheitsübersetzung«, die eben leider keine einheitliche für alle Christen geworden ist.

So ist das Alte Testament der Juden und der Protestanten um sieben Bücher dünner als das der Katholiken! In protestantischen Bibelausgaben hat das Buch Daniel zwölf, in katholischen aber vierzehn Kapitel. Es sei denn, auf dem Titelblatt der evangelischen Bibel ist ausdrücklich vermerkt: »Mit Apokryphen/Spätschriften des Alten Testaments«.

Unter Apokryphen (»Verborgene Schriften«) verstand Luther »Bücher, so der Heiligen Schrift nicht gleich gehalten, und doch nützlich und gut zu lesen sind«. Er ordnete sie als besondere Schriftgruppe zwischen Altem und Neuem Testament ein. In der katholischen Kirche werden diese Schriften als »deutero-kanonisch« (zum zweiten Kanon gehörig) bezeichnet. Sie gelten als vollwertiger Bestandteil der Heiligen Schrift und finden sich in katholischen Bibelausgaben über die anderen Schriftengruppen verteilt.

Ein Rat: Wenn Sie eine Bibel kaufen, dann eine mit den apokryphischen (deutero-kanonischen) Schriften. Schon wegen der hübschen, lebensnahen Geschichte von Susanna im Bade, auf die Sie sonst verzichten müßten.

Der Text und seine Form

Was alles ins Alte Testament aufgenommen werden durfte, wurde bereits 90 n. Chr. auf der Synode von Jamnia bestimmt. Allerdings nicht von Christen, sondern von jüdischen Schriftgelehrten, die den genauen Umfang der hebräischen Bibel festlegten. Damals wurden die von Luther dann als »apokryphisch« eingestuften Texte ausgeschieden. Das Neue Testament stand in Umfang und Ordnung im wesentlichen bereits Anfang des 2. Jahrhunderts fest. Unter Papst Liberius kam es auf der Synode von Laodicea im Jahre 367 zur endgültigen Festlegung eines »Kanons« von 27 Schriften, der seitdem in allen großen Kirchen amtliche Geltung besitzt. Unter Kanon, einem griechischen Wort, versteht die Kirche das Verzeichnis jener Schriften, mit denen sie sich identifiziert.

Ein Kanon – auch der christliche – ist keine Copyright-Garantie! Mit anderen Worten: Die Aufnahme in den Kanon heißt nicht, daß der jeweilige Text auch von dem Autor stammt, der als Verfasser genannt wird.

Diese Begrenzung war unerläßlich, denn in den ersten Jahrhunderten nach der Kreuzigung kursierten über achtzig Evangelien. Keines jedoch war jenes hebräische Ur-Evangelium, von dem in einem frühchristlichen Dokument die Rede ist, das Prof. A. Pines von der Hebräischen Universität zu Jerusalem 1966 veröffentlichte. Nach diesem Ur-Evangelium suchen Altphilologen wie Archäologen seit Jahrhunderten gleich erfolglos.

Daß aber der Nahe Osten noch immer für Überraschungen auf literarischem Gebiet aus biblischer Zeit gut ist, beweisen immer wieder Funde von frühen Abschriften der Evangelien oder alttestamentarischen Schriften.

Dies sind die wichtigsten, aber nur wenig bekannten Stationen der Bibelübersetzungen und -bearbeitungen:

o Der heilige Hieronymus, Leiter eines Mönchsklosters in Jerusalem, übersetzte Anfang des 4. Jahrhunderts die Bibel ins Lateinische. Als »Vulgata« – die Allgemeinverständliche – galt sie ab 1546 als die authentische Bibelübersetzung der katholischen Kirche. Bereits in den Jahren 1452 bis 1455 hatte sie Gutenberg als erstes frommes Werk mit den von ihm erfundenen beweglichen Lettern gedruckt.

- Ein englischer Erzbischof führte im 13. Jahrhundert die Kapitelzählung ein.
- Der französische Buchdrucker Stephanus verwendete 1551 erstmals die Versnumerierung bei einer zweisprachigen griechisch-lateinischen Ausgabe des Neuen Testaments. Aber erst im 17. Jahrhundert setzte sich sowohl die Kapitel- wie die Verseinteilung allgemein durch.
- Schon zu Beginn des 14. Jahrhunderts entstanden in vielen Klöstern deutsche Bibelübersetzungen.
- 1466 wurde in Straßburg die erste deutschsprachige Bibel gedruckt. Wer sie übersetzte, ist nicht überliefert, wohl aber der Name des Druckers. Er hieß Mentelin. Vor Luther existierten bereits vierzehn ober- und vier niederdeutsche Bibeldrucke. Von allen sind die Übersetzer unbekannt, so wie wir auch nicht wissen, ob Luther einige dieser Übersetzungen kannte.
- 1534 legte das Druckerhaus Lufft in Wittenberg die erste vollständige Luther-Bibel vor. – Allerdings machen wir uns oft falsche Vorstellungen von den Auflagen dieser ersten Drucke. So wurden von der berühmtesten Bibel des Johannes Gensfleisch, der sich Gutenberg nannte, ganze zweihundert Exemplare gedruckt. 165 auf Papier, 35 auf Pergament. Eine solche Bibel war – wenn das Wort hier erlaubt ist – sündhaft teuer! Eine Pergamentbibel kostete 42 Gulden. Zum Vergleich: Für einen Ochsen zahlte man drei Gulden. – Heute werden jedoch ganz andere Beträge gezahlt, wenn eine der 22 erhaltenen Gutenberg-Bibeln ihren Besitzer wechselt. Eine einzige Seite bringt bis zu 25 000 Mark. 4,3 Millionen Mark zahlte 1978 die Stadt Mainz, um eine der drei im New Yorker Kunsthandel angebotenen zweibändigen Gutenberg-Bibeln in die Stadt zurückzuholen, in der sie vor mehr als fünfhundert Jahren gedruckt worden war. Jetzt ist der Wiegendruck wieder dort, wo er 1455 gedruckt wurde. Am Liebfrauenplatz 5 liegt diese Bibel – nein, nicht aus, sondern im Tresor.
- Der holländische Philosoph Baruch Spinoza wies 1670 nach, daß zumindest die ersten zwölf Bücher des Alten Testaments aus zwei verschiedenen Quellen stammen. Bereits vorher war er wegen »Irrlehren« aus der Synagoge ausgeschlossen worden.
- 1753 präzisierte der französische Arzt Jean Astric die Behauptung Spinozas und belegte, daß die fünf Bücher Mose von zwei Autoren verfaßt worden sind. Er nannte jeden von ihnen nach dem Gottesnamen, den er verwendete. Den einen Jahwenist, den andern Elohimist. Diese Aufteilung gilt bis heute.

○ 1969 veröffentlichte der Vatikan eine Instruktion für die Übersetzung liturgischer Texte für Feiern mit dem Volk, in der es unter anderem heißt:»Die verwendete Sprache soll die des täglichen Umgangs sein, also angepaßt an die Gesamtheit der Gläubigen ... eingeschlossen die Kinder und die einfachen Leute ... Man darf aber nicht so übersetzen, daß die Gläubigen eine besondere literarische Bildung besitzen müßten.«

Damit war die Arbeit an einer neuen Übersetzung der Bibel »eingesegnet«. An dem Alten Testament arbeiteten achtzehn Jahre lang sechzehn Übersetzer aus allen philosophischen und kirchlichen Sparten. Allein von der »Gesellschaft für deutsche Sprache« kamen in siebenjähriger Mitarbeit 2224 Änderungsvorschläge für das Alte Testament und 2514 Vorschläge für das Neue Testament. Das Verhältnis wird erst recht verblüffend, wenn man bedenkt, daß das Neue Testament nur ein Viertel des Bibelumfangs ausmacht.

In Köln konzentrierte sich eine kleine Gruppe Priester auf das Alte Testament. Von ihr kamen 3600 Modi (Verbesserungs- und Änderungsvorschläge). Dagegen nehmen sich die 175 bischöflichen Eingaben, die bis zu Beginn der Revisionsarbeit bei der Katholischen Bibelanstalt Stuttgart eingingen, doch recht bescheiden aus.

Seit 1980 liegt diese sogenannte Einheitsübersetzung vor. Sie sollte nach dem Willen der katholischen Auftraggeber in einem gehobenen Gegenwartsdeutsch abgefaßt werden, das leicht ins Ohr geht. Einige Kritiker fanden, daß manche der neuen Formulierungen so leicht ins Ohr gehen, daß sie auch schon wieder zum anderen Ohr heraus sind, noch ehe man ihren Sinn aufnehmen konnte.

Die Einheitsübersetzung im Kreuzfeuer

Es gab massive Kritik an der Einheitsübersetzung. Zu Recht oder nicht, können Sie an den zwei folgenden Beispielen entscheiden.

Als erstes eine Bibelstelle aus dem 2. Buch Mose:

... Erkläre die Brust des Darbringungsritus und die Keule des Erhebungsritus für heilig! Denn sie wurden vom Widder des Einsetzungsopfers genommen, dem Widder für Aaron und seine Söhne. (2. Mos. 29,27)

Zugegeben, auch andere Übersetzer haben sich mit dieser vertrackten Zeremonie schwergetan, aber ausgerechnet diese Stelle wird von einem der Mitarbeiter als Beispiel für eine verbesserte Übersetzung angeführt! Dem zuzustimmen fällt schwer. In der Zürcher Bibel liest sich diese Stelle so:

Und du sollst die Gebebrust und die Hebekeule von dem Einweihungswidder Aarons und seiner Söhne . . . für heilig erklären.

Das andere Beispiel ist ein Satz, der uns allen aus Kindertagen bekannt ist:

»Man soll sein Licht nicht unter den Scheffel stellen.«

Manch einer weiß womöglich gar nicht, daß diese Lebensweisheit im Neuen Testament steht, und zwar bei Matthäus 5,15 und Lukas 8,16. Seit 1980 aber heißt dieser Satz in der Einheitsübersetzung:

»Man zündet auch nicht ein Licht an und stülpt ein Gefäß darüber.«

Das tut weh!

Auch die Erklärung, die die Übersetzerkommission für die Verschlimmbesserung liefert, überzeugt nicht. Sie begründen die Änderung so: »Scheffel ist den Kindern heute weithin unbekannt, zudem waren die deutschen ›Scheffel‹ aus Holz, also brennbar, im Gegensatz zu dem gemeinten jüdischen Hohlgefäß.« Ein verspäteter Fußtritt für Luther offenbar.

Gegenfrage: Wie sähen manche unserer Klassikertexte aus, wollten wir alles, was ungebräuchlich geworden ist, verneudeutschen? Wer hat recht, die Traditionalisten, die ihr Licht nicht unter den Scheffel stellen wollen, oder die Alles-Erklärer, die kein Gefäß über ein Licht stülpen wollen?

DIE DREI GROSSEN P = PAPYRUS, PERGAMENT, PAPIER

Die ersten Niederschriften des Alten Testaments standen nicht in Büchern, sondern auf Schriftrollen aus Papyrus. Die längste war sieben Meter lang. Sie gehört zu den Schriftrollen, die in Qumran am Toten Meer gefunden wurden. Dieses Beschriftungsmaterial wurde in mehreren Spalten – so wie heute eine Zeitung – beschrieben und dann entweder aneinandergeklebt oder -genäht und aufgerollt.

Am Anfang und am Ende dieser Rollen waren Stäbe angebracht, und der zu lesende Teil wurde von dem einen Stab ab- und auf den anderen aufgewickelt. Da Hebräisch von rechts nach links gelesen wurde und wird, war zum Schluß die Schriftrolle um den rechten Stab gewickelt. Deshalb haben weise Männer, die auf alten Bildern eine Schriftrolle halten, diese in der rechten Hand. Als Zeichen, daß sie sie gelesen haben.

Das Lesen aus der Rolle war mühselig, denn Rückblättern oder Nachschlagen war nicht möglich. Das aber war und ist wichtig bei althebräischen Texten, deren Verben keine unterschiedliche Schreibweise für Gegenwart, Vergangenheit und Zukunft kennen. Erst aus dem Sinn des ganzen Satzes kann abgeleitet werden, welche Zeitform gemeint ist.

Die Verwirrung wird noch größer, wenn es um Zahlen geht. Ziffern kannte das Hebräische nicht, Zahlen wurden in Buchstaben ausgeschrieben, und damit waren und sind Fehldeutungen Tür und Tor geöffnet. Deshalb hier der Hinweis: Nehmen Sie beim Bibellesen alle Zahlenangaben nicht zu ernst. Das Alte Testament entstand nicht in preußischen Kanzleistuben, sondern orientalische Erzähler sind seine Informanten. Zahlen haben oft nur symbolische Bedeutung, wie die »heilige« Sieben oder die Zahl Vierzig.

Die erste Niederschrift der fünf Bücher Mose (»Pentateuch«) erfolgte etwa zur Zeit der Könige, also im 10. und 9. Jahrhundert v. Chr. Die erste vorchristliche Bibelübersetzung dieser fünf Bücher in die damalige Weltsprache Griechisch ist die berühmte Septuaginta. Sie war für die griechisch sprechenden Juden in Ägypten bestimmt. Ihr Text wurde dann auch die Bibel der ersten Christen.

Diese Übersetzung entstand 247 v. Chr. auf Anregung des ägyptischen Königs oder des Direktors der Bibliothek in Alexandria, der größten in der antiken Welt. 300000 Texte soll sie besessen haben.

Ihren Namen »Septuaginta« (lat. siebzig) bekam sie, weil der Legende zufolge der Hohepriester von Jerusalem je sechs Schriftgelehrte aus den zwölf Stämmen Israels für diese Aufgabe nach Ägypten sandte. Auf einer Nilinsel übersetzte jeder der 72 für sich allein in 72 Tagen die Texte, und – auch Legenden brauchen eine Pointe! – als man die einzelnen Übersetzungen miteinander verglich, stimmten alle 72 Wort für Wort überein.

Wie alle Texte wurden auch jene der 72 Schriftgelehrten auf Papyrus geschrieben. Das ist eine Schilfpflanze, die bis zu drei Meter hoch wächst. Doch für die Papyrusbogen wird nur ihr Mark benötigt. Das schneidet man in Streifen und klopft es flach. Die Streifen werden dann in zwei Schichten längs und quer übereinandergelegt und zusammengepreßt. Der Pflanzensaft dient dabei als Leim.

Damit die Tusche nicht beim Beschreiben auslief, bestrich man die Bögen mit einer Mischung aus Mehl, Wasser und Essig. Die Seite, auf der geschrieben werden sollte, wurde durch Steine geglättet. Es gab verschiedene Qualitäten, vom feinsten, getönten Schreibmaterial bis zum ordinären Packpapier. Jede Sorte hatte ihren eigenen Namen. Reisende, die Ägypten besuchen, können in Kairo in den diversen »Papyrus-Instituten« die Herstellung von Papyrus beobachten. Heute ist Papyrus zwar nur noch ein Souvenirartikel, aber in den modernen Sprachen lebt dieses älteste Schreibmaterial weiter. Das griechische Wort für Papyrus war »chártes«, aus dem im Lateinischen »charta« wurde und das in unserem Wort »Karte« erhalten blieb.

Auch das Wort »Bibel« hat mit dem Papyrus zu tun – »byblíon« hieß im Altgriechischen das Mark der Papyruspflanze. Nach ihm tauften die Griechen den phönizischen Hafen »Gebal« in »Byblos« um, als er zum wichtigsten Verschiffungsplatz für Papyrus geworden war. Bald hießen dann alle auf Papyrus geschriebenen Mitteilungen »býblos«.

Im 2. Jahrhundert v. Chr. kam für das Alte Testament die Bezeichnung »biblía« auf, zu deutsch: Die Bücher. Die Römer übernahmen diese Bezeichnung für die Heilige Schrift, während die anderen Bücher weiterhin »libri« (Einzahl: »liber«) genannt wurden.

Für Ägypten war Papyrus ein wichtiger Exportartikel, und die Fabrikanten verstanden es, durch Drosselung der Herstellung die Preise ihren Vorstellungen anzupassen. In der Wirtschaftspolitik hat sich also zwischen damals und heute kaum etwas geändert. Die damaligen Preise für Papyrus sind nicht überliefert, aber billig scheint es nicht gewesen zu sein, denn viele Papyrusreste zeigen Spuren mehrfacher Beschriftung. Der erste Text wurde entweder abgewaschen, oder die rauhe Rückseite des Papyrusbogens wurde beschrieben.

Im Jahre 200 v. Chr. wurde der Papyrusexport sogar zu einem Politikum. Der ägyptische König Ptolemaios V. mit dem wohlklingenden Beinamen Epiphanes belegte Papyrus mit hohen Exportzöllen. Nicht etwa aus Geldgier, sondern aus Nationalstolz! Die griechische Stadt Pergamon in Kleinasien wollte nämlich eine Bibliothek gründen, die von vornherein als Konkurrenz zur ägyptischen Bibliothek in Alexandria geplant war. Das beleidigte den stolzen Ägypter, er erschwerte die Papyrusausfuhr durch hohe Zölle.

Doch schon damals galt: Not macht erfinderisch, und Ehrgeiz ist durch hohe Preise nicht zu bremsen. Die vom Papyrus abgeschnittenen Griechen entwickelten ein noch besseres Schreibmaterial. Und weil der bibliothekarische Ehrgeiz von Pergamon dazu den Anstoß gegeben hatte, nannten sie es Pergament.

Ausgangsmaterial dafür waren rohe Tierfelle, die abgeschabt, enthaart und mit Kalk präpariert wurden. Am teuersten war das Pergament aus der Haut ungeborener Kälber. Auch Pergament wurde mehrfach beschrieben, die alte Schrift wurde abgewaschen oder – wenn es sich um metallische Tinte handelte – mit Bimsstein abradiert. Palimpsest heißen solche zweimal beschriebenen Pergamentexemplare. Da die Urschrift für die Forschung meist interessanter als die Zweitschrift ist, hat man eine spezielle Fotografie entwickelt, die die alte Schrift wieder zum Vorschein bringt.

Anfangs waren diese Bücher noch nicht gebunden, sondern man legte die einzelnen Bögen in mehreren Lagen aufeinander und faltete sie wie eine Zeitung. Diese Bände meinen die Fachleute, wenn sie von »Codices« (Einzahl: »Codex«) sprechen. Schon die ältesten Handschriften des Neuen Testaments haben diese Form.

Klöster waren die Hauptabnehmer für Pergament. Ihre in jahrzehntelanger Arbeit handgeschriebenen Bibeln, kunstvoll verziert und in silber- oder edelsteingeschmückten Einbänden, sind heute Kostbarkeiten, die auch Millionäre kaum bezahlen können, wie der Rückkauf des 226 Pergamentseiten starken Welfen-Evangeliars durch die niedersächsische Landesregierung 1985 beweist. Damals mußten 32,4 Millionen Mark für das kostbare, von Mönch Herimann geschriebene Exemplar gezahlt werden.

Doch auch für sogenannte »Armenbibeln« werden heute sechsstellige Auktionspreise gefordert und gezahlt. Diese »Armenbibeln« waren nicht etwa »Volksausgaben«, sondern Bücher, in denen die Geschichten der Bibel in Bildern erzählt wurden für jene, die nicht lesen konnten. Urahnen also jener Bibel-Comics, die älteren Bibellesern schon den Atem verschlagen können, wenn sie sehen, wie Big-Jeschi (Jesus) als irre cooler Typ seinen Freaks vorschlägt, die Feinde zu lieben (dazu die Sprechblase: »WOM!«).

Eine dritte, heute begehrte Kostbarkeit waren die »Regenbogen-Bibeln«. Mit dieser Bezeichnung meint man jene, in denen die verschiedenen Quellen der Manuskripte durch verschiedenfarbiges Papier unterschieden wurden.

Papier – da steht es also, das Wort für jenes Material, das unsere Welt mehr verändert hat als Bomben und Granaten.

Papier kannte man schon im 1. Jahrhundert n. Chr. Allerdings nur in China. Erst gut fünfhundert Jahre später kam es nach Arabien. Durch chinesische Kriegsgefangene.

Die Mauren brachten es dann, neben vielen anderen nützlichen Dingen, nach Europa. Und hier fiel die Papierherstellung und die Erfindung der Druckkunst mit einer geistigen Entwicklung zusammen, die ohne diese beiden technischen Voraussetzungen niemals ein solches Echo gefunden hätte.

Auch Luthers reformatorische Tat wäre eine begrenzte, innervatikanische Angelegenheit geblieben, wenn sich nicht zu seiner Lebzeit in Deutschland die Papierherstellung und die Druckkunst so rasch entwickelt hätten.

Luthers »Sendschreiben«, per Hand auf Pergament festgehalten, hätte bestenfalls als Diskussionsgrundlage für Theologen und Philosophen gedient. Erst durch die Verbreitungsmöglichkeiten mittels Papier und Druck wurden seine Ideen nicht nur in einigen Studierstuben, sondern auch in den Wirtshäusern diskutiert.

Luthers wortgewaltige Bibel blieb bis heute Grundlage des evangelischen Kirchenlebens. Allerdings mit entsprechenden Anpassungen an die sich ständig wandelnde Sprachgestalt.

Diese »Revisionen« müssen alle dreißig bis vierzig Jahre erfolgen. Nicht nur weil sich in diesem Zeitraum die Sprache so verwandelt hat, daß viele Menschen ältere Formulierungen nicht mehr verstehen, sondern weil Erkenntnisse der Altertums- und Bibelwissenschaft zu berücksichtigen sind. 1964 ist der Luthersche Text des Alten Testaments revidiert worden, 1975 der des Neuen Testaments, der nun mit der katholischen Einheitsübersetzung identisch ist.

Die Arbeit dieser Revisoren gleicht der von Restauratoren, die alte Gemälde vom Firnis vergangener Zeiten befreien, damit ihre Farben wieder in ursprünglicher Kraft sichtbar werden. Diese Anpassungen verhelfen zu keinem neuen, aber zu einem unmittelbaren Verständnis von Texten, die vor mehr als zweitausend Jahren geschrieben wurden und die heute noch so gültig sind wie zu jener Zeit, als die Tinte auf den Manuskripten noch feucht war.

Die Bibel als Lesebuch – das war sie einst, das könnte und sollte sie wieder werden. Die Hürden, die frommer Respekt und mehr noch philologischer Eifer errichtet haben, sind nicht unüberspringbar. Die Bibel muß und darf kein Buch mit sieben Siegeln sein, sondern erregende Lektüre.

Mein Buch soll Lesern helfen, die einen direkten Weg zu den Berichten der Bibel suchen, ganz gleich, ob sie dabei die Dienste der Kirche beanspruchen oder nicht. Wer aber die Sachlichkeit, um die sich der Autor bemüht, für unbeteiligte Gleichgültigkeit den Ereignissen gegenüberhält, die sich vor zweitausend Jahren in Palästina abspielten, hat das falsche Buch in der Hand.

Wir müssen unseren Weg zur Botschaft der Bibel als aufgeschlossene Leser suchen, um ein Buch zu entdecken, das für viele Christen Gottes Wort ist, dessen Auswahl und Zusammenstellung aber Menschen besorgten. Weder der Bibel noch sich selbst erweist einen Gefallen, wer von ihr nur Erbaulichkeit erhofft. Die Bibel verdient, mit wachem und kritischem Verstand gelesen zu werden. Vielleicht weist mein Buch dazu einen Weg.

»Es werde Licht . . .«
(1. Mos. 1,3)

II. Kapitel
Das Alte Testament

Jehova hat es nie gegeben
Echnatons Sonnenlied steht im Alten Testament
Was heißt eigentlich Altes Testament?
Bestätigungen, die zum Verhängnis wurden

»Das Alte Testament im 2. Jahrhundert zu verwerfen, war ein Fehler, den
die große Kirche mit Recht abgelehnt hat; es im 16. Jahrhundert beizube-
halten, war ein Schicksal, dem sich die Reformation noch nicht zu entziehen vermochte, es aber seit dem 19. Jahrhundert zu konservieren, ist die
Folge einer religiösen und kirchlichen Lähmung.«
Adolf Harnack

DIE ERSTEN WORTE SIND NICHT DIE ÄLTESTEN

»Im Anfang schuf Gott Himmel und Erde.« Die ersten Worte des Alten Testaments. Die ersten, aber nicht die ältesten! Der älteste Text dürfte Deborahs blutrünstiges Kriegs- und Mordlied sein.

Die Annahme, daß die Reihenfolge der Texte, wie wir sie aus dem Alten Testament kennen, ihrer zeitlichen Entstehung entspricht, ist nur einer von vielen Irrtümern, die zwischen dem Alten Testament und uns stehen. Sie beginnen schon mit dem Wort »Testament«. Im heutigen Sprachgebrauch verstehen wir darunter ein »Vermächtnis«. In der Bibel aber steht es für »Bund«, nämlich den alten und den neuen Bund, den Gott mit den Menschen geschlossen hat. Den alten Bund schloß Gott mit mehreren Menschen, mit Noah, mit Abraham und schließlich mit Moses, dem er sich offenbarte. Den neuen Bund begründete Gott mit der Entsendung seines Sohnes auf die Erde.

Im Alten Testament hat Gott viele Namen – sechs verschiedene allein in den hebräischen Texten. Nicht verwunderlich bei einem Werk, an dem zahlreiche Autoren verschiedener Generationen geschrieben haben.

Am häufigsten, nämlich genau 6823mal, wird er Jahwe genannt, vokallos JHWH geschrieben. JHWH war der direkte Name Gottes. Seine korrekte Übersetzung ist umstritten. Das liegt nicht an der Unfähigkeit der Altphilologen, sondern an der Besonderheit der hebräischen Sprache, die keine Unterscheidung von Vergangenheit, Gegenwart und Zukunft kennt, so daß »Jahwe« soviel wie »Der Gegenwärtige, der war und sein wird« bedeuten kann. Die Übersetzer der Septuaginta deuteten dies als »Ich bin der Daseiende«. Dieser Begriff ist auch christliche Lehrmeinung.

Die Behauptung, es sei gläubigen Israeliten verboten gewesen, den Namen »Jahwe« auszusprechen, wird auch durch ständige Wiederholung nicht richtig. Vielmehr war es so, daß erst während der Babylonischen Gefangenschaft die Israeliten den Namen ihres Gottes den Bewachern gegenüber verschwiegen.

Auch nach dem Exil vermied man es im Alltag, Jahwe zu nennen, doch bei der Begrüßung und beim Gottesdienst wurde Gottes Name genannt, wie aus dem Talmud-Traktat »Joman 2« hervorgeht. Dort heißt es über den Gottesdienst beim Laubhüttenfest: »Sobald die Priester und das Volk, die im Vorhof standen, den Namen deutlich aussprechen hörten, der aus dem Munde des Hohenpriesters kam, beugten sie ihre Knie und warfen sich nieder . . .«

Erst ein religiöser Eiferer, der Zelot Abba Schaul, hat im Jahre 150 n. Chr. erklärt, es sei verboten, den Namen Jahwe auszusprechen, weil er eine Stelle im 3. Buch Mose (24,16) falsch deutete. Dort heißt es wortwörtlich:

»Wer diesen Namen in seinen vier Buchstaben ausspricht, der hat keinen Teil an der künftigen Welt.«

Gemeint ist mit diesem Satz:

»Wer den Namen des Herrn schmäht, wird mit dem Tode bestraft.«

Und genauso steht es auch in unseren Bibeln der Einheitsübersetzung.

Das Verschweigen von Jahwes Namen hat fraglos mit altorientalischen Vorstellungen zu tun. So wurde angenommen, daß der, der den Namen eines anderen nennt, dadurch Gewalt über ihn bekommt. Noch heute verhüllen sich arabische Frauen, und Männer verstecken sich, wenn Touristen sie fotografieren wollen. Sie tun es aus Angst, der Fotograf könne Macht über sie erlangen.

Der erste Mensch, der den Namen »Jahwe« aussprach, war eine Frau. Eva sagte nach der Geburt Kains:

»Ich habe einen Sohn bekommen, mit Jahwes Hilfe.«   (1. Mos. 4,1)

Die Vergangenheitsform »sagte« steht aus doppeltem Grund hier, denn leider sagt das Eva in der Einheitsübersetzung nicht mehr, sondern läßt uns »mündige Leser« raten, was ihr widerfahren ist, wenn sie erklärt:

»Ich habe einen Mann vom Herrn erworben.«

Ist solche Orakelsprache das »gehobene Umgangsdeutsch«, das als Ziel dieser Übersetzung immer wieder zitiert wird? Eine ganze Reihe Wörter in unserer nicht gehobenen Umgangssprache verwenden das Wort »Jahwe«, wenn auch in veränderter Form. Wenn wir vom »Wehgeschrei« sprechen, meinen wir »Jah-we-Geschrei«, und damit bedienen wir uns eines alten hebräischen Rechtsschutzes. Der nämlich, der Jahwe ausrief, genoß dessen Beistand. Und unser orgelumbraustes »Hallelujah« heißt nichts anderes als »lobet Jah(we)«. Der Gott der Israeliten wird aber auch »Jehova« genannt. Wo kommt eigentlich dieser Name her? Oder anders gefragt: Wieso wissen wir, daß die Konsonanten JHWH durch die Vokale a, e und o ergänzt werden? Durch die Masoreten, jene Männer, für die die Überwachung der wörtlichen Überlieferung der heiligen Texte Gottesdienst war, zu dem sie sich besonders kleideten.

Sie haben im Laufe der Jahrhunderte ein System von Punkten und Strichen entwickelt, durch das vermieden werden sollte, daß jemand das Wort BRT als »Brot« las, wenn »Brut« gemeint war.

Einige dieser frommen Männer taten aber noch ein übriges: Um die Leser nach dem babylonischen Exil zu erinnern, daß JHWH nicht als »Jahwe« ausgesprochen, sondern durch das Wort »Edonai« (Herr) ersetzt werden sollte, schrieben sie klein unter JHWH die Vokale e, o und a für das Wort »Edonai«.

Nichtjüdische Leser glaubten, diese Vokale seien die Ergänzung zu JHWH – so entstand das Wort »Jehowah«. Zum ersten Mal hat ein spanischer Mönch 1270 in einem Buch gegen die Mauren diesen Irrtum aktenkundig gemacht. Seitdem ist Jehova unter uns. Mal mit, mal ohne Zeugen.

2250mal wird im Alten Testament für Gott die Umschreibung »Elohim« benützt. Das arabische Allah steckt genauso in diesem Wort wie das semitische »El« für Gottheit, das auch in dem Wort »Isra-el« verborgen ist. »Elohim« entspricht unserem Allmächtigen. Die vierte Bezeichnung ist eine Ableitung aus diesem »El Elijon«.

Die fünfte, am wenigsten gebrauchte, ist »Schaddai«, nur 301mal taucht sie auf. Schwer zu übersetzen, vielleicht am ehesten mit »auf dem Berge lebend«. Die sechste kennen wir aus den Psalmen und alten Kirchenliedern: »Herr Zebaoth«, was eigentlich richtiger »Herr der Zebaoth« heißen müßte, denn »Zebaoth« ist das hebräische Wort für »Heerscharen«. Welche Heerscharen aber damit gemeint sind, die himmlischen oder die Armee der Israeliten, ist umstritten. In der Bibel kommt »Jahwe Zebaot« zum ersten Mal im 1. Buch Samuel (1,3) vor.

Der alttestamentarische Gott hat viele Namen, aber noch mehr Charaktereigenschaften.

Er ist grausam, jähzornig, rachsüchtig, eifersüchtig, friedfertig – vor allem aber ist er allmächtig.

Aus christlicher Sicht war die entscheidende Änderung die Wandlung des hebräischen Wortes »Jahwe« für Gott in das griechische »Kyrios«. Dies war die damals in Kleinasien und Ägypten übliche Bezeichnung für Götter und Göttinnen. Alfons Deissler, ein großer Theologe, hat es ausgesprochen: »Die Bibel, deren Gott Jahwe hieß, war die Bibel eines Volkes. Die Bibel, deren Gott Kyrios hieß, wurde die Bibel der Welt.«

Ob Jahwe oder Kyrios – dieser Gott unterschied sich von Anfang an von dem Götterpulk, der die Geisterwelt des »Fruchtbaren Halbmondes« bevölkerte. Keiner dieser Götter, die auf dem ertragreichen Gebiet zwischen Damaskus, Babylon und Ur bis hin zum Nil verehrt wurden, konnte sich mit ihm vergleichen.

Nur er war unsichtbar. Nur er war transzendent. Nur er war allgegenwärtig. Nur er war der eine, alleinige Gott.

Aber – so werden einige fragen – was war denn mit dem Ketzer-Pharao Echnaton, der in seinem Reich lange vor Moses den Monotheismus eingeführt hatte?! Wer Echnaton dieses Loblied singt, singt falsch. Sein Gott kann kein Vorläufer des biblischen Gottes sein, denn Echnatons einziger Gott war ein Naturgott: die Sonne. Allein vom Gott des Alten Testaments aber heißt es, daß er Himmel und Erde geschaffen hat.

Die Idee dieses transzendentalen Gottes konnte nur in der Wüste geboren werden, von einem Nomadenvolk, das dankbar für jeden Becher Wasser war und das sich den Sternen nahe fühlte. Nur solche Menschen finden zu einem Gott ohne Gesicht. Es entsprach ihrer unsteten Lebensweise, sich kein Bild von ihm zu machen. Genaugenommen verstoßen wir Christen gegen dieses Gebot:

»Du sollst dir kein Bildnis machen.« (2. Mos. 20,4)

Wie arm wäre unsere Kunst, hielten wir das Gebot. Dank an Michelangelo und alle geniale Gebotsbrecher.

Leben und Farbe konnte dieser Begriff eines unsichtbaren Gottes nur durch Sagen und Mythen aus der geographischen und geistigen Umwelt erhalten.

So findet sich vieles, was bereits bei anderen Völkern vorformuliert war, in alttestamentarischen Schriften wieder: die Schöpfungsgeschichte, die Sintflut, Rechtslehren, Lobgesänge. Schließlich wurden in dieser Landschaft, durch die Euphrat und Tigris fließen, Mathematik, Astronomie, Medizin, alle großen Gedanken der Menschheit zum ersten Mal gedacht, formuliert und niedergeschrieben. Die Erfindung der Schrift, eine der größten menschlichen Leistungen – auch sie gelang hier. Vor mehr als 5000 Jahren.

Das Alte Testament gehört zu dieser Welt. Wie eng es damit verbunden ist, zeigt dieser Text:»Du hast die Erde nach Deinem Wunsche geschaffen. Du allein. Mit Menschen, Herden und allem Wild. Alles, was auf Erden ist und was auf Füßen geht, und alles, was oben schwebt und mit seinen Flügeln fliegt. – Wie vortrefflich sind Deine Gedanken, Du Herr der Ewigkeit. Der Erde ergeht es nach Deinem Wink, denn Du hast sie geschaffen. Du selbst bist das Leben, denn man lebt durch Dich.«

Leicht zu erkennen: ein Psalm. Aber nicht aus der Bibel. Er stammt von Echnaton, dem Pharao, der um 1330 v. Chr. regierte. Bekannter als er blieb über Jahrtausende seine Frau mit dem verheißungsvollen Namen»Die Schöne kommt«. Auf altägyptisch: Nofretete.

Im Alten Testament liest sich Echnatons Sonnenlied so:

Du hast die Erde auf Pfeiler gegründet, in alle Ewigkeit wird sie nicht wanken . . .

Du läßt Gras wachsen für das Vieh, auch Pflanzen für den Menschen, die er anbaut, damit er Brot gewinnt von der Erde . . .

Sendest du deinen Geist aus, so werden sie alle erschaffen, und du erneuerst das Antlitz der Erde.

Ewig währe die Herrlichkeit des Herrn . . . Ich will dem Herrn singen, solange ich lebe. (Ps. 104,5–31)

Die Ähnlichkeit ist kein Zufall. Die Redakteure des Alten Testaments hatten keine Skrupel, Lied- und Sagengut, das zu ihren Glaubensvorstellungen paßte, in ihre Textsammlung aufzunehmen.

Jahrhundertelang konnte über diese Benutzung fremden Gedankenguts im Alten Testament nur hinter vorgehaltener Hand geflüstert werden, die Bibel war als Gottes Wort deklariert, und Gott benutzt keine fremden Quellen . . .

Dann schlug das Pendel zur anderen Seite aus: Weil man Parallelen zu älteren Texten festgestellt hatte, wurde die Originalität des gesamten Alten Testaments in Frage gestellt. Aber dieselbe Archäologie, die eben noch die Einmaligkeit des Alten Testaments erschüttert hatte – ebendiese Wissenschaft war es dann, die vieles, was bisher im Alten Testament als Mythos und Sage gegolten hatte, durch Ausgrabungen belegen konnte.

Namen von Städten und Königen – eben noch sagenumwoben wie Kyffhäuser – wurden historische Realität. Und dieser Marsch in die historische Realität steht erst am Anfang, wie die Entdeckungen der letzten Jahrzehnte beweisen. Wir können durchaus noch mit vielen Überraschungen rechnen: Erst in fünf Prozent der markierten Ausgrabungsstellen aus der großen Zeitspanne des Alten Testaments ist der Spaten der Archäologen gedrungen.

Die Nachrichten, daß Funde einzelne alttestamentarische Angaben bestätigten, hatten eine verblüffende Auswirkung: Alles und jedes, was im Alten Testament stand, sollte nun historisch oder naturwissenschaftlich verifiziert werden. Nicht einzelne Texte, nein, die ganze Bibel sollte doch recht haben.

Archäologische Bestätigungen wurden zum Maßstab für die Gültigkeit biblischer Angaben. War etwas historisch nicht zu belegen, bezweifelte man nicht nur seine Wirklichkeit, sondern auch gleich seine Wahrheit. Fast schien es, als wären nur noch die Grabungsgänge der Archäologen die Wege zum rechten Bibelverständnis. Bis die Wissenschaftler erkannten, daß Widersprüche zwischen biblischen Texten und ihren Ausgrabungen nicht immer der Bibel anzulasten sind, sondern auch auf Fehlinterpretationen der Fachgelehrten beruhen können.

Auch die Kirchen mußten umlernen. Für sie galt es, Abschied zu nehmen von so markigen Sätzen wie jenem des jüdischen Historikers und Philosophen Philo, der 30 n. Chr. in Alexandria lebte: »Alles, was im Alten Testament steht, ist Wahrheit – alles, was Wahrheit ist, steht im Alten Testament.«

Und wie steht es mit uns, den Bibellesern? Wir müssen das Alte Testament als das akzeptieren, was es ist: eine Sammlung der unterschiedlichsten Texte aus dem weiten Feld menschlichen Tuns und Glaubens. Märchen, Mythen, Kriegsreportagen, Loblieder und Rätsel, Prophezeiungen und Liebeslyrik – das und vieles mehr steht in den 46 Büchern und den Psalmen des Alten Testaments.

Gleich zu Anfang gibt es eine Stelle, die den Wechsel von einer literarischen Form, dem Mythos, zu einer anderen, dem historischen Bericht, markiert. Vielleicht legen Sie ein Lesezeichen bei Genesis 11,9 zwischen die Seiten. Denn genau bis dorthin – ja, auch der Turmbau zu Babel gehört noch dazu – reichen die nicht historischen Deutungsversuche über den Ursprung des Menschengeschlechts.

Mythen erheben weder Anspruch auf naturwissenschaftlichen noch auf historischen Wahrheitsgehalt, sondern sie umschreiben das Wirken Gottes vor dem Hintergrund vager Überlieferungen. Erst danach beginnt Geschichte, beginnt jene der Urväter des auserwählten Volkes. Auch dies immer nur als Beispiel für die Allgegenwart Gottes erzählt.

Mythen und Parabeln – was haben sie in Zeiten der Digitalmessungen zu bedeuten? Erstaunlich viel. Vor allem: Sie eröffnen überraschend viele neue Perspektiven.

»Im Anfang schuf Gott den Himmel und die Erde.«
(1. Mos. 1,1)

Die Schöpfungsmythen

Fand die Schöpfung zweimal statt?
Auf der Suche nach dem Paradies
Die Bibel kennt keinen Sündenfall
Die Sintflut hat mit Sünde nichts zu tun
Am Turm von Babel wird noch heute gebaut

Die doppelte Schöpfung

Gleich die ersten drei Seiten der Bibel geben unbefangenen Lesern Rätsel auf. Denn dort stehen zwei Schöpfungsberichte hintereinander, und beide widersprechen sich.

In dem einen ist Gott der Schöpfer der Gestirne, Meere und Erdteile, im anderen schafft er nur einen genau lokalisierten Garten. Im ersten Bericht werden die Menschen am Schluß des Schöpfungsaktes geschaffen, im zweiten gleich zu Anfang. Verwirrung also schon auf den ersten Seiten!

Man kann es allerdings auch anders sehen. Nämlich so: Ein Glück, daß hier nicht zwei Berichte verschiedener Verfasser miteinander verwoben wurden, wie es wenig später beim Noah-Bericht geschah, sondern daß jeder Schöpfungsbericht für sich zu lesen ist.

Eine gute Möglichkeit, um literarische Stile bei der Beschreibung ein und desselben Sachverhaltes kennenzulernen.

Der Verfasser des zweiten Berichts schreibt trocken, nüchtern, etwa wie ein Studienrat alter Prägung, der Autor des ersten Berichts ist in seine Formulierungen verliebt und versucht, etwas so Unerklärliches wie die Erschaffung der Welt durch Einzelheiten plastischer, griffiger zu machen.

Gruß und Dank über Jahrtausende hinweg an jene Männer, die genug Stilgefühl besaßen und spürten, daß zwei verschiedene Temperamente diese Berichte schrieben und sie getrennt stehen ließen.

Wie gern schlössen wir in den Dank auch die Übersetzer der Einheitsübersetzung ein, doch schon der zweite Satz der Bibel stiftet Verwirrung.

Hieß es seit Luther: »Die Erde war wüst und leer«, so muß sie jetzt »wüst und wirr« sein. Warum nur, warum? Im Hebräischen steht »tohu« und »bohu«, was uns auch heute noch als »Tohuwabohu« glatt von der Zunge geht und was auch heute noch im Israelitischen »Öde« und »Leere« bedeutet. Aber seit 1980 ist in unseren katholischen Bibeln die Welt nicht mehr leer, sondern wirr.

Was es mit den beiden Schöpfungsberichten auf sich hat, wies der deutsche Sprach- und Bibelforscher Julius Wellhausen 1880 in einer philologischen Bravourleistung nach. Er konnte belegen, daß der Bericht, der in unseren Bibeln an zweiter Stelle steht, älter ist als der erste.

Der zweite entstand bereits Anfang des 9. Jahrhunderts v. Chr., der erste dagegen stammt aus dem 6. Jahrhundert v. Chr. Beide Jahreszahlen sind zuerst einmal graue Vorzeit und sagen uns wenig. Wie groß diese Zeitspanne ist, wird erst deutlich, wenn man die Zeit von drei Jahrhunderten auf eine uns nähere Epoche überträgt.

Dann sieht das so aus: Zwischen dem erstverfaßten Schöpfungsbericht und dem späteren ist genausoviel Zeit vergangen wie zwischen dem 16. und 19. Jahrhundert unserer Zeitrechnung.

Was aber liegt nicht alles an geistiger, technischer und politischer Entwicklung zwischen dem 16. und 19. Jahrhundert! Um 1500 waren zum Beispiel erst 22 Prozent der Erdoberfläche erforscht, um 1800 waren es über 82 Prozent. Weshalb soll es in drei Jahrhunderten vor Christus nicht ähnliche Entwicklungen gegeben haben?

Die Literaturhistoriker waren befriedigt. Dank der Arbeiten des Kollegen Wellhausen waren die beiden Schöpfungsberichte historisch exakt in den richtigen Schubladen. Nun aber meldeten sich die Naturwissenschaftler zu Wort. Voller Fortschrittsoptimismus zerpflückten sie im 19. Jahrhundert Satz für Satz der Schöpfungsberichte. Da blieb nichts, was nicht widerlegt werden konnte: Die Welt in sieben Tagen erschaffen? Lächerlich!

Natürlich ist das lächerlich, aber es heißt nun einmal ausdrücklich im ersten – also dem drei Jahrhunderte später geschriebenen – Bericht:

Am siebenten Tag vollendete Gott das Werk... (1. Mos. 2,2)

Da steht sie also zum ersten Mal in der Bibel, die geheimnisvolle, die magische Zahl Sieben. Immer wieder taucht sie in mesopotamischen Sagen auf, und ihr Mythos lebt fort bis in unsere Tage. Sieben Tage marschierten die Israeliten um Jericho, sieben Priester bliesen dabei die Hörner. Sieben

Arme hat der jüdische Leuchter. Wir sprechen von sieben Sakramenten, sieben Todsünden und vom siebten Himmel, es gab nicht sechs, nicht acht, nein, es gab sieben Weltwunder. Im Märchen tötet »Das tapfere Schneiderlein« sieben auf einen Streich, Griechenland besaß sieben Weise, und als siebengescheit bezeichnet man jemanden, der besonders klug sein will. Die Sieben ist die Zahl der Vollkommenheit.

Niemand kann verbindlich erklären, wieso ausgerechnet die Sieben und nicht irgendeine andere Zahl zu dieser Bedeutung kam. Die sieben damals bekannten Planeten – fünf Wandelsterne sowie Sonne und Mond – sollen die Ursache dafür gewesen sein. Andere glauben, die Ähnlichkeit der hebräischen Wörter für »sieben« und »vollkommen« sei die Ursache – doch auch dies ist nur Vermutung.

Vieles spricht dafür, daß die sieben Schöpfungstage spätere Zutat sind, denn der Bibeltext geht so weiter:

Und Gott segnete den siebenten Tag und erklärte ihn für heilig; denn an ihm ruhte Gott, nachdem er das ganze Werk der Schöpfung vollendet hatte.
(1. Mos. 2,3)

Damit war der Sabbat zur göttlichen Fügung geworden. Wer die Sabbat-Ruhe störte, brach ein göttliches Gebot. So unterstützte dieser Hinweis auf die Heiligkeit des siebenten Tages die Priester, wenn diese auf die Einhaltung der Worte bestanden, die Jahwe zu Moses gesprochen hatte:

»Der siebente Tag ist ein Ruhetag, dem Herrn, deinem Gott geweiht. An ihm darfst du keine Arbeit tun ...«
(1. Mos. 20,10)

Spätere Einfügungen in historische Texte waren zu keiner Zeit etwas Ungewöhnliches. Auch haben viele Geschichtsschreiber aller Epochen ihre Berichte bewußt eingefärbt, um ihre Zeitgenossen in einer bestimmten Richtung zu beeinflussen. Tacitus zum Beispiel hat die Germanen wahrscheinlich nur so hoch gelobt, um seinen dekadenten römischen Lesern sittenstrenge Vorbilder servieren zu können. Auch unterscheiden sich bei allem ökumenischen Chorgesang die Darstellungen der Reformation durch Protestanten noch immer wesentlich von denen durch katholische Historiker. Und vielleicht ist das ganz gut so.

Heute lernen unsere Kinder bereits in der Schule, daß es um 4000 v. Chr. in Ägypten schon Glasperlen gab und der Gebrauch des Fiedelbohrers zum Feueranzünden gang und gäbe war. Aber Anfang des

19. Jahrhunderts wurde ein Gelehrter aus Cambridge nicht ausgelacht, als er verkündete, der Schöpfungsakt habe am 23. Oktober 4004 v. Chr. um neun Uhr morgens stattgefunden.

Selten ist ein literarischer Text in seiner Aussage so mißverstanden worden wie der Schöpfungsbericht durch den Cambridge-Gelehrten.

Der Text will nicht wissenschaftliche Details und historische Chronologie vermitteln, sondern ein Bekenntnis zur Entstehung unserer Welt als göttlichen Schöpfungsakt. So wie es Werner Heisenberg, Physiker von Weltrang, formulierte: »Am Anfang aller Entwicklung muß eine schöpferische Urkraft am Werk gewesen sein.«

Mit anderen Worten: Der Geist fiel nicht zufällig vom Himmel – er war von Anfang an in der Schöpfung.

DANN LEGTE GOTT DER HERR IN EDEN,
IM OSTEN, EINEN GARTEN AN . . .
(1. Mos. 2,8)

AUF DER SUCHE NACH DEM PARADIES

Die Vorstellung eines Paradieses ist so alt wie die Menschheit. Der Name selbst kommt von dem persischen »pardes«, was soviel wie »Park«, »Garten« bedeutet. Aber das Wort »Paradies« kommt im Alten Testament nicht vor. In diesem ist nur vom »Garten Eden« oder, wie es die Einheitsübersetzung will, von einem »Garten in Eden« die Rede.

Das Wort »Eden« ist sumerischen Ursprungs. Es bedeutet lediglich: »Ebene«, »Steppe«. Das sumerische Paradies hieß »Tilmun«. Es war eine Landschaft, »wo es rein, sauber, hell ist, wo der Löwe nicht tötet und der Wolf das Schaf nicht raubt«. Der Sonnengott bewässert es mit »süßem Gewässer«, bis sein Bewohner Enki vom Fluch der sumerischen Götter betroffen wird.

Lange vor den alttestamentarischen Berichten gehörte das Paradies bereits zur Vorstellungswelt der Menschen. Auf assyrischen Schrifttafeln stehen ebenso Paradiesschilderungen wie auf Tontafeln, die erst vor zwanzig Jahren in Ebla gefunden wurden.

In altindischen Sagen wird von einem Baum des Lebens im Garten Jinna auf dem Berg Hukairya berichtet. Auch der Islam offeriert seinen braven oder tapferen Gläubigen ein Paradies. Allerdings sind die Genüsse, die den Muslim dort erwarten, vor allem an irdischen Vorstellungen ausgerichtet:

Schöne Kleider, gesattelte arabische Hengste und nicht weniger vollblütige junge Huris stehen oder liegen dort für ihn bereit.

Ein recht diesseitiges, materialistisches Pendant zum christlichen Paradies, etwa ein Schlaraffenland, dessen Name allerdings nichts mit Affen zu tun hat, sondern vom mittelhochdeutschen Wort »schuraffe« (»Müßiggang«) kommt.

So unterschiedlich Paradies und Schlaraffenland auch ausgestattet sind, eines ist beiden gemeinsam: Arbeit ist hier wie dort eine Strafe.

Unter den vielen Paradiesen in den verschiedensten Kulturen tritt nur das alttestamentarische mit dem Anspruch geographischer Fixierung auf:

Ein Strom entspringt in Eden, der den Garten bewässert, dort teilt er sich und wird zu zwei Hauptflüssen. Der eine heißt Pischon; er ist es, der das ganze Land Havila umfließt, wo es Gold gibt. Das Gold jenes Landes ist gut. Dort gibt es auch Bdellionharz und Karneolsteine. Der zweite Strom heißt Gishon; er ist es, der das ganze Land Kusch umfließt. Der dritte Strom heißt Tigris; er ist es, der östlich an Assur vorbeifließt. Der vierte Strom ist der Euphrat.

(1. Mos. 2,10–14)

So präzise Angaben mußten Gelehrte und Forscher reizen, diese Landschaft zu finden. Doch nicht nur einzelne, nicht nur Wissenschaftler, Hunderttausende suchten das Paradies! Es gehörte bis ins 16. Jahrhundert zu den Zielen der Kreuzzüge, das Paradies zu besetzen. Mit dem Schwert wollte man das Paradies, diesen Landstrich des Friedens, zurückgewinnen – paradox, wie so vieles in der Geschichte.

Die Gelehrten versuchten, das Paradies mit ihren Waffen zu entdecken: Sie stöberten in nichtbiblischen Berichten, um das Gebiet zu orten, sie trieben Sprachforschung, Wort für Wort klopften sie ab. Sie definierten das Wort Bdellionharz. Es war das Harz des Balsamstrauches. Wie unser Harz besteht es aus kleinen gelblichen Körnern, die aromatisch duften. In alten Bibelausgaben steht statt »Karneolsteine« die Bezeichnung »Soham-Steine«. Heute hat sich die Auffassung durchgesetzt, daß es sich um einen Abschreibfehler handelt. Nicht »Soham« sollte es heißen, sondern »Sohar«, was im Hebräischen sowohl für »Glanz« wie für »Karneol« stehen kann.

Am wildesten wucherten die Theorien bei der Frage, wo denn nun das Paradies gelegen haben mag.

Über achtzig Theorien gibt es inzwischen, die sich mit der Lage des Paradieses befassen. Sogar Landkarten des Paradieses wurden gezeichnet, wie jene, die Herbinius im Jahre 1678 anfertigte. Kolumbus notierte in sein Logbuch, als er die Mündung des Orinoko entdeckt hatte: »Dieser Fluß muß dem Paradies entströmen.« Das war für ihn keine Umschreibung für die Schönheit der Landschaft, das war seine ehrliche Überzeugung. Vier Flüsse nennt der biblische Text. Von Euphrat und Tigris sind Verlauf und ihre benachbarten Quellen im armenischen Bergland bekannt. Wo aber fließt der Pischon, wo der Gishon?

Die einen meinten, der Pischon sei der Indus, und folgerten daraus, das Land Hawila müsse in Nordwestindien gelegen haben. Eine andere Gruppe »belegte«, daß der Pischon im Wadi-el-Rauma sein Bett gehabt habe, also sei das Land Hawila in Arabien zu finden. Andere Forscher machten den Pischon zum Ganges und den Gishon zum Nil. Wieder andere zitierten Genesis 10,29 und wollten daraus ablesen, daß mit Hawila eine Gegend in Arabien gemeint ist.

Selbst in unserem »aufgeklärten« Jahrhundert, nämlich 1924, beschäftigte die Theorie eines norddeutschen Schulmeisters namens Franz von Wendrin Journalisten wie Fachgelehrte. Er führte Belege an, das Paradies habe an der mecklenburgisch-pommerschen Grenze im heutigen deutschen Arbeiter-und-Bauern-Paradies gelegen. Sein Mittelpunkt sei der Ort Lemmin gewesen. Schwedische Felszeichnungen deutete der Schulmann als germanische Landkarten und folgerte daraus, die Hebräer seien von den Germanen aus dieser Gegend vertrieben worden.

Wer jetzt lacht, lacht zu früh! Die Pointe kommt erst! Einen Lehrer Franz von Wendrin hat es nie gegeben, es ist das Pseudonym, das sich ein geschickter Journalist zulegte, um Historiker und Archäologen mit seiner Paradies-Theorie hinters Licht zu führen. Es gelang ihm überraschend gut.

Die Suche nach dem Garten Eden hat noch immer einen oberen Platz auf der Liste der Abenteuer in unserer mobilen Welt. Vor einigen Jahren erschienen Bilder und Texte als Ausbeute einer Reporter-Expedition, die das Paradies in Hor gefunden zu haben glaubte.

Hor – ein Marschgebiet, in dem sich Euphrat und Tigris zum Schatt-al-Arab vereinen. Halb so groß wie das Bundesland Hessen, etwa 10 000 Quadratkilometer.

100 000 Araber, die sich »Madan« nennen, leben hier – auf künstlicher Inseln. Ihre »Häuser« sind aus Schilfmatten, deren Flechtmuster genau jenem entspricht, das auf 5000 Jahre alten Tonziegelabdrucken sumerischer Matten überliefert ist.

Ihre Schilfhäuser, bis zu zehn Meter hoch, verwirklichen bereits ein Prinzip, das selbst unsere Wegwerfgesellschaft noch nicht für ihre Architektur übernommen hat: Sie überdauern kein Jahrzehnt. Danach werden neue gebaut. Ob allerdings auch von den kommenden Generationen, ist fraglich. Die Schilfinseln der Madan schwimmen auf Erdpech, Bitumen. Wo Bitumen ist, findet man meist auch Öl. Schon wurden erste Bohrtürme errichtet – die paradiesische Ruhe des Hor ist nur noch eine Frage der Zeit.

Doch die Frage, was und wo denn das Paradies gewesen sein mag, wird weder die Zeit noch eine geographische Expedition beantworten. Der Bericht vom Paradies ist keine Reisebeschreibung, sondern eine Erzählung voller Symbolgehalt, die von der inneren Harmonie zwischen uns und der Welt berichtet.

Luther hat das erkannt und mit wenigen Worten wieder einmal den Nagel auf den Kopf getroffen: »Möglich ist's, daß es also gewesen ist, daß Gott einen Garten gemacht oder ein Land beschränkt hat, aber nach meinem Dünken wollt' ich gern, daß es so verstanden möcht' werden, daß es der ganze Erdboden wäre.«

UND GOTT DER HERR LIESS AUS DEM ACKERBODEN ALLERLEI BÄUME
WACHSEN, VERLOCKEND ANZUSEHEN . . .
(1. Mos. 2,9)

VOM BAUM DER ERKENNTNIS

Die Geschichte kennt jeder: Eva, von der Schlange verführt, pflückt einen Apfel vom Baum der Erkenntnis, bietet ihn Adam an, und der Sündenfall kommt in die Welt.

Das stimmt jedoch nicht!

Das Wort »Sündenfall« kommt in der Bibel nicht vor, und nirgendwo werden Äpfel erwähnt, nur von Früchten ist die Rede . . . Birnen, Pflaumen, Orangen – alles konnte es gewesen sein. Wieso lassen dann aber Dürer, Lucas Cranach, Holbein und viele andere Maler Eva nach einem Apfel greifen?

Die Griechen sind schuld! Wieder einmal. Schon frühe, vorbiblische Vasenbilder aus Griechenland zeigen einen Baum voller Äpfel, der von einer Schlange bewacht wird. Das Motiv dazu liefert die Sage von den Hesperiden. Sie waren die vier Töchter des Atlas und der Nyx. Die Dame Nyx war mächtig, sie bezwang nicht nur die Menschen, sondern auch die Götter durch den Schlaf, dessen Göttin sie war. Der Ehemann Atlas hatte es schwerer, er mußte zur Strafe, weil er sich am Kampf gegen die Götter beteiligt hatte, das Himmelsgewölbe (und nicht die Erdkugel, wie so oft dargestellt) auf seinen Schultern tragen. Außerdem hatte er zusammen mit einem Drachen die goldenen Äpfel im Garten seiner Töchter, der Hesperiden-Mädchen, zu bewachen. Drei dieser goldenen Äpfel zu stehlen war die elfte Arbeit des Herakles.

Damit ist die Angelegenheit geklärt – die Äpfel der Maler kamen aus griechischer Ernte! Auch der Ausdruck »Adamsapfel« geht auf den Bissen zurück, der Adam im Halse steckenblieb. Der Adamsapfel hielt von Deutschland aus in ganz Europa Einzug. »Pomme d'Adam« sagen die Franzosen, »Adam's apple« die Engländer.

Lassen wir den Apfel den Griechen und den Baum der Erkenntnis der Bibel. Schön wär's! Aber da fanden Archäologen eines Tages ein viertausend Jahre altes sumerisches Rollsiegel, und das Rätselraten begann von vorn.

Rollsiegel sind an sich nichts Besonderes. Zu Tausenden wurden sie gefunden. Es sind kleine, streichholzschachtelgroße Rollen aus Halbedelsteinen. Diese Rollsiegel wurden an einer Kette um den Hals getragen, und man rollte sie auf Tonkrügen oder Schriftstücken ab, so daß sich die eingeritzte Darstellung vom Siegel auf den Gegenstand übertrug. Sie waren die Vorläufer der Petschaften, der Stempelsiegel.

Auf diesem vorbiblischen Rollsiegel aber war Ungewöhnliches eingeritzt: Es zeigte in der Mitte einen Baum, links und rechts davon eine männliche und eine weibliche Gestalt. Die Frau greift zum Baum, der von einer Schlange bewacht wird. Die Archäologen tauften es »Rollsiegel der Versuchung«. In London, im Britischen Museum, können Sie es besichtigen. Weder die Bibel noch die Griechen waren also die ersten, die einen Baum der Versuchung kannten. Lange vor ihnen spielten in den Mythen Baum und Schlange eine symbolträchtige Rolle. Nur: Bei den frühen Religionen war die Schlange ein Symbol der Fruchtbarkeit, also etwas Positives. Erst das Alte Testament machte sie zur listenreichen Verführerin. Auch für diesen Charakterwandel lieferten Archäologen einen Hinweis: Auf einer babylonischen Darstellung ist die Schlange als Erdgöttin dargestellt! Und ist ihr biblischer Verführungsakt nicht etwas höchst Irdisches?

In einem anderen wesentlichen Punkt unterscheidet sich die biblische Paradies-Erzählung von der früherer Religionen: Zum ersten Mal sind im Bibelbericht Menschen im Paradies. Im sumerischen Garten Tilmun waren es Götter. Allerdings mit allen charakterlichen Webfehlern, die eigentlich nur Menschen vorbehalten sind.

Der Paradiesapfel rollte weiter durch die Kulturgeschichte und landete bei den Römern. »Der Baum der Erkenntnis des Guten und des Bösen«, heißt es in der Bibel. »Das Gute und das Böse« heißt lateinisch »bonum et malum«. Und »malum« heißt im Lateinischen nicht nur »das Böse«, sondern auch »Apfel«. So könnte aus dem Bösen ein Apfel geworden sein! Weil wir gerade bei Namen sind: Auch der Name Adam kommt aus dem Sumerischen. Dort heißt er »Adamah«, und das bedeutet »Erdklumpen, Lehm«.

Was war denn nun eigentlich das Unverzeihliche, das Adam und Eva getan hatten? Sie haben sich Gottes Gebot widersetzt, haben also ein Verbot mißachtet. Die Folge: Von nun an sollten alle Menschen »im Schweiße ihres Angesichts« ihr Brot essen! Doch welche Verfehlung rechtfertigte eine solch harte Strafe? Es mußte etwas ganz entsetzlich Schlimmes geschehen sein. Aber was?

Die Deutungen, was die beiden Verdammungswürdiges getan, wandelten sich im Laufe der Jahrhunderte, je nach Moralprinzipien der Zeit. Im Mittelalter hieß es, es sei die Sünde der Gefräßigkeit gewesen, später, die sexuelle Begierde sei schuld gewesen, die Eva in ihrem Adam geweckt habe. Doch die Bibel erwähnt diese später so erfolgreiche Waffe der Evastöchter mit keinem Wort. Im Gegenteil, ausdrücklich heißt es:

Und die beiden, der Mensch und sein Weib, waren nackt, aber sie schämten sich nicht voreinander. (1. Mos. 2,25)

Das Feigenblatt, geschätztes Alibi der Moralapostel aller Zeiten, hängten sie sich also erst nach ihrem Vergehen vor die bekannten Stellen. Der Einheitsübersetzung aber genügt ein Feigenblatt nicht mehr, jetzt heften Adam und Eva »Feigenblätter zusammen und machten sich einen Schurz«. Eine Übersetzung, die eigentlich nur beweist, wie nah Genauigkeit an Lächerlichkeit grenzt.

Was war das Vergehen, dessentwegen Gott die beiden strafte? Kein Kommentar sagt es so klar wie die alttestamentarische Schlange:

». . . sobald ihr davon eßt, gehen euch die Augen auf, ihr werdet wie Gott sein und erkennt Gut und Böse.« (1. Mos. 3,5)

Mit heutigen Worten: Ihr verliert eure Unbefangenheit! Und: Sind wir etwa noch im Stande der Unschuld?

In der deutschen Literatur gibt es eine Stelle, in der dieser Verlust der Unbefangenheit an einem Beispiel erklärt wird. Es ist dieser Absatz aus

Heinrich von Kleists Abhandlung »Über das Marionettentheater«: »Ich badete vor etwa drei Jahren mit einem jungen Mann, über dessen Bildung damals eine wunderbare Anmut verbreitet war ... Es traf sich, daß wir gerade kurz zuvor in Paris den Jüngling gesehen hatten, der sich einen Splitter aus dem Fuße zieht; der Abguß der Statue ist bekannt und findet sich in den meisten deutschen Sammlungen. Ein Blick, den er in dem Augenblick, da er den Fuß auf den Schemel setzte, um ihn abzutrocknen, in einen großen Spiegel warf, erinnerte ihn daran; er lächelte und sagte mir, welch eine Entdeckung er gemacht habe. In der Tat hatte ich in eben diesem Augenblick dieselbe gemacht; doch sei es, um die Sicherheit der Grazie, die ihm beiwohnte, zu prüfen, sei es, um seiner Eitelkeit ein wenig heilsam zu begegnen: Ich lachte und erwiderte, er sähe wohl Geister! Er errötete und hob den Fuß zum zweitenmal, um es mir zu zeigen, doch der Versuch, wie sich leicht hätte voraussehen lassen, mißglückte. Er hob verwirrt den Fuß zum dritten- und vierten-, er hob ihn wohl noch zehnmal: umsonst! Er war außer stand, dieselbe Bewegung wieder hervorzubringen ... Von diesem Tage, gleichsam von diesem Augenblick an, ging eine unbegreifliche Veränderung mit dem jungen Menschen vor. Er fing an, tagelang vor dem Spiegel zu stehen; und immer ein Reiz nach dem anderen verließ ihn. Eine unsichtbare und unbegreifliche Gewalt schien sich wie ein eisernes Netz um das freie Spiel seiner Gebärden zu legen, und als ein Jahr verflossen war, war keine Spur mehr von der Lieblichkeit in ihm zu entdecken, die die Augen der Menschen sonst, die ihn umringten, ergötzt hatte.«

Diese Geschichte beweist, daß weder Geologen noch Archäologen, auch nicht Philologen uns bei der Suche nach dem Paradies weiterhelfen – wenn, dann die Dichter! Aber auch bei ihnen überwiegt die Resignation, wie Jean Pauls enttäuschter Rückblick – »Die Erinnerung ist das einzige Paradies, aus dem wir nicht vertrieben werden können« – oder Peter Bamms pessimistische Vorausschau – »Mit dem verlorenen Paradies hat die Weltgeschichte angefangen. Mit der Spaltung des Atoms ist sie bei der Möglichkeit ihres Endes angekommen« – beweisen.

Die Rückkehr ins Paradies ist uns verwehrt. Der Weg aus dem Garten Eden war eine Einbahnstraße. Damit niemand das Gebot mißachtete, stellte Gott

... die Kerubim auf und das lodernde Flammenschwert, damit sie den Weg zum Baum des Lebens bewachten. (1. Mos. 3,24)

Eine Bibelstelle, die gern mißverstanden wird, wenn von Cherubim und dem Flammenschwert die Rede ist: Viele sehen hier einen jungen Racheengel vor sich, entflammt von seiner heiligen Aufgabe.

Hier muß jedoch sauerster Essig in den süßen Wein der Verzauberung gegossen werden. Cherubim ist die Mehrzahl, das sprachlich ordinäre »cherube« die Einzahl. Und bei 1. Mos. 3,24 heißt es eben nicht *mit* dem Flammenschwert, sondern *und* das lodernde Flammenschwert. Cherubim und Flammenschwert waren also getrennt, was natürlich sofort wieder naturwissenschaftliche Ausdeuter auf den Plan rief, die darin die Feuerlohen brennender Asphaltquellen sahen.

Was über die Cherubim zu sagen ist, kann biedere Bibelleser aus der Ruhe bringen:

○ Sie tauchen lange vor dem Alten Testament in der babylonischen Mythologie auf.

○ Sie waren keine Engel, sondern Mischwesen, halb Mensch, halb Tier. Geflügelte Sphingen, die, neben dem Eingang postiert, Tempel und Päläste bewachten.

○ Alte Abbildungen zeigen die Bundeslade (auf Seite 110 wird erklärt, was darunter zu verstehen ist), an deren Seiten Cherubim abgebildet sind, wie es bei Mose beschrieben ist.

Statt Engel- also Zwitterwesen, die kein Flammenschwert halten konnten, weil sie entweder Tatzen oder Pfoten, bestimmt aber keine Hände hatten!

»Bin ich denn der Hüter meines Bruders?«
(1. Mos. 4,9)

Erster Zweikampf: Bauer gegen Hirte

Auf den nächsten Seiten der Bibel geht es ganz natürlich weiter: Mann und Frau leben zusammen und bekommen Kinder. Zwei Söhne: Kain und Abel. Auf ganz normale Weise. In den meisten Bibelausgaben klingt das so:

Der Mensch [Adam] wohnte seinem Weibe Eva bei. (1. Mos. 4,1)

Verwundert liest man nun in der Einheitsübersetzung, die auch »für Jugendliche und einfache Bibelleser« erstellt wurde:

Adam erkannte Eva, seine Frau.

Dieser verklausulierte Ausdruck für den höchst natürlichen Sachverhalt, daß Mann und Frau miteinander schlafen, steht nicht nur hier, sondern noch an mehreren Stellen. Auch für diese überflüssige Umschreibung gilt die Allerweltsweisheit: Es begann alles mit Adam und Eva. Es bleibt nicht bei dieser einen zeitfremden Formulierung. Wenig später, als Eva den Kain geboren hat, lassen unsere Übersetzer sie sagen:

Ich habe einen Mann vom Herrn erworben!

Großes Rätselraten, was damit wohl gemeint ist. In der Jerusalemer Bibel, die so heißt, weil sie unter der Leitung des französischen Studienzentrums in Jerusalem, der berühmten »École biblique«, entstand, wird dieser seltsame Ausspruch Evas als »Jubel der ersten Frau, die aus der Untergebenen des Mannes Mutter eines Menschen wird« gedeutet. Frage: Was ist für eine Übersetzung wichtiger: Klarheit oder emanzipatorische Hintergrundinformation?

Voller Stolz merken die Übersetzer an, daß durch diesen verquasten Satz es möglich geworden ist, ein hebräisches Wortspiel zwischen »chajin« (Kain) und »gana« (erwerben) in die deutsche Übersetzung zu retten. Philologenstolz auf Kosten der Verständlichkeit, das scheint ein zu hoher Preis für eine Übersetzung, durch die die Bibel zum Lesebuch für alle werden soll. Da lob' ich mir die »Zürcher Bibel« der Zwingli-Protestanten, die Eva klipp und klar sagen läßt:

»Ich habe einen Sohn bekommen mit des Herrn Hilfe.«

Was mit Kain und Abel geschah, ist Quelle vieler Werke der Weltliteratur geworden: Kain erschlägt seinen Bruder Abel, weil dessen Opfer Gott wohlgefällig war und seines nicht.

Darauf machte der Herr dem Kain ein Zeichen, damit ihn keiner erschlage, der ihn finde. (1. Mos. 4,15)

Sie haben richtig gelesen: Gott schützt den Mörder Kain vor Verfolgern! Das Kainszeichen auf der Stirn ist eines jener biblischen Symbole, die seit Jahrhunderten mißgedeutet werden. Weder hat Gott Kain als Mörder gebrandmarkt, noch steht in der Bibel, wo und wie Kain gezeichnet wurde.

Es war nichts Geheimnisvolles, sondern etwas durchaus Übliches, was bei einigen Stämmen auch heute noch praktiziert wird; es war ein Zeichen, das Freunden verriet: Dieser Mann gehört zu einem Stamm, dem die Blutrache heilig ist. An ihm darf sich kein Fremder vergreifen, da er sonst selbst ein Opfer der Blutrache wird.

Kain und Abel können nicht die Söhne Adam und Evas gewesen sein, sondern gehören zu einer späteren Generation, in der bereits die Trennung zwischen seßhaften Bauern (Kain) und nomadischen Hirten (Abel) vollzogen war. Die Rivalität zwischen beiden Gruppen ist der eigentliche Sinn dieses Bruderzwists. Es ist wahrscheinlich das Gleichnis für eine Spaltung, die sich unter den Israeliten vollzog, als ein Teil von ihnen erste Felder bestellte, während der andere weiter ein Nomadenleben führen wollte.

DIE FLUT AUF DER ERDE DAUERTE VIERZIG TAGE
(1. Mos. 7,17)

DIE SINTFLUT HAT MIT SÜNDE NICHTS ZU TUN

Die Sintflut gibt es nur in der deutschen Bibel. In englischen Ausgaben heißt sie »the flood«, in französischen »le deluge«. Beide Worte bedeuten »Flut« und werden auch im Alltag für Überschwemmung benutzt.

Warum sprechen nicht auch fremdsprachige Bibeln von der Sint-, der Sündenflut? Weil die Vorsilbe »Sint« nichts mit Sünde zu tun hat. Sie ist althochdeutsch und bedeutet »groß«, »weit«. Im altfränkischen »sintemalen« steckt die Silbe ebenfalls.

Auch die Sintflut wird, genau wie die Schöpfung, in zwei Berichten erzählt. Doch diese beiden Berichte sind nicht getrennt, sondern ineinandergeschachtelt. Wiederholungen und Widersprüche im laufenden Text sind die Folge.

Die erste Bestätigung, daß in diesen Berichten vom großen Wasser doch ein historischer Kern stecken könnte, kam ausgerechnet aus der wasserarmen Wüste, aus Ninive, der assyrischen Königsstadt. Hier fand ein Engländer mit dem Allerweltsnamen George Smith unter Tausenden von

Tontafeln jene, auf denen ein Heldenepos stand, das die Wissenschaftler nach dem Namen des Hauptakteurs nannten: Gilgamesch-Epos.

Überblickt man vom klapprigen Touristenbus aus das weite Ruinengelände am Stadtrand der nordirakischen Stadt Mosul, scheint es ein unsinniges Unternehmen, in dieser weiten Anlage nach einzelnen Tontäfelchen zu suchen. Was heute verwegen anmutet, war 1873 noch aussichtsloser. Und doch riskierte es einer – ebendieser George Smith.

George Smith, Kupferstecher von Beruf, Assyrologe aus Leidenschaft, hatte sich in der akademischen Fachwelt durch einige fundierte Aufsätze Respekt verschafft. Er wurde wissenschaftlicher Assistent in der assyrischen Abteilung des Britischen Museums. Eine Bilderbuchkarriere. Smith übersetzte die assyrischen Berichte über das Paradies und die Sintflut, die älter waren als die Bibeltexte. Er schrieb Artikel über das Gilgamesch-Epos, in denen er immer wieder darauf hinwies, daß große Teile des Textes fehlten, noch nicht gefunden worden waren, vielleicht für immer als verloren gelten mußten.

Der Londoner »Daily Telegraph« nahm sich auf sehr englische Weise der Sache an. Er setzte 1000 Guineen – immerhin fast 12000 Pfund – für denjenigen aus, der die fehlenden Tafeln des Gilgamesch-Epos finden würde.

Die Redaktion hatte ihre Sensation, und der Verleger war überzeugt, niemandem das Geld auszahlen zu müssen. Er hatte nicht mit George Smith gerechnet. Der packte seine Koffer und reiste nach Ninive.

Ein aberwitziges Unterfangen. Archäologen von Rang und Namen, wie der französische Konsulatsangestellte Paul-Émile Botta, der englische Diplomat und Archäologe Sir Austin Henry Layard, hatten hier bereits gegraben und keine weiteren Teile des Gilgamesch-Epos gefunden. Doch das Unvorstellbare geschieht: Smith findet die fehlenden Tafeln! Das Gilgamesch-Epos, auf zwölf Keilschrifttafeln eingeritzt, lag vollständig vor. Der »Daily Telegraph« mußte zahlen.

Ganze Sätze auf den Keilschrifttafeln decken sich mit denen der Bibel. Dort, wo der alttestamentarische Text vom babylonischen Urtext abweicht, ist er schwächer, weniger plastisch.

Das ist verständlich, denn die Beschreibung der Überschwemmung im Gilgamesch-Epos ist älter, also näher am Ereignis. Das Epos entstand zweieinhalb Jahrtausende vor Christus, die biblischen Sintfluttexte wurden um das Jahr 1000 bzw. 600 v.Chr. geschrieben. 1500 Jahre, beim zweiten Text sogar 2000 Jahre trennen sie vom Gilgamesch-Epos. Das heißt, auf unsere Zeit übertragen: Zwischen Gilgamesch-Epos und Sintflutbericht der Bibel liegt etwa die gleiche Zeitspanne wie zwischen Gaius Iulius Caesar und John F. Kennedy.

Das Gilgamesch-Epos ist längst nicht mehr der früheste Sintflutbericht aus Mesopotamien. Noch ältere Berichte wurden gefunden, die ebenfalls eine gewaltige Überschwemmung schildern. Die Assyrologen haben drei große Flutsagen aus dem babylonisch-akkadischen Raum übersetzt und chronologisch eingeordnet. Zwischen ihrer Entstehung liegen Jahrhunderte.

Doch all diese Berichte sind Dichtungen. Gibt es nicht handfestere Beweise für eine gewaltige Überschwemmung im sumerischen Raum?

Jawohl, es gibt sie! Dieses kluge Volk teilte die Regierungszeiten seiner Könige in zwei Perioden. In eine, die vor, und in eine andere, die nach der großen Flut lag. Für die sumerischen Geschichtsschreiber, so kann man daraus folgern, war die Sintflut ein historisches Ereignis, vergleichbar etwa mit dem Ersten und dem Zweiten Weltkrieg in der neueren Geschichte. Übrigens: Die zehn Königsnamen auf dieser Liste aus der Zeit vor der Sintflut entsprechen den zehn Patriarchen von Adam bis Noach. »Noach« ist kein Druckfehler, sondern eine der meiner Meinung nach unnötigen Namensänderungen, die sich die Einheitsübersetzung angelegen sein läßt.

Deutungen und Königslisten – die Kalender jener Zeit – nehmen eine Überschwemmung als Tatsache. Was sagt die Archäologie? Hat sie Funde vorzuweisen, durch die diese literarischen Angaben bestätigt werden? Sie hat!

Der englische Archäologe Sir Charles Leonard Woolley war überzeugt, bei seinen Grabungen in Ur Beweise für die Sintflut gefunden zu haben. Die Nachricht machte in den zwanziger Jahren Schlagzeilen in der Weltpresse. Heute wissen wir: Die Spuren, die Woolley fand, stammten von einer lokalen Überschwemmung, die immerhin ein Gebiet von 650 mal 150 Kilometern bedeckt hatte, aber seine Ausgrabungen hatten noch einen anderen Schönheitsfehler: Sie stimmten zeitlich nicht! Die Überschwemmungsreste waren »nur« viertausend Jahre alt. Nach der sumerischen Königsliste aber lebte und regierte der älteste aller Sintfluthelden, Ziusudra, in der ersten vordynastischen Periode, also vor mehr als fünftausend Jahren!

Die Suche nach der Sintflut ging weiter. In Uruk und Lagas stießen Archäologen auf Lehmschichten aus dieser Zeit. Aber auch sie waren nur Belege einer begrenzten Überschwemmung und nicht für eine Weltkatastrophe, wie sie das Alte Testament schildert.

Was aber verstanden denn die Völker Mesopotamiens vor vier- und mehr tausend Jahren unter »Welt«? Doch nur das Gebiet, das sie überblicken und bereisen konnten. Wie heißt es doch in der Apostelgeschichte unter 2,5:

In Jerusalem aber wohnten Juden, fromme Männer aus allen Völkern unter dem Himmel.

Und drei Sätze später werden sie namentlich aufgezählt: Es sind alles Bewohner aus dem Mittelmeerraum.

Wenn dieses begrenzte Gebiet unter Wasser stand, dann war für diese Völker die ganze Erde überflutet. Vielleicht also waren alle Sintflutberichte nur erzählerisch aufgebauschte Erinnerungen an eine oder mehrere lokale Überschwemmungen?

Dagegen spricht, daß in zahlreichen Mythen vieler Völker rund um den Globus von einer Sintflut die Rede ist. Fehlanzeige nur bei den Japanern, Ägyptern und einigen afrikanischen Völkern! Also war die Sintflut eben doch kein lokales Ereignis?! Lange Zeit fehlten dafür die Belege.

Erst als die Geologen den bisher üblichen Zahlen ein paar Nullen anhängten, wurde die Vorstellung einer weltweiten Sintflut plausibel. Es ist einer der wenigen Fälle, daß Nullen den Ausschlag für eine Meinungsänderung gaben – jedenfalls in der Wissenschaft.

Als Geologen ermittelten, daß wahrscheinlich zwischen dem 8. und 15. Jahrtausend die Erdachse gekippt ist, was logischerweise zu einer Klimaveränderung führen mußte, horchten die Etymologen und Sprachforscher auf. Dies konnte eine Erklärung für die vielen Flutberichte aus allen Ländern sein! Denn wenn die Erdachse kippt, schmilzt das Polareis, und die dadurch frei werdenden Wassermassen heben den Meeresspiegel weit über sein normales Niveau. Wenn dann noch Vulkanausbrüche Lavaströme herausschleudern, müssen die heißen Aschenwolken Regenfluten auslösen. Die Wasser kommen also von unten und von oben, so wie es die Bibel sagt.

An diesem Tag brachen alle Quellen der gewaltigen Urflut auf, und die Schleusen des Himmels öffneten sich. (1. Mos. 7,11)

Die Theorie einer weltweiten vorgeschichtlichen Überschwemmung wurde durch den Nachweis indirekt gestützt, daß auch andere Naturkatastrophen von kosmischem Ausmaß durchaus über Jahrtausende in der

Erinnerung der Völker bleiben können. Nach heutigem Stand der Wissenschaft gab es mindestens zwei Überschwemmungen – jene vorgeschichtliche und eine oder mehrere in frühgeschichtlicher Zeit.

Keine von ihnen kann so gewaltig gewesen sein wie die in der Bibel geschilderte. Simple Begründung: Die Wassermassen der Erde reichten dafür nicht aus.

Daß Menschen und Tiere diese Naturkatastrophe überlebten, verdanken wir, berichtet die Bibel, einem Mann namens Noah – pardon, Noach –, der auf Befehl seines Gottes eine Arche baute. Genaugenommen tat er das erst seit dem Jahr 400 n. Chr. Damals nämlich übertrug der heilige Hieronymus die Bibel ins Lateinische und übersetzte das hebräische Wort für Wasserfahrzeug in das lateinische Wort »arca«, was soviel wie »Kasten« bedeutete. Die Arche war geschaffen!

Noach und seine Arche haben über alle Jahrhunderte hinweg eine Faszination ausgeübt. Das mag mit an den detaillierten Konstruktionsangaben liegen, die in der Bibel genannt werden:

»So sollst du die Arche bauen: Dreihundert Ellen lang, fünfzig Ellen breit und dreißig Ellen hoch soll sie sein. Mach der Arche ein Dach, und hebe es genau um eine Elle nach oben an.« (1. Mos. 6,15,16)

Eine Elle war die Entfernung zwischen der Spitze des Ellenbogens bis zur Spitze des Mittelfingers. Bei normal gebauten Menschen waren das 45,8 Zentimeter.

Man rechnete aber auch noch mit der Königselle, das waren 52,5 Zentimeter. Könige hatten offenbar längere Arme (oder Finger?). Einigen wir uns auf einen ungefähren Mittelwert, dann war die Arche 150 Meter lang, 25 Meter breit und 15 Meter hoch. Zum Vergleich: Die 1905 erbaute und 1957 gesunkene »Pamir« war 105 Meter lang und 14 Meter breit. Noachs Arche war also mehr als doppelt so groß, wenn . . . ja wenn eben nicht alle Zahlenangaben in alten Texten mit Mißtrauen betrachtet werden müssen.

Schon in ihrer ersten Ausgabe hat sich die um Genauigkeit bemühte »Encyclopaedia Britannica« (1768–1771) ausführlich mit Bau und Einteilung der Arche beschäftigt, was bei einer seefahrenden Nation wie den Engländern nicht sonderlich verblüfft.

Die Britannica-Sachverständigen versicherten ihren Lesern, die Arche wäre auf jeden Fall größer gewesen als die St.-Paul-Kathedrale in London. Nur über die Anzahl der Kabinen konnte man sich nicht einigen. Gegen die Annahme, daß es drei- bis vierhundert gewesen sein müßten, führten sie ein verblüffendes viktorianisches Argument an: »Pelletier spricht nur von 72 Räumen, nämlich 36 für die Vögel und ebenso viele für die anderen Tiere. Er führt hierfür folgende Gründe an: Wenn wir an eine größere Zahl denken, zum Beispiel 333 oder 400, dann hätte jede der acht Personen in der Arche täglich 37, 41 oder gar 50 Räume bedienen und säubern müssen, was seiner Ansicht nach unmöglich war.«

Die Fragen nach den Bruttoregistertonnen und dem Tiefgang der Arche sind ein Streit um Noachs Bart, der am wahren Tiefgang dieses Gleichnisses vorbeizielt . . .

Fest steht: Gebaut wurde diese Überlebensfähre so, wie heute auch noch Boote gebaut werden. Die Holzplanken dieses Kastens wurden mit Erdpech wasserdicht gemacht (wir würden sagen: verteert, denn Erdpech ist nichts anderes als Teer). Stapellauf und erste Ausfahrt waren eins: »Und er ging in den Kasten mit seinen Söhnen, seinem Weibe und seiner Söhne Weiber vor dem Gewässer der Sintflut. Alles, was ich hatte, lud ich auf, an vielerlei Lebenssamen. Ich brachte ins Schiff hinauf meine ganze Familie und Sippe, Vieh des Feldes, Getier des Feldes . . .«

Wundern Sie sich nicht, wenn Sie diese Zeilen vergeblich in Ihrer Bibel suchen. Sie stehen nicht bei Moses, sie stehen im viel älteren Gilgamesch-Epos! So groß ist die Ähnlichkeit beider Texte!

Fast alles, was Noach im Auftrag seines Gottes tat, hatte zweitausend Jahre vor ihm bereits der sumerische König Gilgamesch im Auftrag seines Gottes Eridu getan. Aber auch er war nicht der erste Schiffbaumeister der Welt! Er verlor sein Patent an Ziusudra, als die Altsprachler einen noch älteren Sintflutbericht, ebenfalls aus dem sumerischen Raum, entziffert hatten.

Bereits in diesem – vorläufig – ältesten Bericht erhält der Held vom Gott Eki den Rat, eine Arche zu bauen. Wie dieser Gott Eki seinen Helden warnt, ist nicht ohne Raffinesse erzählt, denn Eki ist an den Götterschwur gebunden, den Menschen nichts von der Flut zu sagen! Dies ist einer der gravierenden Unterschiede zum biblischen Bericht, nach dem Gott beschließt, einem Menschen die Chance zu geben, die Katastrophe zu überleben. Die sumerische Menschheit wird trotz Götterschwur gerettet, weil der Gott Eki zu einer List greift: Er spricht seine Warnung an die Wand des Hauses, in dem Ziusudra lebt, nachdem er diesen aufgefordert hat: »Begib dich zur Wand an meiner Linken, durch die Wand will ich zu dir sprechen. Höre meine Anweisung und folge meinem Rat!«

Und so teilt nicht Eki, sondern eine Wand Ziusudra mit: »O Ziusudra,

Bewohner von Surippak, / zerstöre dein Haus, / baue ein Schiff, / verachte den Reichtum, / verlasse die Götter, / erhalte das Leben.« Anweisungen ohne Füllsel, Götterbefehle im Telegrammstil – vor fünftausend Jahren geschrieben.

So ähnlich sich die sumerischen Sintflutschilderungen und die bei Moses sind – in einer Angabe unterscheiden sie sich: bei der präzisen Bestimmung des Landeplatzes der Arche. So heißt es in der Bibel:

Am siebzehnten Tage des siebenten Monats setzte die Arche im Gebirge Ararat auf. (1. Mos. 8,4)

Im Gilgamesch-Epos ist es der Berg Nisir: »Einen fünften Tag und einen sechsten Tag hielt der Berg Nisir das Schiff und ließ es nicht wanken. Als der siebte Tag kam, entsandte ich eine Taube und ließ sie los. Die Taube flog weg und kehrte zurück; sie sah keinen Ruheplatz, drum kam sie wieder.«

Hier also flattert bereits die Taube, die auch Noach fliegen läßt! Hier aber auch bereits die mystische Zahl Sieben!

Und was hat es mit dem Berge Nisir auf sich? Gibt es ihn? Zwischen Tigris und Zab, im heutigen Irak, soll er gelegen haben. Doch kein Atlas, keine Landkarte erwähnt ihn. Mehr als Mutmaßungen, welcher Berg genau der Nisir sein könnte, haben auch die Fachgelehrten bis heute nicht zu bieten.

Anders verhält es sich mit dem Ararat, den die Bibel als Landeplatz der Arche nennt. Ihn gibt es. Er liegt an der türkisch-sowjetrussischen Grenze und ist seit 1840 ein ruhender Vulkan. 5165 Meter ragt sein von ewigem Schnee bedeckter Kegel empor. Zum Vergleich: Der Mount Everest ist 8848 Meter hoch, der Großglockner 3797 Meter.

Seit Jahrhunderten zieht es immer wieder Expeditionen zum Ararat, um nach Überresten der Arche zu suchen. Die erste offizielle Besteigung erfolgte am 27. September 1839 durch einen Deutschen, durch den Wissenschaftler Friedrich Panot aus Karlsruhe. Inzwischen gibt es gedruckte Anweisungen, von wo aus man am besten den Berg angeht, nämlich von Dogubayazit aus, welcher Monat der günstigste für eine Besteigung ist (August) und wie lange man für den Aufstieg veranschlagen muß (vier Tage).

Doch all diese Angaben sind Augenwischerei, denn bevor der Aufstieg begonnen werden kann, braucht man eine amtliche Erlaubnis aus Ankara, und die ist kaum zu bekommen, denn das Gebiet um den Ararat ist militärisches Sperrgebiet. Kein Wunder, der Fluß Arexes bildet die Grenze zwischen der Sowjetunion und der Türkei. Die Spitze des Ararat ist keine dreißig Kilometer von dieser Grenze entfernt. Das Gebiet ist gespickt mit elektronischen Horchgeräten, die alles registrieren, was sie an Ungewöhnlichem aus der Sowjetunion einfangen. Heutige militärische Information hat Vorrang vor alttestamentarischer Aufklärung! Dieser Satz scheint auch für die Expeditionen der letzten Jahrzehnte zu gelten. Die meisten kamen aus den USA. So hat zum Beispiel der frühere amerikanische Astronaut James Irwin mehrere Jahre in diesem Gebiet »nach der Arche« gesucht.

So viele Abenteurer und Amateurarchäologen sich auch auf die Suche nach der Arche Noach gemacht haben – gefunden und vorgezeigt hat bis heute nicht einer auch nur einen streichholzgroßen Splitter. Kein seriöses archäologisches Institut hat sich jemals an einer Expedition zum Ararat beteiligt. Alle meine Anfragen an physikalische Institute, die angeblich das Alter von Holzresten vom Ararat nach der C-14-Methode bestimmt haben sollen, wurden negativ oder gar nicht beantwortet.

Von vielen Gründen, die dagegen sprechen, daß die Arche Noachs im Gebirge Ararat strandete, hier wenigstens drei:

o So viel Wasser gibt es nicht auf der Erde, daß der Meeresspiegel so hoch steigen kann.

o Wenn Noach und seine Familie doch dort gelandet sein sollten, hätten sie nach der Sintflut das Holz der Arche dringend gebraucht, um sich neue Unterkünfte zu bauen. Dieser Methode der Selbstversorgung sind viele Bauten und Kunstwerke im Mittleren Osten zum Opfer gefallen.

o Das Wort, das wir in der Bibel als Ararat lesen, kann sehr wohl auch Urartu heißen. Zur Erinnerung: Nur die Konsonanten werden geschrieben, die Vokale muß man ergänzen. Urartu aber war der Name eines historisch verbürgten Königreiches, dessen Grenzen etwa denen des heutigen Armenien mit seinem berühmten Radio Eriwan entsprachen.

Um alles noch ein wenig komplizierter zu machen, war das Wort »Urartu« auch die Bezeichnung für ein »weit entferntes Land«, wo sich – um es mit einer deutschen Redensart zu sagen – Fuchs und Hase gute Nacht sagen.

Außerdem: Was wäre gewonnen, fände man eines Tages auf dem Ararat, dem Nisir oder in Armenien Reste einer Arche und bestätigten Prüfungen, daß diese Trümmer wesentlich älter als fünftausend Jahre sind? Nichts! Sintflut und Arche sind keine historisch verifizierbaren Fakten. Es sind Bestandteile von Symbol-Erzählungen, von Schöpfungsmythen. Ihr Wert liegt nicht in der Veröffentlichung von Tatsachen, sondern in ihrer Aussage.

Als Symbol-Erzählungen aber sind sie Musterbeispiele, wie hervorragend die Autoren des Alten Testaments überliefertes Sagengut mit neuen Inhalten anzufüllen verstanden.

Im ältesten sumerischen Sintflutmythos löste der Gott Enlil die Sintflut aus, weil er sich durch den Lärm, den die Menschen machten, in seinem Schlaf gestört fühlte. Er will, daß alle Menschen umkommen. Nur durch Götterverrat bleibt ein Paar am Leben.

Im Gilgamesch-Epos flüchten nicht nur die Menschen, sondern auch die Götter vor den Wassermassen auf die Berge.

In der Bibel aber wird die Sintflut als Strafgericht Gottes über die Menschen geschickt, weil

Der Herr sah, daß auf der Erde die Schlechtigkeit des Menschen zunahm und daß alles Sinnen und Trachten seines Herzens immer nur böse war.

(1. Mos. 6,5)

Anders als in der sumerischen Legende erhält Noach nicht die Auflage, seine Zeitgenossen in Unkenntnis über die kommende Katastrophe zu lassen. Er konnte also warnen. Ob er es tat, sagt die Bibel nicht. Wir müssen also davon ausgehen, daß nur acht Menschen – Noach mit Frau sowie seine drei Söhne mit ihren Frauen – an Bord waren. Und natürlich die Tierpaare, »reine wie unreine«, wie der Text ausdrücklich vermerkt. Was aber ein reines und was ein unreines Tier ist, wird an dieser Stelle nicht erklärt, dies geschieht erst viel später, im 3. Buch Mose, dem Levitikus.

Da dies aber zu den kaum gelesenen alttestamentarischen Büchern gehört, finden Sie nachstehend eine Aufzählung der »unreinen« Tiere: Kamel, Klippdachs, Hase, Wildschwein, alles, was ohne Flossen oder Schuppen im Wasser lebt, Geier, Bussard, Ratte, Eule, Falter, Kauz, Storch, Reiher, Wiedehopf und Fledermaus, alle geflügelten Insekten (ausgenommen Heuschrecken), Maulwurf, Maus, Eidechse, Salamander und Chamäleon. Für Zoologen: nachzulesen im 3. Buch Mose 11,1–30.

Die Teilung in rein und unrein geht auf sehr alte Riten zurück. Als rein galt demnach alles, was dem Gott geopfert werden durfte, als unrein, was auf den Menschen abstoßend wirkte.

Hinter der göttlichen Erlaubnis, reine und unreine Tiere an Bord nehmen zu dürfen, steckt Symbolkraft. Noachs Arche wird dadurch zu einem sicheren Hort für alle, nicht nur für Gottgefällige. Das Überleben der Sintflut ist ein neuer Anfang der Beziehung zwischen Gott und den Menschen.

Als Zeichen für diesen neuen Bund zwischen Gott und den Menschen wird der Regenbogen genannt:

»Meinen Bogen setze ich in die Wolken; er soll das Bundeszeichen sein zwischen mir und der Erde.« (1. Mos. 9,13)

Diese Deutung ist neu. Sie gibt es in keiner der Mythen anderer Völker. Alle Völker kannten zwar die Spektralfarben des Regenbogens, alle sahen in ihm etwas Unerklärliches, das von den Göttern kam – ein Zeichen der Versöhnung jedoch war er bei keinem dieser Völker. In der Edda war der Regenbogen die Brücke, auf der die Götter zur Erde stiegen, bei den mittelamerikanischen Indianern war er der Weg der Toten in die ewigen Jagdgründe, und in indischen Sagen ist er der Bogen des Kriegsgottes.

Noch heute gibt es bei den Zulus »Regenbogenhunde«. Jene nämlich, die zufällig so stehen oder liegen, daß hinter ihrem Rücken der Regenbogen die Erde zu berühren scheint. Die Zulus sind davon überzeugt, daß ein solcher Hund über den Regenbogen vom Himmel gekommen ist. Wer ihn fängt, hat eine »große Medizin« und wird als Zauberer verehrt.

Seit René Descartes, dem großen französischen Philosophen und Mathematiker, wissen wir, wie das Farbenspiel des Regenbogens entsteht – durch Brechung und Reflexion der Sonnenstrahlen in den einzelnen Regentropfen.

Wir wissen, daß das Zentrum eines Regenbogens immer das Auge dessen ist, der ihn erblickt. Wie dieser Mensch sich auch bewegt, seitwärts, vorwärts oder rückwärts – der Regenbogen bewegt sich immer mit ihm.

Das alles wissen wir, aber sind wir damit hinter das wahre Geheimnis des Regenbogens gekommen? Sein Farbenspiel mag erklärbar sein – zu begreifen ist es nicht.

Der Regenbogen als Bund zwischen Himmel und Erde, zwischen Gott und Menschen – das ist eine jener Deutungen, die etwas Endgültiges hat. Sie steht über jeder wissenschaftlichen Erklärung. Nur in der Bibel finden wir sie.

»Auf, bauen wir uns eine Stadt und einen Turm mit einer Spitze
bis zum Himmel.«
(1. Mos. 11,4)

Warum der Turm zu Babel kein Weltwunder war

Die Anzahl der Weltwunder ist bekannt: Sieben. Wieder einmal die
mysteriöse Zahl Sieben! Sie einzeln aufzuzählen ist ein beliebtes Gesell-
schaftsspiel, doch nur wenige kommen dabei über vier. Das muß kein
Wissens-Minus sein, zählen Sie einfach ein paar bedeutende Bauwerke auf,
die Ihnen gerade in den Sinn kommen, denn schon in der Antike zählte
man mal diese, mal jene Bauwerke zu den Wundern. Nur an der Zahl
Sieben wurde nicht gerüttelt. So stark war die Magie dieser Zahl.

Heute hält man sich an eine Aufstellung, die der griechische Dichter
Anripatros im Jahre 130 v. Chr. schriftlich niederlegte:

○ Der Artemis-Tempel zu Ephesus (im Kapitel über Paulus steht mehr
über diese Göttin).
○ Die Pyramiden von Gizeh (146 Meter ragte die Spitze der höchsten
empor!).
○ Das Bildnis des Zeus aus Gold und Elfenbein im Tempel zu Olympia.
○ Der Leuchtturm von Pharo bei Alexandria (noch heute heißt nach ihm
im Spanischen und Portugiesischen der Leuchtturm »faro«).
○ Der Koloß von Rhodos, der breitbeinig auf den beiden Molen des
Inselhafens gestanden und so groß gewesen sein soll, daß die Schiffe
zwischen seinen Beinen in den Hafen segeln konnten.
○ Die Hängenden Gärten der Semiramis im Babylon des Königs Nebu-
kadnezzar.
○ Das Grabmal des Königs Mausolos in Halikarnassos (das Wort »Mau-
soleum« stammt von diesem Grabmal).

Das sind die »offiziellen« Sieben Weltwunder. Doch sooft sich auch die
Auswahl der Bauwerke änderte – nie war der Turm zu Babel unter den
Wundern. Ausgerechnet jener Turm, der über Jahrtausende die Phantasie
der Menschen am meisten beflügelte! Ausgerechnet der fehlt. Warum?

Die Antwort verblüfft: Weil dieser Turm, den die Bibel als Beispiel
menschlicher Hybris nennt, wahrscheinlich gar nicht in Babel stand.
Oder, vorsichtiger ausgedrückt: Weil der Turm zu Babel gar nicht so
einmalig war, daß er besonderer Erwähnung als architektonisches Wunder
wert gewesen wäre.

Denn der Bericht vom Turmbau steht nicht im historischen Teil des

Alten Testaments, sondern als letzte der Schöpfungsmythen. Er ist ein Sinnbild – keine Tatsache!

Nur weil Babylon später in der Geschichte des jüdischen Volkes eine so einschneidende Rolle spielt, nur deshalb verschmilzt in der Erinnerung der Bibelleser der Turm von Babel mit dem Bericht vom babylonischen Exil. Doch das ist falsch.

Der Bericht vom Turmbau ist nicht Geschichte, sondern *eine* Geschichte. Eine Geschichte, die für Literaturhistoriker interessanter ist als für Archäologen. Um keine Gelegenheit für eine babylonische Sprachverwirrung durch Fremdworte auszulassen: Sie ist eine »Ätiologie«, also eine Erzählung, die Realität und allgemein bekannte Tatsachen als Sinnbild verwendet.

Genau wie die Sintflut ist die babylonische Sprachverwirrung als Strafgericht Gottes zu verstehen. Das erste, die Sintflut, richtete sich gegen alles, was da kreucht und fleugt. Das zweite Strafgericht galt nur den Menschen. Da Gott ihnen aber durch den Regenbogen versprochen hatte, daß sie nicht mehr vernichtet werden sollten, wurden sie diesmal nur durch Sprachverwirrung bestraft.

Verwirren aber heißt in hebräisch »balal«, und dieser Sprachanklang war es wahrscheinlich, der die Parabel vom Turmbau und seinen Folgen ins ähnlich klingende Babel verlegte. Denn keine Stadt haßten die Israeliten mehr als dieses Bab-ili, dieses »Tor Gottes«, das hebräisch »Babel«, griechisch »Babylon« hieß.

Babel – das ist nicht nur die erste namentlich genannte Stadt in der Bibel, dieser Name wurde zum Synonym für »Erzfeind«. Nicht nur im Alten, auch im Neuen Testament. Dort steht »Babel« als Deckname für das nicht weniger verhaßte Rom.

Warum hat diese Turmbaugeschichte, die in knappen elf Sätzen erzählt wird, die Menschen aller Jahrhunderte immer wieder beschäftigt? Wahrscheinlich, weil sie ein Musterbeispiel an Genauigkeit im realistischen Detail und an Präzision in der gedanklichen Aussage ist.

Die realistischen Angaben sind wirklichkeitsnah und informativ. Schon der zweite Satz liefert exakte historische Informationen:

Als sie nun von Osten aufbrachen, fanden sie eine Ebene im Land Schinar und siedelten sich dort an. (1. Mos. 11,2)

Schinar, das ist das biblische Wort für Mesopotamien oder, wie wir heute sagen, für das Land Sumer.

Die Sumerer sind in diesem Bibelsatz gemeint, wenn von »sie« die
Rede ist. Heute wissen wir, daß die Sumerer Nomaden waren, die aus dem
Osten ins Zweistromland kamen und dort seßhaft wurden. Etwa 3500
v. Chr. muß das gewesen sein.

Auf unseren heutigen archäologischen Wissensstand gebracht, hieße
demnach dieser Bibelsatz etwa so: »Die Sumerer, ein Nomadenvolk,
kamen aus dem Osten und siedelten in Mesopotamien.«

Sinear, Mesopotamien, Sumer, Chaldäa – alles Namen für ein und dieselbe Landschaft, in der heute der Staat Irak liegt. Irak – treffender Name.
Er heißt übersetzt »Uferland«, und der Uferschlamm von Euphrat und
Tigris hat diese Landschaft geschaffen, geprägt, verändert. So verändert,
daß die Mündung beider Flüsse heute 150 Kilometer östlicher liegt als vor
fünftausend Jahren. – Doch weiter im Bibeltext. Der nächste Satz lautet:

*»Auf, formen wir Lehmziegel und brennen wir sie zu Backsteinen.« So dienten
ihnen gebrannte Ziegel als Steine und Erdpech als Mörtel.* (1. Mos. 11,3)

Gebündelter und knapper lassen sich Informationen kaum formulieren:
»Ziegel als Stein«, weil es in Sumer weder Steine noch Holz, noch Metall
gab. Lehmziegel ersetzten die fehlenden Steine. Sie wurden und werden
aus Lehmbrei hergestellt, der in Holzrahmen gefüllt und glattgestrichen
wird, in der Sonne getrocknet oder im Feuer hartgebrannt wird. Heute wie
vor viertausend Jahren.

Erdpech, also Teer, diente als Mörtel und – wie die Ausgrabungen
zeigten – als Isolierung gegen das Grundwasser. Wie auch heute noch an
unseren Baustellen. Der nächste Satz der Turmbauparabel gibt Hintergrundinformation:

*Dann sagten sie: »Auf, bauen wir uns eine Stadt und einen Turm mit einer
Spitze bis zum Himmel, und machen wir uns damit einen Namen, dann
werden wir uns nicht über die ganze Erde zerstreuen.«* (1. Mos. 11,4)

Der Entschluß eines Nomadenvolkes, seßhaft zu werden, seine Wande-
rungen zu beenden, sich nicht mehr zu »zerstreuen«, klingt aus diesem
Satz. Ein Turm aber war in dieser ebenen Landschaft architektonischer
und geistiger Mittelpunkt jeder größeren Siedlung. Nicht nur in Babylon.
Die mesopotamische Ebene ist übersät mit Turmstümpfen aus hartge-
brannten Ziegeln, die vom Flugsand der Zeit zugeweht wurden. In Ur,
Uruk, Eridu, Assur und und – überall stehen diese Göttertürme.

»Zikkurat« ist ihr akkadischer Name. Die Zikkurat, weiblich. Das Wort bedeutet nichts anderes als »hoch sein«, »sehr steil sein«. Bereits 2200 v. Chr. verkündete ein sumerischer Fürst auf einer Keilschrifttafel am Fuße einer dieser Zikkurats: »Meinen Tempel hat Enimu bis zum Himmel gebaut. Von meinem Tempel blickt der König in weite Fernen. Mein Tempel gleicht dem Sturmvogel der Götter. Vor meinem Tempel wird der Himmel wanken. Sein Glanz wird bis an den Himmel reichen.«

Wieso bauten die Sumerer ausgerechnet Türme? Wieso bauten ausgerechnet die Sumerer Türme? Welche Fragenvariante man auch wählt – wir wissen keine verbindliche Antwort.

Diese Türme, meinen einige Archäologen, sollten Schutz gegen Überschwemmungen bieten. Die Angst vor einer neuen Sintflut klingt durch diese Antwort, doch sie überzeugt nicht. Wozu hätte man zu diesem Zweck neunzig Meter hohe Türme bauen sollen, auf deren Spitze nur ein paar Dutzend Menschen Platz hatten?

Die Sumerer, orakelten andere, stammten aus einem Bergland. Sie bauten sich die Türme als Berg-Ersatz, weil sie offenbar gewohnt waren, ihre Götter auf Berggipfeln zu verehren. Diese Erklärung bleibt eine Vermutung, solange wir nicht wissen, ob sie wirklich aus einem Bergland kamen und ob sie tatsächlich ihre Götter auf Bergen verehrten.

Eine Gruppe von Wissenschaftlern glaubt, die Zikkurats seien Observatorien gewesen, von deren Spitze aus die Priester die Gestirne beobachteten.

Für diese Theorie sprechen zwei Gründe: einmal die Ähnlichkeit der Zikkurats mit den Maya-Pyramiden, bei denen es als erwiesen gilt, daß sie astronomischen Zwecken dienten, und zweitens die Tatsache, daß sich die Babylonier sehr eingehend mit der Bestimmung und Deutung der Gestirne beschäftigten. Ihre Erkenntnisse sind noch heute die Grundlagen für unsere Horoskope und Wahrsagebücher! Sosehr sich auch die Welt veränderte, wie herrlich weit wir's auch gebracht haben, magische Symbole und ihre Auslegung blieben seit viertausend Jahren die gleichen. Was wieder einmal bestätigt: Nichts ist beständiger als das Unbeweisbare.

Fest steht: Der Babylonische Turm, der als Vorlage für die Bibelparabel über menschliche Überheblichkeit gedient haben kann, war nicht jener, über den Herodot, der griechische Reisende in Sachen Geschichte, ausführlich berichtete: »In der Mitte des Heiligtums erhebt sich ein gemauerter Turm, je ein Stadion lang und breit. Auf diesem Turm steht ein zweiter, kleiner Turm, auf ihm ein dritter und so fort. Insgesamt stehen acht Türme übereinander. Zu all diesen Türmen führen Außentreppen. Ist man bis zur

Hälfte hinaufgestiegen, kann man sich auf Bänken ausruhen. Oben auf dem Turm steht ein großer Tempel. In ihm befindet sich ein breites Lager mit Kissen und einem goldenen Tisch . . . In diesem Tempel darf sich in der Nacht nur jene Babylonierin aufhalten, die sich Gott Marduk ausgesucht hat . . .«

Eine farbige Schilderung – das dumme ist nur, daß Herodot, der ebenso reiselustige wie flunkernde Grieche, diesen Turm nicht mit eigenen Augen gesehen haben kann. Herodot war etwa um 450 v. Chr. in Babylon, der Turm aber wurde 482 vom Perserkönig Xerxes zerstört, und diesmal endgültig. Zwar hat Alexander der Große versucht, ihn als Wahrzeichen für die Hauptstadt seines Weltreiches wiederaufzubauen, doch als er 323 v. Chr. in Babylon starb, wurde mit ihm auch dieser ehrgeizige Plan begraben.

Wer heute durch die Ruinen Babylons geht, findet weder Reste des Tempels noch des Turms. Eine riesige Baugrube, mit Grundwasser gefüllt, ist das trostlose Zeugnis dieses letzten Versuchs, den Turm von Babel wiederaufzubauen.

Durch Grundwasser sind seine Rest für die Spaten der Archäologen unerreichbar, werden es wohl für immer sein. Doch man hat Vergleiche zu anderen Zikkurats gezogen, Berechnungen angestellt. André Parrot, Hauptkonservator der französischen Nationalmuseen, legte sich zentimetergenau fest: Die Grundfläche war quadratisch, jede Seite 91 Meter lang, die sieben Stufen des Turms erreichten eine Gesamthöhe von 91,5 Metern. Nicht 90 oder 91, nein, einundneunzig Komma fünf! Archäologen müssen so sein.

Wir aber sollten uns hüten, durch solche Kommastellen-Genauigkeit den Blick für das Wesentliche zu verlieren. Zu leicht sieht man dann den eigentlichen Sinn vor lauter Türmen nicht.

Wer heute einen Eindruck gewinnen will, wie diese Göttertürme die Landschaft beherrschten, muß die Zikkurat von Ur besichtigen, die die irakische Regierung bis zur ersten Terrasse wiederaufbauen ließ. Ihre Freitreppe scheint direkt in den Himmel zu führen – so muß der Eindruck auch beim Turm von Babel gewesen sein, wenn man vor seiner fünfzig Meter ansteigenden Treppe stand. Ein architektonisches Erlebnis. Es scheint, als sei »eine Leiter auf die Erde gestellt, die mit der Spitze an den Himmel rühre, und die Engel Gottes steigen daran auf und nieder«.

Der Vergleich steht im Alten Testament unter 28,12 im 1. Buch Mose in der Zürcher Bibel. Dort wird Jakobs Traum von der Himmelsleiter geschildert. Denkbar, daß die Anregung dazu von einem dieser Tempeltürme kam.

Welcher Turm als Modell für die Erzählung vom Turmbau diente – die Frage wird zweitrangig, wenn man den Sinn dieser lebensklugen Erzählung herausschält. Gott, wird uns hier erzählt, straft die Menschen, indem er ihre Sprache verwirrt. Er straft sie dort, wo der deutlichste Unterschied zwischen ihnen und den Tieren liegt: Er blockiert die Weitergabe von Gedanken durch die Sprache. »Daß wir miteinander reden können, macht uns zu Menschen«, hat Karl Jaspers gesagt. Die Sprachverwirrung verhindert aber nicht nur die Verständigung untereinander, sondern auch das Verständnis füreinander. Mit der Sprachbarriere kam das Mißverständnis in die Welt.

Das Wort des Charles Maurice, Herzog von Talleyrand: »Die Sprache ist dem Menschen gegeben, um seine Gedanken zu verbergen« – was ist es anderes als die zynische Gebrauchsanweisung für die Möglichkeiten, die durch die babylonische Sprachverwirrung geschaffen wurden?

Sprachverwirrung und Zerstreuung über die Erde aber hat die Menschheit nicht davon abgehalten, sich immer wieder an Unternehmungen zu erproben, die, wenn sie gelingen, den Satz aus der Turmbau-Erzählung bestätigen: »Jetzt wird ihnen nichts mehr unerreichbar sein, was sie sich auch vornehmen.«

Wer ist schon bereit, auf ein zweites Pfingstwunder zu warten, bei dem jeder des anderen Sprache versteht? Unsere ungeduldigen Techniker haben auch hierfür bereits eine Lösung gefunden. Mit ihrer Einheitsprache der Zahlen und Formeln verständigen sich West und Ost, bauen mit ihrer Hilfe unsere Türme in den Himmel, die Abschußrampen der Weltraumraketen, die Wasserstoff- und Neutronenbomben, die Kernkraftwerke. Technische Großtaten wie diese – sind sie nicht unser Turm von Babel? »Der Anfang unseres Tuns, von dem an nichts unerreichbar ist.« Nichts. Auch nicht die totale Vernichtung. Der Turm zu Babel wird noch immer gebaut. Überall in der Welt.

Der Turm von Babel ist das moralische Ausrufungszeichen am Ende der Schöpfungsmythen des Alten Testaments. Heute mehr denn je.

>Da fiel Abraham auf sein Gesicht nieder und lachte . . .«
(1. Mos. 17,17)

Der Traum vom Gelobten Land

Abraham gibt Rätsel auf
Josef – Sklave im Ministerrang
Mosis Rat »Auge um Auge« – Ein humanes Gesetz?

RÄTSEL UM ABRAHAM

Angenommen, Alois Huber aus Innsbruck heiratet eine Jüdin und nimmt deren Glauben an, dann heißt er von diesem Augenblick an Alois Abraham Huber. Der zusätzliche Vorname Abraham ist äußeres Zeichen, daß er von nun an zu jenem Volk gehört, dessen Stammvater Abraham ist.

Abraham ist die erste historische Figur der Bibel. Kein Wissenschaftler zweifelt mehr daran, daß er gelebt hat, obgleich es nicht einen einzigen schlüssigen Beleg dafür gibt, wann und wo er lebte. Was die Bibel über Abraham berichtet, vermischt Historie mit Mythos und spätere Zutat mit Althergebrachtem, das auf Abraham und seine Zeit umgemünzt wurde.

Abraham, steht in der Bibel, hieß eigentlich Abram. Gott selbst änderte seinen Namen:

»Man wird dich nicht mehr Abram nennen, Abraham wirst du heißen, denn zum Stammvater einer Menge von Völkern habe ich dich bestimmt.«
(1. Mos. 17,5)

Hinter der Namensänderung steckt Symbolik. »Abraham« kann auf hebräisch »Vater der Völker« heißen. Abraham, der ewige Wanderer, der Heimatlose, wurde zur Symbolfigur eines Volkes, dessen ruheloses Schicksal dem seinen so sehr gleicht.

Für Christen ist Abraham eine der Schlüsselfiguren für das Verständnis der Bibel. Zusammen mit seinem Sohn Isaak und seinem Enkel Jakob gilt er für Katholiken als einer der Erzväter, »Patriarchen«, wie sie in einigen Bibelausgaben genannt werden. Abrahams Ahnentafel wird in der Bibel aufgezählt. Er ist Noachs zehnter Nachkomme, der erste Mensch nach

63

Noach, mit dem Gott wieder direkt spricht. Sogar der Stammbaum Jesu wird von Matthäus über König David bis Abraham geführt. Lukas verlängerte ihn sogar noch bis Adam.

Die beiden Evangelisten haben die Abstammung von Jesus bis Abraham zurückgeführt, da mit ihm die politische und religiöse Geschichte des jüdischen Volkes beginnt und somit betont werden konnte, daß Jesus der erwartete Messias war. Aber auch für den Islam, der erst sechshundert Jahre nach Christus entstand, ist Abraham ein Heiliger.

»Wer hat eine schönere Religion als der, der ergeben sein Angesicht Gott zuwendet, liebfromm ist und dem Bekenntnis Abrahams, des Rechtgläubigen, folgt. Und Gott machte Abraham zu seinem Freund.« So steht es im Koran, der heiligen Schrift des Islam, in der vierten Sure, Vers 124.

Als vor gut hundert Jahren die erste Tontafel mit dem Namen Abraham (Ibrahim) aus dem Sand Mesopotamiens gegraben wurde, glaubte die Wissenschaft, den Beweis für die historische Existenz dieses Mannes in der Hand zu haben.

Inzwischen jedoch gibt es so viele Tafeln aus den verschiedensten Jahrhunderten und unterschiedlichsten Kulturkreisen mit dem Namen Abraham oder Ibrahim, daß Ratlosigkeit den ersten Jubel ablöste.

Es klingt paradox, aber es stimmt: Die vielen archäologischen Entdeckungen in den letzten hundert Jahren haben die historische Ortung Abrahams nur erschwert. Das Rätselraten, wann und wo Abraham gelebt haben könnte, nahm mit jedem Fund zu. Der heutige Wissensstand um Abraham ist etwa so, als wüßten wir in der neueren Geschichte nicht, ob Napoleon ein Gegenspieler Caesars oder ein Verbündeter Churchills war.

Die drei großen Ws aller geschichtlichen Ordnung – wann lebte er, wo lebte er, als was lebte er? – sind für Abraham nicht beantwortet.

Wie immer, wenn Beweise fehlen, hilft sich die Wissenschaft mit Theorien. Die Bibelarchäologie hat gleich drei aufgestellt. So verschieden sie sind – für jede sprechen gute Gründe.

Abraham lebte . . .

. . . im Reich von Sumer, also etwa im 2. Jahrtausend v. Chr.,

. . . im Mitanni-Reich, das nur vom 14. bis 16. Jahrhundert v. Chr. bestand,

. . . im Reich von Ebla, das seine Blütezeit im 3. Jahrtausend v. Chr. erlebte.

Für die Sumer-Theorie sprechen die meisten Belege, so auch der folgende Satz:

Terach nahm seinen Sohn Abram, seinen Enkel Lot, den Sohn Harans und seine Schwiegertochter Sarai, die Frau seines Sohnes Abram, und sie wanderten miteinander aus Ur in Chaldäa aus . . . (1. Mos. 11,31)

»In Chaldäa« heißt nichts anderes als »in der Ebene«. Wir würden heute sagen: »Ur in Sumer«. Das Wort Sumer jedoch kommt in der Bibel nicht vor. Diese Bezeichnung für Südmesopotamien wurde erst um 1850 von dem französischen Altertumsforscher Jules Oppert eingeführt. Die Bibel spricht von Sinear oder Schinar.

Ur, das wußte man, lag im sumerischen Gebiet. Lange glaubten die Archäologen, es sei nur ein Nomadenlager gewesen, eine Wasserstelle mit einigen Zelten aus Ziegenhaar. Vor dem prächtigsten, dem mit den meisten Zeltstangen, saß Stammvater Abraham und freute sich seiner Familie und seines Viehs. Entsprechende Bilder hingen noch zur Jahrhundertwende in vielen Wohnungen. Damals schon war klar, daß diese Darstellungen falsch waren. 1854 hatten englische Altertumsforscher Ur ausgegraben. Keinen Lagerplatz, sondern eine Königsstadt! Eine Stadt mit gepflasterten Straßen, mit mörtelverputzten Häusern, von denen die meisten zwei Stockwerke und oft mehr als zehn Zimmer hatten. Die Vorstellung vom Viehtreiber Abraham wurde durch diese Funde weggewischt. Dieser Mann, das schien sicher, war geachteter Bürger einer Weltstadt gewesen!

Touristen unserer Tage brauchen viel Phantasie, sich die einstige Bedeutung Urs vorzustellen. Stehen sie am Ausgrabungsplatz, sehen sie nichts als Lehmziegelfundamente, verloren in der unendlichen Weite einer öden Ebene.

Vor viertausend Jahren aber war diese Ebene bepflanzt. Der Euphrat floß an Ur vorbei, und ein ausgetüfteltes System von Bewässerungsanlagen machte das Land fruchtbar.

Heute schlängelt sich der Euphrat 20 Kilometer von Urs Ruinen entfernt durch den trockenen Boden, und nur vom Flugzeug aus entdeckt man Spuren der antiken, zugewehten Bewässerungskanäle.

Nirgendwo ist das Schicksal der Städte so von den Flüssen abhängig wie in Mesopotamien. Nur dort, wo sie fließen, entwickelt sich Leben. Es stirbt, wenn der Fluß seinen Lauf ändert. Ur ist dafür nur ein Beispiel von vielen. Die Babylonier wußten, was sie dem Euphrat verdankten – sie verehrten ihn als Göttin.

Heute streiten sich um die einstige Göttin gleich drei Länder, die sich ohnehin spinnefeind sind: die Türkei, Syrien und der Irak.

Läuft alles nach Plan, wird 1988 das Tal des Euphrats in der südlichen

Türkei, in dem sich zur Zeit über zweihundert archäologische Grabungsfelder befinden, überschwemmt sein. Gigantische Stauseen sollen der Energiegewinnung dienen und gleichzeitig die Bewässerung von 1,3 Millionen Hektar Land sicherstellen.

Jenseits der Grenze, in Syrien, wird jedoch gleichzeitig ein Staudamm errichtet, und auch im Irak ist geplant, den Euphrat noch stärker als bisher zur Bewässerung der landwirtschaftlich genutzten Flächen heranzuziehen. Keines der Vorhaben ist mit den beiden anderen koordiniert. Sollten wirklich alle drei realisiert werden, sind sie zum Scheitern verdammt. Um sie effektiv werden zu lassen, müßte der Euphrat doppelt soviel Wasser führen, wie er es seit Jahrhunderten tut.

Es bleibt also dabei: Auch in der Gegenwart und der Zukunft entscheidet sich das Schicksal Mesopotamiens an den Ufern des Euphrat, so wie es schon im Altertum war.

Damals muß ein kluges, reiches und friedfertiges Volk an seinen Ufern in Ur gelebt haben. Keilschrifttexte zeugen davon, aber auch Schmuckstücke von erlesener Schönheit. Sie sind von einer handwerklichen Perfektion und einem künstlerischen Stilgefühl, das in dieser Vollendung bisher nur aus ägyptischen Funden bekannt war. Diese Kunstwerke aber wurden tausend Jahre früher geschaffen!

Als man gelernt hatte, diese Keilschrift zu lesen, sprachen aus ihren Zeichen Menschen zu uns, die vor viertausend Jahren gelebt hatten.

Sprichworte wie: »Offener Mund zieht Spatzen an«, »Für das Vergnügen Heirat, beim Nachdenken: Trennung« und Verträge, wie der mit einem Leichenbestatter, der für seine Arbeit »sieben Krüge Bier und 420 Brote« erhielt, lassen den sumerischen Alltag ebenso präsent werden wie dies Rezept gegen Magenschmerzen: »Gieße starkes Bier über Harz, erhitze es, und mische die Flüssigkeit mit Öl, dann gib es den Kranken zu trinken.«

Doch so viele Tafeln auch entziffert wurden – nicht eine enthielt einen Hinweis auf Abraham. Kein Handelsvertrag, der seinen Namen trug, keine Güteraufstellung mit seiner Unterschrift.

Der Bibelsatz »Ich bin der Herr, der dich aus Ur in Chaldäa herausgeführt hat . . .« fand keine Bestätigung durch außerbiblische Hinweise. Es blieb offen, ob Abraham ein Bürger dieser Königsstadt gewesen ist.

Doch etwas anderes, nicht weniger Wichtiges, wurde durch die Entzifferung der Tontafeln von Ur erreicht: Bibelstellen, deren Sinn bis dahin unverständlich war, fanden durch sumerische Texte eine Erklärung.

So gibt Gott an Abraham sehr genaue, aber ebenso verwirrende Anweisungen, was dieser alles zu tun habe, damit Gott mit ihm einen Bund schließt. Nämlich:

»Hol mir ein dreijähriges Rind, eine dreijährige Ziege, einen dreijährigen Widder, eine Turteltaube und eine Haustaube!« Abraham brachte ihm alle diese Tiere, zerteilte sie und legte je eine Hälfte der anderen gegenüber ... Die Sonne war untergegangen, und es war dunkel geworden. Auf einmal waren ein rauchender Ofen und eine lodernde Fackel da; sie fuhren zwischen jenen Fleischstückchen hindurch. (1. Mos. 15,9–17)

Jahrhundertelang rätselten die Gelehrten, wozu diese Umstandskrämerei beim Abschluß eines Vertrages zwischen Gott und Abraham geschildert wurde. Als die sumerischen Texte entziffert waren, wurde klar: Mit diesem Ritual hat man im Zweistromland Verträge besiegelt. Erst wenn die beiden Vertragspartner zwischen den blutigen Fleischstücken hindurchgeschritten waren, war ihre Absprache gültig. Der Sinn dieser Handlung war augenfällig: Hielt einer der Partner den Vertrag nicht ein, erginge es ihm wie den Opfertieren.

In diesem Fall schreitet nur Gott – als Fackel – zwischen den geteilten Opfertieren. Er allein ist es ja auch, der diesen Vertrag abschließt und sich verpflichtet, ihn einzuhalten. Es ist das erste Mal, daß Gott als Fackel oder Feuersäule symbolisiert wird. Später, beim brennenden Dornbusch und beim Exodus, zeigt er sich erneut durch Flammen.

Beispiele wie dieser Vertragsritus könnten Beweise sein, daß Abraham im 2. Jahrtausend v. Chr. im Land Sumer lebte. Könnten! Wenn nicht aus anderen Epochen ähnliche Belege vorlägen. Die Bibel nennt zwar Ur, aber sie nennt auch noch einen anderen Ortsnamen:

Als sie aber nach Haran kamen, siedelten sie sich dort an. (1. Mos. 11,31)

Dort in Haran! Den Ort – oder richtiger: seine Ruinen – gibt es noch. In der Türkei nahe der syrischen Grenze. Warum sollte nicht Haran der Wohnsitz Abrahams gewesen sein?

Haran lag im Reich der Mitanniter oder Hurriter oder Churiter oder Horiter – der Kopf kann einem schwirren bei so vielen Völkernamen. Lassen Sie sich nicht verwirren – alle vier Namen bezeichnen ein und dasselbe Volk. Die Bibelarchäologen sprechen heute nur noch von den Hurritern.

Dieses Volk kam aus Asien, gehörte zur indoeuropäischen Rasse und siedelte sich am Oberlauf von Euphrat und Tigris an. Hier gründeten sie im 14. Jahrhundert v. Chr. ihr Reich, das die Archäologie nach der Führungsschicht dieses Volkes Mitanni-Reich nennt.

»Gründeten« ist eine jener verharmlosenden Formulierungen, die Historiker gern gebrauchen, wenn sie von den Eroberungen eines Volkes berichten, das sympathische Charakterzüge hat. Die Hurriter waren sympathisch. Ihr höchstes Glück der Erde fanden sie auf dem Rücken der Pferde, sie züchteten und dressierten sie, und statt Gedichte verfaßten sie lange Abhandlungen über Pferdedressur und -haltung.

Im übrigen müssen sie sich so recht als überlegene Eroberer gefühlt haben, was sich unter anderem darin dokumentiert, daß sie die Namen der eroberten Städte nach ihrem Sprachgebrauch änderten. Eine Methode, die uns von den »Herrenmenschen« unseres Jahrhunderts noch in Erinnerung ist. So wie diese zum Beispiel aus Gdingen Gotenhafen machten, so tauften bereits die Hurriter die alte Stadt Gazar in Nuzu (oder Nuzi) um und machten sie zu ihrer Hauptstadt. Haran, die Stadt, in der Abraham sich niederließ, behielt ihren Namen.

Vom damaligen Haran und seiner Umgebung haben wir einen farbigen Augenzeugenbericht. Als der ägyptische Prinzenerzieher Sinuhe um 1950 v. Chr. vor dem Zorn des Pharao nach Syrien fliehen mußte, lebte er eine Zeitlang in Haran und notierte in seiner abenteuergespickten Biographie: »Es war ein fruchtbares Land. Es gab Feigen und mehr Wein als Wasser, auch viel Honig und im Überfluß Oliven. Die Bäume hingen voller Früchte. Unermeßlich waren die Herden. Es gab Gerste und Emmer . . .« Emmer ist eine harte, rote Weizenart. Ernährungsprobleme gab es demnach nicht, und auch der Handel blühte.

Haran war ein Knotenpunkt der Karawanenstraßen. In Harans Hütten und Häusern machte man Rast, wickelte seine Geschäfte ab und gönnte den Lasttieren – Eseln – ein paar Tage Ruhe. Eine Durchreisestadt mit ständigem Kommen und Gehen.

Ganz anders als heute. Altinbasak heißt die Ortschaft in unmittelbarer Nähe der Ruinen von Haran. Verirrt sich ein Auto hierher, wird es von den Bauern bestaunt, die ihre Felder bestellen und sich ärgern, wenn steinerne Ruinenreste in ihre Pflüge Scharten schlagen.

Archäologen haben in Haran gegraben, doch sie fanden nichts, was die Mühen und Kosten gelohnt hätte. Aber die Häuser der Bauern erzählen von der Vergangenheit. Sie sind heute noch genauso gebaut wie vor viertausend Jahren. Trulli heißen und hießen diese bienenkorbartigen Ziegelbauten, deren hohe Kuppeln für Kühle in den beiden Innenräumen sorgen. Durch ein Loch in der Kuppelspitze zieht der Rauch des Herd-feuers ab. Kleine Öffnungen an den Seiten lassen das Sonnenlicht herein, die Hitze aber draußen. Teppiche und Sitzkissen machen die Trulli wohn-lich. Lebte Abraham in einem solchen Bienenkorb?

Die Wahrscheinlichkeit ist groß. Jedenfalls ist die Wissenschaft seit 1938 dieser Ansicht. Damals begannen amerikanische Archäologen, die Stadt Gazur – die die Mitanni in Nuzu umtauften – auszugraben. Ihr wichtigster Fund waren viertausend Tontafeln. Nicht viel im Vergleich zu anderen Fundstätten, bei denen über zwanzigtausend Tafeln gefunden wurden. Aber die Texte der viertausend Tafeln berichten Verblüffendes: Dieses Volk aus Asien war nicht nur pferdenärrisch, sondern verfügte bereits über eine abgestufte und schriftlich fixierte Sozialordnung. Damit hatte nie-mand bei diesen Pferdenarren gerechnet, und diese Sozialordnung deckte sich mit Angaben der Bibel über Abrahams Lebensumstände.

So verstand bis zu diesen Funden niemand, warum Abraham sich bei seinem Gott beklagt:

»Du hast mir ja keine Nachkommen gegeben, also wird mich mein Haus-sklave beerben.« (1. Mos. 15,3)

Die Texte von Nuzu bestätigen: Sklavenhaltung war üblich, und nach hurritischem Recht mußte ein Fremder als Erbe eingesetzt werden, wenn ein leiblicher Erbe fehlte.

Doch es kam noch handfester! Unter vielen Ereignissen in Abrahams Leben ist eines der unbegreiflichsten sein Ansinnen an seine Frau Sarai (später Sara), als beide nach Ägypten kamen. Abraham machte Sarai doch tatsächlich den Vorschlag:

»Ich weiß, du bist eine schöne Frau. Wenn dich die Ägypter sehen, werden sie sagen: Das ist seine Frau!, und sie werden mich erschlagen, dich aber am Leben lassen. Sag doch, du seist meine Schwester, damit es mir um deinetwe-gen gutgeht und ich um deinetwillen [klarer wäre: durch dich] am Leben bleibe.« (1. Mos. 12,11–13)

Das ist doch ein starkes Stück! Selbst wenn Sarai, wie die Bibel berichtet, Abrahams Halbschwester war (die Tochter seines Vaters, nicht die seiner Mutter), zeugt dieser Ehefrau-Schwester-Tausch nicht eben von Edelmut und Charakterstärke.

Generationen von Bibellesern haben vergeblich nach einer überzeugenden Erklärung für dieses Tausch- und Täuschungsmanöver gesucht. Erst durch die Funde von Nuzu kam Licht in diesen Bericht, und Abrahams Ansinnen wurde, wenn schon nicht verständlich, so doch erklärt.

Denn hurritische Texte sagten klipp und klar, daß bei ihnen das Leben des Mannes über der Ehre einer Frau stand. Frauen waren Freiwild. Mit einer Ausnahme: Die Schwester war dem Bruder sozial gleichgestellt. Es war also keine Herabsetzung, sondern eine Auszeichnung, wenn der Ehemann seine Frau in den Rang einer Schwester erhob. Die Schwester war tabu.

Den Ägyptern war diese Einstufung Schwester über Ehefrau unbekannt, weshalb denn auch der Pharao Abraham Vorwürfe machte:

> *»Warum hast du behauptet, sie sei deine Schwester, so daß ich sie mir zur Frau nahm? Nun, da hast du deine Frau wieder, nimm sie und geh!«*
>
> (1. Mos. 12,18)

Wie wenig eine Frau in der hurritischen Sozialordnung zählte, wird ein paar Seiten weiter auf drastische Weise deutlich. Abrahams Neffe Lot in Sodom hatte zwei Fremden Gastrecht gewährt, denen andere Männer »beiwohnen« wollten.

Diese homosexuellen Praktiken waren damals – und dem Vernehmen nach auch heute noch – im Nahen Osten weit verbreitet. Moses drohte die Todesstrafe auf diese Form des Verkehrs an. Auch Lot weist das Ansinnen der Sodomiten ab, bietet aber dafür einen Tausch an, der uns sprachlos macht:

> *»Seht, ich habe zwei Töchter, die noch keinen Mann erkannt haben [klarer wäre: die noch Jungfrauen sind]. Ich will sie euch herausbringen, dann tut mit ihnen, was euch gefällt.«* (1. Mos. 19,8)

Lots Angebot ist für uns unfaßbar – im Mitanni-Reich jedoch galt der Gast mehr als Ehefrauen und Töchter.

Auch ein Angebot Sarais an ihren Ehemann Abraham hat im Laufe der Jahrhunderte mal puritanische Entrüstung, mal bäuerisches Verständnis ausgelöst:

> *»Der Herr hat mir Kinder versagt. Geh zu meiner Magd. Vielleicht komme ich durch sie zu einem Sohn.«* (1. Mos. 16,2)

Abraham nahm den Vorschlag an, und seine Magd Hagar, eine Ägypterin, gebar ihm Ismael. In ihm sehen die Mohammedaner den Urvater der Araber. Sein Grab und das seiner Mutter Hagar werden in Mekka verehrt.

Was Sarai ihrem Mann vorschlägt, war bei den Hurritern Gesetz: Blieb eine Ehe kinderlos, mußte die Ehefrau eine Ersatzfrau stellen, die jedoch – auch wenn sie dem Mann ein Kind gebar – immer unter der Ehefrau stand. Selbst die Schmuckstücke, die in Nuzu gefunden wurden, entsprechen jenen, die im Abraham-Bericht erwähnt sind. So fand man goldene Nasenringe, und ein goldener Nasenreif, »einen halben Scheckel schwer«, wird ausdrücklich in der Abraham-Geschichte als eines der Brautgeschenke für Rebekka erwähnt.

Neben den Schmuckringen hat man auch wurstförmige Silber- und Goldringe ausgegraben. Diese Ringe waren die Vorläufer unserer Geldmünzen, sozusagen die Tausendmarkscheine, von denen die kleineren Beträge abgeschnitten wurden. Da es noch keine Münzen gab, wurde der Preis nach Gewicht festgelegt. Bis zur Einheitsübersetzung bezahlte denn Abraham auch sein Familiengrab in Machpela so:

. . . und Abraham wog Ephron die Summe ab . . . vierhundert Lot Silber nach dem im Handel üblichen Gewicht. (1. Mos. 23,16)

Statt »Lot Silber« heißt es jetzt »vierhundert Silberstücke zum üblichen Handelswert«. Das ist verständlicher, da aber in früheren Übersetzungen noch Gewichtsangaben in Lot stehen und auch die Einheitsübersetzung den Wert von Rebekkas Brautgeschenk in Scheckel angibt, kann ein kurzer Exkurs in alttestamentarische Börsennotierungen vielleicht ganz nützlich sein.

Der Satz »nach dem im Handel üblichen Gewicht« hatte seine Berechtigung, denn Lot wog nicht gleich Lot. Ein Lot Silber wog 16 Gramm, ein Lot Gold 16,4 Gramm. Silber war damals seltener und entsprechend wertvoller als Gold.

Ein Scheckel wog etwa 11,5 Gramm. Anfangs war es nur eine Gewichtsmenge, später wurde es eine Münzeinheit. Noch heute ist der Scheckel die Währungseinheit im Staate Israel. Das Wort kommt vom hebräischen »Schakal«, was soviel wie »wiegen«, aber auch »bezahlen« bedeutet.

All diese Einzelheiten der Lebensgewohnheiten, die von Abraham berichtet werden, decken sich so perfekt mit den Funden aus der Zeit des Mitanni-Reiches, daß es kaum noch Zweifel geben konnte: Abraham mußte zu dieser Epoche gelebt haben. Dies aber hieß: Abrahams Lebzeit rückte gut fünfhundert Jahre näher an das Jahr Null. Abraham hatte demnach nicht 2000, sondern etwa 1500 v. Chr. gelebt, denn das Mitanni-Reich wurde im 14. Jahrhundert von den Hethitern zerstört.

1977 aber plazierten neue Ausgrabungen den uns gerade um ein halbes Jahrtausend näher gerückten Abraham gleich um 1500 Jahre zurück, ins dritte Jahrtausend vor Christus. Italienische Archäologen hatten eine Stadt – nein, ein Reich, mehr noch: eine bis dahin unbekannte Kultur – wiederentdeckt! Und dies in einem Gebiet, das bis dahin als ödes Steppenland galt, durch das nur gelegentlich Nomadenstämme zogen.

Bei dem Tell Mardiq, gute fünfzig Kilometer vom syrischen Aleppo entfernt, legten sie die Ruinen einer Stadt frei: Ebla. In der Bibel wird sie nicht erwähnt, doch aus sumerischen Texten kannte man ihren Namen. Niemand aber hatte geglaubt, daß dieses Ebla so groß, so eigenständig war, wie es sich jetzt nach den Ausgrabungen zeigte: Ebla war die Metropole einer hochentwickelten altsemitischen Zivilisation. In Ebla lebten vor fünftausend Jahren eine viertel Million Menschen. So viele wie heute in Wiesbaden.

Bis zum Jahr 1977 war die Archäologie überzeugt, daß es kaum noch weiße Stellen in der Geschichte des antiken Orients gäbe, da stellten die fünfzehntausend Tontafeln des Staatsarchivs der Residenzstadt Ebla alle bisherigen Zeit- und Kultureinteilungen in Frage. Zuerst blieben diese Tafeln stumm: Sie waren mit unbekannten Schriftzeichen beschrieben. Trotz Computer und modernster Dechiffriermethoden ging man davon aus, daß es weitere Jahrzehnte dauern würde, bis diese Sprache oder wenigstens einige Wortkombinationen entziffert waren. Doch auch zur Archäologie, wie zu allem im Leben, gehört das berühmte Quentchen Glück. Die italienischen Archäologen hatten es: Unter den Tontafeln entdeckten sie ein Wörterbuch.

Tatsächlich – das erste Diktionär der Welt! Vokabeln der unbekannten Sprache waren darin den entsprechenden in sumerischer Keilschrift gegenübergestellt. Und sumerisch konnte man lesen! Damit war die Entzifferung der neuen Sprache nur noch eine Fleißaufgabe.» »Viele der Tafeln waren einfacher zu lesen als zu verstehen«, berichtete mir Professor Giovanni Petinato, der die »neue« Sprache entschlüsselte und ihr den Namen »Eblaisch« gab.

Das Licht aus dem Osten – es scheint früher geschienen zu haben, als wir bisher annahmen. Die Funde von Ebla können zu einem neuen Überdenken der Geschichte Mesopotamiens führen. So hatte Professor Petinato auf einer der Schrifttafeln den Namen »Damaskus« entziffert.

»Ausgeschlossen«, kommentierte ein Kollege aus Damaskus, »die Stadt ist zwar die älteste ständig bewohnte Stadt der Welt, aber sie existiert erst seit dem zweiten Jahrtausend.« Wenige Wochen später stürzte in Damaskus bei Renovierungsarbeiten der Boden einer Moschee ein – darunter entdeckten Archäologen Gewölbe aus dem dritten Jahrtausend! Der eblaische Text war damit bestätigt.

Nicht nur die Sprache Eblas und das Hebräische sind miteinander verwandt, auch der Grundriß des Palastes von Ebla zeigt drei axional angeordnete Räume und entsprach damit der Gliederung des Jahwe-Heiligtums Salomons in Jerusalem.

Zu den Ähnlichkeiten in Sprache und Architektur kam eine weitere bei den Götternamen. So hieß der zwölfte Monat im eblaischen Kalender »Fest des [Gottes] Kamisch«. Dieser Gott taucht auch in der Bibel auf. Dort heißt er Kemosch. Als Ebla längst untergegangen war, fünfzehnhundert Jahre später, wird ihm auf dem Ölberg in Jerusalem ein Heiligtum errichtet, das über dreihundert Jahre bestand und erst bei der religiösen Reform des Königs Josia im Jahre 622 v. Chr. niedergerissen wurde. Im 2. Buch der Könige 23,13 ist es nachzulesen.

In Ebla fand man auch Berichte von der Erschaffung der Erde, die denen des Alten Testaments ähneln und die älter sind als alle anderen Vorläufer dieser Mythen.

Im ersten Überschwang – auch Archäologen sind nur Menschen – wurden Kombinationsfäden zu Angaben des Alten Testaments gezogen, die inzwischen revidiert und abgetan sind. Anfangs wurde der eblaische König Ebrum zu jenem »Eber«, der in der Bibel als Ur-Ur-Ur-Ur-Großvater Abrahams genannt wird und aus dessen Namen wahrscheinlich das Wort »Hebräer« abgeleitet wurde.

Als bekannt wurde, daß in Eblas Staatsarchiv Handelsverträge gefunden wurden, auf denen Städtenamen aus Abrahams Welt, wie Adoma, Zibahim, Zuhar, Sodom und Gomorra, aufgeführt sind, für die es bisher keinen außerbiblischen Beleg gab, stand für viele Journalisten die Schlagzeile fest: »Abraham lebte in Ebla«. Es blieb bei der schnell vergessenen Schlagzeile.

Beweise konnten weder für Eber noch für Abraham vorgelegt werden. Abraham bleibt weiter der ewige Wanderer – auch durch die Jahrhunderte, wenn nicht gar Jahrtausende.

Die zeitliche Einordnung Abrahams wird nicht zuletzt durch Zusätze in den biblischen Berichten erschwert, die man ihm andichtete, obgleich sie sich lange vor seiner Zeit ereignet hatten, oder die man in späterer Zeit einfügte, weil man ihnen durch die Verbindung mit Abraham mehr Gewicht geben wollte. Seine Geschichte wurde in der uns überlieferten Fassung erst nach dem babylonischen Exil – etwa 530 v. Chr. – niedergeschrieben, und damals war er bereits ein Leitbild, dessen Tun und Lassen als beispielhaft galt. So befiehlt etwa Gott seinem vertrauten Abraham:

»Alle männlichen Kinder bei euch müssen, sobald sie acht Tage alt sind, beschnitten werden in jeder eurer Generationen . . .« (1. Mos. 17,12)

Diese göttliche Anordnung ist mit größter Wahrscheinlichkeit spätere Zutat, denn die Beschneidung war bei fast allen Völkern Mesopotamiens üblich. Eine hygienische Maßnahme, ähnlich dem jüdischen Verbot, kein Schweinefleisch zu essen, was dann von Mohammed auch für den Islam übernommen wurde. Schließlich betraf die Gefahr der Verseuchung durch Trichinen Juden wie Araber.

Heute wissen wir: Die Beschneidung wurde erst während der Babylonischen Gefangenschaft das Zeichen der Zugehörigkeit zum »auserwählten Volk«, denn den Babyloniern war dieser chirurgische Eingriff unbekannt. Kluge Priester haben deshalb die Beschneidung als Gottes Befehl in die Abraham-Geschichte eingebaut und sie als Zeichen des Bundes zwischen Gott und dem auserwählten Volk gedeutet, damit diese Auflage befolgt wurde.

Übrigens: In den ersten frühchristlichen Jahrzehnten wurde auch von den nichtjüdischen Christen verlangt, daß sie alle im Alten Testament aufgeführten Gesetze befolgten – und dazu gehörte die Beschneidung.

Auch die Textstelle, nach der Abraham dem König von Sodom freiwillig den Zehnten, also Steuern, gab, ist sicher spätere Einfügung. Ebenfalls von Priestern, die durch die Autorität des Erzvaters ihrer Forderung nach Tempelopfern Nachdruck verleihen wollten.

Ein Gegenbeispiel zu diesen späteren Einschüben, nämlich den Einbau sehr alter Handlungsweisen und deren Projizierung auf Abraham, bietet die Erzählung von dem Befehl Gottes an Abraham, ihm seinen Sohn Isaak als Brandopfer darzubringen. Welch ein grausamer Gott, der erst Abraham in hohen Jahren noch zu einem Nachkommen verhilft und dann verlangt, er soll ihm ebendiesen Sohn opfern! Im Felsendom zu Jerusalem ist der Stein zu sehen, auf dem diese Barbarei beinahe stattgefunden haben soll!

Wir dürfen davon ausgehen, daß Abraham nie vor diese Entscheidung gestellt worden ist. Sprachforscher haben nachgewiesen, daß diese Opfererzählung eine alte sumerische Sage ist! Sie wurde Abraham nur angedichtet, um seinem Gott Jahwe die Chance zu geben, im letzten Moment auf das Menschenopfer zu verzichten und sich damit von den anderen Göttern zu unterscheiden.

Im Buch Levitikus, dem 3. Buch Mose, ist über viele Seiten ausgeführt, wie die Brand-, Speise-, Heils-, Sünd- und Schuldopfer dargebracht und welche Tiere dafür auf welche Weise geschlachtet, verbrannt oder gekocht werden mußten. An mehreren Stellen wird eine Besonderheit für das Brandopfer gefordert. Im 2. Buch Mose heißt es: »Dann nimm vom Widder das Fett [und] den Fettschwanz . . .«, und im 3. Buch wird den Priestern aufgetragen, unbedingt »den ganzen Schwanz direkt beim Rükken« abzutrennen.

Diese Fettschwänze der Widder scheinen Jahwes Lieblingsspeise gewesen zu sein, womit er sich als Gourmet erwies. Noch heute sind die Schwänze bei den Beduinen als Delikatesse geschätzt. Ihr Fett schmeckt wie eine Mischung aus Butter und Schmalz.

Bis zu einem Drittel des Gesamtgewichts kann bei Widdern dieser Schwanz ausmachen. Herodot behauptet sogar, er habe gesehen, wie Hirten eigens Karren gebaut hätten, auf denen Widderschafe ihren Schwanz hinter sich herziehen konnten.

Doch Vorsicht ist bei Herodot immer geboten, manche seiner Berichte weisen ihn als direkten Vorfahren unseres Barons Münchhausen aus.

Auch ohne über eine hypersensible Nase zu verfügen, kann man sich den Gestank – die Bibel spricht »vom beruhigenden Duft für den Herrn« – vorstellen, der beim Verbrennen dieser Tieropfer entstand. Um den Aufenthalt in der Nähe der Opferstätte erträglich zu machen, wurden Weihrauch und andere Kräuter verbrannt, deren Duft den Gestank des frisch geschlachteten Fleisches überdeckte.

Dieser heidnische Brauch war schuld, daß bei frühchristlichen Gemeinden Weihrauchduft bei den Gottesdiensten verpönt war. Man wollte nicht in den Geruch geraten, heidnischen Gepflogenheiten anzuhängen. Erst im Mittelalter zogen wieder Weihrauchschwaden durch die Kirchen. Diesmal, um die Ausdünstung der Gläubigenmassen zurückzudrängen.

Nicht nur altes Sagengut oder später eingefügte Tendenzsätze verhüllen das Bild des Menschen Abraham, sondern die Autoren seiner Biographie aus Dichtung und Wahrheit sind zeitlich so weit von ihm entfernt, daß sie ihm Lebensumstände andichten, die es zu seinen Lebzeiten (hier hat der Plural wirklich Berechtigung), wann immer diese gewesen sein mögen, noch nicht gegeben hat.

Kamele zum Beispiel. Erst im 13. Jahrhundert v. Chr. lernte man, sie zu zähmen und als »Wüstenschiffe« zu verwenden. Bis dahin waren Esel die üblichen Lasttiere. Diese Esel schleppten bis zu siebzig Kilogramm Last, aber so genügsam sie waren – Wasser brauchten sie. Also mußten die Routen so gelegt werden, daß sie spätestens alle 25 Kilometer – das war die Tagesleistung einer Eselskarawane – zu einer Wasserstelle führten, ganz gleich, welche Umwege dazu erforderlich waren. Sätze wie

... man schirrte die Kamele ab und gab ihnen Stroh und Futter ...

(1. Mos. 24,32)

zeigen, wie spät erst die Abraham-Berichte niedergeschrieben wurden.

Erst als man gelernt hatte, Kamele, die bis zu fünf Tage ohne Wasser auskommen und sich mit Dattelkernen, Hirse und Gestrüpp als Nahrung begnügen, für den Transport einzusetzen, konnten die Tagesstrecken auf 40 Kilometer verlängert werden.

Wer war also dieser Abraham, der den Historikern Rätsel aufgibt und dessen lebenspralle Gestalt es den Theologen so schwer macht, ihn als fehlerfreien Heiligen auf ein Podest zu stellen? Ein Heiliger war er bestimmt nicht. Er war ein liebenswerter Mensch mit Fehlern und Schwächen. Deshalb ist der Mensch Abraham uns näher als viele andere Gestalten des Alten Testaments. Abraham konnte lachen!

Da fiel [treffender wäre: warf sich] Abraham auf sein Gesicht und lachte.

(1. Mos. 17,17)

Er und seine Frau Sarai sind die ersten Menschen, von denen die Bibel berichtet, daß sie lachen. Der Grund ihrer Heiterkeit ist verständlich: Gott hat dem 99jährigen verkündet, daß er noch einen Sohn zeugen würde! Auch seiner Frau Sarai verkündet Gott die Geburt eines Sohnes. Grund genug auch für sie, zu lachen. Aus Freude? Aus Unglauben? Vielleicht aus beidem.

Über Jahrtausende fühlen wir uns mit diesem Abraham verbunden. Nicht trotz, sondern wegen seiner Schwächen. Ein Mann, der mit seinem Gott feilschte und handelte wie mit seinesgleichen! Dieses fintenreiche Gespräch Gott–Abraham gehört zu den heitersten und menschlichsten Stellen des Alten Testaments.

Dabei geht es bei dieser Feilscherei um keine Kleinigkeit! Gott will sich

überzeugen, ob die Bewohner von Sodom und Gomorra wirklich so
verderbt sind, wie behauptet wird. Wenn ja, wird er sie bestrafen. Abraham – schließlich lebt sein Neffe Lot in Sodom! – findet diesen Beschluß zu
pauschal und fragt:

*»Willst du auch die Gerechten mit den Ruchlosen hinwegraffen? Vielleicht
gibt es fünfzig Gerechte in der Stadt! Willst du auch sie wegraffen und nicht
doch dem Ort vergeben wegen der fünfzig Gerechten?«* (1. Mos. 18,23–24)

Und er läßt es nicht bei der Frage, sondern er redet seinem Gott ins
Gewissen, indem er ihn an seine Position erinnert:

*»Das kannst du doch nicht tun. Soll sich der Richter über die ganze Erde nicht
an das Recht halten?«* (1. Mos. 18,25)

Abrahams Gott geht auf dessen Vorschlag ein:

*»Wenn ich in Sodom, in der Stadt, fünfzig Gerechte finde, werde ich ihretwe-
gen dem ganzen Ort vergeben!«* (1. Mos. 18,26)

Abraham gibt sich nicht damit zufrieden. Er feilscht weiter, holt sich von
Gott die Zusage, daß dieser die Stadt schone, auch wenn weniger als
fünfzig, ja, weniger als vierzig, dreißig oder zwanzig Gerechte dort leben.
Zum Schluß »faßt er nach«, wie dies in Kursen für moderne Verkaufspsy-
chologie genannt wird:

*»Mein Herr, zürne nicht, wenn ich mir noch einmal das Wort ergreife:
Vielleicht finden sich dort nur zehn!«* (1. Mos. 18,32)

Und Gott verspricht:

»Ich werde sie um der zehn willen nicht vernichten!« (1. Mos. 18,32)

Der Ausgang ist bekannt, beide Städte werden vernichtet – es waren also
nicht einmal zehn Gerechte in ihnen zu finden.
    Die volle orientalische Freude am Feilschen steckt in diesen Zeilen. Sie
leben, sie haben so viel Echtes in Wortwahl und Verhandlungsaufbau, daß
man sie schmunzelnd liest und nicht begreift, wieso ernsthafte Bibelwissenschaftler noch vor einem Jahrhundert diesen Abraham für eine erfun-

dene Figur hielten, für eine Gestalt, die nur erdichtet wurde, um für den Besitzanspruch der Israeliten auf Kanaan eine historische Voraussetzung zu schaffen. Wäre dies der Zweck gewesen – die späteren Autoren hätten einen ganz anderen, von allen menschlichen Schwächen freien Abraham als Vorbild geschaffen! Heilige sind leichter zu erfinden als Menschen.

Viele Geschichten erzählt die Bibel von Abraham und seiner Familie. Jede steckt voller Lebenskraft, Gläubigkeit und Weisheit. Viele steckten bis zum Erscheinen der Einheitsübersetzung voller Stolpersteine, weil Worte wie »Terebinthe« (Eiche), »Dudaimbeeren« (Alraune) oder »Theraphim« (Hausgott oder Götterbild) den Lesefluß störten – jetzt kann man, (fast) ohne im Lexikon nachzuschlagen, so herzbewegende Geschichten wie jene der Liebe Jakobs zur schönen Rachel lesen. Und es lohnt sich!

Sieben (!) Jahre ist Jakob bereit, Laban zu dienen, damit dieser ihm seine Tochter Rachel zur Frau gibt. Mit einem einzigen Satz kommentiert die Bibel diesen langen Liebesdienst Jakobs. Ein Satz nur, aber von einer Gefühlstiefe wie nur wenige in der Weltliteratur:

Also diente Jakob um Rachel sieben Jahre, und sie kamen ihm vor wie ein paar Tage, so lieb hatte er sie! (1. Mos. 19,20)

So steht es in der Zürcher Bibel. Die Einheitsübersetzung verzichtet auf den poetischen Rhythmus:

Jakob diente also um Rachel sieben Jahre. Weil er sie liebte, kamen sie ihm wie wenige Tage vor.

Beide Sätze sagen das gleiche. Nur, der erste sagt es mit mehr Gefühl.

Nach sieben Jahren legte Vater Laban jedoch dem Jakob statt Rachel deren ältere Schwester Lea mit den »matten Augen« ins Hochzeitsbett. Diese Täuschung war so schwierig nicht, weil es damals Sitte war, die Braut bis zur Hochzeit verschleiert zu halten. Am nächsten Morgen beschwert sich natürlich der betrogene Bräutigam beim Schwiegervater Laban. Doch der ist gar nicht verlegen, sondern verbindet seine schlitzohrige Antwort mit einem Vorschlag:

»Es ist hierzulande nicht üblich, die Jüngere vor der Älteren zur Ehe zu geben. Verbring mit dieser noch die Brautwoche, dann soll dir auch die andere gehören, um weitere sieben Jahre Dienst.« (1. Mos. 29,26)

So hält man sich billige Arbeitskräfte! Jakob akzeptiert, und Lea gebiert ihm einen Sohn, er aber liebt weiterhin Rachel. Der Konflikt ist vorgegeben. Jakob schläft mit seinen beiden Frauen, aber nur Lea bekommt Kinder von ihm, sechs an der Zahl. Rachel muß Jakob die Magd Bilha ins Bett legen, damit diese auf Rachels Knie gebären kann, wodurch das Kind als das Rachels anerkannt wird. Gott erhört sie schließlich und »öffnete ihren Mutterschoß« – sie gebiert Josef.

Was zu erwarten war, geschieht: Jakob bekommt Streit mit seinem doppelten Schwiegervater Laban, der ihn immer nur ausgenützt hat, und verschwindet bei Nacht und Nebel mit beiden Frauen und seinen Kindern.

Vorher aber tut Rachel etwas, was sonst nur Autoren für Fortsetzungsfolgen einfällt: Sie stiehlt ihres Vaters »Götterbilder« (klarer wäre: Götterfiguren). Aber davon weiß Jakob nichts!

Fortsetzung folgt!

Vater Laban, fromm, wie er ist, setzt alles daran, seine Götterbilder wiederzubekommen. Er verfolgt und stellt Jakob und dessen Familie. Jakob, nichtsahnend, erklärt dem Laban:

»Bei wem du aber deine Götterbilder findest, der soll nicht am Leben bleiben.«
(1. Mos. 31,32)

Gibt Rachel daraufhin die Bilder zurück? Nein, sie versteckt sie in der Satteltasche ihres Kamels und setzt sich darauf. Als der Vater den Sattel untersuchen will, lügt das kleine Luder:

»Sei nicht böse, mein Herr! Ich kann vor dir nicht aufstehen, es geht mir gerade, wie es eben Frauen ergeht.«
(1. Mos. 31,35)

Eine raffinierte undankbare Tochter! Warum gibt sie dem alten Vater nicht seine Hausgötter zurück?!

Altphilologen haben Rachel rehabilitiert. Sie fanden heraus, daß ein Familienmitglied, das den Hausgott besaß, Anspruch auf das Erbe hatte! Die Tochter Rachel hatte den Hausgott gestohlen, weil die Mutter Rachel das Erbe für ihre Kinder sichern wollte.

So wird Rachel durch kulturgeschichtliche Puzzlearbeit auch für uns heutige Leser sympathisch, und eine bislang unverständliche Tat erhält wieder ihren ursprünglichen Sinn, was beweist: Verständlichkeit hat noch keinem Buch geschadet, auch dem Buch der Bücher nicht.

Zum ersten Mal erscheinen in den Abrahams-Geschichten auch jene

Wesen, die mit dem Christentum enger als mit anderen Religionen verknüpft sind: Engel. Ihre Einführung im Alten Testament zeugt von großer literarischer Könnerschaft:

Der Herr erschien Abraham bei den Eichen von Mamre. Abraham saß zur Zeit der Mittagshitze am Zelteingang. Er blickte auf und sah vor sich drei Männer stehen. (1. Mos. 18,1)

Dieser Sprung von der Einzahl »der Herr erschien« in die Mehrzahl »drei Männer stehen« hebt diese von gewöhnlichen Männern ab. Etwas später wird dann gesagt, daß einer der Männer Jahwe war, die beiden anderen jedoch Engel.

Unser deutsches Wort kommt vom griechischen »ágelos«, und das heißt nichts anderes als »Bote«. Engel sind Gottes Boten. Nicht mehr, aber auch nicht weniger. Wer erkennen will, was im Alten Testament gemeint ist, wenn von Engeln gesprochen wird, muß zuerst einmal vergessen, wie sie in der Kunst der letzten fünf bis sechs Jahrhunderte dargestellt werden, ganz zu schweigen vom Engel-Kitsch der erbarmungslosen Andachts-Industrie. Engel sind keine pausbäckigen Barock-Putten mit hermaphroditischen Zügen, sondern Männer, mächtig im geistigen wie körperlichen Sinn. Sie sind Wesen, deren Daseinsmaß und Wirkungsfeld über die des Menschen hinausgehen. Sie sind meist bewaffnet und verfügen über eine Stimmkraft, die durch Mark und Bein geht. Wie immer man sie sich vorstellen mag – auf keinen Fall waren es marzipangesichtige, palmwedelschwingende Zwitter, die die Zither zupften und Hosianna sangen.

Diese Sendboten können Schrecken verbreiten. Viele ihrer Reden beginnen mit »Fürchtet euch nicht . . .« Furcht – das ist offenbar das erste, was Menschen solchen Erscheinungen gegenüber empfinden! Auch ihre Flügel sind keine fedrig-zarten Attribute, sondern sie versinnbildlichen nur, daß es für sie weder räumliche noch zeitliche Grenzen gibt.

Die »Vorfahren« der biblischen Engel stammen aus Persien. Schon sumerische Rollsiegel, assyrische Wandreliefs und babylonische Keramiken zeigen Flügelwesen, wie auch der geflügelte römische Götterbote Merkur eines war.

Engel sind zwar Boten, aber Gott selbst ist in ihnen gegenwärtig – der erste Satz, mit dem sie in das alttestamentarische Geschehen eingeführt werden, drückt dies aus. Lesen Sie ihn doch unter diesem Gesichtspunkt noch einmal.

Es ist auch kein Zufall, daß die erste Begegnung eines Menschen mit einem einzelnen Engel ein Zweikampf ist. Der Kampf Jakobs mit dem Engel. Eine der großen Parabeln des Christentums: Jakob, der einsam in der Nacht wachte, wurde von »einem Mann« angegriffen, der mit ihm rang, bis die Morgenröte aufstieg.

Als der Mann sah, daß er ihm [Jakob] nicht beikommen konnte, schlug er ihm aufs Hüftgelenk. Jakobs Hüftgelenk renkte sich aus, als er mit ihm rang. Der Mann sagte: Laß mich los; denn die Morgenröte ist aufgestiegen. Jakob aber entgegnete: Ich lasse dich nicht los, wenn du mich nicht segnest.

(1. Mos. 32,26–27)

So steht's in der Einheitsübersetzung, und das ist schade. Früher war der letzte Satz kürzer und eindrucksvoller. Da er die geistige Umklammerung des Menschen mit Gott ausdrückt, verdient er die alte poetische Sprache:

»Ich lasse dich nicht, du segnest mich denn.«

Für Juden ist der Kampf Jakobs mit dem Engel noch heute Realität, die jedem geschehen kann. Diese Überzeugung ist so fest, daß kein strenggläubiger Israelit den Hüftteil eines Tieres essen wird, weil Jakob, der später den Namen Israel (Gottesstreiter) von Gott bekommt, sich bei seinem Kampf mit Gott die Hüfte verrenkte.

Auch für uns Christen ist Abraham über alle Zeiten ein Hort des Friedens. Wenn wir uns sicher fühlen, fühlen wir uns geborgen wie in »Abrahams Schoß« – doch dieses Wort steht nicht im Alten Testament, sondern im Lukas-Evangelium. Im Bericht vom armen Lazarus heißt es:

Als nun der Arme starb, wurde er von den Engeln in Abrahams Schoß getragen.

(Luk. 16,22)

»ISRAEL LIESS SICH IN ÄGYPTEN NIEDER.«
(1. Mos. 47,27)

JOSEF – SKLAVE IM MINISTERRANG

Zwölf Söhne hatte Jakob. Elf von ihnen lebten weiter in der Welt Abrahams, ihres Urgroßvaters. Nur einer ging in ein fremdes Land: Josef. Auch er nicht freiwillig.

Seine Brüder wollten ihn – weil Vater Jakob ihn bevorzugte – erschlagen, doch einer hatte Einwände:

»Was haben wir davon, wenn wir unseren Bruder erschlagen und sein Blut zudecken?« (1. Mos. 37,26)

Sein Blut zudecken? Was mag damit gemeint sein? Seine Leiche verstekken, oder? Nein, das ist wörtlich zu verstehen. Damit das Blut eines Ermordeten nicht zum Himmel schreien konnte – unsere Redensart geht darauf zurück –, mußte es mit Erde bedeckt werden.

Der Anfang der Josefs-Geschichte ist bis in Kleinigkeiten um Genauigkeit bemüht. Da kommt nicht einfach eine Handelskarawane vorbei, nein, es ist eine Karawane von Ismaelitern aus Gilead, und sie führen nicht irgendwelche Waren mit sich, sondern Tragakant, Matrix und Ladanum. So steht es in der Einheitsübersetzung. Wer eine Zürcher Bibel besitzt, ist besser dran, der erfährt, was sich hinter diesen ungebräuchlichen Worten versteckt, nämlich Gummi, Balsam und Harz. Es müssen begehrte Artikel in Ägypten gewesen sein, denn später rät auch Jakob seinen Söhnen, diese drei Waren mit nach Ägypten zu nehmen, als sie sich dorthin auf den Weg machen, um Getreide zu kaufen.

Ägyptologen haben geklärt, daß Balsam, Gummi und Harz begehrte Importartikel waren, da diese Zutaten für die Einbalsamierung der Toten gebraucht wurden. Unter Gummi verstand man allerdings etwas anderes als wir. Gummi waren luftgetrocknete Säfte verschiedener Pflanzen, die in Wasser quollen, in Alkohol und Harz jedoch unlöslich waren. Was wir heute fälschlich Gummi nennen, muß eigentlich Kautschuk heißen.

Thomas Mann hat das Schicksal dieses Josef, der in Ägypten zu hohen Ehren kommt, als Leitmotiv für seinen dreiteiligen Roman »Joseph und seine Brüder« benutzt. Das ist natürlich kein historischer Roman à la »Ben Hur« oder »Quo vadis?«, sondern Joseph wird zu einem Beispiel für die Entwicklung eines egozentrischen Träumers zum verantwortlichen Staatsbeamten.

Dies ist auch die Entwicklung, die der alttestamentarische Josef durchläuft. Die Händler verkaufen ihn an Potifar, den Obersten der Leibwache des Pharao. Als Josef den Verführungskünsten von Potifars Frau widersteht, behauptet die liebestolle Dame, Josef habe das von ihr begehrt, was in Wahrheit er ihr verweigert hatte.

Der Mann glaubt seiner Frau, und der keusche Josef kommt ins Gefängnis. Doch weil er einen Traum des Pharao besser zu deuten versteht als dessen bestallte Traumdeuter, gewinnt er des Pharaos Gunst und wird dessen Kanzler. So etwa würden wir heute diese Stellung bezeichnen. Josef erhält den Auftrag, einen Siebenjahresplan gegen die im Traum prophezeite Hungersnot auszuarbeiten.

Eine farbige, schöne Geschichte. Aber kein ägyptisches Dokument erwähnt diesen Josef. Ist also alles nur fabuliert, erfunden? Der sicherste Weg, einen Bericht auf seine Glaubwürdigkeit zu prüfen, ist ein Vergleich von dessen Angaben mit solchen aus anderen Quellen. Decken sich mehr als siebzig Prozent, scheint seine Glaubwürdigkeit gegeben.

Die Josefs-Geschichte bestand diesen Test. Eine Fülle ihrer Details entspricht altägyptischen Gepflogenheiten. Vieles spricht also dafür, daß hier nicht aus zweiter, sondern aus erster Hand berichtet wird. Machen wir also bei einigen Angaben die ägyptische Probe aufs biblische Exempel.

*

Da packte sie ihn an seinem Gewand und sagte: »*Schlaf mit mir!*«
(1. Mos. 39,12)

heißt es in der Einheitsübersetzung mit erfreulicher Deutlichkeit, als die Frau des Potifar Josef verführen will. Waren ägyptische Frauen tatsächlich so aktiv in der Liebe?

Schon Herodot notierte, daß – anders als in Griechenland – in Ägypten nicht die Männer, sondern die Frauen zum Markt gingen und sich gern in der Öffentlichkeit zeigten. Sie waren keine Gefangenen des Hauses und ihres Ehemanns. Frauen aber, die man ansehen kann, wollen hübsch aussehen. So lernten die Ägypterinnen schon früh, ihre natürliche Anmut durch kosmetische Hilfsmittel zu steigern, um begehrenswerter zu werden. Mani- und Pediküre waren selbstverständlich, doch vor allem auf Gesicht und Haar konzentrierten sich ihre Verschönerungsaktivitäten. Es war Kosmetik total.

Die Augenlider wurden mit Lapislazulistaub blau getönt, die Wimpern mit Stiblum getuscht und die Augenbrauen mit Bleiglanz nachgezogen.

Küssen war schon damals eine der wichtigsten Präliminarien für den Spaß miteinander – also betonte man den Mund. Pulverisierte Schildläuse lieferten das Karmesinrot für ägyptische Lippenfarben.

Je nach Temperament kann man beruhigt oder verzweifelt registrieren, daß der Spaß, sich diverse Farben ins Gesicht zu streichen, seit fünftausend Jahren bei den Damen nicht aus der Mode gekommen ist.

Die Haare wurden mit Henna gelbrot gefärbt, wenn Madame es nicht vorzog, eine Perücke über den Kopf zu stülpen, denn die modischen Frisurenarchitekturen waren so verwegen wie kunstvoll. Es dauerte Stunden, sie zu modellieren. Ein langer Hinterkopf galt als schick, und zum Schlafen legten Männer wie Frauen ihren Hals auf eine gabelförmige Stütze, um die Frisur nicht zu zerstören. Eine Armee von Dienern und Dienerinnen stand für die kosmetische Aufarbeitung bereit. Die Haarzofe hantierte mit Kämmen, Haarnadeln, Lockenwicklern, während der Parfum-Mixer die Essenzen mischte, der Fächler für Kühlung sorgte und der Blumenstreuer floriale Exzesse veranstaltete. Nach zwei, drei Stunden war Madame stadtfein.

Parfum im modernen Sinne kannte man noch nicht. Wohl aber Rosenöl und kleine Beutel mit verführerisch duftenden Kräutern, die zwischen den Brüsten getragen wurden, wie es »Das Hohelied« beschreibt:

»Mein Geliebter ruht wie ein Beutel mit Myrrhen an meiner Brust.«

(HL 1,13)

Ägyptens Frauen waren zwar selbständiger als jene in den anderen Mittelmeerländern, aber sie brauchten kosmetische Hilfsmittel, denn die Konkurrenz war groß. Jeder Mann, der es sich finanziell leisten konnte, hielt sich einen Harem. Reichte dafür das Geld nicht, war es fast selbstverständlich, daß die schönste Dienerin die Geliebte des Hausherrn wurde. Den Ehefrauen scheint das gar nicht so unrecht gewesen zu sein. Sie wußten sich offenbar auf vielerlei Art zu trösten, wie diese altägyptischen Verse zeigen: »Ich war wie ein Hund, der im Haus schläft, ein Windhund des Bettes, geliebt von seiner Herrin.«

»Sich einen schönen Tag machen«, sagten die Ägypter, wenn sie vorhatten, der Liebe zu pflegen. Mit allen Raffinessen übrigens – bis hin zu pornographisch-obszönen Papyruszeichnungen. Im »Giftschrank« des Museums von Turin liegt der berühmte Papyrus 55 001, der die Spiele eines kahlköpfigen Priesters mit einer thebanischen Dirne nicht weniger drastisch zeigt wie ähnliche asiatische Darstellungen. Dies alles spricht dafür, daß die erotischen Aktivitäten von Frau Potifar durchaus nicht so ungewöhnlich waren.

*

»Er ist zu mir gekommen und wollte mit mir schlafen . . .« (1. Mos. 39,14)

behauptet die Frau des Potifar. Die ägyptischen oberen Zehntausend schliefen in Betten. Sie waren groß genug, um zweien für Schlaf und Liebesspiel Platz zu bieten. Diese Betten standen bereits auf vier Füßen und waren – je nach Reichtum – aus edlen Hölzern oder sogar aus Elfenbein. Die Bettkästen waren durch elastisches Flechtwerk verbunden, Kissen und Polster machten sie kuschelig und bequem. Um einzusteigen, mußte man eine Treppe benutzen. Billiger als diese dreistufigen Treppen waren Sklaven, die sich vor das Bett knieten und deren Rücken man als Zwischentritt benutzte.

✻

Er ließ Josef ergreifen und in den Kerker bringen, wo die Gefangenen des Königs in Haft gehalten wurden. Dort blieb er im Gefängnis.

(1. Mos. 39,20)

Ja, es gab Gefängnisse. Aber in Anlage und Zweck unterschieden sie sich wesentlich von unseren Strafanstalten. Es gab keine Zellen, die Gefangenen lebten zusammen und hatten durch Fensteröffnungen Kontakt zu ihren Angehörigen, die sie mit Lebensmitteln versorgen durften.

In ägyptische Gefängnisse kamen lediglich Untersuchungsgefangene und Verbrecher, die zum Tode verurteilt waren. Gefangene auf Zeit wurden zur Zwangsarbeit in Bergwerke oder in die Papyrussümpfe geschickt. Jeder Verurteilung ging eine äußerst genaue Gerichtsverhandlung voraus. Solche Verhandlungsprotokolle zählen zu den ältesten, längsten überlieferten Schriftstücken aus dem Reich der Pharaonen.

✻

»Wir hatten einen Traum, aber es ist keiner da, der ihn auslegen kann.« Josef sagte zu ihnen: »Ist nicht das Traumdeuten Sache Gottes?« (1. Mos. 40,8)

Zwei Mitgefangene Josefs sind es, die beide den gleichen Traum hatten, den keiner zu deuten vermochte. Traumdeuterei wurde in Ägypten sehr ernst genommen. »Der Gott schuf die Träume, um den Menschen den Weg zu zeigen, weil sie die Zukunft nicht sehen können«, heißt es in einem ägyptischen Weisheitspapyrus, einem sogenannten Traumbuch.

Josef erklärt, der Inhalt beider Träume sei identisch, obgleich sich die beiden verschiedener Darstellungen bedienen – für moderne Traumpsychologen ist das nicht ungewöhnlich, sie sprechen von Wiederholungsträumen, die den gleichen Inhalt verschieden interpretieren.

Josef selbst hatte sich schon in seiner Jugend mit Träumen und deren
Bedeutung beschäftigt. Die Bibel berichtet, daß er seinem Vater Jakob
erzählte, er habe geträumt, daß »Sonne, Mond und elf Sterne sich vor mir
zur Erde neigten«. Der Knabe Josef erhielt wegen dieses hochfahrenden
Traums einen strengen väterlichen Verweis.

*

*»Ich hatte drei Körbe Feingebäck auf meinem Kopf, im obersten Korb war
allerlei Backwerk für die Tafel des Pharao.«*   (1. Mos. 40,16−17)

So heißt es in der Traumerzählung des Oberbäckers. Brot und Bier waren
für die Ägypter, was später Brot und Spiele für die Römer wurden. Vierzig
verschiedene Arten von Brot und Kuchen sind in einem Verzeichnis aus
dem Neuen Reich aufgeführt. Ovale Laibe, runde Fladen, kegelförmige
Kuchen. Alle verschieden im Geschmack, unterschiedlich in der Zubereitung und der Mehlauswahl.

Vom Bier gab es fünf verschiedene Sorten. Die teuerste war das »Bier
vom Hafen«, Importbier also. Doch wurden diese Biere anders gebraut als
unsere heutigen.

*

. . . den Oberbäcker ließ er aufhängen.   (1. Mos. 40,22)

Der Pharao konnte zwar Todesurteile verhängen – doch hängen konnte er
niemanden! Diese Hinrichtungsart war unbekannt. Nur auf wenige Vergehen stand die Todesstrafe. Auf Ehebruch zum Beispiel, vorausgesetzt, eine
Frau hatte ihn begangen.

Wer sich gegen den Pharao empörte oder einen Aufstand anzettelte,
mußte ebenfalls mit dem Tod durch das Schwert oder durch Verbrennen
rechnen. Hohe Würdenträger hatten bei todeswürdigen Vergehen noch
eine dritte Chance: Sie durften sich selbst vergiften. Auf kleinere Vergehen
gab es geringere, aber recht drastische Strafen: Stockschläge, Abschneiden
der Nase, der Ohren oder der Hände . . .

*

*Der Pharao nahm den Siegelring von seiner Hand und steckte ihn Josef an die
Hand. Er bekleidete ihn mit Byssusgewändern und legte ihm eine goldene
Kette um den Hals.*   (1. Mos. 41,42)

Natürlich wurden Fingerringe auch im alten Ägypten am Finger getragen, wovon sich jeder im Ägyptischen Museum in Kairo, zweiter Stock, überzeugen kann. Warum die Einheitsübersetzung von der bisherigen Übersetzung abgewichen ist und »Hand« statt »Finger« schreibt, soll ihr Geheimnis bleiben.

Die kulturhistorischen Angaben jedenfalls decken sich mit dem, was Ägyptologen als Zeremoniell bei der Ernennung von hohen Staatsbeamten ermittelt haben. Josefs Ernennung zum Reichsverwalter wird durch den Ring, das Zeichen der Autorität, bestätigt. Die Goldkette ist eine Art Orden für seine Verdienste.

Gewänder aus Byssus galten als besonders kostbar. Dieses feine Leinen-Baumwoll-Gewebe gehörte zur Kleidung bei Hofe. Im alten Ägypten wurde – wen wundert es noch nach dem Bericht über die kosmetischen Aktivitäten – die Mode erfunden. Weißes Leinen war das traditionelle Material, es war so fein, daß man es kaum von Seide unterscheiden konnte. Die Männer trugen Schürzen, die den Oberkörper frei ließen und bis zu den Knien reichten. Der Schurz wurde je nach Mode variiert. Mal länger, mal kürzer, mal aus einem, dann wieder aus mehreren Stücken.

Und die Frauen – die wahren Priesterinnen der Mode? Sie führten die Mode auf Schleichwegen ein. Sie begannen damit, daß sie im Winter Kleider von anderem Material trugen als im Sommer, daß sie sich zu Hause luftiger kleideten als beim Ausgehen. Schon hatten sie drei verschiedene Kleider in der Truhe (Kleiderschränke kannte man noch nicht). Die gebräuchlichste Damenoberbekleidung war ein langer Rock mit Trägern. Dieses Standardmodell wurde immer wieder variiert. Als alle Spielarten ausgeschöpft waren, erfand ein Couturier ein neues Kleidungsstück – den Mantel. Das Spiel mit den verschiedenen Varianten konnte wieder beginnen.

Modische Kleider waren eine wichtige Waffe reicher Ägypterinnen gegen die Tanzsklavinnen. Sie trugen traditionsgemäß sommers wie winters nur einen dünnen Gürtel auf der glatten Haut. Außer ihnen änderten zwei andere Gruppen ihre Kleidung nicht, was auch immer die Mode diktierte: Die Priester trugen immer nur ihren Lendenschurz, und die Kinder spielten nackt miteinander.

*

»Nehmt von den besten Erzeugnissen des Landes mit und überbringt es dem Mann als Geschenk: etwas Mastix [also Balsam], etwas Honig, Tragant [also Gummi] und Ladanum [also Harz], Pistazien und Mandeln.«

(1. Mos. 43,11)

Dies nehmen die Söhne Jakobs auf dessen Rat bei ihrem zweiten Bittbesuch mit nach Ägypten zu ihrem Bruder Josef.

Wieso rät Jakob seinen Söhnen, außer den drei Zutaten für die Mumifizierung auch Mandeln und Pistaziennüsse mitzunehmen? In Ägypten gibt es doch mehr als genug davon. Heute ja – aber nicht damals! Tomaten, Orangen, Zitronen, Mandeln und viele Gemüsesorten, die heute auf jedem ägyptischen Markt zu haben sind, kamen erst mit den Griechen und Römern an den Nil.

Aber Honig gab es! Schließlich ist das älteste Zeichen für »König von Unterägypten« die Hieroglyphe »Biene«. Honig – das war in Ägypten der Ersatz für den damals noch unbekannten Zucker. Kein Wunder, daß die Bienenzucht hoch entwickelt war. Was also waren da ein paar Töpfe Honig als Geschenk wert? Viel! Vorausgesetzt, daß es nicht einfacher Honig war, sondern wilder. Der galt als Delikatesse, die aus Syrien und später auch aus Griechenland importiert werden mußte.

Im- und Export waren schon damals wichtige Handelszweige, und die Handelspartner saßen nicht nur an den Küsten des Mittelmeeres. In Hallstatt in Österreich fand man ägyptische Glasperlen und afrikanische Elfenbeinschnitzereien.

Mit diesen »Zahlungsmitteln« kauften die Ägypter zur Zeit des Pyramidenbaus Salz in Europa. Bis nach China zogen ägyptische Eselskarawanen über die berühmte Seidenstraße.

※

Der Pharao verlieh Josef den Namen Zafanat-Paneach und gab ihm Asenat, die Tochter Potiferas, des Priesters von On, zur Frau. (1. Mos. 41,45)

Was hinter dieser Namensänderung steckt, konnte bis heute nicht verbindlich geklärt werden. Fest steht: »Zafanat-Paneach« bedeutet »Gott spricht: Er lebt«, »Asenat« »Ich gehöre der (Göttin) Neit« und »Potifera« »Geschenk des (Sonnengottes) Ra«.

Solche Namen aber sind erst in der 20. Dynastie in Ägypten aufgekommen, und die begann 1200 v.Chr., wesentlich später also, als Josefs Kanzlerschaft historisch eingeordnet wird. Die meisten Gelehrten glauben deshalb, daß diese Angaben später vom Verfasser der Josef-Legende nur niedergeschrieben wurden, um seine Bildung zu demonstrieren.

Ein anderer Hinweis an dieser Stelle deckt sich wesentlich besser mit der angenommenen Zeit für die Kanzlerschaft Josefs. Von einem Priester in On ist die Rede. Diese Stadt kennen wir besser unter ihrem griechischen

Namen: Heliopolis. Im Nordosten von Kairo, am Rande der Wüste gelegen, ist Heliopolis heute ohne großen Reiz: Schutthügel, Gräber, ein Obelisk – mehr nicht.

On war der Sitz für die Verehrung des Sonnengottes. Pharao Amenophis IV., der sich selbst Echnaton nannte, hat von hier aus seine Ein-Gott-Lehre über das ganze Land verbreitet. Nach seinem Tode haben die Priester dieses kühne Unterfangen sehr rasch wieder gestoppt. Wer läßt sich schon gern seinen Arbeitsplatz nehmen!

Wenn aber – wie nach einer der drei Abraham-Theorien angenommen werden kann – Jakob um 1400 v.Chr. lebte, dann könnte Josef ein Zeitgenosse dieses Echnaton gewesen sein.

Seine liberale Regierungsform würde es auch am ehesten verständlich machen, daß ein Fremder wie Josef zu hohen Ehren und Ämtern aufsteigen konnte. Beweise gibt es nicht. Auf keinem Papyrus, keiner Hieroglyphentafel dieses schreib- und erzählwütigen Volkes taucht der Name Josef oder Zafanat-Paneach auf.

❧

Die Ägypter können nämlich nicht gemeinsam mit den Hebräern essen, weil das bei den Ägyptern als unschicklich gilt. (1. Mos. 43,32)

Gegessen wurde an kleinen, niedrigen Tischen, um die man hockte. Messer und Gabel waren unbekannt, man langte mit den Fingern zu. Waschschalen standen bereit.

Das Leib- und Magengericht der Ägypter war im Ofen geröstete Gans. »Bœuf à la Wellington«, also Ochsenfleisch in Brotteig gebacken, war ebenso bekannt wie Schaf, Ziege und Rind. Nur Schweinefleisch war verpönt. Wachteln und Tauben gab es so viele, daß dies keine teuren Leckerbissen, sondern ein Essen für einfache Leute war. Das Haushuhn dagegen, das »poulet« der Franzosen, war noch unbekannt, und Nilfische, vor allem Welse, galten als unrein.

»Trag das Essen auf!« (1. Mos. 43,31)

heißt es in der Einheitsübersetzung. In älteren Ausgaben befiehlt Josef seinem Hausverwalter: »Schlachte und richte das Essen an!« Dieser Befehl entsprach eher altägyptischer Gewohnheit, denn in dem heißen Klima Ägyptens war es nicht möglich, Fleisch lange zu lagern. Deshalb schlachtete man die Tiere immer erst kurz vor den Mahlzeiten.

Daß Ägypter nicht mit Hebräern aßen, kann rituelle Gründe gehabt haben, vielleicht fürchtete man, durch sie könne das Essen verunreinigt werden. Wahrscheinlicher ist, daß diese Tischtrennung sich auf alle Fremden bezog. Jedenfalls klingt diese Mißachtung in den Zeilen eines ägyptischen Gedichtes durch:»Siehe den elenden Asiaten, schlimm ist der Ort, in dem er lebt, arm an Wasser, unzugänglich durch viele Bäume. Er bestiehlt ein einzelnes Gehöft, aber er erobert keine volkreiche Stadt.«

*

»Warum habt ihr ... mir den Silberbecher gestohlen? Das ist doch der, aus dem mein Herr trinkt und aus dem er wahrsagt.« (1. Mos. 44,4–5)

Was mag das für ein seltsamer Becher sein, aus dem man trinken und wahrsagen kann? Im Ägyptischen Museum in Kairo sind viele solcher Becher und Schalen zu sehen – sie wurden als Grabbeigaben gefunden. In sie ließ man Weintropfen fallen, um aus den Bahnen, die die Tropfen zogen, die Zukunft zu deuten. Eine andere Prophezeiungsmethode war, die Becherschalen mit Wein zu füllen und einige Tropfen Öl darauf zu tröpfeln. Aus ihren Bewegungen wurde Zukünftiges gedeutet. Auf die Hebräer muß dies erstaunlich und exotisch gewirkt haben, denn ihre Religion verbot die Wahrsagerei.

*

»... nehmt euch aus Ägypten Wagen mit für eure Kinder und Frauen, laßt euren Vater aufsteigen und kommt!« (1. Mos. 45,19)

Der Pharao selbst macht diesen Vorschlag, damit die Familie Josefs von Kanaan nach Ägypten umziehen kann. Ein ungewöhnliches Angebot, jedenfalls für einen Ägypter, denn diese kultivierten Menschen kamen erst viel später als ihre Nachbarn auf die Idee, Wagen für den Lastentransport zu bauen. Dabei wußten sie Wasserräder zu nutzen und kannten das Speichenrad!

Der Grund für diese Spätentwicklung: der Nil. Er war Transportweg Nr. 1. Alle schweren Güter wurden auf ihm transportiert – mit Flößen, Schiffen und Barken, die damals die gleichen trapezförmigen Quersegel hatten wie die heutigen Nilboote. Hätte man diese Schiffsgüter an seinen schlammigen Ufern auf Wagen umgeladen, wären die Räder im Morast versunken. Schlittenkufen waren da zweckmäßiger – und Transportschlitten hatten die Ägypter. Elegante zweirädrige Jagdwagen, mit denen auch die Kavallerie ausgerüstet war, benutzten die Vornehmen für Spazierfahrten. Wenig später heißt es dann auch:

Seinem Vater schickte er ungefähr zehn Esel mit, beladen mit dem Besten, was Ägypten bietet, und zehn Eselinnen, beladen mit Getreide und Brot ...
(1. Mos. 45,23)

Das entspricht den damaligen Transportmöglichkeiten.

∗

Josef hatte alles Geld, das in Ägypten und in Kanaan im Umlauf war, für das Getreide, das sie kaufen mußten, eingezogen ... (1. Mos. 47,14)

Und wenig später heißt es:

... liefert euer Vieh ab ... wenn das Geld zu Ende ist. (1. Mos. 47,16)

Sätze wie diese verwirren. Sie lassen glauben, in Ägypten hätte man bereits ein exaktes Münzsystem gekannt. Stimmt nicht. Auch in Ägypten verwendete man als Zahlungsmittel noch Kupferbarren und Goldringe. Wenn in ägyptischen Texten von »Weißgold« die Rede ist, so ist Silber gemeint. Doch die eigentliche Zahlungsform des ägyptischen Handels war der Tausch.

Nur das Ackerland der Priester wurde nicht Eigentum des Pharao.
(1. Mos. 47,22)

Dies betont der Bibelbericht ausdrücklich. Auch das entspricht den Tatsachen. Der Pharao sorgte für ihr Wohl – schließlich hatten die Priester Einfluß auf sein jenseitiges Leben. Und da nur dieses Leben zählte, galt es, sich mit ihnen gut zu stellen.

∗

Die Ärzte balsamierten also Israel [Jakob] ein. Darüber vergingen vierzig volle Tage, denn so lange dauert die Einbalsamierung. (1. Mos. 50,2)

Herodot, der von der Methode des Mumifizierens fasziniert war, schreibt, es habe siebzig Tage gedauert – beginnend mit dem Todestag und endend mit der Grablegung. Wer hat recht, der Autor des Josef-Berichts oder sein griechischer Kollege?

Möglicherweise stimmen beide Angaben. An der Differenz von dreißig Tagen kann die astrologische Leidenschaft der Ägypter schuld sein: Der Sirius und jene Gestirne, nach denen im Pharaonenreich die Nachtstunden berechnet wurden, verschwinden in Ägypten alljährlich für siebzig Tage unter dem Horizont. Ihr Verschwinden wurde als Tod, ihr Wiedererscheinen als Wiedergeburt gedeutet. Möglicherweise haben die Priester dieses Siebzig-Tage-Intervall auch auf die Bestattung übertragen, um den Toten die Wiedergeburt zu erleichtern.

Außerdem: Einbalsamieren war nicht gleich Einbalsamieren! Es gab verschiedene »Güteklassen«, unter denen die Hinterbliebenen, je nach Geldbeutel, wählen konnten.

*

Josef starb im Alter von 110 Jahren. Man balsamierte ihn ein und legte ihn in Ägypten in einen Sarg. (1. Mos. 50,26)

Mit diesem Satz endet der Bericht von Josef in Ägypten und das Buch Genesis, das erste Buch Mose. Die Friedhöfe in Ägypten waren Totenstädte. Während die schlecht mumifizierten Leichname in primitiven Holzsärgen einfach in Felslöchern versenkt wurden, waren die Gräber der Reichen – und Josef dürfte zu ihnen gehört haben – eine Art unterkellerter Bungalow mit zwei Räumen. In den einen Raum konnte jedermann eintreten und Bilder des Verstorbenen sowie Hieroglyphenberichte über ihn betrachten. Im zweiten, der eigentlichen Grabkammer, lag die Mumie mit Beigaben für das wirkliche Leben, das nach dem Tod begann. Dieser Raum blieb versperrt, nur ein senkrechter Schacht führte zu ihm.

Von Josefs Grab fehlt jede Spur, so wie jeder Hinweis auf den lebenden fehlt. Die Hoffnung, es zu finden, ist gering. Nicht nur weil bis heute über siebzig Prozent der Lageplätze altägyptischer Gräber unentdeckt sind, sondern auch wegen eines Hinweises im 2. Buch Mose. Da heißt es unter 13,19 über den Aufbruch aus Ägypten:

Moses nahm die Gebeine Josefs mit, denn dieser hatte die Söhne Israels beschworen: Wenn Gott sich eurer annimmt, dann nehmt meine Gebeine von hier mit hinauf!

Stimmt es, oder ist es nur ein Versuch, mit Josef eine Brücke zu schlagen von den Erzvätern zur bedeutendsten Figur des Alten Testaments, zu Moses?

Die Frage ist mehr als bloße Spekulation, denn so farbig das ägyptische Kolorit im Josef-Bericht auch ist – viele Historiker und Philologen zweifeln, daß Josef eine historische Figur ist. Sie führen dazu zwei Hauptargumente an.

Erstens: Nach heutigem Stand der Bibelphilologie ist die Josef-Geschichte später entstanden als die Berichte über Moses und die Gefangenschaft. Sie wurde, um es mit dem Fachausdruck zu sagen, der großen Erscheinung »Moses« absichtlich »vorgeschickt«, um ihr einen entsprechenden Rahmen zu geben.

Zweitens: So echt die Schilderungen des altägyptischen Alltags sind, so wenig sind sie als Beweis stichhaltig, denn es handelt sich um Fakten und Informationen, die damals jeder interessierte Bürger im Einflußbereich Ägyptens – und dazu gehörte auch Palästina – wissen konnte. Auch waren einige der bei Josef erwähnten Bräuche nicht auf Ägypten beschränkt. Zur Datierung, wann – wenn überhaupt – Josef in Ägypten lebte, reichen sie nicht aus.

Welcher Meinung man sich auch anschließt: Die Josef-Legende (oder Reportage?) bleibt ein lebenspralles farbiges Lesestück. Für das Alte Testament ist es ein wichtiges Bindeglied, weil mit Josef eine Familiengeschichte zu zeitgeschichtlicher Breite anschwillt und in dem großen Strom der Völkerschicksale mündet, an dessen Beginn die alles beherrschende Figur des Moses steht.

Für dessen Existenz gibt es ebenfalls keine Belege oder Beweise, aber an dessen historischer Präsenz bestehen heute keine Zweifel mehr. Die ersten fünf Bücher des Alten Testaments tragen zu Recht seinen Namen. Er hat sie sicher nicht geschrieben, aber er ist die Figur, auf die alles zuläuft, von der alles weiterwirkt.

IHN HAT DER HERR AUGE IN AUGE BERUFEN.
(5. Mos. 34,10)

EIN MANN NAMENS MOSES

»Im geheimen gebar mich meine Mutter, setzte mich in ein Kästchen aus Schilf und übergab mich dem Fluß.«

Wer sonst als Moses sollte mit diesen Zeilen gemeint sein! Das weiß man doch: Gleich nach seiner Geburt wurde Moses von seiner Mutter im Nil ausgesetzt, weil der Pharao befohlen hatte, alle erstgeborenen hebräischen

Knaben zu töten, nachdem es ihm nicht gelungen war, den Lebenswillen dieses Volkes durch Fronarbeit zu brechen.

Aber die zitierten Zeilen stehen nicht in der Bibel. Sie sind gut tausend Jahre älter als das Alte Testament, und der Knabe, von dessen Aussetzung sie berichten, war der sumerische König Sargon II., und der Fluß, dem das Schilfkästchen übergeben wurde, war nicht der Nil, sondern der Euphrat.

Sargon und Moses sind nicht die einzigen, aus deren ersten Lebensjahren solch eine Rettung aus Gefahr berichtet wird. Vielen berühmten Männern soll ähnliches widerfahren sein: Alexander der Große, Perseus, Romulus und Remus gehören dazu. Daß Jesus vor dem kindermordwütigen Herodes bewahrt worden sein soll, paßt ebenfalls in die Reihe dieser Kindesrettungen.

Warum werden solche Rettungsanekdoten häufig großen Männern angedichtet? Vielleicht soll damit gesagt werden: Männer, die zu Rettern ihrer Völker wurden, sind selbst einmal von einem Größeren gerettet worden. Als Zeichen, daß Gott sie besonders auserwählt hat.

Was aber waren das für grausame Mütter, die ihre Neugeborenen in Flüssen aussetzten? Wir können ihnen keinen Vorwurf machen.

Für sie waren Flüsse Göttinnen, deren Schutz sie für die Kinder erhofften. So heilig waren Flüsse, daß sie nicht durch Hineinspucken beleidigt werden durften. Eine Mutter, die ihr Kind auf einem Fluß aussetzte, vertraute es einem Gott an. Konnte eine Mutter etwas Besseres für ihr Kind tun?

Auch bei Moses half die Nilgöttin: Eine ägyptische Prinzessin zog den kleinen Jungen ans Ufer und nannte ihn Moses. So berichtet es die Bibel und hat auch gleich eine Erklärung für den Namen Moses:

Diese nahm ihn als Sohn an, nannte ihn Mose und sagte: »Ich habe ihn aus dem Wasser gezogen.« (2. Mos. 2,10)

»Mose« oder »Mosche« heißt auf hebräisch »herausziehen«, und für den Erzähler der Moses-Geschichte gab es keinen Zweifel, daß eine Tochter des Pharao hebräisch parlierte.

Angenommen, die Geschichte mit der Rettung und der Namensgebung stimmt – dann brauchte die Prinzessin, um auf den Namen »Mose« zu kommen, nicht unbedingt die hebräische Sprache zu verstehen. »Mose« war ein gebräuchlicher ägyptischer Name.

In vielen ägyptischen Worten stecken die Silben »Mo-se«, zum Beispiel in Thutmoses und Ram(o)ses. Geschrieben sah der Name so aus: mß3, denn auch bei den ägyptischen Hieroglyphen wurden die Vokale ausgelassen, während das dritte Zeichen nur der Erklärung dient, daß es sich um einen männlichen Namen handelt.

An der Stelle, südlich von Kairo, an der die Prinzessin Moses gefunden haben soll, wurde eine koptische Kirche errichtet. Es lohnt nicht, sie zu besuchen. Geschichte und Platz sind nicht authentisch und auch die Kirche selbst keine Sehenswürdigkeit. Statt dessen empfehlen die meisten Reiseführer auch heute noch einen Ausflug nach Tanis, im Osten des Nildeltas.

Dieses riesige Feld aus Ziegelschutt, zerbrochenen Obelisken und geborstenen Statuen galt lange Zeit als der Ruinenrest der Königsstadt Ramses, die Pharao Ramses II. von Israeliten errichten ließ und von der aus der Exodus begann.

Die meisten Ägyptologen glauben jedoch, die spärlichen Reste dieser Stadt an anderer Stelle gefunden zu haben. Etwa neunzig Kilometer Luftlinie von den Gizeh-Pyramiden entfernt, im Nil-Schwemmland nahe dem Dorf Chantir, graben seit 1966 österreichische und seit 1980 deutsche Archäologen nach den Resten der Paläste und Tempel dieser einst so prächtigen Stadt, die sich über zehn Quadratkilometer ausgedehnt haben soll. Doch ihre Funde sind spärlich, gemessen an dem, was auf anderen Grabungsfeldern freigelegt werden konnte.

War die Vermutung, daß an dieser Stelle die Königsstadt Ramses stand, also falsch? »Nein«, sagt Professor Manfred Bietak, Leiter des österreichischen Teams, »eher ist es denkbar, daß die Ramses-Stadt zwar hier stand, aber aus noch ungeklärten Gründen aufgegeben wurde. Mit Steinquadern und Säulen aus der Ramses-Stadt hat man dann die Stadt Tanis aufgebaut.« Eine auf den ersten Blick verblüffende Theorie, aber auch die französischen Archäologen, die in Tanis graben, bestätigen, daß viele der hier benützten Baumaterialien offensichtlich vorher an anderer Stelle verwendet worden sind.

Ein Beispiel mehr, wie schwierig selbst im archäologisch erschlossenen Ägypten die genaue Ortung ist.

Fest steht folgendes: Ramses II. hatte sich Ramses-Stadt als neue Residenz erbaut, weil ihm in Memphis, dem bisherigen Regierungssitz, der Einfluß der Priester auf die Staatsgeschäfte zu mächtig geworden war. In einem goldenen Prunkboot, gefolgt von einer unübersehbaren Flotte, hielt er Einzug in seine neuen Paläste.

Deren Mauern waren mit Blut und Tränen errichtet worden – von den Nachkommen Jakobs. Aus den siebzig Viehhirten von einst waren Hunderttausende geworden. Eine Bedrohung für Ägypten, meinte der Pharao und verhängte für sie Zwangsarbeit. Aufseher mit Prügelstock und Peitsche trieben sie zur Arbeit an.

Als Israels Stämme ihr »Soll« bei der Lehmziegelproduktion für den Häuserbau trotz hoher Lieferraten erfüllten, erschwerten die Ägypter ihnen die Arbeit nochmals: Sie mußten sich selbst das Stroh besorgen, das als Bindemittel für den Lehmbrei der Ziegel benötigt wurde.

Das bedeutete zusätzliche Arbeit, denn das Stroh mußte erst von ihnen geerntet werden. Es stand noch auf den Feldern, weil in Ägypten nur die Ähren abgeschnitten wurden, die Halme ließ man stehen.

Moses, inzwischen ein Jüngling und »in aller Weisheit der Ägypter ausgebildet«, sieht, wie auf einer der Baustellen ein Aufseher einen Hebräer schlägt, und tötet den Ägypter. Danach gibt es für ihn nur eines: Flucht. Moses floh ins Land Midiam, im heutigen Südjordanien. Hier nimmt er sich eine Frau und lernt eine Gottheit kennen, die die Midianiter »Jahwe« nennen. Die Bibel erwähnt dies nicht, obgleich des Moses Schwiegervater ein Priester dieses Gottes war.

Aus seinem Exil im Land Midiam kehrt Moses nach Ägypten zurück, um Israels Stämme aus Ägypten fortzuführen. Den göttlichen Befehl für diese Aufgabe erhielt er höchst spektakulär von einem »Engel des Herrn«, der ihm in einer Flamme erschien, die aus einem Dornbusch emporschlug. An diesem brennenden Dornbusch haben sich seit Jahrhunderten die Gemüter entflammt.

Die Theologen sprachen vom brennenden Gewissen des Moses, von dem Dorn in seinem Herzen. Sie sahen im brennenden Dornbusch das Symbol für einen inneren Vorgang und deuteten die Flammen als Blüten, die in der Sonne des Wunderbaren aufgehen.

Die Gnostiker, die hinter allem heidnische, geheimnisvolle Anspielungen witterten, »enthüllten«, daß der Weißdorn bis ins 10. und 11. Jahrhundert n. Chr. »Rose« genannt wurde, und wiesen darauf hin, daß auch die Bundeslade aus Dornenholz war – natürlich fehlte auch der Hinweis auf die Dornenkrone Jesu nicht. Das Dornröschen-Märchen nahmen sie ebenso in ihre Spekulationen auf wie das Faktum, daß die »Rose, von Dornen eingerahmt« ein bekanntes Alchimistenzeichen ist. Für Gnostiker wurde der brennende Dornbusch zum Beispiel, daß, wer zum Innersten vorstoßen will, immer erst den abschirmenden äußeren Dornenbusch überwinden muß.

Diesen wild wuchernden Symbolismen machten Naturwissenschaftler mit einer vernünftigen Frage ein Ende. Sie fragten: Gibt es vielleicht tatsächlich eine Pflanze, die flammt, ohne selbst zu verbrennen? Die Antwort ist ein klares Ja. In jedem besseren botanischen Garten ist sie zu besichtigen. Ihren botanischen Namen und ihre Beschaffenheit nennt jeder Pflanzenatlas: *Dictamnus albus,* in verschiedenen Variationen in Süd- und Mitteleuropa, im Nahen Osten bis nach China verbreitet.

Bei uns heißt diese Pflanze schlicht Spechtwurz und wächst als seltenes, geschütztes Gewächs wild im Rhein-Main-Donau-Gebiet an felsigen Hängen. Es ist eine Staude, die Wärme, Sonne, Trockenheit und kalkhaltigen Boden liebt. Aus dem kräftigen weißen *(albus)* Wurzelstock entwickeln sich mehrere aufrechte, feste Stengel, die eine Anzahl eschenähnlicher dunkelgrüner derber Blätter tragen. Darüber stehen im Frühsommer die rosa Blütenkerzen.

Die ganze Pflanze ist mit zahlreichen Öldrüsen versehen. Bei großer Hitze sondern diese ein ätherisches Öl in solcher Menge ab, daß es sich auch schon durch kräftige Sonnenbestrahlung entzünden kann. Deshalb wird diese Pflanze auch als »brennender Busch« bezeichnet. Die kleinen Flammen verflüchtigen sich jedoch so schnell, daß die Pflanze selbst nicht brennt. Soweit die Botaniker.

Der prominenteste, zugleich aber auch einer der kümmerlichsten Vertreter dieser Dornbuschart ist heute Ziel vieler Israel-Touristen. Er dörrt in der Wüste Sinai vor sich hin. Gläubige Besucher sind überzeugt, daß dies jener Busch war, aus dem Gott Moses mitteilte, er solle die Kinder Israel in ein Land führen, »in dem Milch und Honig fließen«. Im 6. Jahrhundert n. Chr. wurde um diesen Dornbusch ein Kloster gebaut, das Katharinenkloster, in dem heute noch ein Dutzend orthodoxe Mönche leben.

Diese göttliche Befehlsausgabe aus dem brennenden Dornbusch bestand aus einer Erklärung von höchster Gültigkeit und zwei Anweisungen.

Die Erklärung: Als Moses Gott fragt, wie er denn den Israeliten gegenüber den Gott ihrer Väter nennen soll, antwortet Jahwe:

»So sollst du zu den Israeliten sagen: Der ›Ich-bin-da‹ hat mich zu euch gesandt ... Das ist mein Name für immer, und so wird man mich nennen in allen Generationen.« (2. Mos. 3,14–15)

Mit dieser Erklärung ist der allgegenwärtige transzendente Gott beschrieben und manifestiert. Dann folgt der erste Auftrag. Er lautet:

»Geh, sag dem Pharao ... er solle die Israeliten aus seinem Lande fortziehen lassen!« (2. Mos. 6,11)

Der zweite Auftrag hat sechs Worte, die wenig göttliche Güte verraten. Jahwe befiehlt den Israeliten vor dem Auszug aus Ägypten:

». . . und plündert so die Ägypter aus!« (2. Mos. 12,26)

Die Erfüllung des ersten Auftrages – die Audienz beim Pharao – schildert die Bibel ausführlich. Über den zweiten göttlichen Befehl heißt es nur lakonisch:

Auf diese Weise plünderten sie die Ägypter aus. (2. Mos. 12,36)

In seine Audienz beim Pharao nimmt Moses seinen jüngeren Bruder Aaron mit, weil er redegewandter ist. Eine solche Audienz beim Pharao war für jedermann leicht zu erhalten. Die Vorzimmerhürden waren im Pharaonenreich noch nicht so hoch wie in unserer bürokratischen Zeit.

Bei diesem Bittbesuch geschah etwas Seltsames, das die Bibel ausführlich beschreibt:

Aaron warf seinen Stab vor den Pharao und seine Diener hin, und er wurde zu einer Schlange. Da rief auch der Pharao Weise und Beschwörungspriester, und sie, die Wahrsager der Ägypter, taten mit Hilfe ihrer Zauberkunst das gleiche: Jeder warf seinen Stab hin, und die Stäbe wurden zu Schlangen. Doch Aarons Stab verschlang die Stäbe der Wahrsager. (2. Mos. 7,10–12)

Stäbe, die zu Schlangen wurden?! Zaubertricks, um den Pharao zu verblüffen? Dahinter steckt mehr. Die Schlange war für die Ägypter heilig, einige Arten galten als Träger der höchsten Weisheit und übersinnlicher Wahrnehmung. Wenn also bei diesem Wettzaubern die Schlange Aarons die Schlangen der ägyptischen Zauberer fraß, dann war er im Besitz der höchsten Weisheit, und sein Gott, dieser »Ich-bin-da«, war mächtiger als die ägyptischen Götter.

Diesen Schlangentrick kann man auch heute noch auf indischen und marokkanischen Märkten sehen: Gaukler halten eine Schlange in der Hand, die starr wie ein Stab ist. Dann werfen sie sie auf die Erde, und die Schlange kringelt sich wie gewohnt. Der Trick: Sie packen die Schlange an einer bestimmten Stelle zwischen Kopf und Körper und unterbinden so den Blutkreislauf, die Schlange wird starr. Läßt man sie los, kommt wieder Sauerstoff in ihr Gehirn und damit Leben in das Tier.

Bei Mosis Pharao-Visite hat der Schlangentrick nichts genützt. Gott

Jahwe mußte die zehn Plagen über Ägypten kommen lassen, damit der Pharao die Stämme Israels ziehen ließ. Für neun der zehn Plagen, die über Ägypten kamen, gibt es ohne Mühe plausible naturwissenschaftliche Erklärungen: Nilwasser wird (scheinbar) zu Blut und ungenießbar, wenn die Burgunder-Alge sich zersetzt. Die Insektenschwärme können jene der Hundsfliegen sein, die in Nase, Mund und Ohren eindringen, Frösche wurden oft zur Zeit der Nilschwemme zu einer Landplage. Die Viehpest mag eine damals unbekannte Blatternart, die Nilkrätze, gewesen sein, die Mensch und Tier mit Geschwüren überzieht. Heuschrecken und Sandstürme sind auch heute noch in den Wüsten Ägyptens gefürchtet.

Für diese Ereignisse verwendet der Urtext nicht das Wort »Plage«, sondern »Zeichen« und »Wunder«. Als Plage gilt lediglich die zehnte, die Tötung jedes Erstgeborenen.

Diese Strafe benutzten die Verfasser des Alten Testaments zur Umdeutung eines alten Brauchs unter Nomadenvölkern, die jeden Wechsel ihrer Weideplätze mit einem Opfermahl feierten, zu dem Lämmer geschlachtet wurden.

Diesem alten Brauch geben die Schreiber des Alten Testaments einen religiösen Sinn. Sie berichten, daß Jahwe zwar den Tod aller Erstgeborenen verkündet hatte, gleichzeitig aber dafür sorgte, daß kein Neugeborenes seines auserwählten Volkes mitsterben mußte. Er befahl, die Türen aller Häuser, in denen sich israelitische Kinder befanden, mit dem Blut frischgeschlachteter Lämmer zu bestreichen, damit er an diesen Häusern vorbeiging. »Vorbeigehen« heißt hebräisch »pascha«. Unser Wort »passieren« kommt aus dem gleichen Wortstamm – so entstand das Pascha-Fest, und auch das christliche Opferlamm hat hier seinen Ursprung.

So wurde aus einem heidnischen Opfermahl das israelitische Fest eines Aufbruchs und schließlich das christliche Abendmahl, wie wir das letzte Pascha-Fest nennen, das Jesus mit seinen Jüngern feierte. Aus dem alttestamentarischen Fest eines Neubeginns wurde für Christen die Erinnerung an den Abschied Jesu von dieser Welt.

Der Pharao wird durch diese Plage gezwungen, die Israeliten sofort ziehen zu lassen. So rasch ist der Aufbruch, daß sie den Brotteig ungesäuert mitnehmen. Die Mattzet, flache Teigfladen, sollen so entstanden sein. Auch heute noch stehen sie zu jedem hohen jüdischen Feiertag auf dem Tisch. Der Aufbruch der Kinder Israel in ein fremdes, unbekanntes Land beginnt.

Was die Bibel an Zahlen für diesen Exodus nennt, darf man nicht auf die Goldwaage legen.

Die Israeliten brachen von Ramses nach Sukkot auf. Es waren an die sechshunderttausend Mann zu Fuß, nicht gerechnet die Kinder. Auch ein großer Haufen anderer Leute zog mit . . . (2. Mos. 12,37)

Rechnet man Kinder und Frauen dazu, kommt man auf fast zwei Millionen! Der Zug wäre also einige hundert Kilometer lang gewesen. Außerdem: Nirgendwo auf der Halbinsel Sinai hat es für eine solche Menschenmenge jemals genug Getreide, Weideplätze und vor allem Wasser gegeben.

So gilt denn auch hier: Vorsicht bei Zahlen im Alten Testament! So steht in diesem Bericht das Wort »elef« für »tausend«. »Elef« kann aber auch »Sippe« bedeuten. Vielleicht meint die Bibel, daß 600 Sippen auszogen. Das käme der Realität näher, und wir hätten eine Erklärung, warum mit keiner Hieroglyphe von diesem Platzwechsel einiger Stämme berichtet wird.

Wer 1945 gelebt hat, weiß aus eigener bitterer Erfahrung, wie sich Flüchtlingstrecks zusammenfinden. Solche Züge formieren sich nicht zu geordneten Heersäulen, wie es uns aufwendige Hollywoodfilme glauben machen wollen. Einzelne Sippen und Stämme werden aufgebrochen sein, bestimmt nicht alle an einem Tag, nur so war das Ernährungsproblem in der dürren Landschaft zu lösen.

Aber auch dieser aufgesplitterte Aufbruch verlangt nach einer überragenden Persönlichkeit. Zu allen geschichtlichen Epochen war das so. Warum soll es ausgerechnet beim Exodus anders gewesen sein. Deshalb ist die Mehrzahl der Historiker überzeugt, daß ein solcher Mann, der vielleicht sogar Moses hieß, gelebt hat. Wahrscheinlich um 1250 v. Chr., zur Regierungszeit Ramses' II.

Die Literatur über Moses füllt Bücherschränke. Die einen sehen in ihm einen alttestamentarischen Pfadfinder, andere halten ihn für einen introvertierten Schwächling, der sich nicht durchsetzen konnte. Sigmund Freud hielt ihn für einen Ägypter, der durch die Erzählung von der Aussetzung im Schilfkorb zum Juden gemacht werden sollte.

Ein Student der Theologie in Straßburg schrieb eine Dissertation über den Exodus und Moses, in der Moses geschildert wird als ein »trübsinniger, in sich verschlossener, rechtschaffener Mann, der sich zwar zum Tun und Herrschen geboren fühlte, dem aber die Natur zu solchem gefährlichen Handwerke die Werkzeuge versagt hat«.

Die Dissertation wurde nicht angenommen. Der Name des Studenten: Johann Wolfgang Goethe.

Aus christlicher Sicht ist es unwichtig, ob Moses Ägypter war, verschlossen oder tatkräftig, er ist es jedenfalls, den Gott sich ausgewählt hat, um zu seinen Menschen zu sprechen. Nur das zählt.

Für die Strecke vom Nil bis zum Jordan mußte man damals zehn bis zwölf Tage veranschlagen. Die Kinder Israels brauchten vierzig Jahre. Vierzig ist allerdings eine jener Zahlen, die in den biblischen Berichten immer wieder auftauchen. Sie hat mehr symbolischen als numerischen Wert. In diesem Fall drückt sie die Dauer einer Generation aus, die damals mit vierzig Lebensjahren angesetzt wurde.

Geht man davon aus, daß die Israeliten immer nur in kleineren Gruppen aufbrachen, wäre auch verständlich, warum für die Vernichtung des pharaonischen Heeres beim Zug durch das »Rote Meer« – wie es noch in alten Bibeln heißt – keine außerbiblische Bestätigung existiert.

Denn dann hatte nicht ein ganzes Heer alle Stämme Israels verfolgt, sondern eine einzelne Gruppe wurde von drei, vier Einheiten eines einsamen Grenzpostens gejagt. Eine Bagatelle, nicht der Rede wert, sie in Hieroglyphen festzuhalten, zumal es sich um ein erfolgloses Unternehmen gehandelt hatte. Ägyptische Kriegsberichte – besonders unter Ramses II. – aber waren immer Siegesmeldungen. In den Lagerfeuererzählungen bei den israelitischen Stämmen wurde dann aus dem alltäglichen Grenzzwischenfall jener wundervolle Sieg, wie er nun in der Bibel steht:

. . . und der Herr trieb die ganze Nacht das Meer durch einen starken Ostwind fort. Er ließ das Meer austrocknen; und das Wasser spaltete sich. Die Israeliten zogen auf trockenem Boden ins Meer hinein, während rechts und links von ihnen das Wasser wie eine Mauer stand. (2. Mos. 14,21)

Als aber die ägyptischen Verfolger kamen, »flutete das Meer zurück und bedeckte Wagen und Reiter«.

In neuen Bibelausgaben steht nicht mehr »Rotes Meer«, sondern »Schilfmeer«. Altsprachler haben nämlich festgestellt, daß in hebräischen Texten das Wort »jam suf« steht, was soviel wie »Meer von Suf« heißt, ein Schilfmeer. Das aber kann nicht das Rote Meer gewesen sein. An seinen Ufern wächst und wuchs kein Schilf. Die Ufer der Sinai-Halbinsel sind kahl.

Aber auch bei der Schilfmeer-Version gibt es Gegenstimmen. Ihr Argument: Die Bibel sagt nicht, wo sich das Wunder der Wellenteilung abgespielt hat – und solange wir dies nicht wissen, fehlt auch jeder Anhaltspunkt, wie es gewesen sein könnte. Deshalb sind alle Deutungen, ob ein Schilfmeer sich teilte oder ob ein Seebeben die Ursache war, vielleicht auch nur Ebbe und Flut – die Gezeiten waren dem hebräischen Steppenvolk sicher unbekannt –, nur Spekulationen, um für ein biblisches Wunder eine reale Erklärung zu finden.

Die Suche nach Erklärungen für Wunder ist nicht erst in unserem wissenschaftsgläubigen Jahrhundert aufgekommen. Schon in früheren Zeiten wurde immer wieder versucht, anhand wissenschaftlicher Belege zu beweisen, daß die Bibel doch recht hat.

So sorgte vor mehr als hundert Jahren die Nachricht, daß die Mumie des Pharao Mernephat mit einer Salzkruste überzogen war, weltweit für eine Sensation. Man hielt dies für einen Beleg, daß dieser Pharao des 13. Jahrhunderts v. Chr. bei der Verfolgung der Israeliten mit seinen Soldaten im Salzwasser des Roten Meeres ertrunken war. Ein paar Jahre später stand fest, daß das Salz normaler Bestandteil des Mumifizierungsvorgangs war.

Was wäre auch bewiesen gewesen, wenn es Meersalz gewesen wäre? Wir wissen weder exakt, wann der Auszug aus Ägypten erfolgte, noch, welchen Weg die Israeliten genommen haben. Viele Datierungen vergangener Jahrhunderte sind durch neue Ausgrabungen wieder zweifelhaft geworden.

So schreibt die Bibel, daß Moses Boten, die um freien Durchzug bitten sollten, nach Bozra schickte, der befestigten Hauptstadt des Königreiches Edom. Bozra heißt heute Buseira. Dort begannen vor gut zehn Jahren Ausgrabungen. Sie legten tatsächlich Reste einer bedeutenden Stadt frei, aber diese stammten nicht aus dem 13. Jahrhundert, in dem der Exodus üblicherweise angesetzt wird, sondern aus dem 8. Jahrhundert v. Chr.

Solche Zeitdifferenzen zwischen bisherigen Annahmen und archäologischen Belegen wiederholten sich an mehreren Plätzen. Auch in Heschbon (oder Hesbon), das heute Hesban heißt, wurde gegraben.

Die Israeliten ließen sich in Amoritenstädten nieder, in Hesbon und all seinen Tochterstädten. (4. Mos. 21,25)

Nach vier Grabungskampagnen war das Ergebnis immer noch negativ: Bei keiner Grabung wurde auch nur die Spur einer Besiedlung in der späten Bronze- oder frühen Eisenzeit gefunden! Diese Zeit aber wird allgemein für die Eroberung dieser Hauptstadt angesetzt.

Außerdem brachten Ausgrabungen auf der alten Zitadelle von Amman, das Ammon hieß, als es von den Israeliten besetzt wurde, nur Funde aus dem 7. Jahrhundert, Funde also, die aus wesentlich späterer Zeit stammen als jener Epoche, in der die Eroberung durch die Israeliten angenommen wird.

Wer hat sich geirrt? Die Wissenschaftler mit ihren Datierungen oder die Verfasser der Moses-Bücher, die von Festungen schrieben, wenn nur Zeltlager erobert wurden, die aus Scheichen Könige, aus Steinschleudern Bronzeschwerter machten?

Es gibt keine Antwort, wohl aber wird die Philologen-Behauptung dadurch bestätigt, daß die Berichte von Exodus und Landnahme erst wesentlich später nach den Ereignissen niedergeschrieben worden sind.

Ähnliche Schwierigkeiten bereitete eine weitere Stelle beim Exodus. Viele Fässer Tinte für unterschiedlichste Erklärungen sind leergeschrieben worden, um die Erscheinung zu deuten, die den Israeliten bei ihrem Zug durch die Wüste den Weg wies.

Der Herr zog vor ihnen her bei Tag in einer Wolkensäule, um ihnen den Weg zu zeigen, bei Nacht in einer Feuersäule, um ihnen zu leuchten.

(2. Mos. 13,21)

Auch hierfür war man rasch mit einer naturwissenschaftlichen Erklärung zur Hand und machte die biblische Wolkensäule zu einer jener Sandsäulen, die von einem Wirbelwind bis zu zwanzig Meter hochgejagt werden können, und deutete an, daß nachts den Israeliten vielleicht brennende Ölquellen den Weg gewiesen haben könnten. Beides wurde für die Israeliten zum Zeichen, daß Gott mit ihnen zog. Jeder, der schon einmal allein im Schlafsack in der Steppe nächtigte, weiß, wie dankbar man trotz Kompaß und Karten auch heute noch für solche Signale in der Einsamkeit ist.

Die Wunder, die Moses auf dem Zug durch die Wüste vollbringt, fordern vom Bibelleser eine Entscheidung. Entweder nimmt er sie als Taten göttlicher Fürsorge, oder er sucht sie als praktisch angewandtes Waldläufer- und Pfadfinderwissen zu erklären. Wer sie für Wunder hält, braucht keine Erklärungen. Er kann die nächsten Seiten überschlagen. Wer aber das Wunder nicht in der Tatsache sieht, daß Manna vom Himmel fällt, daß Wasser aus Stein fließt, sondern darin, daß Gott dafür sorgte, daß die Israeliten bei ihrem Zug Wasser fanden, wenn sie es brauchten, daß sie zu essen hatten, wenn sie hungerten, der findet auf den nächsten Seiten einige Mutmaßungen, wie es gewesen sein könnte.

Mancher Leser schüttelt ungläubig den Kopf, wenn Moses gleich zu Beginn des Wüstenzugs das salzig-bittere Wasser der Oase Mara in Trinkwasser verwandelt.

Dabei ist dies nichts Besonderes. Auch heute noch verwenden die

Hirten dieser Gegend Äste der Berberitze, um bitteres Wasser trinkbar zu machen. Das Holz saugt sich voll und zieht dabei die Bitterstoffe aus dem Wasser.

*

Ein andermal, als es nichts zu essen gab, ... *kamen die Wachteln und bedeckten das Lager.*　　　　　　　　　　　　　　　　(2. Mos. 16,13)

Wachteln – wie schon im Josef-Kapitel erwähnt – gab es in Überfülle. Diese Vogelschwärme sind bei ihrem Frühjahrszug vom Süden in den Norden oft so erschöpft, daß sie sich zu Tausenden auf den Boden setzen. Sie dann zu fangen ist ein Kinderspiel. Deshalb ist auch im heutigen Ägypten der Wachtelfang im April verboten!

*

Am Morgen lag eine Schicht von Tau rings um das Lager. Als sich die Tauschicht gehoben hatte, lag auf dem Wüstenboden etwas Feines, Knuspriges, fein wie Reif auf der Erde. Als das sie Israeliten sahen, sagten sie zueinander: »Was ist das?«　　　　　　　　　　　(2. Mos. 16,14–15)

Wenig später wird der Name dieser knusprigen Mahlzeit genannt:

Das Haus Israel nannte das Brot Manna.　　　　　　　(2. Mos. 16,31)

Die Deutung bereitete den Sprachforschern keine Schwierigkeiten, denn »man-hu?« heißt im Hebräischen »Was ist das?« Eine Frage wurde zum Namen der Sache. Was aber war dieses Himmelsbrot? Seit Luther wird es so beschrieben:

Es war weiß wie Koriandersamen und schmeckte wie Honigkuchen.
　　　　　　　　　　　　　　　　　　　　　　　(2. Mos. 16,31)

Noch vor fünfzig Jahren glaubten Botaniker, dieses Manna sei die weiche Absonderung einer Tamariskenbaumart, die hervorquillt, wenn die Zweige von einer bestimmten Schildlausart gestochen werden. Inzwischen hat Professor Avinoam Denin von der Universität Jerusalem nachgewiesen, daß nicht Tamariskenbäume, sondern Gewächse mit dem schönen Namen *Hamada salicornica* diese wohlschmeckenden Absonderungen liefern. Insgesamt acht solche Pflanzenarten nennt der Manna-besessene

Professor. Sie alle wachsen im Sinai, sie alle sondern nach Insektenstichen eine weiße, klebrig-süße Masse ab. Ob Tamarisken oder *Hamada salicornica* – fest steht: Es gibt solche Pflanzen im Sinai.

*

Ein anderes Wunder wird Sinai-Touristen gleich mehrfach vom Reiseleiter vorgeführt: Sie zeigen ein halbes Dutzend Felsen, aus denen Moses angeblich Wasser schlug. Alle haben den Vorzug, attraktive Fotomotive zu sein. Es gibt natürlich keinerlei Beweis, daß Moses auch nur einen dieser Felsen berührt hat.

Wohl aber gibt es handfeste naturwissenschaftliche Erklärungen, wie man Wasser aus bestimmtem Felsengestein »hervorzaubern« kann.

So kann man feuchtes, bröckeliges Kalkgestein von einem Felsen abschlagen, aus dem dann eine bisher verdeckte Quelle sickert. Möglicherweise war Moses auch im Umgang mit der Wünschelrute erfahren. Dann schlug nicht er den Fels, sondern die Rute schlug dort am Fels aus, wo Wasser sich verbarg. In beiden Fällen konnte er genug Wasser für eine kleine Gruppe von Menschen und Tieren finden.

Die ständige Suche nach naturwissenschaftlichen Erklärungen für anscheinend oder scheinbar Unerklärliches ist möglicherweise auch ein Verdrängungsprozeß, weil das eigentliche, das geistige Wunder dieser Wüstenwanderung zu mächtig ist, um vom menschlichen Verstand verarbeitet werden zu können – die Verkündung der Zehn Gebote durch Gott an Moses auf der Spitze eines Berges.

Von diesem Augenblick an muß sich Recht und Unrecht der Menschheit an diesen Forderungen orientieren. Diese Zehn Gebote haben Priorität vor allen Gesetzen der Welt.

Die Verkündigung dieser Moralmaximen war ein Ereignis von universeller Bedeutung, wo immer es sich ereignet haben mag. Verständlich, daß zu allen Zeiten versucht wurde, den Platz zu lokalisieren, an dem sich dieses Treffen Gott–Mensch ereignete.

Die Bibel nennt den Berg einmal »Berg Sinai«, dann »Berg des Gesetzes«, an anderer Stelle »Berg Horeb« oder schlicht »Der Berg«. Bis heute wissen wir nicht, welchen Berg die Bibel meint. Weil das aber touristisch unbefriedigend ist, wird gläubigen Reisenden die vorderste der drei Granitspitzen des Sinai-Bergmassivs als »Dschebel Musa«, als »Berg Moses«, gezeigt.

Eine Kapelle auf seinem 2285 Meter hohen Gipfel, vor allem aber die

Gewalt dieser Landschaft, aus der der Berg wie eine steinerne Faust wächst, gibt dieser Entscheidung vom Gefühl her recht, wenn sie auch von der Sache her wahrscheinlich falsch ist.

Der ganze Sinai war in Rauch gehüllt, denn der Herr war im Feuer auf ihn herabgestiegen. Der Rauch stieg vom Berg auf wie Rauch aus einem Schmelzofen. Der ganze Berg bebte gewaltig. (2. Mos. 19,18)

Aus diesem Bibeltext wollen Naturwissenschaftler herauslesen, daß es sich um einen Vulkanausbruch gehandelt haben muß. Im Sinai aber gibt es keine Vulkane. Die ersten Berge mit Feuereruption erheben sich östlich der Sinai-Halbinsel, im Gebiet der Midianiter, dort also, wohin Moses nach der Ermordung eines ägyptischen Aufsehers geflohen war.

So verlegt eine gegenwärtig weitverbreitete Meinung den Berg nach Arabien, wo es noch in historischer Zeit tätige Vulkane gab.

Andere glauben, er sei in der Nähe von Kadesch, wo einst Ramses II. mit den Hethitern kämpfte, richtig plaziert.

Aber Kadesch ist vom Sinai – zu deutsch:»Das Land des Mondgottes Sin« – doch wohl zu weit entfernt.

In die Fußstapfen solcher seriösen Überlegungen trat dann die Bruderschaft wissenschaftlicher Grenzgänger und Phantasten. Sie geheimnisten in Bibelworte wie»Rauch«,»Feuer«,»gewaltig beben« hinein, Moses habe bereits das Schießpulver gekannt! Warum einfach, wenn es auch umständlich geht.

Auf welchem Berg und bei welcher Geräuschkulisse auch immer die Gipfeltreffen zwischen Gott und Moses stattfanden – ihr Ergebnis brachte Moses in Stein gehauen ins Tal. Auf zwei Tafeln hatte sie»der Finger Gottes geschrieben«. Ein einmaliges Ereignis!

Nein, das war es nicht! Gesetzessammlungen in Stein waren lange vor Moses üblich, und die berühmteste, die Hammurabi-Gesetzstele, zeigt am oberen Ende – mit langem Bart, Turban und wallendem Gewand – Hammurabi, der dem Sonnengott Schamasch gegenübersitzt und von ihm die Gesetze in Empfang nimmt! Der babylonische König Hammurabi aber lebte mindestens vierhundert Jahre vor Moses, nämlich von 1728 bis 1686 v. Chr.

Besäßen wir von ihm nicht mehr als diese Stele, es reichte, um ihm einen Platz unter den Großen der Geschichte zu sichern. Dieser 2,25 Meter hohe Dioritstein ist neben der »Mona Lisa« der kostbarste Besitz des Louvre in Paris. Seine Phallusform ist kein Zufall – sie betonte den göttlichen Ursprung der Gesetze, die im Alten Orient erst Rechtskraft erhielten, wenn sie niedergeschrieben und jedermann zugänglich waren. Hammurabi schuf die erste umfassende Gesetzessammlung der Welt.

Eines der Gesetze lautete: »Wenn jemand das Auge eines anderen zerstört, soll man ihm sein Auge zerstören. Wenn jemand die Zähne von einem anderen ausschlägt, der höher steht als er, soll man seine Zähne ausschlagen.«

Moses, der wahrscheinlich diese Gesetze kannte, brauchte diesen Text nur umzuformulieren:

»Ist weiterer Schaden entstanden, dann mußt du geben: Leben um Leben, Auge für Auge, Zahn für Zahn, Hand für Hand, Fuß für Fuß.«

(2. Mos. 23–24)

So oder so formuliert – für uns ist es ein grausames Gesetz, weil wir es aus unserer Sicht beurteilen. Zu Hammurabis – und auch noch zu Mosis – Zeiten muß es jedoch eine Sensation gewesen sein, ähnlich der, als in unserem Jahrhundert zum ersten Mal die Todesstrafe abgeschafft wurde.

Denn diese »Auge um Auge«-Gesetze geboten der bis dahin üblichen übertriebenen Strafe – oder richtiger: Rache – Einhalt. Die Ausgewogenheit zwischen Tat und Strafe wurde zum ersten Mal praktiziert! Vor Hammurabi hieß es dagegen: »Für einen erschlagenen Bruder töte sieben.«

Die Parallelen der Gesetzestexte zwischen Hammurabi und Moses sind so augenfällig, daß einige Bibelwissenschaftler annehmen, Abraham müsse Hammurabis Gesetze gekannt und sie für so ausgewogen gehalten haben, daß er sie seinen Kindern und Enkeln weitergab, bis Moses sie dann mitverwendete, als er die Moralvorschriften für die Kinder Israels formulierte.

Die Gesetzessammlung des Hammurabi beginnt mit dem verblüffend modern-demokratisch klingenden Satz, sie wolle »der Gerechtigkeit zum Sieg verhelfen und die Mächtigen daran hindern, dem Schwachen Unrecht zu tun . . . das Land belehren und den Wohlstand des Volkes fördern«.

Das klingt jedoch demokratischer, als es gemeint war – die 282 Paragraphen der Sammlung wurden unterschiedlich für Priester und Beamte, für Freie und Sklaven angewendet.

Das altbabylonische Gesetz für nicht aufgeklärte Einbrüche jedoch – es verdiente auch in modernen Strafgesetzen einen Platz: »Wenn ein Räuber nicht ertappt wird, ersetzen die Stadt und der Älteste, auf deren Boden der

Raub geschah, dem Beraubten alles, was ihm verlorenging, wenn er es vor Gericht fordert.«

Nicht nur in assyrischen und babylonischen Gesetzessammlungen, auch in ägyptischen Totenbüchern finden sich unter den Aussagen, die Verstorbene vor den 42 Totenrichtern ablegen müssen, damit sie im Totenreich aufgenommen werden, viele Parallelen zu den Geboten des Moses vom Sinai. Und doch berechtigen diese Ähnlichkeiten nicht dazu, die alttestamentarischen Gesetze als Plagiate abzuqualifizieren.

Aus zwei Gründen:

Erstens: Jedes Gesetz, das darauf ausgerichtet ist, einer größeren Gemeinschaft das Zusammenleben zu ermöglichen, wird sich ähneln. Noch dazu, wenn diese Gesetze im gleichen Kulturraum entstanden sind.

Zweitens: In den Zehn Geboten stehen zwei wesentliche Gedanken, die nirgendwo vorher formuliert wurden. Sie sichern den Moses-Geboten ihre Einmaligkeit.

Der erste Gedanke lautet:

»Ich bin Jahwe, dein Gott ... Du sollst neben mir keine anderen Götter haben.« (2. Mos. 20,2)

Der Glaube an einen einzigen, unsichtbaren, transzendenten Gott – dafür gibt es kein Vorbild.

Der zweite Gedanke greift noch tiefer in die Lebensform aller Völker ein:

»Du sollst deinen Nächsten lieben wie dich selbst.« (3. Mos. 19,18)

Jawohl, das steht bei Moses! Jesus hat das später noch gesteigert:

»Ihr habt gehört, daß gesagt worden ist, du sollst deinen Nächsten lieben und deinen Feind hassen. Ich aber sage euch: Liebt eure Feinde und betet für die, die euch verfolgen.« (Matt. 5,43)

Dieser Satz, »Du sollst deinen Nächsten lieben wie dich selbst«, wäre Grund genug – gäbe es nicht noch tausend andere –, das Alte Testament den christlichen Bibeln zu erhalten. Dieses »wie dich selbst« ist es, was diesen Satz so bedeutend macht. Nicht mehr, aber auch nicht weniger, als man sich selbst liebt, soll man seinen Nächsten lieben! Das ist ausgeglichen. Keine Selbstaufgabe wird durch dieses Gebot verlangt.

Vierzig (!) Tage und vierzig (!) Nächte blieb Moses bei Gott auf dem Berg. »Er aß kein Brot und trank kein Wasser.« Dann ereignete sich ein Wunder:

Als Moses vom Berg herabstieg, wußte er nicht, daß sein Gesicht Hörner hatte.
(2. Mos. 34,29)

So jedenfalls las man es bis vor einigen Jahrzehnten in unseren Bibeln. Mit Hörnern meißelten und malten Michelangelo und Rembrandt Moses. Doch in der Einheitsübersetzung heißt es jetzt:

Während Moses vom Berg herunterstieg, wußte er nicht, daß die Haut seines Gesichts Licht ausstrahlte, weil er mit dem Herrn geredet hatte.

Wie kann aus einem Gehörnten so mir nichts, dir nichts ein Strahlender werden? Wurde hier etwa von Bearbeitern Unglaubhaftes wegmanipuliert? Nein, Sprachforscher waren am Werk und stellten fest, daß in den hebräischen Texten das Wort »quaran« steht. Das heißt »Strahlen aussenden«. Da es im Hebräischen jedoch keine Vokale gibt, deutete Hieronymus das Wort als »queren«, was »gehörnt sein« heißt. Logischerweise übersetzte er es mit dem lateinischen Wort »cornuta«, »gehörnt«.

Dieser Übersetzungsfehler hielt sich über Jahrhunderte, und man hatte auch Erklärungen dafür parat: Moses, erläuterten die frommen Kirchenväter, hatte die Hörner bekommen, um damit das Böse abwehren zu können!

Doch es kann auch alles ganz anders gewesen sein! Kaum hatten Sprachwissenschaftler »gehörnt« durch »erleuchtet« ersetzt, da meldeten sich die Archäologen zu Wort und verwiesen auf Götterfiguren des Baal. Sie trugen Hörner! Sind vielleicht auch des Moses Hörner Relikte aus heidnischer Zeit? Die Frage ist wieder offen, die Hörner Mosis sind noch nicht abgestoßen. Nicht nur er und heidnische Götter, auch Alexander der Große trägt auf Medaillen Hörner. Hörner waren Statussymbole – nicht nur bei Wagners Germanen.

Vor Übersetzungsfehlern ist kein Autor gefeit, auch nicht die des Alten Testaments. Wegen einer solchen Fehldeutung durch den sonst so sorgfältigen Hieronymus, der die »Vulgata«, die meistbenützte lateinische Bibelübersetzung, schuf, galt Moses jahrhundertelang als Schutzpatron gegen Zahnweh!

Hieronymus hatte nämlich eine hebräische Redensart im »Deuteronomium« allzu wörtlich übersetzt:

Moses centum et viginti annorum erat quanto mortuus est: non caligavit oculus eius, nec dentes illius moti sunt. (5. Mos. 34,7)

Auf deutsch:

Moses war hundertzwanzig Jahre alt, als er starb. Sein Blick war noch klar, und seine Zähne wurden nicht locker.

Der Irrtum ist seit langem korrigiert, und statt der »festen Zähne« heißt es nun »seine Frische war noch nicht geschwunden«.

Im 2. Buch Mose wird ausführlich über ein Kulturgerät berichtet, das auch heute noch die Phantasie beflügelt: die Bundeslade.

»Mache eine Lade aus Akazienholz, zweieinhalb Ellen lang, anderthalb Ellen breit und anderthalb Ellen hoch; überzieh sie innen und außen mit purem reinen Gold und bringe dann ringsherum eine Goldleiste an. Faß für sie vier Goldringe und befestige sie an ihren vier Füßen, zwei Ringe auf der einen Seite und zwei Ringe an der anderen Seite. Fertige Stangen aus Akazienholz und überzieh sie mit Gold! Steck die Stangen durch die Ringe an den Seiten der Lade, so daß man die Lade damit tragen kann. Die Stangen sollen in den Ringen der Lade bleiben, man soll sie nicht herausziehen. In die Lade sollst du die Bundesurkunde legen, die ich dir gebe. Verfertige auch eine Deckplatte aus purem Gold, zweieinhalb Ellen lang und anderthalb Ellen breit . . .«

(2. Mos. 25,10–17)

Der Bauanweisungen für die Bundeslade ist kein Ende. Sie nehmen dreimal so viel Raum ein wie die Zehn Gebote! Nach unserer Maßrechnung war die Bundeslade etwa 1,25 Meter lang und zirka 70 Zentimeter hoch.

Was in unseren Bibeln mit »Deckplatte« übersetzt ist, heißt im Hebräischen »kapporet«, und das bedeutet in diesem Zusammenhang »etwas, das die Sünde zudeckt« oder – freier übersetzt – »das die Sünde vom Inhalt der Bundeslade abhalten soll«.

Was aber war ihr Inhalt? Nach dem Bibeltext die zwei Steintafeln mit den Zehn Geboten, ein Gomer Manna (also 2,2 Kilogramm) und der Stab des Aaron, der neue Triebe bekommen hatte. Mehr steht an keiner Stelle der Bibel. Doch jedes Jahrhundert geheimniste zusätzliche Dinge in die Lade. Im Mittelalter glaubten die Alchimisten, der »Stein der Weisen« sei in der Lade gewesen, jene Ultima materia, mit deren Hilfe man aus unedlen Metallen edle herstellen konnte.

Zu Beginn unseres Jahrhunderts hielt man die Lade für eine Art elektrische Batterie, die, auf welche Weise auch immer, ihrem Besitzer übermenschliche Kräfte verlieh. Edisons Erfindungen waren daran schuld.

Kaum waren die ersten Raketen in den Weltraum gestartet, da kombinierte Erich von Däniken, die Bundeslade sei wahrscheinlich die Bodenstation für den Sprechverkehr mit extraterrestrischen Astronauten gewesen.

Weder in noch außerhalb der Bibel gibt es auch nur einen einzigen zeitgenössischen Hinweis, daß die Bundeslade anderen als religiösen Zwecken gedient hat. Weil sie aber nach der Zerstörung von Salomos Tempel, so wie alle anderen Schätze auch, verschwand und nie wieder auftauchte, war und ist sie willkommenes Requisit für mystisch-magische Spekulationen aller Art.

Genau wie das 6. und 7. Buch Mose. In obskuren Inseraten werden sie immer wieder angepriesen. Wer darauf hereinfällt, ist selber schuld. Längst sind sie als Fälschungen aus dem Mittelalter entlarvt.

Wir wissen nicht mehr über die Bundeslade und ihre Bestimmungen, als in der Bibel steht, und das ist herzlich wenig. Aber wir kennen aus archäologischen Funden Wanderheiligtümer anderer Nomadenvölker, die Thronsessel für ihre Götter mit sich führten, damit diese immer einen Platz fänden, wenn sie zu ihrem Volk kommen würden. Warum soll die Bundeslade nicht aus gleichen Vorstellungen entstanden sein? Durch sie war Jahwe, dieser allgegenwärtige, unpersonifizierte Gott, immer in der Erinnerung seines Volkes.

Die Bundeslade ist das Gegensymbol zum »Goldenen Kalb«, jener Götterfigur, die sich die Israeliten anfertigten, während Moses bei Gott auf dem Berg war. Dichter, Bildhauer, Maler und Ballett-Komponisten haben sich vom Tanz ums Goldene Kalb inspirieren lassen, der zum Synonym für Geldgier geworden ist.

Ein falscher Bezug. Das Goldene Kalb war in Wirklichkeit ein Stier. Eines der verbreitetsten Kultsymbole der Antike. Heute nimmt man an, daß dieses Symbol mit den Hethitern aus Asien in den Mittelmeerraum kam, wo es auf Kreta zum religiösen Mittelpunkt der minoischen Kultur wurde. Aber auch in Ägypten war der Stierkult verbreitet. Der Gott Apis wurde als Stier mit der Sonnenscheibe zwischen den Hörnern dargestellt. Wahrscheinlich war das Goldene Kalb ein Abbild dieses ägyptischen Gottes.

Zu diesem greifbaren Symbol der Kraft und Energie werden die Israeliten gebetet haben, weil ihnen die Vorstellung eines unsichtbaren Gottes zu fremd war. Oder – um es mit Verständnis für menschliche Schwäche zu sagen – weil dieser strenge Gott Jahwe ihnen unbequem war.

Daß aus dieser zusammengewürfelten Flüchtlingsschar dann doch noch eine religiöse Gemeinde wurde, ist das Verdienst des Moses. Er erreichte es, daß sie einen »eifersüchtigen« Gott akzeptierten und daß sie dessen Gesetze von nun an in der Bundeslade auf ihrem Weg ins Gelobte Land mit sich führten.

Eine große Tat und ein starker Schluß für »Exodus«, das 2. Buch Mose.

✳

Mit dem 2. Buch Mose enden die packenden Erzählungen. In den folgenden drei überwiegen zeitbezogene Opferanweisungen, Statistiken und Geschlechterlisten samt Ortsangaben.

Jedes der fünf Bücher Mose hat im christlichen Sprachgebrauch einen eigenen Titel. Vier in lateinischer Sprache, nur das fünfte Buch hat einen griechischen Titel.

»Genesis« (Schöpfung) heißt das erste, weil es die Schöpfungsmythen enthält. Es endet mit dem Tod Josefs.

»Exodus« (Auszug) heißt das zweite, weil es von Moses, dem Auszug aus Ägypten und den Ereignissen auf dem Berg Horeb berichtet.

»Leviticus« heißt das dritte Buch, weil es hauptsächlich religiöse Vorschriften enthält und das wichtigste Lehrbuch für die Priester, die Leviten, war. Sie waren keine elitäre Minderheit, sondern ein Berufsstand, für den zu König Salomos Zeiten der Numerus clausus durchaus berechtigt gewesen wäre! 24 000 Leviten gab es in seinem Reich. Sowenig dieses 3. Buch Mose auch gelesen wird – die »Leviten« leben noch unter uns. Im täglichen Sprachgebrauch: Wenn wir jemandem deutlich unsere Meinung sagen, dann »lesen wir ihm die Leviten«. Eine Redewendung, die erst im 10. Jahrhundert aufkam, als die Geistlichen des fränkischen Reichs, durch die vielen Kriege verroht, nicht gerade vorbildlich lebten. Der Bischof Chrodewang von Metz verordnete deshalb, sie sollten das Buch »Leviticus« fleißig lesen. Nach gemeinsamen Lesungen hielt er ihnen ihre Verfehlungen vor. Er »las ihnen die Leviten«.

Auch das vierte Buch Mose, »Numeri«, gibt heutigen Lesern wenig. Im »Numeri« sind – der Titel sagt es – bis ins kleinste Zahl, Stärke und Namen der einzelnen israelitischen Stämme aufgeführt, außerdem genaue Angaben über die verschiedenen Opfer- und Festtermine und den Grenzverlauf zwischen den einzelnen Stämmen Israels.

Bleibt das letzte, das fünfte Buch, das als einziges einen griechischen Einzeltitel hat: »Deuteronomium«, auf deutsch: »Zweites Gesetz«. Es wiederholt den Bericht, wie Moses die Zehn Gebote empfing, gibt Anweisungen für das tägliche Leben, legt Strafen bei Nichtbeachtung dieser Anweisungen fest und endet mit dem Tod Mosis. Bevor Moses stirbt, darf er . . . doch halten wir uns an den Bibeltext:

Mose stieg aus den Steppen von Moab hinauf auf den Nebo, den Gipfel des Pisga gegenüber Jericho, und der Herr zeigte ihm das ganze Land. Er zeigte ihm Gilead bis nach Dan hin, ganz Naftali, das Gebiet von Efraim und Manasse, ganz Juda bis zum Mittelmeer, dann Negeb und die Jordangegend, den Talgraben von Jericho, der Palmenstadt, bis Zoar. Der Herr sagte zu ihm: »Das ist das Land, das ich Abraham, Isaak und Jakob versprochen habe, mit dem Schwur: Deinen Nachkommen werde ich es geben. Ich habe es dich mit deinen Augen schauen lassen. Hinüberziehen wirst du nicht.« Danach starb Mose, der Knecht des Herrn . . .   (5. Mos. 34,1–4)

Warum zeigt Gott Moses das Gelobte Land, erlaubt ihm aber nicht, es zu betreten? Diese Frage beschäftigt geistliche wie weltliche Forscher seit langem. Von vielen Erklärungen blieben zwei übrig.

Die erste: Niemand kann auch bei klarster Sicht vom Berg Nebo alle genannten Gebiete überschauen. Aber es war nicht Unkenntnis der Landschaft, die die alttestamentarischen Verfasser zu dieser Beschreibung verleitete, sondern der Fernblick des Moses hat einen sehr realen Grund: Bei allen Landeroberungen, bis hin zur Besiedlung des Wilden Westens und Südafrikas, galt ein ungeschriebenes Gesetz: Alles Land, was der Führer einer Familie oder eines Stammes überblicken konnte, wurde Eigentum seiner Gruppe! Dieses Gewohnheitsrecht galt bereits damals. Mosis letzter Blick soll beweisen, daß das Gelobte Land rechtmäßig von den Kindern Israel in Besitz genommen wurde.

Es ist die logischste der beiden Erklärungen. Aber die logischste muß nicht immer auch die überzeugendste sein. Wäre es nicht auch denkbar, daß während der ganzen Wüstenwanderung so viel Phantastisches von diesem Land, in dem Milch und Honig fließen, versprochen wurde, daß für die wenigen, die von der »ägyptischen« Generation noch am Leben waren, damit die Enttäuschung vorprogrammiert war? Und: Gibt es etwas Vollkommeneres als Sehnsucht? War – so gesehen – der Tod vor Erfüllung seiner Sehnsucht für Moses eine Gnade?

Was über Moses zu sagen ist, den »Knecht Gottes«, von dem wir so wenig wissen, dem die Welt aber so viel verdankt, wird im letzten Absatz des letzten Buches in zwei großartig-lapidaren Sätzen gezogen:

Niemals wieder ist in Israel ein Prophet wie Mose aufgetreten. Ihn hat der Herr Auge in Auge berufen. (5. Mos. 34,10)

Die Wissenschaft muß die Antwort auf die Frage, wer dieser Moses war, schuldig bleiben. Und das ist gut. Denn so sind es zwei Künstler, die uns diesen bemerkenswerten Mann über Jahrhunderte erhalten haben: Rembrandt, der den weisen und wissenden Moses malte, und Michelangelo, dessen kraftstrotzendes Moses-Standbild den Titanen zeigt.

Weisheit und Kraft – beides muß er weit über das normale Maß hinaus besessen haben.

Wie tüchtig, wie erfolgreich auch sein Nachfolger sein würde – Moses war der Maßstab, an dem er gemessen wurde.

Dieses Schicksal war Josua bestimmt.

DER HERR HAT DAS GANZE LAND IN UNSERE HAND GEGEBEN, UND ES
SIND AUCH ALLE BEWOHNER DES LANDES VERZAGT VOR UNS.
(JOS. 2,24)

Die Landnahme

Das Buch Josua – Legende oder Kriegsbericht?
Mit Blut geschrieben: Das Buch der Richter
Das Buch Rut: Die Schwierigkeit, einen Mann zu finden
Die beiden Bücher Samuel oder Die Königsmacher von Kanaan

DAS BUCH JOSUA – LEGENDE ODER KRIEGSBERICHT?

Moses wurde 120 Jahre alt, Abraham sogar 130, Josua starb mit 110 Jahren. Natürlich stimmt keine dieser Altersangaben. Sie sollten lediglich die Bedeutung dieser Männer durch ihr hohes Alter kennzeichnen. Wer so viele große Taten wie diese drei vollbrachte, dessen Leben muß länger als ein normales gewesen sein. Das war die Auffassung jener Zeiten.

Auch für die historische Existenz Josuas gibt es keine Beweise. Ja, die Wahrscheinlichkeit, daß auf das Konto seines Namens viele Taten anderer gebucht wurden, ist größer als bei Abraham und Moses.

Das Buch Josua ist kurz, aber voll präziser Informationen, wie sich das für einen Kriegsbericht gehört. Und ein Kriegsbericht ist dieses Buch vor allem. Wie alle Kriegsberichte aller Zeiten sagt es nicht immer die Wahrheit. Sein Thema ist die »Landnahme«, wie die Kirchen verschämt die Eroberung Kanaans durch die Israeliten nennen.

Hält man sich an das Buch Josua, dann war die Invasion ein Blitzkrieg.

Anders wird allerdings die Aktion im ersten Kapitel des »Buchs der Richter« dargestellt. Dort war die Landnahme eine Infiltration, eine jahrzehntelange sanfte Verdrängung der heimischen Bevölkerung.

So oder so: Für die Israeliten bestand das Gelobte Land nur aus jenen Gebieten, die sie militärisch oder sanft erobert hatten. Die Landschaften lagen zwischen dem Jordan und dem Mittelmeer. Im Süden wurden sie von der Wüste Sinai begrenzt, im Norden war der See von Galiläa die Grenze.

Folgt man der traditionellen Überlieferung, dann soll die Besetzung

Kanaans im 13. oder 12. Jahrhundert v. Chr. erfolgt sein. Aus dieser Zeit fanden die Archäologen jedoch kaum Belege, die die Angaben des Buches Josua hätten bestätigen können. Deshalb ist die internationale Bibelarchäologie in zwei Lager gespalten.

Die einen, deren Hauptvertreter der Israeli Yigael Yadin ist, glauben, daß das Buch Josua doch recht hat und die Archäologie nur noch nicht die richtigen Belege gefunden hat, um die Angaben der Bibel zu bestätigen, die anderen sehen in der Eroberung Kanaans keinen zeitlich fixierten Feldzug, der mit einer Kriegserklärung begann und mit einem Waffenstillstand endete, sondern eher eine Vermischung mit den Ureinwohnern.

Jüngster Sproß dieses Archäologen-Streits ist die Theorie des renommierten libanesischen Professors für Historie, Kamal Salibi, an der Amerikanischen Universität von Beirut. Er glaubt, das Gelobte Land sei nicht im heutigen Israel zu suchen, sondern in den saudiarabischen Provinzen Hedschas und Asir. Als Beweis führt er unter anderem an, daß er dort auf einem relativ kleinen Gebiet achtzig Prozent aller biblischen Ortsnamen wiedergefunden hat, während er im Staat Israel nur fünfzehn bis zwanzig Namen identifizieren konnte . . .

Für seine israelitischen Kollegen ist diese Theorie verständlicherweise ein rotes Tuch, aber auch bei emotional nicht belasteten Gelehrten fand der libanesische Professor wenig Zustimmung.

Alle, die unbefangen in der Bibel als Lesebuch blättern, brauchen sich durch diese Kontroversen nicht von der Lektüre des »Buches Josua« abhalten zu lassen. Es wurde weder für Historiker noch Archäologen geschrieben, sondern für zukünftige Generationen, denen es ein Bild von den Leistungen der Vorfahren geben wollte. Das »Buch Josua« – eine Sammlung von Heldensagen. Nicht Zeit und Ort – die Charaktere der Menschen in ihm sind wichtig.

So, wie es die Verfasser wollten, muß man das Buch Josua lesen – als eine Schilderung von Ereignissen aus vielen Jahrhunderten, die auf die Figur des Josua projiziert wurden. Das Buch Josua ist nicht historisch, sondern heroisch zu verstehen. Josua ist kein Eigenname, sondern ein Begriff.

Nicht Wirklichkeit, sondern Größe sollte diese Sammlung vermitteln. Die Akribie der Jahreszahlen, die Latte des Landvermessers – hier sind sie fehl am Platze.

Nicht exakte Daten, sondern die Begeisterung über eine gewaltige Tat sind den Verfassern des Josua-Buchs wichtig, und eine bewundernswerte Leistung war diese Eroberung eines fremden Landes – soweit Eroberungen überhaupt bewundernswert sein können.

Wer aber auch bei diesen alttestamentarischen Texten nicht auf die wissenschaftliche Nagelprobe verzichten will, für den gilt: Von der Eroberung dreier Städte, nämlich Hazor, Ai und Jerusalem, berichtet das Buch Josua ausführlich. Doch nur für die wichtigste der drei, für Hazor, scheint verbürgt, daß sie im 13. Jahrhundert – also in der angenommenen Zeit der Landnahme – als befestigte Stadt existierte. Hazor war der wichtigste strategische Punkt. Wer Hazor besaß, beherrschte Kanaan.

Josua eroberte es, sagt die Bibel.

Professor Yigael Yadin, ehemals Generalstabschef der isrealitischen Armee und engagierter Archäologe, bewies dies durch eine der aufwendigsten und umfangreichsten Grabungskampagnen im Nahen Osten. Von 1955 bis 1959 legten 220 Arbeiter, geführt von einem Stab aus 45 Archäologen, Restauratoren, Fotografen und Zeichnern, nicht weniger als 22 Bebauungsschichten vom 19. Jahrhundert bis ins 2. Jahrhundert v. Chr. frei. Hazor war also nicht einmal, sondern viele Male zerstört worden!

Damit bestätigten die Ausgrabungen die Angaben der Bibel, die ebenfalls von mehreren Zerstörungen Hazors berichtet. Bei jener im 13. Jahrhundert muß es zu großen Bränden gekommen sein, genauso wie es im Buch Josua berichtet wird:

Die Stadt selbst steckte man in Brand. (Jos. 11,11)

Ein kleiner Satz im Josua-Bericht über die Schlacht um Hazor birgt eine kulturhistorisch wichtige Information:

Josua machte mit ihnen, was der Herr ihm gesagt hatte: Er lähmte die Pferde und steckte die Wagen in Brand. (Jos. 11,9)

Dieser Satz verrät, daß die Israeliten Pferd und Wagen noch nicht als Kampfmittel einzusetzen verstanden: Deshalb schnitt man den Pferden die Sehnen durch. Erst unter Salomo kam die Pferdezucht in Juda zu hohem Ansehen.

Das Schicksal Hazors blieb auch der Stadt Ai südlich Bethel nicht erspart. »Josua brannte sie nieder«, heißt es lakonisch.

Doch mehrere Grabungen blieben negativ. Ai war zur Zeit der Landnahme nicht besiedelt. Dazu Professor Yadin: »Noch ist nicht bewiesen, daß der Teil, den man mit Ai identifiziert, tatsächlich das alte Ai ist.« Er bestätigt aber auch, daß nicht alle biblischen Geschichten wirklich historisch sind.

Im Falle Ai können möglicherweise die Sprachforscher hilfreicher sein als die Männer mit dem archäologischen Spaten. Ai ist das hebräische Wort für Ruine. War Ai vielleicht schon ein Trümmerhaufen, als Josuas Truppen vorbeizogen?

Für die bekannteste Eroberung der Weltgeschichte, die der »Palmenstadt« Jericho, muß die gleiche Frage gestellt werden! Mehr noch: Kein biblischer Bericht über die Eroberung einer Stadt wurde so demontiert wie jener von der Sieben(!)-Tage-Belagerung Jerichos. Es beginnt bei den »Trompeten« Luthers, deren Schall die Mauern einstürzen ließ. Es waren natürlich weder Posaunen noch Trompeten, sondern Widderhörner, die Kriegsmusik-Instrumente jener Zeit. Auch die Mauern waren längst zusammengefallen, als die Israeliten in jenes Gebiet kamen. Dies ergaben wiederholte Grabungen. Doch auch hier lassen die Verfechter der historischen Richtigkeit alttestamentarischer Angaben nicht locker. Sie meinen, daß Schichten, die die Besiedlung im 13. Jahrhundert belegen, durch Erosion abgetragen sein könnten.

Die Eroberung Jerichos hatte ein Vorspiel, das – vom Schall der Widderhörner übertönt – oft überlesen wird. Josua (oder wer auch immer) hatte vorweg zwei Kundschafter in die Stadt geschickt mit dem Auftrag: »Erkundet das Land, besonders die Stadt Jericho.« »Startet ein Kommando-Unternehmen«, hieße das heute.

Die beiden kamen in die Stadt und versteckten sich bei einem Freudenmädchen namens Rahab. »Das Haus, in dem sie wohnte«, betont der alttestamentarische Text, »war nämlich in die Stadtmauer eingebaut.« Das war üblich damals. Gunstgewerblerinnen oblagen ihren Geschäften außerhalb der Wohnbezirke.

Fräulein Rahab verhalf nicht nur den beiden Männern zur Flucht, sondern war auch bereit, die Sache der Israeliten zu der ihrigen zu machen. Als Dank für ihre Hilfe verfügte der israelitische Feldherr vor dem Sturm auf Jericho, sie und ihre Familie seien vom allgemeinen Gemetzel zu verschonen.

Die ehrbare Dirne Rahab verschwindet nach dieser Tat nicht aus der Bibel. Ihr Name taucht noch einmal auf – im Neuen Testament. »Salmon war der Vater von Boas, dessen Mutter war Rahab«, heißt es gleich am Anfang des »Evangeliums nach Matthäus«. Der Satz steht in der langen Ahnenliste Jesu, die mit Abraham beginnt. Rahab ist demnach eine der Ur-Ur-Ur-Ur-Großmütter Jesu.

Nur vier Frauen werden in diesem Stammbaum namentlich erwähnt, drei von ihnen sind das, was die Bibel an anderer Stelle »Sünderinnen« nennt. Die Theologen haben viel Mühe aufgewandt, die Aufnahme Rahabs und der anderen Huren in dieser Ahnengalerie zu erklären. Sie deuteten die Nennung als Beweis, daß jeder, der den guten Willen hat, des wahren Glaubens fähig ist.

So kann man es auch sehen, aber für die Verfasser des Alten Testaments war die Erwähnung von Freudendamen nichts Besonderes. Sie gehörten zum Alltag, ohne verrufen zu sein. Beim Baalskult waren sie sogar *berufen!* Tempelprostitution gehörte dort zum Gottesdienst. Der Geschlechtsverkehr war das legitime Mittel, um zur Vereinigung mit der Gottheit zu kommen.

Eine andere Textstelle des Buches Josua verwirrte nicht die Archäologen, dafür Meteorologen und Astrologen. Keiner von ihnen konnte erklären, wie die Israeliten die Schlacht bei Gibeon gewonnen haben.

Im Buch Josua finden sich darüber folgende Angaben: Gibeon hatte sich kampflos den Israeliten ergeben und wurde daraufhin von Nachbarstämmen angegriffen. Josua eilte mit seinem Heer in einem Nachtmarsch zu Hilfe und griff sofort an. Die Israeliten siegten, denn der Herr warf

... große Steine auf sie [die Feinde] vom Himmel her, bis nach Aseka hin, so daß viele umkamen. Es kamen mehr durch die Hagelstürme um, als die Israeliten mit dem Schwert töteten. (Jos. 10,11)

Doch Gott beließ es nicht beim Steinewerfen, er änderte außerdem die Naturgesetze, um den Sieg seines auserwählten Volkes vollkommen zu machen.

Damals ... redete Josua mit dem Herrn; dann sagte er in Gegenwart der Israeliten:»Sonne bleib stehen über Gibeon / und du, Mond, über dem Tal von Ajalon! – Und die Sonne blieb stehen / und der Mond stand still / bis das Volk an seinen Feinden Rache genommen hatte.« (Jos. 10,12–13)

Da sich nun aber die Erde um die Sonne dreht und nicht umgekehrt, muß also offenbar an diesem Tag die Erde stehengeblieben sein. Steine fallen vom Himmel, Sonne und Mond scheinen stehenzubleiben – solche kosmischen Extravaganzen mußten zwangsläufig naturwissenschaftliche Spürnasen zu verwegenen Hypothesen herausfordern. Sie waren nicht zimperlich, sie »entdeckten« einen riesigen Kometen, der damals die Drehung der Erde nicht nur gestört, sondern sogar gebremst habe, und unsere gute Erde sei dadurch so aus der Fassung gebracht worden, daß sie sich in entgegengesetzter Richtung wieder zu drehen begann.

Mit anderen Worten: Erst seit der Schlacht von Gibeon geht für uns die Sonne im Osten auf, vorher müßte sie – folgt man einmal dieser verwegenen Theorie – im Westen aufgegangen sein! Hätten diese kosmischen Spekulanten doch nur den nächsten Satz, der auf das »Sonne steh still«-Gedicht folgt, gelesen! Sie hätten die Gestirne nicht zu bemühen brauchen. Der Satz lautet: »Das steht im ›Buch der Aufrechten‹.«

Die Einheitsübersetzer waren gut beraten, als sie diesen Satz nicht mehr als Frage, sondern als Feststellung formulierten und »Buch der Aufrechten« in Anführungszeichen setzten, denn dieser Satz ist eine Quellenangabe! Er erklärt, daß die Mond- und Sonnenänderungen lediglich ein Zitat aus einer alten Heldenliedersammlung sind. Josua und seinen Männern war das Epos wohlbekannt, und auch die Verfasser des Buches Josua konnten es bei ihren Hörern und Lesern als bekannt voraussetzen. Sie brauchten nur die Anfangszeilen zu zitieren, und jeder wußte, wie das Gedicht weiterging, das Josua vor der Schlacht seiner Truppe zurief.

Wer nicht glaubt, daß dieses Heldenepos damals Allgemeingut war, braucht nur im 2. Buch Samuel (1,18) nachzulesen. Dort wird auch klar, daß es ein kriegerisches Lied gewesen sein muß, denn – so heißt es dort – man sollte es ». . . die Söhne Judas als Bogenlied lehren«.

Diese Verständigung durch Stichworte ist ja auch heute noch gang und gäbe. Wir zitieren: »Die Sonne tönt nach alter Weise . . .«, und niemand glaubt – man muß es so banal erklären –, daß damit die Sonne als Konkurrenz zum Rundfunk gemeint ist, sondern registriert den Satz als Anfang von Goethes »Faust«.

Doch die Hagelsteine, die vom Himmel fielen, sind damit nicht erklärt. Von den vielen Theorien, die dies zu deuten suchten, klingt mir die eines alten Soldaten am plausibelsten. Dieser Major mit einschlägiger Erfahrung bot folgende Lösung an: Josuas Truppe hatte einen Nachtmarsch hinter sich, wie die Bibel ausdrücklich erwähnt. Eine solche Truppe ist erschöpft. Es wäre gegen jede militärische Erfahrung, sie sofort in die Schlacht zu schikken. Nur wenn bestimmte Voraussetzungen gegeben sind, kann entgegen dieser Erfahrung gehandelt werden. Bei Josua könnte die Voraussetzung gewesen sein, daß seine Fußtruppen durch einen Regen- und Hagelguß erfrischt wurden, während der gleiche Regenguß den Boden so aufweichte, daß die schweren Kampfwagen der Feinde manövrierunfähig wurden.

Vielleicht waren diese Vorbedingungen bei der Schlacht um Gibeon gegeben, und die »Hagelsteine« waren ein Hagelschauer, der die Schlachtordnung der ihrer Kampfwagen beraubten Gegner vollends auflöste.

Doch auch dieser Erklärungsversuch ist nur eine Hypothese aus dem Generalstabs-Sandkasten. Wer eine Tatortbesichtigung vorzieht, kann bei einem Israel-Urlaub nach El Dschib, einer Ortschaft nordöstlich von Jerusalem, fahren und sich vor Ort ein eigenes Bild machen. Dort soll das alttestamentarische Gibeon gelegen haben.

Was nach den Eroberungsberichten im Buch Josua folgt, werden die meisten heutigen Leser nur überfliegen. Verzeichnisse, Berichte, Landverteilung füllen die Seiten. Ein kriegerisches Buch, dieses Buch Josua, das mit dem Tod des Titelhelden endet. Aber es liefert – wenn auch zeitlich ungeordnet – Berichte und nicht Legenden, wie lange Zeit deutsche Bibelhistoriker meinten. Sie vertraten die Ansicht, die Berichte von der Landnahme seien aufgebauschte Propagandamärchen, während der Zug nach Kanaan in Wahrheit die friedliche Besiedlung eines kaum bevölkerten Gebietes gewesen sei, dessen wenige Stämme voll damit beschäftigt waren, die »nordischen« Eroberer an der Küste abzuwehren. Es war anders: Die Kanaaniter, auf die die Israeliten bei ihrem Vordringen stießen, waren ebenfalls Semiten und bei weitem nicht so unzivilisiert, wie sie in den alttestamentarischen Berichten dargestellt werden.

Ein syrischer Bauer brachte dies 1929 zufällig an den Tag. Beim Pflügen nahe dem Ort Ras Schamra an der Küste des nördlichen Syrien legte er die Ruinen von größeren Bauwerken frei. Französische Archäologen stellten fest, daß sie zur bedeutenden kanaanitischen Stadt Ugarit gehörten. Nach über vierzig Grabungskampagnen ist Ugarit heute eine der eindrucksvollsten archäologischen Stätten des Mittleren Orients.

Die Funde von Ugarit korrigierten unser Bild von Kanaan vor der israelitischen Eroberung in mehreren Punkten:

o Im 14. Jahrhundert v. Chr. lebten in Kanaan bereits Siedler und Bauern.

o Schmuckstücke, die in Gräbern gefunden wurden, zeugten von Reichtum und beachtlichem künstlerischen Ausdruckswillen.

o Die Kanaaniter waren religiös. Der Glaube an den Naturgott Baal und seine Götterfamilie war fest im Volk verwurzelt.

o Vor allem aber: Dieses Volk bediente sich einer Keilschriftart, die – als man sie entziffern konnte – für eine große Überraschung sorgte! Im Gegensatz zu den anderen Keilschriften bestand sie nicht aus Hunderten von Zeichen, sondern kam mit dreißig Symbolen aus. Damit war die kanaanitische Keilschrift die Vorform unseres Alphabets! Wegen dieses wichtigen Fundes nennen Altsprachler Ugarit »die sprechende Stadt«.

Vielleicht entsteht nach diesen Beispielen der Eindruck, das Buch Josua sei nur eine Art nationalheroisches Heldenpanorama von gewissem kulturgeschichtlichen Wert, dem aber nicht unbedingt ein Platz in christlichen Bibeln eingeräumt werden muß. Dem ist nicht so! Durch jeden Satz leuchtet der neue und große Gedanke dieser Religion, daß sich Gott Jahwe, im Unterschied zu allen anderen Göttern, nicht nur in Naturgewalten offenbart, sondern daß er sich der Menschen bedient, sie führt und lenkt.

Immer wieder heißt es in diesen Berichten: »Und der Herr befahl« oder »Da sprach der Herr zu Josua«, Sätze, die Gott als treibende Kraft in der Geschichte hervorheben.

Das ist das Neue, und um dieses Gedankens willen sind die Berichte des Buches Josua eben doch mehr als israelitischer Geschichtsunterricht . . .

IN JENEN TAGEN GAB ES NOCH KEINEN KÖNIG IN ISRAEL,
EIN JEDER TAT, WAS IHM GEFIEL.
(Richt. 21,25)

MIT BLUT GESCHRIEBEN: DAS BUCH DER RICHTER

Was ist das eigentlich, dieses »Buch der Richter«? Ein Gesetzesbuch, eine Paragraphensammlung? Nein, »Richter« nannte man die Oberhäupter der einzelnen Stämme. Sie regierten während der Übergangszeit von der Stammes- zur Königsherrschaft, die etwa 150 Jahre dauerte, nämlich von ca. 1200 bis 1000 v. Chr. Aufgabe der Richter war nicht, Recht zu sprechen, sondern alles zum Besten ihres Stammes zu richten. Richten gleich regieren.

Nicht ausgewogene Urteile, sondern handfeste Entscheidungen wurden von ihnen erwartet. Mut und Führungstalent waren die Voraussetzungen für einen guten Richter. Keiner war dem anderen untertan, alle waren gleichberechtigt.

Das »Buch der Richter« knüpft zeitlich unmittelbar an das Buch Josua an und gibt zuerst einmal einen Überblick über den Stand der Besetzung Kanaans. Das war längst noch nicht befriedet, überall gab es noch Widerstandsnester, immer wieder waren die Israeliten gezwungen, sich den Feinden zu stellen. Dieses Buch berichtet also von einem Kampf in einem zwar eroberten, aber noch lange nicht beherrschten Land. »Was dieses Buch so packend und lebendig macht, ist die Vielfalt und Verschiedenheit der geschilderten Personen«, versichert Joseph Dheilly im Glossar der fünfbändigen Andreas-Bibelausgabe von 1975. Doch in dem zwei Jahre vorher erschienenen, sehr gründlichen »Handbuch zur Bibel« heißt es: »Die menschlichen Akteure des Richter-Buches sind deprimierend. Die Geschicke des Volkes laufen nach einem monotonen Kreislauf ab . . .«

So verschieden kann man Bibeltexte deuten.

Wie sah es damals in Kanaan aus? Nach Josuas Tod geschah genau das, was zu erwarten war: Die Israeliten kamen in Berührung mit jenen Stämmen, die schon vor ihnen hier gelebt hatten. In älteren Bibelausgaben werden sie Hetiter genannt, doch ist damit nicht das indogermanische Volk gemeint, sondern dies war der Sammelname für Splittergruppen, die sich lange vor den Israeliten in Kanaan niedergelassen hatten. Heute spricht man deshalb von Kanaanitern.

Der Kontakt mit ihnen fand auf dem Schlachtfeld und im Bett statt. Entweder erschlug man sich gegenseitig, oder man pflanzte sich untereinander fort. Die Kämpfe gelten den Verfassern des Richter-Buches als gottgewollt, die geschlechtlichen Verbindungen nicht. »Sie taten, was dem Herrn mißfiel«, heißt es immer wieder im Richter-Buch, wenn die Israeliten sich mit fremden Frauen paarten und zu deren Göttern beteten.

Dieser Glaubenswandel war verständlich. Nicht etwa weil deren Gott mächtiger, besser oder größer war als Israels Gott Jahwe, sondern weil er faßbarer und anschaulicher war als jener geistige, geschlechtslose Gott, von denen Moses ihnen gepredigt hatte.

Der Gott der kanaanitischen Bauern hieß Baal oder Ba'al, was nichts weiter als »Herr« bedeutete. Eine Naturgottheit, deren bedeutendster Tempel im Baalbek stand. Die Griechen haben später diesen Gott Baal zu ihrem Sonnengott Helios gemacht und Baalbek in Heliopolis umgetauft.

Baal war für Donner, Blitz und Regen verantwortlich. Er sorgte für gute Ernten und war auch der Gott der Seeleute – wie ein Anker beweist, der im Baal-Tempel von Ugarit gefunden wurde. So sehr verteufelten ihn die Verfasser des Alten Testaments, daß er auch in unserer Sprache als »Beelzebub« zu negativem Ruhm gelangte.

Verständlich, daß ein solcher Gott, dessen Priester unfruchtbare Frauen durch Beischlaf fruchtbar machen konnten, einem Volk, das zum ersten Mal Felder auf eigenem Grund bestellte, näher war als der so wenig faßbare Jahwe.

Wie groß der Einfluß des Baal-Kults auch auf die Israeliten gewesen sein muß, geht aus einem Verbot hervor, das im 5. Buch Mose steht:

*»Du sollst weder Dirnenlohn noch Hundegeld in den Tempel des Herrn,
deines Gottes, bringen . . .«* (5. Mos. 23,17)

Demnach beteiligten sich auch israelitische Frauen an der kanaanitischen
Tempelprostitution, und nicht nur sie, sondern auch Männer, denn »Hundegeld« war das Salär, das männliche Tempelprostituierte für ihre Bereit-
willigkeit kassierten. Es hieß so, weil sie beim Geschlechtsverkehr vielfach
Hundemasken trugen und es nach Art der Hunde trieben.

Baal war nicht allein. Er hatte siebzig Geschwister. Alles Kinder von El,
dem obersten Gott. Dieser Hofstaat von Göttern muß den Israeliten
imponiert haben. Nicht von ungefähr tauchen im Richter-Buch die Engel,
die Sendboten des Himmels, viel häufiger auf als in den anderen Texten.
Jahwe brauchte sie offenbar als Hilfstruppen, um nicht gegen seinen
Konkurrenten El mit seinen Götterkindern abzufallen.

Am verhaßtesten war den alttestamentarischen Propheten Ischtar (oder
Astarte), die kanaanitische Göttin der Fruchtbarkeit, die an vielen Plätzen,
unter anderem auch in Babylon, verehrt wurde. Die nackten, langhaari-
gen, vollbusigen Figurinen von ihr, die überall im Mittleren Osten ausgegraben wurden, gehen in die Tausende.

Was in der Bibel von sexuellen Exzessen bei der Ischtar-Anbetung
berichtet wird, fand keine Bestätigung durch archäologische Funde. Dafür
entdeckten Altsprachler, daß einige Psalmen, die heute noch in unseren
Kirchen gesungen werden, ursprünglich Loblieder auf Baal waren, die die
Israeliten auf ihren Gott umdichteten.

Mit verblüffender Offenheit werden im »Buch der Richter« die Tricks
und Winkelzüge dieser Stammesführer geschildert, die alles andere als
sanfte Tugendbolde waren, sondern Haudegen, denen auch krumme
Touren nicht unbekannt waren. Wichtig war ihnen der Erfolg, und die
Verfasser des »Buchs der Richter« machen aus ihrer Sympathie zu diesen
Männern keinen Hehl. Sie schildern auch deren hinterlistige Taten in aller
Ausführlichkeit. Einer von ihnen, der Richter Ehud, war zweifellos das,
was man in Bayern ein Schlitzohr nennt.

Er nützte seine Linkshändigkeit aus, ». . . machte sich einen Dolch mit
zwei Schneiden, eine Spanne lang, und band ihn unter sein Gewand an
seine rechte Hüfte«. Er trug also seine 50 Zentimeter lange Waffe nicht an
der üblichen linken Seite.

Sein Opfer, der König Eglon, war ein beleibter Mann. Den bat Ehud um
eine Audienz unter vier Augen. Sie fand im »kühlen Obergemach« statt.
Dort stieß Ehud dem König den Dolch in den Leib. Der alttestamen-

tarische Autor malt das mit offenbarer Freude am drastischen Detail
aus:

*Die Klinge drang samt dem Heft hinein, und das Fett umschloß die Klinge.
Ehud zog den Dolch nicht aus dem Leib Eglons heraus, sondern schloß die Tür
des Obergemachs hinter sich und ging zur Halle hinaus. Als er weggegangen
war, kamen die Diener und sahen, daß die Tür des Obergemachs verriegelt
war. Sie meinten, Eglon verrichte in der kühlen Kammer seine Notdurft. Sie
warteten aber vergeblich. Und als er die Tür des Obergemachs nicht öffnete,
nahmen sie den Schlüssel und schlossen auf: Da lag ihr Herr tot auf dem
Boden.* (Richt. 3,22–25)

Nicht weil hier genüßlich ein Meuchelmord an einem gutgläubigen Fett-
wanst in allen Einzelheiten geschildert wird, ist diese Geschichte zitiert,
sondern weil archäologische Ausgrabungen alle Einzelheiten bestätigt haben. Die Häuser hatten mehrere Stockwerke, man kannte Stühle, die
Türen waren mit Schlüsseln abzuriegeln, und die Kanalisationssysteme
bestanden aus konischen Tonröhren, die ineinandergeschoben werden
konnten.

Eine andere Geschichte zeugt vom Mißtrauen der damaligen Israeliten
selbst göttlichen Befehlen gegenüber.

Der Richter Gideon erhält von seinem Gott Jahwe die Zusage, er werde
Israel durch seine Hand retten. Doch Gideon ist ein mißtrauischer Mann.
Er will eine Bestätigung, die ihm zeigt, daß dieser Befehl wirklich von Gott
kommt. Er verlangt ein Wunder, das so recht die bäurische Denkweise
dieses Richters zeigt: Er will, daß der Morgentau nur die auf der Tenne
ausgebreitete Wolle näßt, der Boden ringsum aber trocken bleibt! Geschieht dies, dann ist das die gewünschte Bestätigung, und er zieht in den
Kampf. Tatsächlich: Am nächsten Morgen preßte Gideon aus der Wolle
»eine ganze Schale voll Tauwasser«.

Gideon konnte also getrost den Angriff wagen. Aber er tat es nicht!
Dem bauernschlauen Gideon war nämlich der Gedanke gekommen, dies
könne vielleicht eine ganz natürliche Erklärung haben. Könnte nicht der
trockene Boden den Tau aufgesogen haben, während die Wollfäden die
Feuchtigkeit behielten?

Gideon verlangt, Gott soll das Wunder wiederholen, diesmal aber unter
umgekehrten Vorzeichen: Der Boden mußte feucht werden und die Wolle
trocken bleiben. Gott muß viel an diesem Gideon gelegen haben. Er tat
ihm den Gefallen:

Und Gott machte es in der folgenden Nacht so: Die Wolle allein blieb trocken,
und auf dem ganzen übrigen Boden lag Tau. (Richt. 6,40)

Gideon ist nun überzeugt und organisiert den Angriff. Er bedient sich
dabei einer List, die einem Westernfilm gut anstünde: Jeder seiner Männer
erhält eine brennende Fackel, die er jedoch beim Anschleichen ans feindliche Lager in einem Tonkrug versteckt halten muß, damit der Feuerschein
die Feinde nicht alarmiert. Kurz vor dem Lager werfen die Israeliten die
Krüge weg, und der plötzliche Feuerschein blendet die Feinde. Sie fliehen,
Gideon verfolgt sie, tötet eigenhändig ihre Könige, und

». . . dann nahm er ihren Kamelen die kleinen Monde ab, die sie am Halse
trugen.« (Richt. 8,21)

Kleine Monde am Hals von Kamelen? Auch die Einheitsübersetzung
konnte sich nicht entschließen, diese Stelle verständlicher einzudeutschen,
etwa so: »Dann nahm er die mondförmigen Amulette vom Hals ihrer
Kamele.«

Aus der Kriegsbeute machte Gideon »ein Efod und stellte es in seiner
Stadt Ophra auf. Und ganz Israel trieb dort damit Abgötterei . . .« Die
fremden Götter, bestätigt dieser Nebensatz, waren durchaus noch gefürchtet, auch wenn die Israeliten vielleicht nur aus doppelter Absicherung
zu ihnen beteten.

Was aber ist ein Efod? Dieses hebräische Wort hat den Bibelübersetzern
viel Kopfzerbrechen bereitet. Es kommt mehrmals im Alten Testament
vor, und immer hat es eine andere Bedeutung. Mal ist es ein Priesterge-
wand, mal ein Schurz, dann wieder ein Kultgegenstand für die Verehrung
fremder Götter. Diese Bedeutung hat es auch an dieser Bibelstelle, und
einige Übersetzungen schreiben nicht mehr »Efod«, sondern »Götterbild«.

Ein unbekanntes Wort in einem Satz mag ja noch angehen, wie aber soll
ein unbefangener Leser die Hürde eines Satzes wie diesen nehmen?

»Wißt ihr auch, daß es in diesen Häusern ein Efod und Terafim sowie ein mit
Metall überzogenes Götterbild gibt?« (Richt. 18,14)

Dabei hat die Einheitsübersetzung, ohne zu zögern, im 1. Buch Mose das
Wort »Terafim« mit »Götterbild« übersetzt – warum nicht auch hier?

Nicht nur der Sinn von Worten, die nicht mehr benutzt werden, geht
verloren, auch bei Handlungen kann dies passieren. So heißt es zum

Beispiel nach der Zerstörung der Stadt Sichem: ».. . und [Abimelech] streute Salz auf die Trümmer.«

Salz war damals nicht nur ein wichtiges Würzmittel, sondern diente auch der Konservierung von Trockenfisch. Über jedes Tieropfer mußte ebenfalls Salz gestreut werden. Wenn aber ein Eroberer Salz auf die Trümmer einer eroberten Stadt streute, dann wollte er damit erreichen, daß diese Stadt nie wieder aufgebaut wird. Das war als symbolische Handlung gemeint, weil bekannt war, daß ein versalzener Ackerboden für viele Jahre unfruchtbar blieb.

Wir haben auch in unserer Geschichte Beispiele für diese Maßnahme, durch die die Betroffenen für Jahrzehnte dem Hunger ausgeliefert waren: Als Kaiser Friedrich I., besser bekannt als Barbarossa, im Jahre 1162 Mailand zerstören ließ, wurden nicht nur Weinstöcke herausgerissen, sondern auch die Äcker mit Salz bestreut.

Das »Buch der Richter« steckt voller solcher kulturgeschichtlicher Hinweise. So verrät ein Satz wie »Zahllos waren sie selbst [die Wüstenstämme östlich des Jordan] und auch ihre Kamele«, daß damals bereits Kamelzucht betrieben wurde und Kamele als Reit- und Lasttiere dienten.

Eine wichtige Personengruppe im religiösen Leben der Kinder Israels hat im »Buch der Richter« ihren ersten Auftritt.

Als nun die Israeliten wegen Midian zum Herrn schrien [denken Sie an
»(Jah-)Weh-Geschrei«], schickte der Herr einen Propheten zu den Israeliten.
(Richt. 6,7)

Keinen Engel, einen Propheten schickte der Herr! Mehr über diese von Gott gesandten Männer im Kapitel über »Die prophetischen Bücher«. An dieser Stelle nur soviel: Nicht die prophetische Schau in die Zukunft war ihre Aufgabe, sondern die Überwachung und Gestaltung des Tagesgeschehens anhand historischer Aspekte.

»Das Buch der Richter« enthält die (wahrscheinlich) älteste Dichtung der Bibel: das Debora-Lied. Es erzählt in Versen von einem Verbrechen, das damals als eines der schlimmsten galt: die Verletzung der Gastfreundschaft. Es ereignete sich, als eine Frau, ebendiese Debora, Richterin bei einem der israelitischen Stämme war.

Dies war geschehen: Die Israeliten hatten ein feindliches Heer geschlagen, doch dessen König Sisera konnte fliehen und war bei Jaël, der Frau eines befreundeten Königs, untergetaucht. Nicht etwa als ungebetener Flüchtling, sondern die Königin hatte es ihm selbst angeboten.

Sie versteckte ihn unter einem Teppich. Er meinte, um ihn vor seinen Verfolgern zu schützen, in Wahrheit aber – doch das klingt im Bibeltext authentischer:

Doch Jaël . . . holte einen Zeltpflock, nahm einen Hammer in die Hand, ging leise zu Sisera hin und schlug ihm den Zeltpflock durch die Schläfe, so daß er noch in den Boden drang. So fand Sisera, der vor Erschöpfung eingeschlafen war, den Tod. (Richt. 4,21)

Wer es lieber in gebundener Rede hören möchte, kann es in Deboras Lied in Versen, aber nicht weniger deutlich nachlesen.

Doch das Lied erzählt nicht nur von Gewalt, es berichtet davon auch mit Sprachgewalt. In einer seiner Strophen fragen sich Frauen besorgt, warum die Männer aus der Schlacht noch nicht zurück sind. Die eine tröstet die ängstlichere mit den Worten:

»Sicher machen und teilen sie Beute / ein, zwei Frauen für jeden Mann, / Beute an Kleidern für Sisera, / Beute an Kleidern, / für meinen Hals als Beute ein, zwei bunte Tücher.« (Richt. 5,30)

Verständlich, daß diese Verse oft zitiert werden. Sie sind ein Muster an knapper, prägnanter rhythmischer Formulierung.

Zwei Völker vor allem werden im Buch der Richter als Feinde der Kinder Israels genannt: die Ammoniter und die Philister.

Das Reich der Ammoniter lag östlich des Jordans. Der Name von Jordaniens Hauptstadt Amman erinnert an sie. So schlagen Städtenamen die Brücke über drei Jahrtausende.

Einer der Richter namens Jiftach (der in einigen Bibelausgaben auch Jephta heißt) legte dem Herrn ein Gelübde ab:

»Wenn du die Ammoniter wirklich in meine Gewalt gibst und wenn ich wohlbehalten von den Ammonitern zurückkehre, dann soll, was immer mir [als erstes] aus der Tür meines Hauses entgegenkommt, dem Herrn gehören, und ich will es ihm als Brandopfer darbringen.« (Richt. 11,30–31)

Der pure Leichtsinn ist solches Gelübde! Denn wer tritt Herrn Jiftach als erstes entgegen? Die Tochter, sein einziges Kind. Die kann er doch nicht opfern! Doch, er tut's, sogar mit Einverständnis der Tochter.

Vorbei die Zeiten Abrahams, den ein Engel davon abhielt, seinen Sohn

Isaak zu opfern. Kein Feuer fällt vom Himmel, keine Hand rührt sich, kein Wort der Verdammung, im Gegenteil, der starke Glaube Jiftachs wird im »Hebräerbrief« ausdrücklich gelobt.

Die Konsequenz, mit der hier ein Vater seine Tochter opfert, mag viele Ursachen haben, Gehorsam gegen Gott zum Beispiel oder auch die geringe Wertschätzung, die damals im Mittleren Osten Töchter genossen. Geistige Beschränktheit jedoch kann nicht der Grund gewesen sein, denn ein anderer Bericht zeigt, wie groß die listenreiche Phantasie dieses Richters war: Um Freund und Feind voneinander zu unterscheiden, hatte er befohlen, jeder Fremde solle aufgefordert werden, das hebräische Wort »schibbolet« auszusprechen. Ein schwieriges Wort, das Ammonitern nur schwer von der Lippe ging, bei ihnen wurde immer »sibbolet« daraus. Die falsche Aussprache genügte, um dem Betreffenden den Kopf abzuschlagen.

Von den anderen Feinden, den Philistern, ist immer wieder die Rede. Vom Richter-Buch bis zu König David. Und meist sind die Informationen negativ. Die Israeliten haßten und fürchteten dieses kriegerische Volk, das ihnen im Kampf überlegen war, denn seine Waffen waren aus hartem Eisen. Keine Chance, mit den üblichen, viel weicheren Bronzeschwertern dagegen bestehen zu können. Die Philister galten den Israeliten als Strafe Gottes:

Die Israeliten taten wieder, was dem Herrn mißfiel. Deshalb gab sie der Herr vierzig Jahre lang in die Gewalt der Philister. (Richt. 13,1)

Woher die Philister kamen – darüber kursiert gleich eine ganze Handvoll Theorien.

Die Mehrzahl der seriösen Wissenschaftler glaubt, daß sie von Kreta gekommen waren, andere setzten sie mit den Pelasgern, den sagenhaften Ureinwohnern Griechenlands, gleich. Verwegener schon ist die Annahme, sie seien Nordgermanen gewesen, die aus der Nordsee in die Ägäis vorgedrungen waren. Es gibt keine Beleg- oder gar Beweiskette, die ihre Herkunft verbürgt. Historisch ist lediglich folgendes: Die Philister waren ein kriegerisches Volk, das etwa gleichzeitig mit den Israeliten in die Küstenebene Kanaans, des »Landes der roten Purpurwolle«, eindrang. Anfangs waren sie wahrscheinlich Söldner in der ägyptischen Armee, denn Ramses III. siedelte sie zum Schutz seiner Grenzen in Garnisonen in Kanaan an. Allmählich lösten sie sich von Ägypten und gründeten fünf eigene Stadtstaaten. Das war etwa um 1200 v. Chr. Beim heutigen Aschod, das im Staat Israel als neue Stadt aus der Wüste gestampft wurde, lag ihr Hauptheiligtum, und die für die Kreuzritter so wichtige Stadt Askalon stand ebenfalls auf Ruinen einer Philister-Festung.

Die Philister verstanden offensichtlich nicht nur das Waffen-, sondern auch jede andere Art von Handwerk. Davon zeugen unter anderem spielpuppenähnliche weibliche Figuren, denen Wachstropfen in die Hohlräume der Brüste geträufelt werden konnten, damit bei entsprechender Erwärmung flüssiges Wachs wie Milch herauslief.

Jüngere Ausgrabungen bei Timna – zwischen Aschod und Jerusalem – brachten auch erste Tontafeln mit literarischen Texten ans Licht. Von ihrer Entzifferung versprechen sich die Archäologen weitere Informationen über dieses ebenso tüchtige wie geheimnisvolle Volk.

Ausgerechnet der Name dieses Volkes wurde in der deutschen Sprache – und nur in dieser! – zum Synonym für einen engstirnigen, ehrpusseligen, kleinkarierten Menschen. Genau das waren die alten Philister bestimmt nicht. Wie kommt es, daß ihr Name einen solchen Sinneswandel erfuhr? Nicht die Bibel, Studenten sind daran schuld! Im 17. Jahrhundert – natürlich nach Christus – war es bei den Studenten üblich, die Vermieter der Studentenbuden als Philister zu bezeichnen, weil sie nicht zum »auserwählten Volk« der Studenten gehörten. Diese Vermieter aber hatten schon immer ein wachsames Auge darauf, daß die Studentenbuden nicht allzu »sturmfrei« wurden, sondern daß die Damen pünktlich die Herren Studenten verließen. Diese »Philister« sind gemeint, wenn das Wort im übertragenen Sinne für »spießig« gebraucht wird.

Ein anderer Name jedoch geht direkt auf die Philister zurück: Palästina. Denn das heißt Philisterland. Doch das konnten die Verfasser des Alten Testaments nicht wissen. Erst im Jahre 135 n. Chr. wurde diese Bezeichnung verordnet. Damals hatten die Römer ziemliche Mühe, den jüdischen Bar-Kochba-Aufstand niederzuschlagen. Nach ihrem Sieg zerstörten und raubten sie nicht nur, was wertvoll war, sie dachten sich außerdem eine besonders perfide Rache aus: Sie änderten den Namen des Landes in »Philistäa«, aus dem später »Palästina« wurde. Das alles nur, um die Juden durch die permanente Erinnerung an die verhaßten Philister zu demütigen.

Doch das Jahr 135 n. Chr. ist noch fern. Die Begegnungen zwischen den israelitischen Stämmen und den Philistern in der Richter-Zeit fand zwischen 1200 und 1000 v. Chr. statt, also etwa zu jener Zeit, in der die Griechen Troja belagerten.

Daß die Begegnungen zwischen Israeliten und Philistern nicht nur auf dem Schlachtfeld stattfanden, dafür zeugt die Liebe Simsons zur Philisterin Delila. Amor vincit omnia.

Neben dieser Philisterin Delila wurde durch die Bibel auch ein Philister weltberühmt: der Riese Goliat. Beide belegt die Bibel mit negativen Eigenschaften – zu Unrecht, wie die Archäologen meinen. Die Geschichte von Simson (ältere Übersetzungen schreiben Samson), dem Helden, der erst besiegt werden kann, wenn man ihm das Haupthaar abschneidet, wurde wiederholt verfilmt. Verständlich, denn sie steckt voller Spannung, Action und Leidenschaft. Es beginnt mit der seltsamen Behauptung, daß dieser Mann seine übernatürliche Kraft seinen langen Haaren verdankt.

»Würden mir die Haare geschoren, dann würde meine Kraft mich verlassen; ich würde schwach und wäre wie jeder andere Mensch.« (Richt. 16,17)

Eine Argumentation für langhaarige Hippies – oder für Bibelkenner! Denn im 4. Buch Mose, dem Buch »Numeri«, wird einem Gottgeweihten unter anderem folgende Auflage gemacht:

»Solange das Nasiräergelübde in Kraft ist, soll auch kein Schermesser sein Haupt berühren.« (4. Mos. 6,5)

Genau das aber sagt Simson von sich: »... denn ich bin Gott als Nasiräer geweiht!«

Ein Nasir war jemand, der Gott geweiht war. Er hatte ein Leben nach besonderen Regeln zu führen, mußte sich zum Beispiel jedes berauschenden Getränks enthalten und durfte sich keiner Leiche nähern. Sonst aber war ihm so ziemlich alles erlaubt, und Simson machte davon kräftig Gebrauch.

Was wird von ihm nicht alles erzählt! Simson, der Israelit, heiratet eine Philisterin, also eine Feindin seines Stammes; Simson der Kraftprotz zerreißt barhändig einen Löwen; Simson das Muskelpaket erschlägt mit der Kinnlade eines Esels tausend Männer; Simson das Mannsbild, das nur in den Armen einer Frau schwach wird, ganz gleich, ob es die eigene, eine Geliebte oder eine Hure war; Simson der Guerillakämpfer, allerdings aus sehr privaten Gründen – sein Schwiegervater, ein Philister, hat Simsons Frau einem anderen ins Bett gelegt! Überhaupt führte Simson eine recht ungewöhnliche Ehe: Seine Frau wohnte nicht bei ihm, sondern blieb bei ihren Eltern. Simson besuchte sie nur gelegentlich und brachte ihr Geschenke mit. Diese Eheform, die heute mehr der eines Liebesverhältnisses ähnelt, hat es tatsächlich gegeben, wie in alten arabischen Gesetzesbüchern nachzulesen ist.

War Simson nicht bei seiner Frau, schlief er trotzdem nicht allein. Das konnte auf die Dauer nicht gutgehen. In das größte Abenteuer gerät dieser alttestamentarische Herkules, als er seiner Geliebten Delila, ebenfalls eine Philisterin, das Geheimnis seiner Kraft verrät. Delila schneidet ihm die Haare ab, sein Gelübde ist gebrochen.

Ist das eine Geschichte!? Es ist eine! In jedem Sagenbuch, gleich, welchen Volkes, hätte sie einen Ehrenplatz. Jawohl, der Bericht über den letzten Richter ist keine Biographie, sondern eine Sammlung von Sagen. Die Bibelwissenschaftler meinen, die Simson-Sage sei in das Alte Testament aufgenommen worden als Beispiel dafür, daß ein Mensch, der zwar von Gott auserwählt worden ist, trotzdem seine Berufung verlieren kann, wenn er nicht getreu seinem Schwur lebt.

Aber die Geschichte geht weiter: Gott erbarmt sich Simsons, als dieser im Philister-Tempel zu Gaza den Fürsten als Spottfigur vorgeführt wird. Es gibt dem Geblendeten und Geschorenen seine Bärenstärke zurück. Simson bringt allein mit Muskelkraft zwei Säulen des Tempels zum Einsturz, und dessen Dach begräbt ihn und alle Anwesenden.

So war die Zahl derer, die er bei seinem Tod tötete, größer als die, die er während seines Lebens getötet hatte. (Richt. 16,30)

Eine Übertreibung, wie sie Sagen lieben. Das wissen wir jedoch erst seit 1974. Damals haben israelitische Archäologen den ersten Philister-Tempel am Tell Chaside nahe Tel Aviv ausgegraben.

Dieser Tempel bot jedoch höchstens zwei Dutzend Menschen Platz. Seine Maße entsprachen damit den Heiligtümern anderer Götterkulte. Monumentale Tempel gab es damals nur in Ägypten.

*

Als einziges alttestamentarisches Buch hat das »Buch der Richter« Anhänge. In ihnen werden unter anderem zwei höchst unterschiedliche Geschichten erzählt.

Die eine berichtet von einem ungenannten Mann, der einen Reisenden und dessen Nebenfrau beherbergt, als plötzlich Nachbarn – »übles Gesindel«, vermerkt die Bibel – vor seiner Tür erscheinen und verlangen:

»Bring den Mann heraus, der in dein Haus gekommen ist, wir wollen unseren Mutwillen mit ihm treiben.« (Richt. 19,22)

In der Zürcher Bibel heißt es:

». . . wir wollen ihm beiwohnen.«

Der Mann lehnt jedoch ab, bietet statt dessen aber seine jungfräuliche Tochter und dessen Nebenfrau an:

»Ihr könnt sie euch gefügig machen und mit ihnen tun, was euch gefällt!« (Richt. 19,24)

Dieses Angebot ist für unsere Vorstellungen zu ungewöhnlich, als daß man es vergessen könnte, wenn man es schon einmal gehört oder gelesen hat. Und das haben wir schon einmal, nämlich bei Herrn Lot, dem Neffen Abrahams, im 1. Buch Mose 19,5.

Gleich zwei dieser Geschichten – da muß doch eine Absicht dahinterstecken. Die Bibelwissenschaft meint: Nein. Sie vermutet, daß ein und dieselbe Geschichte von zwei verschiedenen Autoren benutzt worden ist. Eine Wander-Anekdote also. Aber in der Fassung des Richter-Buches kommt sie zu einem grausigen Ende: Das »üble Gesindel« will nicht die jungfräuliche Tochter, und dem Hausgast bleibt nichts anderes übrig, als ihnen seine Nebenfrau auszuliefern – und

». . . sie mißbrauchten sie und trieben die ganze Nacht hindurch bis zum Morgen ihren Mutwillen mit ihr.« (Richt. 19,25)

Die Frau überlebt die Nacht mit den Männern nicht, und ihr Mann . . . doch halten wir uns an den Bibeltext:

». . . zerschnitt sie in zwölf Stücke, Glied für Glied, und schickte sie in das Gebiet Israels.« (Richt. 19,29)

Das war der Beweis für das, was er den Stämmen berichtete:

»Sie wollten mich umbringen, und meine Nebenfrau vergewaltigten sie so, daß sie gestorben ist.« (Richt. 20,5)

Das war zwar keine korrekte Schilderung der Ereignisse, denn schließlich wollten ihn die Männer nicht töten, sondern ihm nur »beiwohnen« oder ihren »Mutwillen mit ihm treiben«, schließlich hatte er selbst seine Nebenfrau in die Hände der Männer gegeben, wissend, was sie mit ihr vorhatten, aber solche kleinen Verdrehungen – denken Sie nur an Bismarcks berühmte Kürzungen in der »Emser Depesche« – sind wohl nötig, wenn man Stimmung für einen Krieg machen will. Was Bismarck mit einigen Strichen 1870 erreichte, nämlich den König von Preußen zum Krieg gegen Frankreich zu motivieren, das gelang auch um 1000 v. Chr.:

Da erhob sich das ganze Volk wie ein Mann und sagte: »*Keiner von uns darf in sein Zelt gehen, und keiner von uns darf in sein Haus zurückkehren.*«
(Richt. 20,8)

Wie auf der griechischen Bühne der Tragödie das Satyrspiel folgte, so bringt auch das Buch der Richter nach dieser grausigen Geschichte einen heiteren, mit Augenzwinkern erzählten Bericht von einem unblutigen Frauenraub. Die Sache lag so: Der kleine israelitische Stamm der Benjaminiten hatte durch die Kriegsläufe die meisten seiner Frauen verloren. Die anderen elf Stämme Israels hatten aber geschworen, daß sie keine ihrer Töchter einem aus dem Stamme Benjamin zur Frau geben würden. Andererseits war es den Benjaminiten verboten, sich mit nichtisraelitischen Frauen zu vermählen. Ein Problem: Hier der Schwur, da der Wille, nur Frauen aus den Stämmen Israel zu nehmen.

Den Ausweg aus diesem Dilemma brachte eine spitzfindige Wortklauberei: Die Stämme hatten zwar geschworen, keine ihrer Töchter einem Benjaminiten zu geben, sie hatten aber nicht geschworen, daß sie sich sträuben würden, wenn Benjaminiten ihre Töchter raubten! Man brauchte also nur die Gelegenheit für einen Massenfrauenraub zu schaffen. Das jährliche Weinlesefest war dafür gut geeignet. Damit gar nichts schieflaufen konnte, hatten die zukünftigen Schwiegerväter den Benjaminiten-Jünglingen auch gleich gesagt, wie sie jenen antworten sollten, die den feinen Unterschied zwischen »geben« und »rauben« nicht gleich begriffen:

»Ihr selbst konntet sie uns nicht geben, sonst hättet ihr euch schuldig gemacht.«
(Richt. 21,22)

Durch das Buch der Richter weht trotz aller Brutalitäten der gleiche Geist, der bereits das Buch Josua über einen vordergründigen Geschichtsunterricht hinaushob: Feindliche Überfälle, Raub, Mord und Totschlag werden im Richter-Buch zu Strafen, die Gott über sein Volk schickt, weil es seinem Glauben nicht treu blieb.

»Wohin du gehst, dahin gehe auch ich, und wo du bleibst, da bleibe auch ich.«
(Rut 1,16)

Das Buch Rut: Wie finde ich einen Mann?

Auf das kriegerische Kolossalgemälde des »Buchs der Richter« folgen die wenigen Seiten des »Buchs Rut«, einer Liebesgeschichte von literarischem Rang und einer Fundgrube für kulturhistorisch Interessierte. Im Buch Rut stand auch der Satz, ohne den keine christliche Trauung auskam: »Wo du hingehst, da will auch ich hingehen ...« Die Einheitsübersetzung nahm ihm den harmonischen Wortrhythmus. Die jetzige Formulierung steht über der Kapitelüberschrift. Ob sie Brautleute so die Herzen bewegt wie die alte? Ich melde Zweifel an.

Allerdings wird im Buch Rut dieses Versprechen nicht zwischen Ehepartnern gegeben, sondern die Schwiegertochter Rut sagt es zur Schwiegermutter Noomi (auch »Naemi« geschrieben). Die Namen sind mit Bedacht gewählt: Rut bedeutet »Freundin« und Noomi »meine Liebliche«.

Schwiegermutter und verwitwete Schwiegertochter kamen im Mai nach Bethlehem. Das steht zwar nicht mit Monatsangabe im »Buch Rut«, aber es heißt dort, daß die beiden zu Beginn der Gerstenernte in den kleinen Ort Bethlehem, neun Kilometer südlich von Jerusalem, kamen.

Wenn aber Gerstenernte war, muß es Mai gewesen sein. In diesem Monat wurde dieses wichtige Getreide geerntet. Die Weizenernte erfolgte danach.

Rut geht auf das abgeerntete Feld, um Ähren aufzusammeln, die von den Knechten übersehen oder verloren worden waren. Das war und ist verbrieftes Recht. Im »Leviticus«, dem 3. Buch Mose, wird es den Armen zugestanden.

Knechte, nicht Bauern sammeln die Ähren! Das wird ausdrücklich im Buch Rut vermerkt. Es gab also schon Großgrundbesitzer, die Tagelöhner

135

beschäftigten. Das Feld, auf dem Rut sammelt, gehört einem gewissen Boas, und Schwiegermutter Noomi hatte gezielt dieses Feld ausgesucht. Zumindest ist es ihr zuzutrauen, denn um ihrer Schwiegertochter einen neuen Mann zu besorgen, hatte sie noch ganz andere Schlichen parat. Sie begründet auch, warum Rut ausgerechnet auf das Feld Boas' gehen soll. Nur: Wir verstehen den Grund nicht!

»Der Mann [Boas] ist mit uns verwandt, er ist einer unserer Löser.«

(Rut 2,20)

Die meisten Bibelausgaben lassen das Wort »Löser« stehen, ohne eine Erklärung zu geben. Ohne die Rechte und Pflichten eines »Lösers« zu kennen, bleibt aber vieles im weiteren Verlauf der Geschichte unverständlich. »Löser« nannte man jene Verwandten, die nach israelitischem Familienrecht bei allen familiären Notlagen verpflichtet waren, zu helfen.

Kam ein Verwandter in Schuldhaft, mußte der »Löser« – daher sein Name – ihn auslösen. Wurde einem Familienangehörigen das Haus oder sein Land gepfändet, mußte er es zurückkaufen. Starb sein kinderloser Bruder – und dies ist für die Rut-Geschichte wichtig –, mußte der Löser dessen Witwe heiraten und mit ihr Kinder zeugen.

Weil Schwiegermutter Noomi wußte, daß Boas ein solcher Pate oder Löser war, schickte sie Rut auf sein Feld, denn sie wollte, daß er und kein anderer Löser aus der Verwandtschaft sich der jungen Witwe annehmen sollte.

Rut sammelt fleißig Ähren, und Boas wird auf die junge Frau aufmerksam – alles geht nach Noomis Plan. »Ungefähr ein Efa Gerste« hatte Rut an einem Tag gesammelt. Demnach war sie mehr als fleißig, denn ein Efa ist, in unsere Maßeinheiten umgerechnet, fast ein halber Zentner! Fürs leibliche Wohl war also gesorgt, aber nach der Ernte brauchte Rut einen Mann und ein Zuhause. Für Schwiegermutter Noomi stand fest, daß Boas Ruts Mann werden müßte. Die Anweisungen, die sie Rut gibt, wie sie sich dem Boas nähern soll, sind zeitlos gültig:

»Wasch dich, salbe dich und ziehe dein Obergewand an, dann geh zur Tenne! Zeig dich aber dem Manne nicht, bis er fertig gegessen und getrunken hat. Wenn er sich niederlegt, so merk dir den Ort, wo er sich hinlegt! Geh dann hin, deck den Platz zu seinen Füßen auf und leg dich dorthin! Er wird dir dann sagen, was du tun sollst.« (Rut 3,3)

Hervorragend! Noomis Anweisungen hätten sicherlich auch heute noch Erfolg. Einen Unterschied zu heute gibt es allerdings: Diese Anweisungen erhält eine Frau, die bereits zehn Jahre verheiratet gewesen war! Das »Unternehmen Tenne« verläuft genau nach Schwiegermutters Wünschen. Boas tut, worum Rut ihn bittet: »Breite doch den Saum deines Gewandes über deine Magd.« Das klingt wie die poetische Umschreibung, er möge sie beschützen. So war es unter anderem auch gemeint, doch nur unter anderem. In dieser Situation kam das Ausbreiten des Mantels über eine Frau einem Heiratsantrag gleich. Boas wußte das und kam Ruts Aufforderung nach. Noomi hatte ihr Ziel erreicht.

Doch heiraten konnten die beiden trotzdem noch nicht. Boas mußte erst noch einen anderen Verwandten, der vor ihm als »Löser« hätte aktiv werden müssen, überreden, auf Rut und deren Erbe zu verzichten. Er erreicht dies mit großem Verhandlungsgeschick. Das Abkommen zwischen den beiden Lösern wird nach einem alten israelitischen Brauch besiegelt: Der andere Löser zieht seinen Schuh aus und gibt ihn Boas. So steht es in der Bibel:

Früher bestand in Israel folgender Brauch: Um ein Löse- oder Tauschgeschäft rechtskräftig zu machen, zog man den Schuh aus und gab ihn seinem Partner.
(Rut 4,7)

Aha, denkt man, hier haben spätere Bearbeiter ihren israelitischen Lesern einen Brauch erklären müssen, der offenbar in Vergessenheit geraten war. Ein sinnvoller Einschub also. Er ist mehr als sinnvoll, er war notwendig, denn dieser Brauch hatte sich im Laufe der Zeit gewandelt. So wird im 5. Buch Mose einer Frau, die ein Löser nicht zu heiraten bereit ist, geraten, sie solle vor den Augen der Ältesten zu ihm hintreten,

... ihm den Schuh vom Fuß ziehen, ihm ins Gesicht spucken und ausrufen: »So behandelt man einen, der seinem Bruder das Haus nicht baut ...«
(5. Mos. 25,9)

Jemandem den Schuh ausziehen war also ein Zeichen der Verachtung. Im Buch Rut aber besiegelt diese Geste lediglich einen Kaufvertrag. Auf diesen Unterschied weist dieser Nachsatz hin.

Der Sohn, den Rut ihrem zweiten Mann Boas gebiert, war der Urgroßvater König Davids. So fügt sich das Happy-End dieser Liebesgeschichte in den großen Bogen der Geschichte der Israeliten ein, sogar mit einer feinen

Pointe: Rut gehörte zum Stamme Moab. Der war zwar mit den Israeliten entfernt verwandt, was aber nicht ausschloß, daß die Stämme Israels und die Moabiter sich heftig bekämpften. Erst König David, selbst der Urenkel einer Moabiterin, beendet diesen langen Krieg. Unter ihm wurden die Moabiter tributpflichtig.

SAUL HAT TAUSEND ERSCHLAGEN. DAVID ABER ZEHNTAUSEND.
(1. Sam. 8,7)

DIE BEIDEN BÜCHER SAMUEL
ODER DIE KÖNIGSMACHER VON KANAAN

Die beiden Bücher Samuel werden wenig gelesen, aber ihr Inhalt gehört zum allgemeinen Wissensbestand. Dafür bürgt ihre nie abreißende Kette von Schand-, Un- und Heldentaten. Diese Geschehnisse werden hauptsächlich von zwei Männern erzählt, deren gegensätzliche Wesenszüge Rembrandt eindrucksvoll auf seinem Bild »David singt vor Saul« festgehalten hat. Um diese beiden geht es in den beiden Büchern Samuel.

Samuel war der letzte jener Männer, die ohne Vollmacht höhere Autorität besaßen als die Richter, vorausgesetzt, sie waren integer wie Samuel. Einige Propheten hatten diesen Stand, der wie ein Beruf erlernbar und vererbbar war, in Verruf gebracht. Sie verkauften Rechts- und Orakelsprüche dem, der am besten zahlte.

Samuel hat nicht nur den beiden Büchern seinen Namen gegeben, er ist auch die graue Eminenz, der Drahtzieher hinter den politischen Kulissen in jenen unruhigen Jahren.

Schuld an dieser Unruhe waren immer noch die Philister, die mit eiserner Hand alle Handelswege kontrollierten. Die Archäologen halten viel von den historischen und geographischen Angaben dieser beiden alttestamentarischen Bücher. Sie sind, wie Professor Anton Jirku es formulierte, der Ansicht, daß »wir in den Samuelis-Büchern ganz einzigartige Geschichtsquellen vor uns haben«.

Prüfen wir diese Meinung am Zweikampf David–Goliat. Schließlich ist der Kampf des Hirtenknaben David gegen den schwerbewaffneten Riesen Goliat, einen Philister, das bekannteste Duell der Weltliteratur, vielleicht auch der Weltgeschichte.

Fand es statt und – fand es so statt, wie es im 1. Buch Samuel geschildert wird?

Die Präliminarien sind dabei aufschlußreicher als der Kampf selbst: König Saul will, daß David eine Rüstung anlegt, doch der lehnt ab: »Ich kann in diesen Sachen nicht gehen, ich bin nicht daran gewöhnt.« David legt fünf glatte Steine in seine Hirtentasche.

Die Schleuder in der Hand, ging er auf den Philister zu ... Voll Verachtung blickte der Philister David an, als er ihn sah; denn David war noch sehr jung, er war blond und von schöner Gestalt. Und der Philister sagte zu David: »Bin ich denn ein Hund, daß du mit einem Stock zu mir kommst?« Und er fluchte David bei seinen Göttern. Er rief David zu: »Komm nur her zu mir, ich werde dein Fleisch den Vögeln des Himmels und den wilden Tieren (zum Fraß) geben.«   (1. Sam. 17,40–43)

David antwortet mit ähnlichen Liebenswürdigkeiten, und beide versichern sich, daß der eine dem anderen überlegen ist. Nach dem Rededuell beginnt der Zweikampf:

David griff in seine Hirtentasche, nahm einen Stein heraus, schleuderte ihn ab und traf den Philister an die Stirn. Der Stein drang in die Stirn ein, und der Philister fiel mit dem Gesicht zu Boden. (1. Sam. 17,49)

Zwischenbemerkung: Steinschleudern waren damals kein Kinderspielzeug, sondern gefürchtete Waffen. Assyrer, Griechen und Römer hatten Spezialeinheiten mit Steinschleuder-Scharfschützen in ihren Armeen. Die Bibel berichtet von besonders geschickten Steinschleuder-Spezialisten, die das Seil ihrer Schleuder mit der linken Hand zu drehen verstanden. Auf jeden Fall genoß David seinen Sieg:

Dann lief David hin und trat neben den Philister. Er griff sein Schwert, zog es aus der Scheide, schlug ihm den Kopf ab und tötete ihn. (1. Sam. 17,51)

Spannend geschrieben, genau beobachtet! So, nur so kann es gewesen sein. Einmalig, dieser David! Oder? Im 2. Buch Samuel wird allerdings ebenfalls ein Zweikampf beschrieben:

Als es wieder einmal bei Gob zum Kampf gegen die Philister kam, erschlug Elhanan den Sohn Jaïrs aus Bethlehem, den Goliat aus Gat ...
                                                          (2. Sam. 21,19)

Noch ein Goliat! Hatte der Gegner Davids einen Namensvetter? Oder ist alles ein Irrtum? Einen der Verfasser des »Ersten Buchs der Chronik« störte diese Unklarheit, und er machte aus dem zweiten Goliat flugs dessen Bruder Lachmi. Damit aber diese Wiederholung nicht zu sehr von den ersten beiden Berichten abfiel, erfand der Chronist einen weiteren Riesen: ». . . er hatte je sechs Finger und sechs Zehen, zusammen vierundzwanzig.«

Bleibt die Frage: Gab es zwei Goliats, und wer erschlug sie, David oder Elhanan?

Für die Bibelwissenschaft liegt der Fall klar: David hat Goliat nicht erschlagen! Ein anderer hat es getan, möglicherweise hieß er Elhanan. Erst als David bereits durch seine Kriegstaten berühmt geworden war, haben die Chronisten ihm auch den Zweikampf mit dem Philister Goliat angedichtet.

Sprachforscher klärten, daß der Zweikampfbericht mit David im 1. Buch Samuel etwa um 580 v. Chr. geschrieben wurde, während die beiden Berichte mit Elhanan gut 350 Jahre früher, um 950 v. Chr., geschrieben worden sind.

Bei dieser Datierung waren sie nicht nur auf Schrift- und Stilproben angewiesen, sondern ein einziges Wort wies ihnen bereits den Weg. In dem Duell-Report, nach dem David es war, der Goliat den Kopf abschlug, heißt es nämlich:

David nahm den Kopf des Philisters und brachte ihn nach Jerusalem.

(1. Sam. 17,54)

Das hat er nun bestimmt nicht getan! Denn Jerusalem gehörte damals nicht zum Reich des Königs Saul, für den David in den Kampf zog. Saul residierte in Gibea, im judäischen Gebiet. Erst sieben Jahre nach Sauls Tod eroberte David Jerusalem, das bis dahin den Jebusitern gehörte.

Es war eine höchst private Eroberung. David zog an der Spitze eines Söldnerheeres, das er aus eigener Tasche bezahlte, in die Stadt ein. Jerusalem war dadurch praktisch sein Eigentum, deshalb spricht das Alte Testament auch von Jerusalem als der »Stadt Davids«!

Durch die Erwähnung Jerusalems in der Duell-Reportage stellte sich heraus, daß dieses Manuskript erst geschrieben wurde, als Jerusalem bereits die »Stadt Davids« war. Was beweist: Auch historische Schnitzer haben ihr Gutes.

Für die Nachwelt blieb der Ruhm, Goliat erschlagen zu haben, mit dem Namen David verbunden. David – das ist ein fester Begriff, ein ganzes Programm.

Für die Begegnung Davids mit König Saul bietet die Bibel zwei Versionen an. Einmal heißt es, David sei als Lautenspieler an den Hof des depressiven Königs Saul geholt worden, dann wieder kommt er zufällig zum Heer, um seinen Brüdern Brot und dem »Obersten zehn Käse« zu bringen.

König Saul – das Stichwort ist gefallen. Zum ersten Mal hatten die Stämme Israels, von denen jeder eben noch von einem Richter angeführt wurde, einen gemeinsamen König. Um 1000 v. Chr. unter der Herrschaft der Philister wurde er gesalbt, und zwar vom Propheten Samuel, dem »Königsmacher« wider Willen. Er wollte keine Monarchie. Seine Prophezeiungen, wohin das Königtum führen kann, lassen an Deutlichkeit nichts zu wünschen übrig. Es lohnt, sie Wort für Wort zu lesen – und dabei nicht nur an die Monarchie zu denken:

»Er wird eure Söhne holen und sie für sich bei seinen Wagen und Pferden verwenden, und sie werden vor seinem Wagen herlaufen. Sie müssen sein Ackerland pflügen und seine Ernte einbringen, sie müssen seine Kriegsgeräte und die Ausrüstung seiner Streitwagen anfertigen. Eure Töchter wird er holen, damit sie ihm Salben zubereiten und kochen und backen. Eure besten Felder, Weinberge und Ölbäume wird er euch wegnehmen und seinen Beamten geben, von euren Äckern und euren Weinbergen wird er den Zehnten erheben und ihn seinen Höflingen und Beamten geben. Eure Knechte und Mägde, eure besten jungen Leute und eure Esel wird er holen und für sich arbeiten lassen. Vor euren Schafherden wird er den Zehnten erheben!«

Man spürt an dieser Stelle der Aufzählung förmlich, wie der alte Samuel eine Kunstpause einlegt, um mit dem letzten Satz seinen größten Trumpf gegen die Königsherrschaft auszuspielen:

»Ihr selber werdet seine Sklaven sein!«   (1. Sam. 8,11–17)

Deutlicher geht es nicht. Politische Agitation in jeder Zeile. Doch Samuel konnte sich nicht durchsetzen. Seinen Argumenten stellten die Israeliten einen einzigen Satz entgegen: Ein König soll uns regieren,

»wie es bei allen Völkern der Fall ist ... Auch wir wollen wie alle anderen Völker sein.«   (1. Sam. 8,20)

Da haben wir's. Ein Nomadenvolk, endlich seßhaft geworden, verlangt nach einem Statussymbol, und das war nun mal ein König. Wer wirklich in Kanaan regierte, verraten diese Sätze:

Damals war im ganzen Land kein Schmied zu finden. Denn die Philister hatten sich gesagt: Die Hebräer sollen sich keine Schwerter und Lanzen machen können. Alle Israeliten mußten zu den Philistern hinabgehen, wenn jemand eine Hacke, eine Axt oder eine Sichel schmieden lassen wollte.

(1. Sam. 13,19-21)

Ein König in dieser Situation mußte vor allem ein Haudegen sein. Nicht der Kronsaal, das Heerlager war sein Tätigkeitsfeld. Aus dieser Sicht war der junge Saul der rechte Mann zur rechten Zeit, denn:

Der harte Krieg hörte nicht auf, solange Saul lebte. Jeden starken und kriegstüchtigen Mann nahm er in seinen Dienst. (1. Sam. 14,52)

Der Tod dieses königlichen Kämpfers hat spartanisches Format: Von den Philistern umzingelt, durch einen Pfeil verwundet, befiehlt er seinem Waffenträger:

»Zieh dein Schwert und durchbohre mich damit!« Als der Waffenträger zögerte, nahm Saul selbst das Schwert und stürzte sich hinein.

(1. Sam. 31,4)

Auch die Verfasser der beiden Samuel-Bücher loben Saul über den grünen Klee. Allerdings nur, bis David die politische und kriegerische Szene betritt.

Kein anderer unter den Israeliten war so schön wie er; er überragte alle um Haupteslänge. (1. Sam. 9,2)

Wenig später erfahren wir allerdings, daß zumindest die Altersangabe »jung« nicht stimmen kann, denn:

»Saul war dreißig* Jahre, als er zum König gesalbt wurde.«

(1. Sam. 13,1)

* Diese Zahl ist nicht einwandfrei überliefert.

Zu seiner Zeit war dies ein hohes Alter, die Lebenserwartung lag unter fünfzig Jahren.

Kein Zufall, sondern göttlicher Beschluß hatte den Königsmacher Samuel zu Saul geführt, denn Gott Jahwe wollte, daß einer aus dem Stamme Benjamin gekrönt werden sollte. Das war ein weiser Entschluß, denn die Benjaminiten waren der kleinste unter den zwölf Stämmen Israels. Er leitete seinen Namen von Benjamin, dem zwölften Sohn Jakobs, ab. Als Samuel Saul zum ersten Mal traf, suchte dieser gerade zehn entlaufene Eselinnen seines Vaters. Statt ihrer »fand er ein Königreich«, heißt die pointierte Formulierung in der Bibel.

Kaum tauchte David in Sauls Nähe auf, ändern die Verfasser der Samuel-Bücher ihre Meinung über den König. Jetzt heißt es, er sei jähzornig, depressiv und hinterhältig. Aber Zweifel sind erlaubt. Durchaus möglich, daß nur deshalb soviel Schatten auf ihn geworfen wird, damit dadurch David im helleren Licht erstrahlt.

Wie dieser erste israelitische König wirklich gewesen sein mag, dafür sind die Reste seines Palastes aufschlußreich.

Es ist kein Palast, sondern eine Burg. Sie stand in Gibea. Ihre Ruinen sind an der Straße nach Samaria, wenige Kilometer nördlich von Jerusalem, freigelegt. Doch wer nach dem »Tell el Ful« fährt, ist enttäuscht. Nichts von orientalischer Pracht, ein ungefüger Bau, 40 mal 25 Meter insgesamt. Seine schwarzen, klobigen Steine geben ihm etwas Bedrückendes. Diese Burg war stärker befestigt als notwendig. Das allein schon verrät den Charakter des Saul.

Samuel bereute schon bald, Saul zum König gesalbt zu haben. Das klingt verwunderlich, denn schließlich hatte er es doch auf Gottes Rat hin getan. Doch Samuel weiß eine Erklärung für seinen Sinneswandel:

»Nun hat der Herr dich verworfen, so daß du nicht mehr König sein kannst.«
(1. Sam. 15,26)

Samuel lügt, denn er selbst ist schuld, daß Saul gegen ein Gebot Jahwes verstieß, verstoßen mußte.

Dies hatte sich ereignet: Saul wollte die Philister angreifen. Das aber konnte er nur, wenn der Prophet Samuel vorher den göttlichen Beistand durch ein Brandopfer beschworen hatte. Doch Samuel kam einfach nicht. Er ließ Saul zappeln, so lange, bis ihm die ersten seiner Söldner wegliefen. Saul mußte handeln, und er tat es. Kurz entschlossen zündete er selbst das Brandopfer an und gab das Zeichen zum Angriff.

Genau das hatte Samuel erreichen wollen, denn nun konnte er behaupten, Saul sei nicht mehr in der Gunst des Herrn.

Die Bibel verrät auch, woher der Sinneswandel Samuels wirklich kam: Unter Saul wurde der Einfluß der Propheten stark beschnitten, ja, er ließ sogar in einem Wutanfall 85 Priester töten. Verständlich, daß Samuel diesen König vom Thron heben wollte.

Was die Chronisten Saul an guten Eigenschaften vorenthielten, gaben sie im Übermaß David. David hatte alle Gaben, die einen Helden auszeichnen: Mutig, schön, musikalisch war er, ein Liebling des Volkes, ein Liebhaber der Frauen. Vierhundert Kinder soll er gezeugt haben! Und selbst wenn wieder einmal eine Null zuviel im Spiele ist – auch vierzig Kinder zu zeugen ist eine volle Lebensaufgabe. Wer die Berichte um David nur flüchtig liest, für den ist er ein tapferer Mann, aber auch ein Frauenheld, der gerne tanzte und sang und vor dem kein Rock sicher war.

Alles Licht haben die Verfasser auf den strahlenden Helden David gebündelt. Gerade dies weckt Zweifel, ob hier nicht des Guten zuviel getan wurde. Es lohnt, bei der David-Geschichte auch die Nebensätze zu lesen, die Andeutungen zu beachten. Dann ändert sich das Charakterbild Davids doch um einige Schattierungen. Zuerst einmal fällt auf, daß viele Widersacher Davids im richtigen Augenblick starben, die meisten eines unnatürlichen Todes. Dann stellt man fest, daß dieser Sohn eines Wanderhirten mit großer Herde vom Stamme Juda, dem mächtigsten der Stämme Israels, sich ausgezeichnet auf moralisch-politische Winkelzüge verstand. Ein Talleyrand des Mittleren Ostens. Dafür ein Beispiel: Als der in die Enge getriebene Saul ihn bittet:

»Schwöre mir nun beim Herrn, daß du meine Nachkommen nicht ausrotten und meinen Namen nicht aus dem Haus meines Vaters austilgen wirst.«
(1. Sam. 25,22)

schwört David das. Ein Schwur, schlimmer als ein Meineid: Denn er wird die Söhne Sauls zwar nicht töten, sie aber den Feinden ausliefern, die das blutige Geschäft für ihn erledigen. David umgab sich zeit seines Lebens mit Gehilfen, denen es auf einen Mord mehr oder weniger nicht ankam.

Der verläßlichste, aber auch skrupelloseste war Joab, Davids Feldherr, der »hatte ein Schwert an seiner Hüfte. Das ging gerne ein und aus.« David wußte, was er an diesem Mordbuben hatte, und deckte alle seine Vergehen. Erst auf dem Sterbebett nimmt er seinem Sohn Salomo die Verpflichtung ab, Rache zu nehmen:

»Du weißt selbst, was Joab . . . mir angetan hat . . . Er hat mit Blut, das im Krieg vergossen wurde, den Frieden belastet und mit unschuldigem Blut den Gürtel an seinen Hüften und die Schuhe an seinen Füßen befleckt. Laß dich von deiner Weisheit leiten und sorge dafür, daß sein graues Haupt nicht unbehelligt in die Unterwelt kommt!« (1. Kön. 2,5)

David, das zeigt dieses Beispiel, verstand es, unangenehme Aufgaben zu delegieren. Sogar an den eigenen Sohn.

Aber, können jetzt bibelfeste Leser einwenden, derselbe David hat sich König Saul gegenüber immer großzügig gezeigt, obgleich der doch mehr als einmal ihm nach dem Leben trachtete. Stimmt! Aber die meisten Episoden sind so angelegt, daß sie beweisen, wie sehr David diesem Saul überlegen war.

Eine ist anders! Als Saul eines Nachts Häscher in Davids Haus schickt, wird dieser gewarnt und kann entkommen. Zurück bleibt seine Frau Michal und . . . doch das muß man im Bibeltext lesen:

Dann nahm Michal das Götterbild, legte es in Davids Bett, umgab seinen Kopf mit einem Geflecht von Ziegenhaaren und deckte es mit einem Kleidungsstück zu. (1. Sam. 19,13)

Die Mordschergen lassen sich täuschen, worauf Saul die Frau Davids wütend fragt: »Warum hast du mich so betrogen?«, doch Michal zeigt sich auch in dieser Situation auf kriminalpsychologischer Höhe: »Er [David] hat zu mir gesagt: Laß mich weggehen, sonst bringe ich dich um.« Saul zweifelt keine Sekunde, daß Davids Frau die Wahrheit sagt, er kennt eben Davids Charakter.

So groß die Feindschaft zwischen Saul und David ist, so fest ist die Freundschaft Davids zu Sauls Sohn Jonathan. Dieser Jünglingsbund vor dem Hintergrund des väterlichen Hasses ist nach klassischen dramaturgischen Regeln aufgebaut.

Die beiden jungen Männer setzen Edelmut gegen Hinterlist und Falschheit der Alten, doch die Blutsbande sind stärker als die Freundschaftsschwüre: Als Jonathan und seine zwei Brüder in der Schlacht von Gilboa durch die Schwerter der Philister fallen, singt David das Klagelied, in das er auch Saul einbezieht und in dem er durch die Weckung von Emotionen geschickt gegen den König Politik macht. Doch die Verse für Jonathan sind ohne falschen Zungenschlag. Schmerz spricht aus jedem Satz.

»Weh ist mir um Dich, mein Bruder Jonathan. / Du warst mir sehr lieb. /
Wunderbarer war Deine Liebe für mich / als die Liebe der Frauen. / Ach, die
Helden sind gefallen, / die Waffen des Kampfes verloren.«

(2. Sam. 1,26–27)

Warum verfolgte Saul David so erbarmungslos, warum wollte er ihn
töten? Neid auf dessen Jugend? Eifersucht auf dessen Beliebtheit beim
Volk? Immerhin jubelte die Menge:

»Saul hat Tausend erschlagen, David aber Zehntausend.«   (1. Sam. 8,7)

Nein! Nicht persönlicher Neid, sondern realpolitische Erwägungen veranlaßten Saul, David auf Himmelfahrtskommandos zu schicken, wie jenes,
als er verlangte, er solle ihm als Brautpreis für seine Tochter die Vorhäute
von hundert Philistern bringen.

Dieses Ansinnen war so seltsam nicht, wie es uns heute anmutet. Durch
Reliefdarstellungen wissen wir, daß es damals üblich war, die Zahl der
getöteten Feinde durch die Menge von abgehackten Händen, Füßen oder
anderen Gliedmaßen zu ermitteln.

Für die Altertumsforscher war Sauls Befehl von höchstem Wert, denn
er bestätigt, daß die Philister die Beschneidung nicht kannten. Da sie aber
damals bei allen semitischen Völkern üblich war, wurde damit indirekt
bestätigt, daß die Philister keine Semiten gewesen sein können.

Sauls Gegnerschaft hatte stärkere Gründe! David war dem König nicht
wegen seiner Tapferkeit und seines Charmes verhaßt, er fürchtete ihn vor
allem als politischen Gegenspieler.

Samuel, der Königsmacher, hatte nämlich bereits zu Lebzeiten Sauls
David zum Gegenkönig gesalbt. In dessen Heimatort Bethlehem! Von
dort sollte ja einst der Messias kommen! Davids Weg von Bethlehem nach
Jerusalem ging tausend Jahre später ein anderer, der nach unserer christlichen Meinung der Messias war: Jesus.

Um den Verfolgungen durch Saul zu entgehen, trat David sogar in die
Dienste der gefürchtetsten »unbeschnittenen« Feinde der Israeliten. Er
wechselte die Fronten. Er hätte auch ins »neutrale Ausland« gehen können, aber das paßte nicht zu seiner Landsknechtmentalität. Er ging zu
den Philistern. Kampf – das war sein Geschäft.

In diesen Jahren bei den Philistern hat er deren Kampftechnik studieren
können; später, als er König geworden war, wandte er sie gegen diese an. Da
er mit ihrer Kampftaktik vertraut war, schlug er sie fast in jeder Schlacht.

Es schmälert Davids militärische Leistung nicht, wenn man hinzufügt: Die Zeit für den Kampf gegen die Philister war besonders günstig. Ägypten hatte damals seine politische Vormachtstellung verloren, so daß für David nicht mehr die Gefahr eines Zweifrontenkriegs bestand. Seine ganze Armee konnte sich gegen die Philister wenden, die einen so guten Ruf als Kämpfer und Krieger hatten, daß David seine königliche Leibgarde aus Kretern und Philistern bildete. Die Bibel spricht von »Keretern und Peletern«, und daraus wurde die Bezeichnung »Krethi und Plethi« für eine Gruppe von Menschen, die zusammengewürfelt und ohne feste Bindung ist.

Um sich eine Vorstellung von David zu machen, darf man nicht nur an Michelangelos David-Standbild denken, an diesen energisch-schönen Jüngling mit der markanten Falte an der Nasenwurzel. Man darf auch nicht nur auf das laute Lob in den beiden Büchern Samuel hören, sondern muß darüber hinaus die Finger auf einige Taten von ihm legen, die in der Bibel etwas verschwommen dargestellt werden.

Tut man dies, dann erhält der edle Jüngling David ein zweites Gesicht, und zwar das eines Räuberhauptmanns. Grob gesagt: David war der Anführer einer Räuberbande, die reiche Bauern erpreßte. In der Bibel liest sich das so:

Auch schlossen sich ihm viele Männer an, die unter Druck standen, sowie alle möglichen Leute, die Schulden hatten oder verbittert waren, und er wurde ihr Anführer. (1. Sam. 22,2)

Das ist noch sehr harmlos und verschleiert ausgedrückt, denn im 2. Buch Samuel wird die Methode, nach der er und seine Männer vorgingen, unverblümt geschildert: David schickt einen Vortrupp zu einem reichen Bauern, dem in bester Mafia-Manier erklärt wird, daß Davids Bande dessen Knechte und Herden bis jetzt zwar ungeschoren gelassen hätte, aber nun müsse er dafür eine »Schutzgebühr« herausrücken. Der Bauer, ein Dickschädel, weigert sich, diese Aufforderung zu akzeptieren. Also macht sich David mit seinen Männern zum Gehöft des Bauern auf den Weg. Zum Glück wußten dessen Knechte, was ihnen von diesen Desperados drohte. Sie alarmierten dessen Frau, die mehr Sinn für die Realitäten bewies als ihr Mann. Sie zog Davids Bande mit »zweihundert Broten, zwei Schläuchen Wein, fünf schon zurechtgemachten Schafen, fünf Sea gerösetem Korn, hundert Rosinen- und zweihundert Feigenkuchen« entgegen. Davids »Besuch« auf dem Bauernhof unterblieb. Zehn Tage später starb der Gutsbesitzer. Die Bibel spricht von Herzversagen.

David nahm seine Witwe zur Frau. Es war seine zweite.

Später, als er Sauls Tochter Michal zur dritten Frau genommen hatte, ging er bei der Eroberung einer anderen Geliebten direkter vor. Allerdings war er da bereits König und konnte sich über vieles hinwegsetzen. Batseba hieß die Frau, die David unbedingt besitzen wollte.

Er hatte sie vom Dach seines Palastes aus beim Baden beobachtet. Möglicherweise hatte sie es darauf angelegt, von ihm beobachtet zu werden. Ärgerlicherweise war sie jedoch verheiratet, mit Uria, einem seiner Offiziere. David nutzte seinen Rang als König und schickte den Ehemann mit einem Brief an die Front, in dem der Abschnittskommandeur angewiesen wurde:

»Stellt Uria nach vorn, wo der Kampf am heftigsten ist; dann zieht euch von ihm zurück, so daß er getroffen wird und den Tod findet.«

(2. Sam. 11,15)

Der Kommandeur erstattet nach Urias Tod Vollzugsmeldung. Davids Antwort auf diese Nachricht zeigt, daß sein Zynismus dem anderer Feldherrn in nichts nachstand:

»Betrachte die Sache als nicht so schlimm; denn das Schwert frißt bald hier, bald dort.«   (2. Sam. 11,25)

David nahm auch diese Witwe zur Frau. Batseba gebar ihm zwei Söhne. Der Name des zweiten wurde zur Bezeichnung für den Glanz und die Weisheit einer Epoche. Er hieß Salomo.

Eine Begabung Davids wird in beiden Büchern Samuel immer wieder betont: seine Musikalität. Ein Autor des 1. Buchs Samuel hält Davids Musikalität sogar für die Ursache seines Einflusses auf König Saul:

Sooft nun ein Geist Gottes Saul überfiel [klarer wäre: der böse Geist], nahm David die Zither und spielte darauf. Dann fühlte sich Saul erleichtert, es ging ihm wieder gut, und der böse Geist wich von ihm.   (1. Sam. 16,23)

Psychotherapeutische Behandlungen mit Musik – nicht erst heute, sondern bereits im Altertum eine probate, oft angewendete Methode.

Noch einmal wird an prominenter Stelle von Davids Lust an Gesang und Tanz berichtet: Als durch ihn die Bundeslade zum ersten Mal einen festen Platz in Jerusalem erhielt, da tanzte und hüpfte König David. Er

»und das ganze Haus Israel tanzten und sangen vor dem Herrn mit ganzer Hingabe . . .«

Seine Frau Michal, Sauls Tochter, macht ihm daraufhin Vorwürfe, daß er sich mit dem Volk gemein gemacht habe, und David gibt ihr statt einer Antwort eine Zurechtweisung, die zur Maxime für viele Herrscherhäuser wurde, die Thron und Altar zu verbinden wußten.

»Vor dem Herrn habe ich getanzt; für ihn will ich mich gern noch geringer machen als diesmal und in deinen Augen niedrig erscheinen.«

(2. Sam. 6,21–22)

Ob allerdings alle Lobgesänge an den Herrn, die als Psalmen Davids Namen tragen, wirklich von ihm stammen oder ihm nur zugeschrieben wurden, wird wohl immer unklar bleiben. Das mindert nichts an ihrer Aussage.

Über die Jahrzehnte gesehen, war Davids Biographie sicher nicht das, was man ein gottgefälliges Leben nennt. Aber Gott hatte viel Geduld mit ihm. Selbst als er David strafte, wurde ihm eine Sonderbehandlung zugestanden: Er durfte unter drei verschiedenen Strafen jene wählen, die ihm die sympathischste war – entweder eine einjährige Hungersnot oder eine dreimonatige Verfolgung durch die Feinde Israels oder drei Tage Pest im Lande. Welche Strafe, meinen Sie, wählte David?

Die Pest!

Warum er gerade diese Strafe wählte, erklärt David dem Propheten Gad so:

»Wir wollen lieber dem Herrn in die Hände fallen, denn seine Barmherzigkeit ist groß; den Menschen aber möchte ich nicht in die Hände fallen.«

(2. Sam. 24,14)

Hungersnot, Verfolgung, Pest – jede Plage eine harte Strafe. Wofür sollte eine der drei über David kommen? Wegen seiner Räubereien? Seiner Anstiftung zum Mord? Seiner Seitensprünge? Nichts von alledem! David wurde von Gott bestraft, weil er dessen Befehl »Geh hin, zähle Israel und Juda« befolgt hatte. Tatsächlich, weil er ihn befolgt hatte! Dabei heißt es wörtlich im 2. Buch Samuel:

Der Zorn des Herrn entbrannte noch einmal gegen Israel, und er reizte David gegen das Volk auf und sagte: Geh, zähle Israel und Juda! (2. Sam. 24,1)

Die Pest – für eine gottbefohlene Volkszählung! Als Moses alle Stämme nach dem Auszug aus Ägypten auf Gottes Geheiß zählen ließ, da war das wohlgetan. Als aber David das gleiche tat, möglicherweise, weil er wissen wollte, über wieviel wehrfähige Männer er im Ernstfall verfügen konnte, wird ihm gleich ein Katalog möglicher Strafen präsentiert! Diese Fehlgewichtigkeit von nicht erkennbarer Schuld und übertriebener Strafe hat nicht erst in moderner Zeit Theologen und Wissenschaftler beschäftigt. Sie muß auch bereits den Lesern in alttestamentarischer Zeit Kopfzerbrechen bereitet haben, denn im ersten der beiden »Bücher der Chronik«, die mehr als zweihundert Jahre später als die Samuel-Manuskripte geschrieben wurden, wird die Geschichte noch einmal erzählt, allerdings mit einer kleinen Variante: Jetzt ist es nicht mehr Gott, sondern Satan, der David dazu bringt, eine Volkszählung zu veranlassen!

Der Satan trat gegen Israel auf und reizte David, Israel zu zählen.

(1. Chr. 21,1)

Es ist übrigens das erste Mal, daß das Wort »Satan« in der Bibel vorkommt. Noch ist er nur eine Nebenfigur, doch schon im »Buch Hiob« wird er zum Hauptakteur.

Wer aber hat nun die Volkszählung gewünscht – Gott oder der Teufel? Und warum hält sie auch David, kaum daß er sie angeordnet hat, für eine Sünde?

Und er sagte zum Herrn: »Ich habe schwer gesündigt, weil ich das getan habe!«
(2. Sam. 24,10)

Die Antwort ist nur aus dem Gottesverständnis der Israeliten zu verstehen: Für sie hat nur Jahwe das Recht, über die Zahl der Lebenden und der Toten zu befinden. Eine Volkszählung kommt also einer Anmaßung göttlicher Rechte gleich. Wenn Gott David befohlen hatte, sein Volk zu zählen, dann war dies als Versuchung gemeint, der er hätte widerstehen müssen.

Es zeugt für die Kontinuität von jüdischer Geschichte und Religion, daß strenggläubigen Juden auch heute noch das Zählen von Menschen ein Ärgernis ist.

Davids Vergehen wird durch die Pest, durch die »zwischen Dan und Beerscheba siebzigtausend Menschen« starben, bestraft. Jetzt erst begreift David, wie ungerecht seine Wahl war:

»Ich bin es doch, der gesündigt hat, ich bin es, der sich vergangen hat ...
Erhebe deine Hand gegen mich und gegen das Haus meines Vaters!«

(2. Sam. 24,17)

Dies tut Gott. Die letzten Jahre Davids sind voller familiärer Strafen. Sein ältester und geliebtester Sohn Abschalom (andere Schreibart: Absalom) erschlägt seinen Bruder, weil dieser mit der eigenen Schwester schlief. Abschalom zeigt auch wenig Vaterliebe. Er »ging vor den Augen ganz Israels zu den Nebenfrauen seines Vaters«, womit er diesen als körperlich und geistig impotent abstempelt.

Überhaupt bereiten die Frauen David in seinen letzten Jahren nur noch Verdruß, denn jede versucht alles, damit einer ihrer Söhne sein Nachfolger wird. Diese mütterlichen Intrigen machen dem alten David mehr zu schaffen als einst dem jungen die Philister.

In den Augen der Israeliten und vieler heutiger Juden wiegt eine Tat Davids alle seine Vergehen und Gebotsverletzungen auf – seine Entscheidung, Jerusalem zur Hauptstadt seines Reiches zu machen. Geographisch sprach alles dagegen, diese Siedlung der Jebusiter dafür auszuwählen. Sie lag an keinem Fluß, hatte keinen Zugang zum Meer, keine der wichtigen Handelsstraßen führte an ihr vorbei.

Warum zeugte es dennoch von Weitblick, ausgerechnet dieses Felsennest auszuwählen? Weil die »Stadt des Friedens« – so die Übersetzung ihres alten Namens »Urusalima« – politisch günstig lag, genau im freien Gebiet zwischen den nördlichen Stämmen Israels und dem Stamm Juda, dessen König David war.

Wer den Stamm Juda mit den anderen elf zu einem Reich verbinden wollte, mußte den »Störzwickel« Jerusalem beseitigen. David wollte den Zusammenschluß und schuf mit der zwischen den Stämmen liegenden Hauptstadt Jerusalem die Klammer, die alle Stämme zusammenhielt.

Doch Jerusalem bot neben dem geopolitischen Vorteil noch einen zusätzlichen: In dieser Stadt stand ein heidnischer Tempel, der dem höchsten Gott einer Götterdynastie geweiht war. An diese Tradition konnte David anknüpfen, als er die Bundeslade nach Jerusalem brachte. Wie so oft wurde auch hier ein vorhandenes Kulturzentrum mit israelitischem Glaubensinhalt gefüllt.

Von nun an hatte die Bundeslade einen festen Platz. Sie war nicht mehr bei den Israeliten, sondern die Stämme mußten zu ihr gehen. Jerusalem wurde zum Wallfahrtsort.

Die Tradition glaubt, daß an der Stelle, an der David das erste feste Zelt für die Bundeslade aufschlagen ließ, später Salomos Tempel errichtet wurde und Jahrhunderte später der Felsendom. Ist dem so, dann wäre dies der älteste Platz der Welt, der über drei Jahrtausende nur religiösen Zwecken diente.

Die »Stadt Davids« und das heutige Jerusalem sind nicht identisch. Die Siedlung, die David eroberte, lag auf einem Südosthügel an der Westflanke des Kidrontals. Es war der Berg Zion. Schon die Jebusiter nannten ihn so.

Wer heute auf dem Ölberg steht und dieses Gebiet überschaut, ist enttäuscht: Hier ist bestenfalls für ein Dorf Platz. Es war ein Dorf. Aber eines, in dem Gott zu Hause war.

Die Wahl Jerusalems zur Hauptstadt – das war der erste Schritt zur Vereinigung von Juda, Israel, Moab, Ammon und Zoba zu einem Reich, dem größten, das die Israeliten je beherrschten. Es geschaffen und klug verwaltet zu haben ist das Verdienst von Davids Sohn und Nachfolger auf dem Thron: Salomo. Um Haaresbreite wäre jedoch nicht er, sondern ein anderer Davids Nachfolger geworden.

Wie das geschehen konnte und wie es im letzten Moment verhindert wurde, das ist eine von vielen spannenden Geschichten im 1. Buch der Könige.

»VERLEIH DAHER DEINEM KNECHT EIN HÖRENDES HERZ,
DAMIT ER DEIN VOLK ZU REGIEREN UND DAS GUTE VOM BÖSEN
ZU UNTERSCHEIDEN VERSTEHT.«
(1. Kön. 3,9)

Salomos Reich – Glanz der Herrlichkeit

Lob und Tadel Salomos in den beiden Büchern der Könige und im
1. und 2. Buch der Chronik
Das Buch Esra: Der Mensch hinter seinem Werk
Das Buch Nehemia: Der Mensch vor seinen Werken

DAS 1. BUCH DER KÖNIGE – DIE ZEIT SALOMOS

Erst in unseren Bibeln gibt es ein zweites Buch der Könige. Diese Einteilung ist das Werk späterer Redakteure. Ursprünglich gab es nur ein Buch
der Könige.
Es schließt nahtlos an das 2. Buch Samuels an: König David ist alt
geworden, »auch wenn man ihn in Decken hüllte, wurde ihm nicht mehr
warm«. Wie gut, daß er verständnisvolle, treusorgende Diener hatte, die
für den alten Mann Rat wußten:

*»Man suche für unseren Herrn, den König, ein unberührtes Mädchen, das ihn
bedient und pflegt. Wenn es an seiner Seite schläft, wird es unserem Herrn,
dem König, warm werden.«* (1. Kön. 1,2)

Ein solches Mädchen wurde gefunden, es hieß Abischag. Das Mädchen pflegte den König David, »doch«, heißt es weiter, »der König erkannte es nicht«.
Schade, denkt der Leser, da war doch wohl Geist und Blick Davids
schon getrübt, und er konnte bestenfalls über die zarte Mädchenhaut
streicheln, ohne so recht zu realisieren, welch wunderbares Geschöpf
neben ihm lag.
Doch dann erinnert er sich, bereits an anderer Stelle der Bibel dieses »Er
erkannte sie nicht« gelesen zu haben, und ihm wird klar, daß »nicht
erkennen« die Umschreibung dafür ist, daß David dem Mädchen nicht
»beiwohnte«. Er schlief nicht mit ihr, aus welchen Gründen auch immer.

Mit dieser Arabeske aus Davids Intimsphäre beginnt das 1. Buch der Könige. Hübsch zu lesen, aber wieso steht dergleichen im »Buch der Bücher«? Es hat seinen Grund, und der hieß Abischag, die David zur Frau genommen hatte.

Um zu verstehen, wieso Verwicklungen aus dieser Verbindung alter Mann–junges Mädchen entstanden, muß man wissen, daß es damals nicht üblich war, daß der älteste Sohn den Platz auf dem Thron übernahm, sondern der Vater mußte unter seinen Söhnen den Nachfolger auswählen. David aber konnte sich nicht entschließen. Dem langen Zögern machte einer seiner Söhne namens Adonia ein Ende. Er erklärte kurz entschlossen und coram publico: »Ich werde König sein!«

Vielleicht wäre er es sogar geworden, wenn nicht die schöne Batseba, deren Mann Uria von David in den »Heldentod« geschickt worden war, beschlossen hätte, daß der Sohn, den sie von David empfangen hatte, dessen Nachfolger werden sollte.

Gemeinsam mit dem Propheten Natan erklärte sie dem greisen David, einer seiner Söhne habe sich zum König ausrufen lassen. Das war zwar gelogen, denn der junge Mann Adonia hatte sich nicht ausrufen lassen, sondern nur erklärt: »Ich werde König sein«, aber es half! David mußte, ob er wollte oder nicht, Stellung beziehen. Er erklärte den Sohn Batsebas zu seinem Nachfolger. So wurde Salomo nach Davids Tod König und bat Gott für sein schweres Amt um »ein hörendes Herz, damit er das Gute vom Bösen zu unterscheiden versteht«.

Seine ersten Amtshandlungen waren weniger edel: Er beseitigte alle Konkurrenten, die ihm den Thron hätten streitig machen können. Bei dieser Aufräumaktion fiel der jungen Frau Abischag, die dem alten David die Nächte erwärmt hatte, jene wichtige Rolle zu, der sie ihre namentliche Existenz in der Bibel verdankt.

Salomos ungestümer Halbbruder Adonia – jener, der beabsichtigt hatte, König zu werden – bat nämlich den neuen König, diese Abischag heiraten zu dürfen. Auch Salomos Mutter Batseba schloß sich dieser Bitte an. Abischag muß wirklich besonders reizend gewesen sein, wenn sich für sie so unterschiedliche Fürsprecher verwendeten. Doch Salomo sagte nein. Mehr noch – er ließ den Halbbruder wegen dieser Bitte töten.

War hier amouröse Rivalität im Spiel? Zwei Brüder – eine Frau, die Weltliteratur ist voll mit solchen Geschichten. Aber bei Salomo spielte Eifersucht keine Rolle, die Entscheidung hatte politische Gründe: Zu jener Zeit hatte der Mann, der eine der Witwen des verstorbenen Königs heiratete, Anspruch auf dessen Nachfolge. Das wußte natürlich Salomo genausogut wie Adonia, der sich über die Bettgefährtin des verstorbenen David dessen Thronsessel sichern wollte.

Erst wenn man von diesem israelitischen Brauch weiß, versteht man, warum die alten Verfasser soviel Wert auf die Feststellung legten, daß der alte David der jungen Abischag nicht »beiwohnte«, sie »nicht erkannte«. Dieser Hinweis ist kein Schnüffeln in der Privatsphäre, sondern von höchster politischer Wichtigkeit. Um es im heutigen Juristen-Deutsch zu sagen: David hatte mit Abischag die Ehe nicht vollzogen.

Wenige Monate nach Regierungsantritt waren die inneren Feinde kaltgestellt oder kaltgemacht – »die Herrschaft war nun fest in der Hand Salomos«. Er war Alleinherrscher über den mächtigsten Staat zwischen Ägypten und Assyrien. Salomos historischer Fehler war, daß er diesem Staat Glanz und äußere Anerkennung verschaffte, jedoch versäumte, ihm innere Festigkeit zu geben. Das schmälert nichts an Salomos Größe. Kleinere Herrscher als er haben größere Fehler gemacht.

Bis heute gibt es keinen direkten oder indirekten außerbiblischen Beweis, daß Salomo eine historische Persönlichkeit war. Aber selbst wenn von den Herrlichkeiten, die die Bibel über ihn berichtet, nur die Hälfte stimmt, gehört er fraglos zu den Großen der Geschichte, und das auf vielen Gebieten. Denn sowohl als Innen- wie als Außenpolitiker erreichte er Beachtliches, und auf kulturellem Gebiet leitete er die entscheidende Entwicklung ein, durch die Israel aus seiner selbstauferlegten Isolation herausgeführt wurde.

Vierzig Jahre, schreibt die Bibel, regierte er. Es muß etwa zwischen 972 und 932 v. Chr. gewesen sein. Unter ihm entstand ein zentral regierter Staat mit zwölf Provinzen. Er war König von Juda, Israel und Ammon. In Moab regierte ein ihm ergebener Fürst. Seine Statthalter verwalteten die Provinzen Aram und Edom, die genau wie die Philisterstädte Salomo Tribut zahlen mußten. Gut!

Doch Zahlungen und Naturalienabgaben genügten ihm nicht für seine großen Pläne. Er führte die Fronarbeit – offenbar nach ägyptischem Vorbild – ein. Jeden dritten Monat mußten die Bewohner seines Staates als Leibeigene für den König arbeiten. Das war schon weniger gut! Und gar nicht gut war dann diese Entscheidung:

Von den Israeliten aber machte Salomo niemand zum Sklaven für seine Arbeit; sie waren seine Krieger und Hauptleute, die Befehlshaber über seine Wagen und deren Mannschaft. (2. Chr. 8,9)

Er gab also einem der zwölf Stämme Sonderrechte. Bevorzugungen aber sind meist der Anfang vom Ende. So erging es auch Salomo, der anfangs »der Weise« war und schließlich zu »Salomo der Tyrann« wurde. Unter seiner Regierung erhält Israel sein erstes stehendes Heer mit Streitwageneinheiten, der Vorform späterer Kavallerie. Diese Streitwagen waren einachsig, zwei Pferde zogen sie, ein drittes blieb in Reserve. Ob es 4000 waren, wie es an einer Stelle im Buch der Könige heißt, oder »nur« 1400, wie an anderer Stelle erwähnt – allein schon die Verwendung von Pferden zeigt, welche Entwicklung in den wenigen Jahrzehnten seit David stattgefunden hatte. Auch David wußte – wie Josua – mit erbeuteten Pferden nichts Besseres anzufangen, als ihnen die Sehnen durchzuschneiden.

Für diese Kavallerie-Einheiten befestigte Salomo jene »Reiterstädte«, die als Grenzforts an strategisch wichtigen Punkten lagen. Über diese Wehrsiedlungen haben in den letzten Jahrzehnten die Archäologen viel Papier beschrieben. Nach dem hellen Entzücken, mit welcher Sorgfalt diese Marställe unter Salomo angelegt worden waren, kam die Ernüchterung, als Yigael Yadin, Archäologe und späterer Vizepräsident Israels, nachwies, daß zwar diese Städte unter Salomo ausgebaut und befestigt – übrigens alle drei nach dem gleichen Grundsystem –, daß aber die Stallungen erst nach Salomo angelegt wurden.

Diese Entdeckung war ein großer Tag für die Bibelarchäologie, aber ein schwarzer Tag für das israelitische Touristikamt, auf dessen Programm Busfahrten zu den Pferdestädten des Königs Salomo standen. Welches Land trennt sich schon gern von touristischen Attraktionen?! Deshalb fahren die Reisebusse auch heute noch zu den Reiterstädten Megiddo, Hazor und Gedser, nur fahren sie jetzt zu »Salomos Ställen« (in Anführungszeichen).

Anführungszeichen retteten noch einen anderen Schauplatz aus salomonischer Zeit für den Tourismus: die »Kupferminen des Königs Salomo«, etwa dreißig Kilometer nördlich vom Golf von Akaba im Vadi (Tal) Timna gelegen. Eine trostlose Gegend, aber seit sechstausend Jahren lebten hier Menschen, um Kupfer abzubauen. Der Rauch und das Gedröhn der modernen Kupferbergwerke sind überzeugende Kulisse und Beweis, daß hier tatsächlich Kupfervorkommen lagern. Kupfervorkommen, alte Bergwerksstollen – wieso stehen die »Kupferminen König Salomos« in Anführungszeichen? Weil die Archäologen feststellten: Diese Minen waren ausgerechnet zur Zeit Salomos nicht in Betrieb! Vorher ja, hinterher wieder – zu seiner Zeit nicht.

Salomos Kupferminen werden mit keiner Zeile in der Bibel erwähnt, erst 1892 wurden sie Salomo zugeschrieben. Kein archäologischer Fehlschluß war daran schuld, sondern der englische Abenteuerroman »King Solomo's Mines«: Sein Verfasser Henry Haggard hatte die Existenz von Erzminen und die zahlreichen Hinweise in den beiden Büchern der Könige über Salomos großen Bedarf an Erz für seinen Tempelbau verknüpft und daraus eine Romanhandlung gestrickt, und zwar so geschickt, daß seine Leser alles für bare Münze nahmen.

Auch heute noch zeigen die Reiseführer Touristen aus aller Welt die »Säulen Salomos«, zwei eindrucksvolle Sandsteinformationen, die angeblich von Sklaven Salomos bei der Kupfergewinnung herausgemeißelt wurden. Stimmt nicht, sie sind natürlichen Ursprungs.

Wenn Salomo aber keine eigenen Minen ausbeutete – woher bezog er dann das Edelmetall für seine vielen Bauten? Die Bibel nennt zwei Quellen für seinen Reichtum. Über die eine Quelle – nämlich die Schätze, die Salomos Vater David angesammelt hatte – heißt es:

»Aus Liebe zum Haus meines Gottes spende ich [David] aus meinem Besitz, meinem Gold und Silber, über all das hinaus, was ich für das Haus des Heiligtums schon bereitgestellt habe, noch weitere 3000 Talente Gold vom Ofirgold und 7000 Talente geläutertes Silber.«

(1. Chron. 29,3–4)

Rasch umgerechnet: Ein Talent war keine Münze, sondern eine Recheneinheit und entsprach etwa 40 Kilogramm. Also: 120 000 Kilo Gold und 280 000 Kilo Silber!

Außerdem forderte David alle Stämme auf, für den Tempel zu spenden. Denn der Tempelbau war bereits zu seiner Zeit beschlossene Sache, nur sollte David ihn nicht beginnen, »weil seine Hände zu sehr mit Blut besudelt waren«. Aber David hatte – wie es seiner Art entsprach – nicht nur geplant, sondern auch gehandelt. Salomo brauchte also nicht bei Null zu beginnen, sondern konnte auf dem aufbauen, was sein Vater bereits angesammelt und vorbereitet hatte.

Ein Wort in dem Bibelzitat klingt geheimnisvoll: »Ofirgold«. Ofir – eines jener Worte, das schon immer die Phantasie von Abenteurern beflügelte, weil die Wissenschaft nicht exakt orten konnte, welches Stück Erde mit dem »Goldland Ofir« gemeint ist.

In Verbindung mit David taucht der Name nur dieses eine Mal auf. Im Zusammenhang mit Salomo jedoch wird er viele Male erwähnt, und immer sind es Schiffe, die nach Ofir segeln.

Schließlich war es eines der großen Verdienste Salomos, eine israelitische Handelsflotte aufgebaut zu haben. Da zu Davids Zeit keiner der zwölf Stämme im Umgang mit Rudern und Segel so vertraut war, um Handelsschiffahrt zu treiben, hat wahrscheinlich ein späterer Autor das Wort »Ofir« im David-Text nachträglich eingesetzt, damit ein Widerschein von Salomos maritimen Ruhm auch auf David fiel.

Wenn aber Ofir nur mit Schiffen zu erreichen war, muß es doch möglich sein, eine geographische Ortung durchzuführen. Man braucht doch nur nach jenen Ländern zu suchen, in denen die in der Bibel genannten Güter – Gold, Sandelholz und Edelsteine – vorkommen. Natürlich hat man das getan, doch die Unklarheit blieb.

Gold und Silber gibt es in Indien, im Ural, in Rhodesien, an der Westküste Arabiens wie an der Ostküste Afrikas – und selbstverständlich haben Abenteurer an all diesen Stellen nach dem Land Ofir gesucht. Gefunden haben sie es nicht.

Jahrhundertelang galt es als ausgemacht, die geheimnisvollen, mörtellosen Rundbauten Simbabwes in Rhodesien wären die Reste Ofirs. Ein Mosaik von Belegen wurde zusammengetragen: Spuren von Gold gab es dort, außerdem Bauten mit phönizischen Stilelementen, eine römische Münze wurde in einem verfallenen Schacht gefunden, und . . . und . . . und . . . Doch als 1950 endlich ein Holzstück aus einer der Simbabwe-Ruinen nach der C-14-Methode, mit deren Hilfe Entstehungszeiten durch Isotopenzerfall datiert werden können, untersucht wurde, stand fest: Simbabwes Bauten wurden etwa 500 n. Chr. errichtet, also mehr als 1500 Jahre nach Salomo.

Auch Indien mußte von der Ofir-Liste gestrichen werden. Es gibt keine bündigen Belege, daß diese Route damals von Handelsschiffen befahren wurde.

Der jüngste Stand: 1978 fanden amerikanische Geologen eine alte Goldmine in den Bergen zwischen Mekka und Medina in Saudi-Arabien. Bis zur »Entdeckung« eines neuen Ofir-Platzes gilt nun diese Gegend als sagenhaftes Goldland Ofir.

Die Tatsache, daß nicht nur in der Bibel Berichte über ein geheimnisvolles Goldland stehen, machen dessen geographische Fixierung noch schwieriger. So ließ ein halbes Jahrhundert vor Salomo die energische Ägypterin Hatschepsut, die sich selbst zur Pharaonin ernannte, fünf Dreißig-Ruder-Schiffe in See stechen, die Myrrhenbäume für das Grabmal ihres Vaters aus dem Goldland Punt holen sollten.

Die schreibfreudigen Ägypter haben von dieser und zehn weiteren

158

Punt-Fahrten genaue Berichte auf die Wände des Grabmals von Der el Bahari geritzt. Die Namen der Kapitäne, die Fracht (»Elfenbein und Ebenholz, Silber, Gold, Sandelholz, Myrrhenharz, Zimt, Panther und Affen«) – alles ist akribisch genau notiert. Nur wo Punt lag, das wird mit keiner Hieroglyphe erwähnt.

Die Gleichung »Punt gleich Ofir« lag zu nah, als daß sie nicht von Hypothesen-Mathematikern aufgestellt worden wäre. Ginge es nach ihnen, dann hat die ägyptische Prinzessin, mit der Salomo (unter anderem) verheiratet war, als Brautgeschenk die Reiseroute nach dem Goldland mit nach Jerusalem gebracht.

Ein Informationsgeschenk von diesem Wert wäre ein triftiger Grund für Salomos ungewöhnlichen Schritt gewesen, eine Handelsflotte aufzubauen. Wie auch immer: Er baute sie.

Allein schon der Entschluß, sich am Mittelmeerhandel zu beteiligen, war kühn. Wie Salomo ihn in die Tat umsetzte, verdient Bewunderung: Er verläßt sich nicht darauf, daß aus den kaum seßhaft gewordenen israelitischen Nomaden von heut auf morgen handfeste Seeleute werden, sondern er bedient sich der Hilfe eines seekundigen Freundes, des Königs Hiram von Tyrus. Zweimal wird dies im Buch der Könige erwähnt:

Denn der König [Salomo] hatte eine Tarschisch-Flotte auf dem Meer, zusammen mit den Schiffen Hirams. (1. Kön. 10,22)

Hiram schickte seine Leute, geübte Seefahrer, mit den Leuten Salomos zu Schiff aus. (1. Kön. 9,27)

Ein neues, unbekanntes Wort: Tarschisch oder Tarsis. Offenbar ein Ort, aber wo er gelegen haben mag, konnte mit Sicherheit nicht festgestellt werden. Zu viele Städte des Altertums hießen so. Vielleicht ist das spanische oder aber das griechische Tarsis gemeint. Neuerdings meinen Altphilologen, keine der beiden Städte habe ihren Namen für die Schiffe hergegeben, sondern »Tarschisch« bedeute »Gießerei«. Folgt man dieser Theorie, dann wären Tarschisch-Schiffe jene gewesen, auf denen Eisen transportiert worden ist.

Phönizische Seeleute müssen damals die besten Fachleute gewesen sein, die man für ein Schiff anheuern konnte. Auf sie war Verlaß. Mit ihren Langstrecken-Handelsschiffen, zu erkennen am Quersegel in der Mitte und den zehn Ruderpaaren an Back- und Steuerbord, löschten sie ihre Ladungen in Spanien, Afrika und Zypern. Ja, wenn sich bestätigt, was von einigen Forschern behauptet wird, dann ist eines dieser Schiffe bis an die brasilianische Küste verschlagen worden!

Auf einer Steintafel mit phönizischen Schriftzeichen, die 1872 an der Mündung des Rio Paraiba im Nordosten Brasiliens gefunden wurde, soll notiert sein, daß an dieser Stelle eines von zehn Schiffen einer Handelsflotte des Königs Hiram gestrandet ist. Zwölf Männer und drei Frauen sollen die Küste erreicht haben. Das wäre eine maritime Sensation, denn nach Expertenmeinungen waren diese Schiffe nicht atlantikgeeignet. Da aber diese Steintafel zur wissenschaftlichen Prüfung nicht freigegeben wurde, bleibt dieser Hinweis im Dunstkreis der Spekulationen.

Unbestritten aber sind die nautischen Kenntnisse der Phönizier. Für ihre Erfahrungen im Schiffsbau liefert eine Stelle im 2. Buch der Könige einen – allerdings indirekten – Beweis. Dort wird von Joschafat, einem Nachfolger Salomos, berichtet:

Auch baute Joschafat eine Tarschischflotte, die nach Ofir fahren sollte, um Gold zu holen. Doch kam es nicht zur Fahrt, da die Schiffe im Ezjon-Geber zerschellten. (1. Kön. 22,49)

Das kann man auch gröber sagen: Die Schiffe verließen nicht einmal den Hafen Ezjon-Geber, sie waren seeuntüchtig. Ezjon-Geber war die Werft und der Hafen für Salomos Flotte. Es lag am Golf von Akaba, nahe dem Elat, dem heutigen Eilat.

Dem neuen König Joschafat fehlte Salomos Weitblick, der nicht nur beim Schiffsbau verstanden hatte, sich jene Völker zu Freunden zu machen, deren Fachkönnen oder deren Waren er für sein Land brauchte.

Musterbeispiele für eine solche Zweckfreundschaft liefert die Korrespondenz Salomos mit dem phönizischen König Hiram von Tyrus.

Zwischenbemerkung: Die Phönizier sind nichts anderes als die uns wohlbekannten Kanaaniter unter ihrem neuen, griechischen Namen, der genau wie die Bezeichnung Kanaan »Purpurfarbe« bedeutet, einer der wichtigsten kanaanitisch-phönizischen Exportartikel.

Aus dem Reich dieses Königs Hiram rekrutierte Salomo zwei Facharbeitergruppen, die ihm in seinem Lande fehlten: Schiffsbauer und Seeleute, vor allem aber Baumeister und Innenarchitekten zum Bau seines Tempels.

In Tyrus müssen gute Architekten gelebt haben, denn in dieser zweitgrößten Hafenstadt der Phönizier standen die ersten »Wolkenkratzer«, bis zu sechs Stockwerke hoch! Sie wurden nicht aus Übermut errichtet, sondern weil die Stadt auf zwei Inseln lag, die nur durch einen schmalen

Damm verbunden waren. Eine Vergrößerung war also nur nach oben möglich. Erst Alexander der Große hat die Inseln zu Halbinseln gemacht. Um sie zu erobern, baute er einen Damm, der sie mit dem Festland verband.

Ohne diese erfahrenen phönizischen Architekten hätte Salomo nie seinen Tempel errichten können, dessen Bauzeit das 1. Buch der Könige mit sieben Jahren angibt. Wieder einmal die magische Sieben! In allen Einzelheiten berichtet das 1. Buch der Könige von diesem gewaltigen Bauvorhaben, und immer wieder werden König Hiram und seine Fachleute erwähnt. So schreibt Hiram an Salomo:

»Ich werde deinen Wunsch nach Zedern- und Zypressenholz erfüllen, meine Leute werden es vom Libanon an das Meer schaffen.« (1. Kön. 5,22)

Am Fuße des Dschebel Machmal, zwanzig Kilometer von Beirut entfernt, stehen noch heute einige der berühmten Libanon-Zedern – unter Naturschutz.

Zedernholz für seinen Tempel und für seinen Palast zu verwenden, das war keine extravagante Idee des Bauherrn Salomo. Pharaonen hatten das schon gut zwei Jahrtausende vor ihm getan. Es war das einzige solide Bauholz, das zwischen Nil und dem Zweistromland zur Verfügung stand. Alle anderen Hölzer waren zu weich.

Von weiteren Baumaterialien ist an einer anderen Stelle des Bauberichts die Rede:

Beim Bau des Hauses wurden Steine verwendet, die man schon im Steinbruch fertig behauen hatte; Hämmer, Meißel und sonstige eiserne Werkzeuge waren beim Bau des Hauses nicht zu hören. (1. Kön. 6,7)

Lärmschutz – schon damals? Oder sollte dies ein Hinweis auf eine neuartige Fertigbauweise sein? Weder noch. Dieser Satz, so unwichtig er klingt, war von großer religiöser Bedeutung. Er bestätigte, daß Salomo sich an die Befehle Gottes für einen Tempelbau hielt. Denn im 5. Buch Mose, dem »Deuteronomium«, heißt es:

»Dort sollst du dem Herrn, deinem Gott, einen Altar bauen, einen Altar aus Steinen. Du darfst nicht mit Eisenwerkzeug daran arbeiten. Aus unbehauenen Steinen sollst du den Altar . . . bauen.« (5. Mos. 27,5–6)

Was damit gemeint war, liegt auf der Hand: Gott brauchte keinen Prunkaltar, einer aus aufeinandergetürmten Feldsteinen genügte ihm. Salomos Tempel war aber genau das Gegenteil eines Altars aus aufeinandergetürmten Feldsteinen, er war ein Prachtbau. Bestimmt gab es unter der Priesterschaft einige, die dagegen Sturm liefen. Um sie umzustimmen, befahl Salomo, daß an der Baustelle keine Steine behauen werden durften. Damit war den Buchstaben der Tora Genüge getan, und Salomo hatte trotzdem seinen Willen.

Unter der Altstadt und am Burgfelsen in Jerusalem sind im Felsgestein noch Kerben zu sehen, die von den Hacken der salomonischen Tempelbauer stammen sollen.

Nicht ein Stein dieses Tempels steht noch auf dem anderen, aber die Israelis sind überzeugt, daß einige der behauenen Felssteine der Klagemauer einst zu Salomos Tempel gehörten.

Wir wissen nicht, wie dieser Tempel ausgesehen hat. Keine außerbiblischen zeitgenössischen Belege zeugen von ihm. Auch was die Bibel über ihn berichtet, bleibt unklar. Die Manuskripte sind stark beschädigt, ihre technischen Angaben sind nur andeutungsweise übersetzbar. Um eine architektonische Vorstellung zu gewinnen, bediente sich die Wissenschaft einer Methode, die sich in ähnlichen Fällen schon oft bewährte: des Stilvergleichs.

Beim Tempel Salomos stand fest, daß ihn phönizische Architekten errichtet hatten, wenn auch im 1. Buch der Könige – schließlich ist es ein nationales Geschichtsbuch – die Bauleute Salomos an erster Stelle genannt werden.

Die Bauleute Salomons bearbeiteten mit den Bauleuten Hirams und den Gebalitern das Holz und die Steine und richteten sie her für den Bau des Tempels. (1. Kön. 5,32)

Der Name Gebaliter kommt von der Stadt Gebal, die unter ihrem griechischen Namen Byblos besser bekannt ist. Sie waren also Phönizier oder – um den anderen Namen zu verwenden – Kanaaniter.

Kanaanitische Tempel zu Ehren Baals aber hatte man gefunden, und einer von ihnen in Hazor könnte als Vorbild für Salomos Tempel gedient haben.

Dieser Baal-Hadad-Tempel, den Professor Yigeal Yadin in den fünfziger Jahren freilegte, ist wesentlich älter als Salomos Tempel. Er wurde etwa 1300 v. Chr. errichtet. Aber sein Grundriß entspricht weitgehend den biblischen Angaben über den Tempel in Jerusalem. Auch er bestand aus drei Teilen – einer Vorhalle, einer Haupthalle und dem fensterlosen Allerheiligsten, in dem bei Salomos Tempel die Bundeslade stand und das allein der Hohepriester betreten durfte.

Die Angaben über die Größe des Salomo-Tempels schwanken zwischen 50 mal 25 Metern und 27 mal 10 Metern. Auch seine Höhe wurde von verschiedenen Archäologen unterschiedlich berechnet. Vielleicht war er zwanzig, vielleicht auch nur zwölf Meter hoch.

Lange glaubten die Gelehrten diesen Angaben und hielten die gesamte Anlage von Tempel und Palast für größer als das Forum Romanum, größer als Athens Akropolis. Nun, nachdem die wesentlich kleineren Ausmaße kanaanitischer Baal-Tempel bekannt sind, reduzierte man auch Salomos Jahwe-Tempel auf die damals üblichen Maße.

Ausführlich wird jedes Stück Tempelgerät beschrieben, doch keines so detailliert wie das »Bronzene Meer«. Ein riesiges Bronzebecken, das

... zehn Ellen von einem Rand zum anderen maß; es war völlig rund und fünf Ellen hoch. Eine Schnur von dreißig Ellen konnte es rings umspannen.
(1. Kön. 7,23)

Es stand im Tempelvorhof, und wahrscheinlich diente sein Wasser zur Reinigung der Opfertiere. Wenn die Maßangaben der Bibel stimmen – 5 Meter der Durchmesser, 2,5 Meter die Höhe –, dann hätte das »Bronzene Meer« mit seinen fast dreißig Tonnen Gewicht und etwa 50 000 Litern Fassungsvermögen zu den Weltwundern gehören müssen. Kaum vorzustellen, daß zu Salomos Zeiten die Gußtechnik so entwickelt war, um ein solches Becken in einem Stück zu gießen.

Allerdings: Der Satz »In der Jordanau zwischen Sukkot und Zaretan ließ sie der König in Formen aus festem Lehm gießen« deutet eine Möglichkeit an, wie ein solcher Guß bereits damals hätte gelingen können. Das ausgetrocknete Lehmbett des Jordans könnte als Gußform benutzt worden sein. Also braucht man nur mit Baggern und archäologischem Rüstzeug zwischen Sukkot und Zaretan nachzugraben, wenn ... wenn man nur wüßte, wo diese Orte lagen ...

Wenn auch die Maßangaben einige Meter zu groß ausgefallen sind – einen solchen Behälter muß es gegeben haben. Zu oft wird in späteren Bibeltexten darauf Bezug genommen. So heißt es wiederholt, daß das Erz des »Meeres« ungeschmolzen und als Tribut an assyrische oder babylonische Könige abgeliefert werden mußte.

Der Tempelbau, über den in den beiden Büchern der Könige so ausführlich berichtet wird, und der Bau des mindestens so prunkvollen Palastes, den das Alte Testament nur in Nebensätzen erwähnt, hatten Unsummen verschlungen. Die Staatskasse war bis auf den Boden geleert. Als Salomo auch die letzte Möglichkeit ausgeschöpft hatte, aus Volk und Land Geld zu pressen, König Hiram aber immer heftiger auf Bezahlung drängte, griff Salomo, pfiffig auch in Geldangelegenheiten, zu einer ungewöhnlichen Zahlungsweise: Er überließ Hiram zwanzig Städte in der Landschaft Galiläa. Hiram ist damit nicht einverstanden:

»Was sind das für Städte, die du mir da gegeben hast, mein Bruder? – Man nennt sie ›Land Kabul‹ bis zum heutigen Tag.« (1. Kön. 9,13)

»Kabul« heißt soviel wie »Einöde«. Also trat Salomo dem Hiram unfruchtbares Land ab. Wenn dem so war, wieso heißt dann in alten Bibelausgaben der nächste Satz:

Und Hiram sandte dem König 120 Talente Gold? (1. Kön. 9,14)

Wieso gibt jemand, der sich übers Ohr gehauen fühlt, dem gleichen Geschäftspartner noch einmal 3600 Kilo (120 Talente) Gold?! Solche Großzügigkeit ist auch bei Königen kaum üblich. Der Satz bekommt Sinn, wenn er in der Vergangenheitsform geschrieben wird: »Hiram hatte dem König 120 Talente Gold gesandt.« Das war – neben dem Baumaterial – die Schuld, die Salomo mit der Gebietsabtrennung bereinigen wollte, die aber von Hiram nicht akzeptiert wurde. Tusch für die Einheitsübersetzung. Sie wählte diese Form und hat damit dem Rätselraten ein Ende gemacht.

Eine unerschöpfliche Quelle für Dichter, Musiker und Maler war zu allen Zeiten Salomos Beziehung zum anderen Geschlecht. Wie kaum ein anderer Mensch der Antike verstand er es, dabei das Angenehme mit dem Nützlichen zu verbinden.

Seine erste Frau war eine Tochter des Pharao. Durch diese Verbindung sicherte er die Ruhe an der ägyptischen Grenze. Diese Prinzessin brauchte nicht im überfüllten königlichen Harem zu leben. Salomo baute ihr ein eigenes Haus. Dreimal wird es im 1. Buch der Könige erwähnt. Einmal heißt es geheimnisvoll:

Als die Tochter des Pharao . . . in ihr Haus hinaufgezogen war . . . baute er den Millo aus. (1. Kön. 9,24)

Was hat die ägyptische Prinzessin mit dem Millo zu tun? Was ist denn ein Millo?

Luther wußte es nicht. Er übersetzte: »Da baute er auch Millo.« So als sei Millo eine Stadt gewesen.

Inzwischen ist – Dank an die Archäologen – dieses lange Zeit unverständliche Wort in seiner ursprünglichen Bedeutung bekannt: Millo nannte man jene Erdaufschüttung, die das felsige Hügelgelände um Tempel und Palast einebnete.

Doch halten wir uns wieder an die ägyptische Prinzessin. Sie blieb nicht lange allein, denn:

König Salomo liebte neben der Tochter des Pharao noch viele andere ausländische Frauen.   (1. Kön. 11,1)

Teils aus privatem Vergnügen, teils aus diplomatischen Überlegungen füllte er sein Frauenhaus, und sicherlich waren auch einige Neuerwerbungen darunter, bei denen sich Vergnügen und Diplomatie die Waage hielten. Den Priestern mißfiel das. Sie beriefen sich auf eine Stelle im 5. Buch Mose:

»Der König soll sich auch keine große Zahl Frauen nehmen, damit sein Sinn nicht vom rechten Weg abweicht.«   (5. Mos. 17,17)

Was aber war damals »eine große Zahl Frauen«? Salomo wurden siebenhundert Prinzessinnen und dreihundert Nebenfrauen nachgesagt.

Wahrscheinlich wäre den Priestern die Zahl der Frauen gleichgültig gewesen, hätte Salomo nicht ihnen und ihren Landsleuten die Verehrung fremder Götter erlaubt, ja, sich selbst daran beteiligt. Einen schwächeren König als Salomo hätte dies den Thron gekostet, doch vor Salomo kuschten sogar die Priester.

So viele Frauen auch um Salomo waren – eine vor allem hat zu allen Zeiten fasziniert: die Königin von Saba. Sie kam nach Jerusalem, weil sie von der Weisheit Salomos gehört hatte, heißt es in der Bibel.

Der biblische Bericht von ihrem Besuch enthält alle Zutaten eines Märchens aus Tausendundeiner Nacht – ihr großes Gefolge, ihre Mitbringsel (Edelsteine und Balsam), die Rätselfragen, die sie Salomo stellt, bis zu der verschämten Andeutung:

König Salomo gewährte der Königin von Saba alles, was sie wünschte und begehrte ...   (1. Kön. 10,13)

Aus solchen Sätzen entstehen Romane! Was wünschte, was begehrte die Königin? Ein Meister der Andeutung hat diesen Satz formuliert. Waren Salomo und die Königin von Saba ein Liebespaar? War Caesars und Cleopatras Liebelei nur ein Abklatsch dieser großen Romanze? Für das, was sich zwischen dem Römer und der Ägypterin abspielte, gibt es einen handfesten Beweis: »Caesarion« hieß der Sohn aus dieser Liaison. Bei Salomo und Bilkis – so der arabische Name der Königin – blieb alles im dunkeln. Allerdings: Die Könige von Abessinien, bis hin zu Haile Selassie, führten ihre Herkunft auf den Sohn zurück, der aus der Verbindung zwischen Salomo und der Königin hervorgegangen sein soll.

Skandalgeschichten und Hofklatsch waren auch damals schon beliebtes Lesefutter. Für die Verfasser antiker Romanzen war die Begegnung zwischen Salomo und der Königin von Saba ein gefundenes Fressen. Sie berichteten auf vielen Papyrusrollen, der potente Salomo habe die jungfräuliche Königin verführt und – so sei sie die Mutter Nebukadnezzars von Babylonien geworden! Sie übersahen dabei, daß dies eine Schwangerschaft von dreihundert Jahren vorausgesetzt hätte!

Die Königin mußte 2500 Kilometer zurücklegen, um zu Salomo nach Jerusalem zu gelangen. Ihr Königreich mit der Hauptstadt Marib lag an der nördlichen Spitze des Roten Meeres, etwa auf dem Gebiet des heutigen Jemen.

Archäologische Expeditionen, die in den fünfziger Jahren im Jemen graben durften, fanden keine Belege für die Königin Bilkis. Aber die offizielle Geschichtsschreibung Sabas beginnt erst 800 v. Chr., die Königin von Saba war jedoch mindestens ein Jahrhundert früher in Jerusalem.

Der alttestamentarische Text erwähnt die royalistische Mammutreise mit einem knappen, allerdings aufschlußreichen Satz:

Sie [die Königin] kam nach Jerusalem mit sehr großem Gefolge, mit Kamelen, die Balsam, eine gewaltige Menge Gold und Edelsteine trugen . . .
(1. Kön. 10,2)

Kein Grund, an den »gewaltigen Mengen« zu zweifeln, das Königreich Saba war reich. Die Handelswege von Indien nach dem Westen führten durch sein Gebiet, und Sabas wichtigste Exportartikel waren »Balsam« und »Spezereien«, also Weihrauch. Den brauchten alle Religionen für ihre Opferfeiern – weil sein süßlich-schwerer Duft den Gestank der Schlachtopfertiere zudeckte.

Die Königin von Saba reiste mit einer Kamelkarawane. Nur mit Kamelen war dieser lange Landweg von Saba bis zum Mittelmeer zurückzulegen. Die Sabäer waren Spezialisten in der Züchtung und Dressur von Lastkamelen. Sie waren schließlich die Voraussetzung für gewinnbringenden Export von dem entlegenen Königreich zu den Handelszentren am Mittelmeer.

Die Königin, sagt die Bibel, nahm diese Reisestrapazen auf sich, um Salomo »in Rätseln zu erproben«. Doch so groß kann keine weibliche Neugier sein. Viel eher dürften wirtschaftliche Notwendigkeiten die Königin zu einer solchen Reise gezwungen haben!

Erinnern wir uns: Salomo hatte zusammen mit König Hiram eine Handelsflotte aufgebaut. Der Transport von Handelsgütern mit Schiffen war kürzer, billiger und ungefährlicher als über die Karawanenwege des »Felix Arabia«. Also war dessen Transportmonopol durch Salomos Schiffe bedroht – die Königin mußte versuchen, bei einem Staatsbesuch eine gemeinsame Basis zu finden.

Der andeutungsreiche Satz »König Salomo gewährte der Königin von Saba alles, was sie wünschte und begehrte . . .« wäre dann das Schlußkommuniqué einer offenbar für Saba erfolgreichen Wirtschaftsverhandlung.

Vielleicht stand außer der Schiffahrt auch eine neue Variante für den Landverkehr auf der Liste jener Rätsel, die die Königin Salomo aufgab! Er hatte nämlich die Pferdezucht und -dressur in seinem Reich auf ein so hohes Niveau gebracht, daß Israel auf diesem Gebiet fast ein Exportmonopol besaß.

Woher Salomo die Pferde für seine Zucht-Marställe bezog, steht im 1. Buch der Könige:

Man bezog die Pferde für Salomo aus Ägypten und Koë.   (1. Kön. 10,28)

Weil »Koë« unbekannt war, glaubte man an einen Abschreibfehler und setzte dafür »Koa«, den Namen eines winzigen Stadtstaates in Kleinasien. Aber warum sollten die Händler sie gerade dort kaufen?

Seit einigen Jahren glauben die Sprachforscher eine überzeugende Erklärung für diese gemeinsame Erwähnung Ägyptens und Koas (oder Koës) in einem Satz gefunden zu haben: Die Pferde kamen weder aus Ägypten noch aus Koa. Beide Namen entstanden durch Abschreibfehler! Aus dem hebräische Wort »Mimmuzur« für die kleinasiatische Stadt Muzur wurde »Mimizrajim«, und das heißt »Ägypten«, aus »Umiqqowe«, was »Kilikien« bedeutet, wurde »Umiqwe«, hinter dem sich Koa versteckt. Die fehlenden Vokale in der hebräischen Schrift ebneten nur zu leicht solchen Mißverständnissen den Weg.

Stimmt diese Deutung, dann müßte der Satz im 1. Buch der Könige lauten: »Die Einfuhr der Pferde für Salomo erfolgte aus Muzur und aus Kilikien.«

Salomo ist neben David und Abraham die große Bezugsfigur des alttestamentarischen Glaubens. Immer wieder wird er erwähnt, bis zu den jüngsten Büchern des Alten Testaments, dem des Jesus Sirach und dem »Buch der Weisheit«. Noch bis ins vorige Jahrhundert galt es als sicher, daß Salomo der Verfasser von 3000 Sprüchen und 1005 Liedern gewesen ist, wie es im 5. Kapitel des 1. Buchs der Könige behauptet wird. Heute wissen wir: Diese Zahlenangaben stimmen (wieder einmal) nicht. Aber ohne Zweifel hat er sich literarisch betätigt. Doch sein eigentliches Verdienst geht weit über das eines Liederdichters hinaus. Seiner Aufgeschlossenheit ist es zu verdanken, daß im hebräischen Sprachraum und damit auch im Alten Testament die Poesie und die Philosophie anderer Kulturen des Nahen Ostens aufgenommen, verarbeitet und oft mit neuen Sinngehalten angereichert wurden.

Salomo war der erste, der ohne Scheuklappen die philosophischen und poetischen Leistungen der Nachbarvölker schätzte. Und wenn der Weg zu dieser Aufgeschlossenheit über seinen buntgemischten Harem geführt haben sollte, dann spricht das nur für seinen Geschmack bei der Auswahl seiner Frauen.

Vor allem aber betont die Bibel Salomos Weisheit. Einer seiner Urteilssprüche wird bei jeder passenden Gelegenheit als Exempel für einen weisen, ausgewogenen, eben einen »salomonischen« Schiedsspruch angeführt. Als zwei Frauen sich um ein Kind streiten, von denen jede behauptet, die Mutter zu sein, befiehlt Salomo: Halbiert das Kind! Sofort verzichtet eine der Frauen. Salomo entscheidet: Gebt es ihr, sie ist die Mutter.

Schiere Zeitverschwendung ist es allerdings, sich mit gewissen anderen »Beweisen« für Salomos Weisheit zu beschäftigen, mit dem sogenannten »Testament Salomos« und den »Sieben (!) Siegeln Salomonis«, die in ärgerlicher Regelmäßigkeit in Zeitungsinseraten angeboten werden. Hinter dem geheimnisvollen Titel verstecken sich Schriften, die allerlei alchimistische und kabbalistische Zahlenspielereien enthalten. Selbst jene, die noch immer an den »Stein der Weisen« glauben, sollten wissen, daß diese Schriften längst als Fälschungen aus dem frühen Mittelalter entlarvt worden sind. Sicher hat sich Salomo genau wie Saul mit Magie und Hexerei beschäftigt. Das gehörte damals zum Geistesleben – aber damals wie heute war es Scharlatanerie.

Dieser König liebte den Prunk und den Genuß. Das 1. Buch der Könige belegt es sogar mit Zahlen:

Der tägliche Unterhalt Salomos belief sich auf dreißig Kor Feinmehl, sechzig Kor gewöhnliches Mehl, zehn Mastrinder, zwanzig Weiderinder, hundert Schafe, nicht gerechnet die Hirsche, Gazellen, Rehe und das gemästete Geflügel. (1. Kön. 5,2)

Auch wenn wir nicht genau wissen, wieviel ein Kor war – die Angaben schwanken je nach Nachschlagewerk zwischen 200 und 400 Liter –, auch wenn wir mit berechtigter Skepsis an alle alttestamentarische Zahlenangaben gehen, gibt es keinen Zweifel: König Salomo hat bewußt gelebt, wenn auch nicht kalorienbewußt. Übrigens: Unter dem Geflügel galt zu seiner Zeit der Kuckuck als besondere Delikatesse.

Salomo hat viele Verdienste, um derentwillen ihm die Israelis einen Ehrenplatz in der Galerie ihrer Ahnen einräumen, durch eine Charaktereigenschaft hat er sich jedoch die Bewunderung und Sympathie aller Menschen gesichert: durch seine Aufgeschlossenheit fremden Kulturen gegenüber – nicht die schlechteste Voraussetzung für zeitlos-allgemeinen Ruhm.

Doch auch diesem weisen Menschen und großen König blieb am Ende seines Lebens nicht das Schicksal vieler bedeutender Herrscher erspart: In seinem großen Reich fand sich keine Bevölkerungsgruppe mehr, die zu ihm hielt. Die Priesterschaft war gegen ihn, weil er die Vielgötterei förderte; Bauern und Handwerker haßten ihn, weil er sie mit Steuern und Fronarbeit auspreßte. Seine Statthalter waren selbstherrlich geworden, füllten ihre eigenen Taschen oder stellten sich gegen ihn; die Armee, Jahrzehnte ohne Kriege, führte als Staat im Staat ein Drohnendasein. Schließlich fielen die Nachbarstaaten von ihm ab, als sie merkten, daß sein Reich zwar äußerlich groß, innerlich aber nicht gefestigt war.

Doch selbst als Salomo nur noch ein Schatten seiner einstigen Größe war, blieb der Respekt vor ihm so groß, daß seine Widersacher nicht wagten, offen gegen ihn Front zu machen. Die Anführer der Anti-Salomo-Untergrundbewegung gingen nach Ägypten ins Exil und schürten dort die Stimmung gegen ihn. Ein schwächerer König als Salomo wäre bei dieser innenpolitischen Situation wahrscheinlich das Opfer eines Attentats geworden. An Salomo jedoch wagte sich keiner heran. Der Tag X wurde von seinen Gegnern auf die Zeit nach seinem Tode verschoben. Dann allerdings handelten seine inneren Feinde brutaler als irgendein äußerer Feind. Das Goldene Zeitalter war endgültig vorbei.

DOCH DER HERR WAR NICHT IM STURM ...
DOCH DER HERR WAR NICHT IM FEUER.
(1. Kön. 19,11–12)

DAS 2. BUCH DER KÖNIGE – DER ANFANG VOM ENDE

Nach biblischer Zeitrechnung ist Salomo um 920 v. Chr. gestorben. Schon wenige Wochen nach seinem Tod flackerten an allen Plätzen seines Reiches Zwietracht und Gegnerschaft auf. Kaum einer der Nachfolger auf Salomos Thron starb eines natürlichen Todes. Mord und Meuchelmord regierten. Vom 12. Kapitel des 1. Buchs der Könige an und im ganzen 2. Buch der Könige trieft zwischen den Zeilen Blut, Blut und nochmals Blut.

Das alte Lied: Ein großer Mann ist tot, der Zusammenhalt geht verloren. Der Nordstaat Israel verbraucht in zehn Jahren fünf Könige, vier von ihnen enden durch Mord. Der Bruderzwist im Hause David ist total.

Die Berichte über die beiden Reiche Juda und Israel sind ermüdende Statistiken von Königen, Schlachten und priesterlichen Propheten. Sie, die unter starken Königen wie David und Salomo in den Hintergrund getreten waren, werden jetzt nicht nur Warner, sondern oft die eigentlichen Lenker politischer Geschicke.

Erst mit einem Namen kommt menschliche Farbe in das graue statistische Einerlei: Omri, König von Israel, ein Offizier, ein Haudegen. Er wird, als wieder einmal ein König erschlagen worden ist, noch am gleichen Tag im Feldlager zum neuen König über Israel ausgerufen.

»Er regierte zwölf Jahre«, heißt es, aber Omri kommt nicht gut weg in den wenigen Zeilen, die das 1. Buch der Könige ihm widmet, denn:

Omri tat, was dem Herrn mißfiel, und trieb es noch schlimmer als alle seine Vorgänger. (1. Kön. 16,25)

Was aber waren die Umtriebe, die Jahwe so erzürnten? Omri ließ die Anbetung heidnischer Götter zu – und dies wahrscheinlich nicht aus kosmopolitischer Geisteshaltung, sondern aus tagespolitischen Überlegungen. Dieser Omri war ein Stratege und Pragmatiker, ein Segen für die Kinder Israels, die von den Syrern bedrängt wurden. Omri kämpfte gegen sie mit viel taktischem Geschick.

Auch bei einem Landkauf bewies er strategischen Weitblick. Nur ein so erfahrener Krieger konnte erkennen, daß der Berg Samaria der ideale

Platz für eine Hauptstadt war. Vom Bergplateau war das Vorfeld einzusehen, hier konnte man sich gegen eine Übermacht verteidigen. Omri kaufte den Berg.

Das 1. Buch der Könige berichtet nur knapp: »Omri errichtete Bauten auf ihm.« Was das aber für Bauten waren, kann heute noch jeder sehen: Mauern, so breit, so fest, so hoch, daß sie einer dreißigjährigen Belagerung standhielten.

Hinter diesen Bollwerken errichtete er großzügige Prachtbauten. Für die zehn nördlichen Stämme blieb Samaria bis zum Ende des Reiches die Hauptstadt. Jerusalem war nur noch die Hauptstadt des Stammes Juda.

Den Respekt, den die Autoren des 1. Buchs der Könige Omri schuldig blieben, erwiesen ihm die mächtigsten Feinde der Israeliten: Noch nach anderthalb Jahrhunderten schrieben die Assyrer in ihren Berichten »Land Omris«, wenn sie Israel meinten.

Omri war auch der einzige unter den israelitischen Dutzend-Königen, der erneut eine Dynastie gründete. Mit seinem Sohn Ahab ist endgültig alle Langeweile aus den Berichten verflogen. Ahab hat damit jedoch am wenigsten zu tun. Seine Frau, die Phönizierin Isebel, und ein weiser Mann, der Prophet Elija, sind es, die den Texten Farbe geben.

Auch Ahab wird in der Bibel weit unter Wert behandelt. Heute gilt es als sicher, daß er einer der wichtigsten Könige Israels war. Schuld an der biblischen Verteufelung Ahabs ist seine phönizische Frau Isebel, baalgläubig und energisch. Folgt man nur den Angaben des Alten Testaments, dann hatte sie die Hosen an, dann war Ahab ein Feigling – nicht nur am heimischen Herd, sondern auch im Kriege. Vor einer Schlacht gegen die Syrer soll er dem befreundeten König von Juda den Vorschlag gemacht haben:

»Ich will mich verkleiden und so in den Kampf ziehen; du aber behalte deine Kleider an!« (1. Kön. 22,30)

Das klingt nach Feigheit, kann aber auch List gewesen sein, damit sich das Gros der Feinde auf die judäische Truppe konzentrieren sollte und Ahab die Möglichkeit besaß, mit seinen Männern die feindliche Flanke anzugreifen.

Was dann in der Schlacht geschah, stützt die letztere Theorie.

Im modernen Reportagestil liest sich der Kampfbericht so: Ahab erkennt, daß seine Truppen wanken. Wenn nicht ein Wunder geschieht, ist die Schlacht verloren. Er prescht mit seinem Kampfwagen durch die zurückfliehende eigene Truppe, treibt seine Männer mit Peitschenhieben und Zurufen an. Seine Krieger lassen sich vom Beispiel ihres Königs mitreißen und stürmen dem Feind erneut entgegen. Da trifft der Pfeil eines aramäischen Schützen den König in den ungeschützten Bauch.

Entsetzt sehen die Israeliten, daß ihr König schwankt, sich auf seinen Zügelhalter stützt, der den königlichen Streitwagen aus der Schußlinie zu bringen versucht. Die Syrer erkennen, daß dies ihre Chance ist, ihre Offiziere peitschen die Schützen nach vorn, der Durchbruch scheint zu glücken. Der Sieg, eben noch zum Greifen nah, entgleitet erneut Ahab und seinen Männern.

Da rafft sich der blutende König auf, treibt selbst seinen Streitwagen weiter in die anstürmenden Aramäer. Die Widerhaken der Pfeilspitze haben sich bei der rasenden Fahrt über das unebene Gelände immer tiefer in Ahabs Eingeweide gebohrt. Seine Schmerzen werden unerträglich, es wird schwarz vor seinen Augen. Seine Füße finden auf dem blutverschmierten Boden des Wagens keinen Halt mehr, er sackt zusammen, das Siegesgeschrei seiner Truppe ist das letzte, was er hört.

War es so? Ein Jahrtausend später wird diese alttestamentarische Heldentat einem christlichen Helden angedichtet: El Cid, dem spanischen Granden, der Spanien gegen die Muselmanen verteidigte und der ebenfalls bei einer Schlacht den Pfeil in seiner Brust ließ, um durch sein Vorbild Mut zu machen. So wird ein Tatsachenbericht der Bibel zur christlichen Heldensage.

Der tote König und sein blutüberströmter Streitwagen wurden in die Hauptstadt gebracht, Ahab in Samaria begraben. Weiter heißt es in der Bibel:

Als man im Teich von Samaria den Wagen ausspülte, leckten Hunde sein Blut, und Dirnen wuschen sich darin ... (1. Kön. 22,38)

Dirnen, die sich im blutigen Wasser eines Teiches waschen – welche Perversität verbirgt sich dahinter? Keine, sondern ein Ritual des Baal-Kults: Nachdem sich Jungfrauen, wie es dieser Kult verlangte, im Tempel fremden Männern zum Beischlaf hingegeben hatten, wurden sie von den Priestern mit dem Blut der Opfertiere bespritzt, oder sie wuschen sich darin. Das Blut Ahabs war für sie das Blut eines besonders großen Baal-Opfers.

Dieser religiöse Beischlaf war nicht wilder Sex, sondern hatte symbolische Bedeutung: So wie der Leib dieser Jungfrauen den fremden Samen aufnahm, so sollte Baal seinen Samen – den Regen – dem Leib der Erde schenken.

Als die große Verführerin zu diesen fremden Götterdiensten stellt das Alte Testament Isebel, die Witwe Ahabs, hin. Gegen sie richtet sich der ganze Zorn des Propheten Elija und seines Jüngers Elischa.

Isebel, an der die Verfasser der Königsbücher kaum ein gutes Haar lassen, muß eine bemerkenswerte Frau gewesen sein: intelligent, herrschsüchtig und von großer Frömmigkeit – leider für den falschen Gott, für Baal. Sie setzte es durch, daß ihr Mann Ahab dem Baal-Kult Tempel baute und jedwede Freiheit der Religionsausübung zuließ. Ihm zu Ehren baute er in Samaria das Elfenbeinhaus, das im 1. Buch der Könige erwähnt wird.

»Legende! Übertreibung!« hieß es bis vor dreißig Jahren, wenn die Rede auf diese Bibelstelle kam. Wie kann man ein Haus aus Elfenbein bauen?! Natürlich kann man das nicht, aber Wandverkleidungen und Intarsien für Möbel können aus Elfenbein sein. Und solche Elfenbeinplättchen und Schnitzereien wurden bei Ausgrabungen in Samaria zu Hunderten gefunden! Damit war Isebels Elfenbeinhaus aus dem Reich der Legende in die Wirklichkeit geholt worden.

Sowenig Sympathien die Prinzessin Isebel aus Tyrus bei den Verfassern der Königsbücher fand, ihr Tod machte selbst auf die beiden frommen Autoren Eindruck. Sie schilderten ihn ausführlich – und noch nach mehr als zweitausend Jahren ist aus ihren Sätzen die königliche Haltung dieser Frau zu spüren. So starb sie: Ein neuer König namens Jehu will die »Unzucht und vielen Zaubereien« Isebels rächen. Isebel erfährt davon und kennt den Charakter dieses jähzornigen Mannes, der »wie ein Rasender fährt«.

Sie weiß, daß sie von ihm keine Gnade erwarten kann. Sie beschließt, ihn vor ihrem unvermeidlichen Tod zu demütigen. Als Jehu zu ihrem Haus kommt,

. . . legte sie Schminke auf ihre Augen, schmückte ihr Haupt und schaute durch das Fenster hinab. (2. Kön. 9,30)

Eine Königin, die sich für ihren Tod schmückt!

Während dann Jehu an das Tor trat, rief sie ihm zu: »Geht es Simri, dem Mörder seines Herrn, gut?« (2. Kön. 9,31)

Das war eine grobe Beleidigung, denn Simri war der Name eines anderen Königsmörders, der sich nur acht Tage auf dem durch Mord freigewordenen Thron hatte halten können. Isebel wußte, daß dieser Vergleich Jehu so treffen mußte, daß er, jähzornig, wie er war, unkontrolliert handeln würde. So geschah es auch: Jehu befahl, sie aus dem Fenster zu stürzen. »Dann ging Jehu hinein, um zu essen und zu trinken.« Ein Landsknecht.

Unter solchen Königen war es für die Propheten einfach, ihre Machtposition auszubauen. Voraussetzung dafür war, daß diese priesterlichen Magier strikt darauf achteten, daß Jahwe über alle Götter gestellt wurde und sie seine Einmaligkeit mit allen Mitteln verteidigten. Der strengste dieser Propheten war Elija. Sein Name ist bereits Programm: Elija bedeutet »Mein Gott ist Jahwe«. Er ist ein Mann der Tat, nicht des Wortes, schon gar nicht der Schrift.

Um dem Glauben, den Moses gebracht hatte, wieder Respekt zu verschaffen, griff Elija zu Methoden, die sich ein moderner Public-Relation-Mann nicht wirkungsvoller hätte ausdenken können: Er stieg auf den Berg Horeb, und genau an der Stelle, an der Gott angeblich mit Moses gesprochen hatte, führte auch er mit Gott ein Gespräch. Das konnte nicht ohne Eindruck bleiben. Die Art, wie davon berichtet wird, ist aufschlußreich:

Da zog der Herr vorüber: Ein starker, heftiger Sturm, der die Berge zerriß und die Felsen zerbrach, ging dem Herrn voraus. Doch der Herr war nicht im Sturm. Nach dem Sturm kam ein Erdbeben. Doch der Herr war nicht im Erdbeben. Nach dem Beben kam ein Feuer. Doch der Herr war nicht im Feuer. Nach dem Feuer kam ein sanftes, leises Säuseln. Als Elija es hörte, hüllte er sein Gesicht in den Mantel, trat hinaus und stellte sich an den Eingang der Höhle. (1. Kön. 19,11–13)

Der Herr war da!

Wortgewalt in jeder Zeile. Große Literatur. Diese Sätze zeigen aber auch, wie stark die Vorstellung ist von diesem Gott, von dem man sich kein Bild machen darf, dessen Name so heilig ist, daß er nicht ausgesprochen werden darf – immer weiter entfernt er sich von dem Bild eines Naturgottes. Auf demselben Berg hatte Jahwe sich Moses noch mit Feuer und Qualm offenbart, nun aber, bei Elija, braucht er diese Attribute, die die Stärke heidnischer Götter symbolisieren, nicht mehr. Elijas Gott ist stärker als Sturm, Erdbeben und Feuer. Er ist allgegenwärtig – auch im sanftesten Säuseln. Es ist eine jener Bibelstellen, nach denen man eine Lesepause machen sollte.

Sprechen wir aber auch von der anderen Seite dieses Propheten: Als es ihm gelungen ist, die Israeliten von den falschen Göttern ab- und wieder zu Jahwe hinzubringen, zögert er nicht, zur Ermordung der Baal-Priester aufzurufen. Es wird ein schreckliches Gemetzel.

Wichtigstes Wirkungsrequisit eines alttestamentarischen Propheten waren Wunder. Ohne Wunder erzielte er keine Wirkung auf seine Anhänger. Auch Elija wurden Wunder zugeschrieben. Diese wie auch die Art seiner Jüngeranwerbung, vor allem aber seine Himmelfahrt – »Elija fuhr im Wirbelsturm zum Himmel empor« –, sind frühe Vorboten jener Ereignisse, die das Neue Testament von Jesus berichtet. Zum ersten Mal wird in der großen Symphonie der Bibel hier – zaghaft noch – eine neue Melodie angestimmt . . .

So bedeutend war Elija, daß es von ihm im Matthäus-Evangelium heißt, er und Moses hätten mit Jesus gesprochen – was von den Jüngern Jesu bezeugt wurde.

Von den Jüngern Elijas ist nur einer im Alten Testament namentlich erwähnt: Elischa. Von ihm allerdings wird Außerordentliches berichtet. Schon früh hatte Elija ihn für seine Mission gewonnen. Durch eine Geste:

Im Vorübergehen warf Elija seinen Mantel über ihn.　　　(1. Kön. 19,19)

Was dies bedeutete, wissen wir aus dem Buch Rut. Warf jemand einen Mantel über einen anderen, so hieß dies: Du stehst ab jetzt unter meinem Schutz. Dadurch wird auch Elijas Ermahnung an Elischa verständlich, als dieser sich von seinen Eltern verabschieden will, bevor er dem Propheten folgt:

»Geh, aber komm dann zurück! Bedenke, was ich an dir getan habe.«
(1. Kön. 19,20)

Nämlich: Er hatte den Mantel über ihn geworfen! Elischa folgte ihm. Die Wundertaten dieses Elischa sind uns wohlbekannt: Elischa kann über die Wasser des Jordan gehen . . . Elischa macht ungenießbares Wasser trinkbar . . . Elischa füllt die leeren Ölkrüge einer Witwe . . . Elischa erweckt einen Toten . . . Elischa vermehrt auf wundersame Weise Brote . . . Elischa heilt einen Aussätzigen . . . Elischa bringt ein eisernes Beil zum Schwimmen . . .

Dies alles ist bekannt – aus dem Neuen Testament, in dem ähnliche Wunder von Jesus berichtet werden. Nicht genug mit dieser Ähnlichkeit,

175

sondern wie bei Jesus reicht auch Elischas Heilkraft über den leiblichen Tod hinaus:

Elischa starb, und man begrub ihn. In jenem Jahr fielen moabitische Räuberscharen in das Land ein. Als man einmal einen Toten begrub und eine dieser Scharen erblickte, warf man den Toten in das Grab Elischas und floh. Sobald aber der Tote die Gebeine Elischas berührte, wurde er wieder lebendig und richtete sich auf. (2. Kön. 13,20)

Parallelen zum Wirken Jesu, die zu augenfällig sind, um sie nicht zur Kenntnis zu nehmen. Wie immer man sie einordnet, als zufällige Wiederholungen, als bewußte »Zitate«, als allgemeine Sinnbilder für Gottes Fürsorge – jede Entscheidung ist eine Glaubensentscheidung, die jeder ganz allein für sich treffen muß.

Falsch wäre es jedoch, wegen dieser Ähnlichkeiten Elischa und Jesus in einem Atemzug zu nennen. Dieser alttestamentarische Wundertäter war vor allem ein politischer Berater, der hinter den Kulissen die Tagespolitik lenkte, ein »Schreibtischtäter«. So ließ er, um den Glauben an Jahwe wieder im Volk zu festigen, heimlich – »im innersten Gemach seines Hauses« – einen Mann zum Gegenkönig salben, von dem er gewußt haben muß, zu welchen Brutalitäten er fähig war: jenen jähzornigen Jehu, der die Prinzessin Isebel aus dem Fenster ihres Elfenbeinhauses stürzen ließ.

Einen solchen Mann zum König machen hieß Mord und Gewalt Tür und Tor öffnen. So kam es denn auch: Hinterlist ist im Spiel, als Jehu alle Anhänger des Baal zu einem Schlachtopfer einlädt und dann befiehlt: »Macht sie nieder, keiner darf entrinnen!« Ein Schlachtopfer makaberster Art. Ganze Familien läßt er ausrotten und die meisten Angehörigen des judäischen Königshauses.

Jehu war Elischas bewaffneter Arm. Mit Feuer und Schwert versuchte er, den Glauben an Jahwe wieder wachzurufen, an jenen Jahwe, von dem sein Vorgänger Elija gesagt hatte, daß er kein Feuer und keinen Sturm brauchte, um allgegenwärtig zu sein . . .

Mord, Zwist, moralischer Verfall – das Nordreich Israel und das Südreich Juda waren reif für den Untergang. Jedes für sich allein war zu schwach, um zur Führungsmacht im Mittleren Osten zu werden. Sie entstand Mitte des vorchristlichen Jahrhunderts am Euphrat. Ihr Name: Assyrien. Innerhalb weniger Jahre verschwand das Königreich Israel von der Landkarte.

Belagerung und Fall seiner Hauptstadt Samaria deutet die Bibel als Strafe Gottes, weil die Bevölkerung seine Gebote nicht mehr befolgte, sondern fremde Götter anbetete und Zauberei betrieb.

Die Assyrer waren ein kriegerisches Volk. Wie groß, wie zivilisiert das Reich von Assur war, ist unter Fachgelehrten noch immer umstritten. Viele Landkarten begrenzten es bis 1979 zwischen Ninive und Assur. In diesem Jahr veröffentlichten Tübinger Archäologen die Übersetzung von 124 Keilschrifttexten, durch die die Grenzen dieses Reiches als weiter angenommen werden mußten. Es war anscheinend fast doppelt so groß, wie man bisher annahm – so lag seine Südgrenze wahrscheinlich beim unteren Chabur, einem Nebenfluß des Euphrat.

Aus der Bevölkerung dieses gewaltigen Reiches setzten sich die Truppen zusammen, die zum Angriff auf die Nachbarstaaten antraten. Es waren die rücksichtslosesten Eroberer in der so blutigen Geschichte des Mittleren Ostens. Voraussetzung für die assyrischen Erfolge war ihre hervorragend durchorganisierte Armee, die mit neuem Gerät und neuer Taktik allen anderen Heeren überlegen war.

So bauten ihre Pioniertruppen aus Fellen und Häuten Schwimmblasen, die das Schlagen von Pontonbrücken ermöglichten, damit das schwere Gerät nicht im Flußsand steckenblieb. Schweres Gerät, das waren die starken Holzbohlen für die Belagerungstürme, die vor der feindlichen Stadt über Nacht zusammengebaut und an die Mauern gerollt wurden. Dadurch standen ihre Scharfschützen auf gleicher Ebene wie die Verteidiger. Eisenbeschlagene Rammböcke, die an dicken Ketten hingen, wurden unter dem »Feuerschutz« von Bogenschützen gegen die Steinquader der Stadtmauer gewuchtet. Sondereinheiten löschten mit Feuerpatschen Brandsätze, die von den Verteidigern über die Mauern geworfen wurden. Während zielgenaue Schleuderer durch ihren Steinhagel die Feinde in Deckung zwangen, versuchten Sturmtruppen mit Leitern die Mauern zu erstürmen. War eine Bresche geschlagen, ein Tor gestürmt, jagte die neue Waffe der Assyrer in die Stadt: Kavallerie. Das waren nicht mehr schwer bewegliche Kampfwagen, sondern Reiter, die jedes Hindernis zu nehmen wußten.

Das alles erzählen assyrische Reliefs. Diese steinernen Kriegsberichte zeigen aber auch die Berge abgeschlagener Köpfe der getöteten Feinde, die von Zahlmeistern buchhalterisch registriert wurden.

Eines jedoch verraten weder Schriften noch Reliefs: Wo kam für eine solche Invasionsarmee die Verpflegung her, wer sorgte für Wasser? Wenn es von Joahas, König von Israel, heißt, ihm sei »nicht mehr Kriegsvolk geblieben als fünfzig Reiter, zehn Streitwagen und zehntausend Mann zu Fuß«, dann war selbst für eine solche – als dezimiert angeführte – Truppe eine tägliche Verpflegung von über drei Tonnen notwendig! Diese Menge aber konnte kaum vom Nachschub herbeigeschafft werden, sie mußte aus den eroberten Gebieten kommen. Wenn aber die Versorgung der Truppe schon für die Angreifer schwierig war, wie schlimm muß es da erst um die Verpflegung in den belagerten Städten gestanden haben! Erst vor dem Hintergrund solcher Überlegungen gewinnen Sätze, wie sie im 6. Kapitel des 2. Buchs der Könige stehen, ihre grausige Kontur. Diese Stelle schildert den Alltag in Samaria, als es zur Zeit des Propheten Elischa von den Aramäern belagert wurde:

In der eingeschlossenen Stadt entstand eine große Hungersnot, so daß der Kopf eines Esels achtzig Silberschekel kostete und ein Viertelkab Milchsterne fünf Silberschekel. (2. Kön. 6,25)

Auch ohne den Wert des Silberschekels genau zu kennen, wird klar, daß es sich hier um astronomische Schwarzmarktpreise gehandelt haben muß. Das volle Maß der Verzweiflung, die damals in Samaria herrschte, wird deutlich, wenn man bedenkt, daß der Esel als unreines Tier galt, dessen Fleisch verbotene Nahrung war, und »Milchsterne« – das ist eine Verlegenheitsübersetzung, denn das Wort im Urtext kann sowohl »Unkraut« wie »Taubenmist« bedeuten. Sagen wir es so brutal, wie es war: In Belagerungszeiten war Kannibalismus an der Tagesordnung.

Die Belagerung Samarias durch die Aramäer war erfolglos. Sie mußten abziehen. Erst den Assyrern gelang 721 v. Chr. die Einnahme dieser »uneinnehmbaren« Stadt. Die Einwohner kamen in Gefangenschaft, und fremde Stämme wurden angesiedelt. Selbst jene Israeliten, die in den folgenden Jahrhunderten in die Stadt zurückkehrten, wurden von den anderen Stämmen nicht mehr als wahre Kinder Israels anerkannt. Sie galten als Menschen zweiter Klasse. Erst aus dieser Sicht bekommt das Gleichnis vom barmherzigen Samariter, das im Neuen Testament berichtet wird, seinen richtigen Stellenwert. Auch die Frage an Jesus im Johannes-Evangelium:

»Wie kannst du als Jude mich, eine Samariterin, um Wasser bitten?« (Joh. 4,9)

ist nur verständlich, wenn man weiß, daß Juden jeden Kontakt mit Samaritern vermieden.

Mit dem Fall Samarias ist der Untergang des Nordreiches Israel besiegelt, nur das Südreich Juda existiert als tributpflichtiger Staat von Ninives Gnaden weiter. Zwanzig Jahre zahlt Juda an die Assyrer, dann versucht sein König Hiskija das Joch abzuschütteln. Er trifft Geheimabsprachen mit Babylon und Ägypten und erhebt sich gegen Assyrien.

Hiskija war Realist genug, um zu wissen, daß sein Aufstand nicht ohne Krieg und Belagerung Jerusalems abgehen würde: Seine Ingenieure sicherten die Wasserversorgung durch den Bau des Siloa-Tunnels, der das Wasser der Gihon-Quelle, die außerhalb der Stadtmauer lag, unterirdisch in die Stadt führte.

Von zwei Seiten gleichzeitig wurde der 500 Meter lange Tunnel vorangetrieben. So exakt, daß sich beide Trupps auf gleicher Ebene an der richtigen Stelle trafen, obgleich die Tunnelführung eine Kurve machte. Trotz aller archäologischen Untersuchungen weiß man noch nicht, warum diese Biegung eingeplant wurde. Die Sage meint, daß man die Gräber Davids und Salomos umgehen wollte. Doch keine der vielen Grabungen und Untersuchungen brachte dafür eine Bestätigung. Als Martin Luther die Bibel übersetzte, wußte er noch nichts von König Hiskijas Tunnelbau, denn der wurde erst – und wieder einmal durch Zufall – 1880 entdeckt. Deshalb übersetzte Luther auch nicht »Tunnel«, sondern »Wasserrinne«. In neuen Übersetzungen sind die archäologischen Ergebnisse berücksichtigt. Sie sprechen von Hiskijas »Wasserleitung«.

Hiskijas Vorsorge nützte nichts. Ägypten und Babylon ließen ihn im Stich, die Assyrer unter ihrem berühmt-berüchtigten König Sanherib fielen in Juda ein, überrannten fünfzig Orte und belagerten bald das befestigte Lachisch. Von vielen Belagerungen muß diese eine der grausamsten gewesen sein, dafür zeugen mehr als zweitausend Skelette, die man bei Ausgrabungen in Lachisch fand. Realist Hiskija zog aus den militärischen Erfolgen der Assyrer die einzig mögliche Konsequenz: Er bot Sanherib einen Extratribut an, wenn er Jerusalem verschonte.

Saherib verlangte mehr, als Hiskija bot. Hiskija mußte sogar

... die Türen am Tempel des Herrn und die Pfosten, die er mit Gold und Silber überzogen hatte, zerschlagen. (2. Kön. 18,16)

Sanherib nahm das Gold und zog trotzdem gegen Jerusalem. Bei der Belagerung der Stadt demonstrierte er, daß die Assyrer bereits viel von psychologischer Kriegsführung und Demoralisierung des Feindes verstanden. Die Bibel schildert das assyrische Vorgehen detailliert. Zwischen den Zeilen spürt man sogar einen Hauch von Bewunderung.

Sanheribs Abgesandte beginnen ihre Propaganda-Attacke mit einem Angebot, das überhaupt nicht ernst gemeint ist, sondern nur zeigen soll, wie genau sie über die militärische Stärke Hiskijas informiert sind:

»Ich gebe dir zweitausend Pferde: Kannst du die Reiter für sie stellen?«

(2. Kön. 18,23)

So fragt nur, wer die verneinende Antwort kennt.

Doch das ist nur verbales Vorgeplänkel. Diese Assyrer wissen auch um die moralische Stärke ihres Gegners. Sie wissen, daß die Kinder Israels eine innere Kraft besitzen, die durch kein Kriegsgerät und keine Grausamkeit zu zerstören ist: den Glauben an Jahwe und die Zuversicht, daß er sein auserwähltes Volk nicht im Stich lassen wird.

Diese Zuversicht gilt es zu erschüttern. Nicht mit Waffen, sondern mit Argumenten. Um jenes gläubige Vertrauen zu brechen, gegen das die assyrischen Chefideologen nichts ins Feld zu führen haben, drehen sie einfach den Spieß um und machen die Sache Jahwes zu der ihren:

»Bin ich denn gegen den Willen Jahwes heraufgezogen, um dieses Land zu verwüsten? Jahwe selbst hat es mir befohlen: Zieh gegen dieses Land und verwüste es!«

(2. Kön. 18,25)

Diese Umkehrung ist genial. Die Assyrer erklärten einfach, sie seien im Auftrag Jahwes als Strafgericht über sein Volk gekommen. Die Unterhändler König Hiskijas merken auch sofort, wie gefährlich geschickt diese Assyrer verhandeln und welche Gefahr für die Bevölkerung in ihren Argumenten steckt. Sie bitten:

»Sprich doch aramäisch mit deinen Knechten, wir verstehen es. Sprich vor den Ohren des Volkes, das auf der Mauer steht, nicht judäisch mit uns!«

(2. Kön. 18,26)

Die Assyrer denken nicht daran, diesen Vorschlag aufzugreifen, sie wollen ja, daß ihre Propagandaparolen vom Volk verstanden werden. Das Volk aber verstand nur Judäisch, während die Gebildeten aramäisch sprachen (das änderte sich erst zu Lebzeiten Jesu, da war Aramäisch die Volkssprache, die jedermann verstand).

Mit dem nächsten Zuruf, selbstverständlich in judäisch, beweisen die Assyrer, wie genau sie über die Verhältnisse im belagerten Jerusalem informiert sind:

»Hat mich mein Herr etwa beauftragt, das alles nur zu deinem Herrn und zu dir zu sagen und nicht vielmehr zu all den Männern, die auf der Mauer sitzen und ihren eigenen Kot essen und ihren Harn trinken wie ihr?«

(2. Kön. 18,27)

Auch die Versprechungen, die den Belagerten gemacht werden, waren die gleichen, die auch in modernen Kriegen über die Linien tönen:

»Trefft mit mir ein Abkommen und ergebt euch. Dann kann jeder von euch von seinem Weinstock und von seinem Feigenbaum essen und Wasser aus seiner Zisterne trinken . . . So werdet ihr am Leben bleiben . . Hört nicht auf Hiskija, denn er führt euch in die Irre.« (2. Kön. 18,31–32)

Nicht nur der Inhalt entsprach heutigen Kriegspropagandaparolen, mit denen per Lautsprecher die feindlichen Linien »bephont« werden, auch die Methode der Übermittlung war bereits damals nicht anders als bis zum Ersten Weltkrieg. Aus assyrischen Reliefs, die in Ninive ausgegraben wurden, sind Krieger mit Sprachrohren abgebildet, die exakt jenen Flüstertüten entsprechen, wie sie noch 1916 eingesetzt wurden.

Der Mann, der mit der »Flüstertüte« solche Parolen ins belagerte Jerusalem rief, wird in der Bibel »Der Rabschake« genannt. Leider verschweigen die meisten Bibelausgaben, was ein Rabschake ist, oder erklären es an viel späterer Stelle. Dabei ist es nicht unwichtig, zu wissen, daß »Rabschake« der Titel eines höheren assyrischen Beamten war! Kriegspropaganda war also bereits damals eine Regierungs- und Generalstabsangelegenheit.

Und Hiskija? Wie reagierte er auf diese psychologische Wehrkraftzersetzung?

Nicht anders, als wir es aus der modernen Geschichte kennen: Er verhängte eine Zensur, verbot Kontakte mit dem Feind und verhängte Strafen auf die Verbreitung gegnerischer Propaganda. In der Bibel liest sich das so:

*Das Volk aber schwieg und gab ihm keine Antwort; denn der König hatte
befohlen: Ihr dürft ihm nicht antworten.* (2. Kön. 18,36)

Doch alle Propaganda nützte nichts. Jerusalem wurde nicht erobert.
Warum Sanheribs Truppen plötzlich abzogen, ist bis heute ungeklärt. Der
Grund, den die Bibel angibt, zeugt zwar von grenzenlosem Gottvertrauen,
historisch aber bleibt er unbefriedigend.

*In jener Nacht zog der Engel des Herrn aus und erschlug im Lager der Assyrer
185 000 Mann.* (2. Kön. 19,35)

Wir sind auf Vermutungen angewiesen, was tatsächlich die Assyrer zum
Abzug von Jerusalem bewegte. Vielleicht brach eine Pest im Lager aus,
oder Berichte – vielleicht auch nur Gerüchte – über das Heranrücken einer
ägyptischen Entsatzarmee zwangen Sanherib zum Rückzug. In ägyptischen
Dokumenten wird ein anderer, nicht weniger außergewöhnlicher Grund
für Sanheribs Abzug genannt: Zehntausende von Mäusen sollen in einer
einzigen Nacht alle Bogen der assyrischen Eliteeinheit zernagt haben.

Wie auch immer: Jerusalem ist frei, und wenig später besucht eine
Delegation aus dem verbündeten Babylon, das während der Belagerung
nicht einen einzigen Krieger zur Hilfe geschickt hatte, die Stadt. Die babylonischen Diplomaten machen König Hiskija einen Krankenbesuch. Er
scheint zu dieser Zeit nicht nur sehr krank, sondern auch sehr gutgläubig
gewesen zu sein, denn er merkt nicht, daß dieser Besuch nur ein Vorwand
ist, um sich ein Bild von der finanziellen, wirtschaftlichen und vor allem
der militärischen Stärke des Reiches Juda zu machen. Klarer Fall von
Diplomatenspionage. Hiskija fällt auf die babylonische List herein – auf
des Propheten Jesajas Frage gesteht er:

*»Sie haben alles gesehen, was in meinem Hause ist. Es gibt nichts in meinen
Schatzkammern, das ich ihnen nicht gezeigt hätte.«* (2. Kön. 20,15)

Jesaja durchschaut das Doppelspiel, und obgleich Babylon in jenen Jahren
noch ein unbedeutender Staat war, prophezeit er, was von dort an Bedrohung für das Reich Juda kommen wird:

*»Es werden Tage kommen, an denen man alles, was in deinem Hause ist,
alles, was deine Väter bis zum heutigen Tag angesammelt haben, nach Babel
bringt.«* (2. Kön. 20,17)

Dieser Satz braucht nicht erst später, nachdem alles so gekommen war, als postume Prophezeiung dem Text beigefügt worden zu sein – weitsichtige Menschen konnten bereits damals den Verfall Assurs und den Aufstieg Babels erkennen, dessen Truppen nun auf Eroberung auszogen.

Die Schilderung von der Eroberung des Reiches Juda durch die Babylonier liest sich wie eine Wiederholung dessen, was sich beim Einmarsch der Assyrer abgespielt hatte: Vormarsch bis Jerusalem, Kapitulation, Deportation. Juda wird Vasallenstadt Babylons mit Tributzahlungen, rebelliert dann gegen Babylon, trifft schließlich ein Geheimbündnis mit Ägypten. Als dies bekannt wird, reagiert Babylon mit einem Straffeldzug des Königs Nebukadnezzar II., der mit der totalen Zerstörung Jerusalems im Jahre 587 v. Chr. endet.

Von nun an spielt auch das Südreich Juda keine politische Rolle mehr. Es hatte das Nordreich Israel nur um zwei Jahrhunderte überlebt. Keine Zeile der Bibel, kein anderes Dokument berichtet, was aus den zehn Stämmen des Nordreichs wurde.

Von den judäischen Stämmen wissen wir, daß sie ins babylonische Exil kamen. Alle wehrfähigen oder handwerklich geschulten Männer und Frauen wurden deportiert, berichtet die Bibel.

Nur von den armen Leuten im Land ließ der Kommandant der Leibwache einen Teil als Wein- und Ackerbauern zurück. (2. Kön. 25,12)

Die Bibel übertreibt. Weder waren Deportationen so ungewöhnlich, noch war diese so total, wie man aufgrund der Bibeltexte lange Zeit annahm. Die Bibelwissenschaft vermutet jetzt, daß zwei Drittel der Judäer in ihrem Land bleiben konnten.

Die Angaben der Bibel über die siebzig Jahre im babylonischen Exil sind spärlich und auf verschiedene Stellen im Alten Testament verstreut. Auch ist nicht nachprüfbar, ob die Zahl Siebzig wegen der magischen Zahl Sieben gewählt wurde oder ob sie der Realität entspricht.

Was wir über die Exilzeit in Babylon wissen, verdanken wir der archäologischen Forschung. In der Bibel stehen nur spärliche Hinweise. So berichtet lediglich der letzte Satz des 2. Buchs des Könige über die Lebensumstände des gefangenen judäischen Königs Jojachin:

Sein Unterhalt – ein dauernder Unterhalt – wurde ihm vom König von Babel in der bestimmten Menge täglich geliefert, solange er lebte.

(2. Kön. 25,30)

Erst eine Tontafel, die der deutsche Archäologe Robert Koldewey in Babylon fand, bestätigte und ergänzte diese spärlichen Angaben. Seitdem wissen wir: Nicht nur der König, alle Gefangenen erhielten Lebensmittel- rationen. Ihre Menge wurde pedantisch genau vermerkt. Die Zuteilungen schwankten je nach Stellung beträchtlich: So erhielt der König zehn Sila Öl, während »acht Männer von Juda« für den gleichen Zeitraum nur vier Sila zugeteilt bekamen. Könige, sieht man, müssen schon damals den größeren Magen gehabt haben. Ein Sila war ein babylonisches Hohlmaß, das etwa einem halben Liter entsprach.

Das Babylon Nebukadnezzars, in das die Judäer geführt wurden und von dem in der Bibel immer wieder mit einer Mischung aus Bewunderung und Zorn gesprochen wird, muß eine faszinierende Großstadt gewesen sein.

Auf rund 500 Quadratkilometern – West-Berlin etwa ist so groß – lebten 400 000 Menschen. Viele von ihnen in vierstöckigen Wohnhäusern. Babylons Prachtstraße war 25 Meter breit, mit Kalkstein und rot-weißen Platten gepflastert und nachts durch Öllampen erleuchtet. Berühmter als seine Paläste und Bauten sind die »Hängenden Gärten der Semiramis«, eines der Sieben Weltwunder. Mit Recht wurden sie dazugezählt, wenn auch der Plural falsch sein dürfte. Der »Hängende Garten« ist richtiger. Wahrscheinlich war damit eine stufenförmige Dachterrasse gemeint, die Nebukadnezzar auf seinem Palast hatte anlegen lassen.

Die Grundfesten dieses Palastes sind freigelegt. Sie umschließen 51 000 Quadratmeter. Nebukadnezzar besaß den größten Palast des Alten Ori- ents! Seine Prunkfassade war 17 Meter hoch.

Ob Gärten oder Garten – eine architektonische Glanzleistung war diese florale Anlage auf jeden Fall. Die Natursteine dafür mußten für teures Geld importiert werden, und für die Isolierung des Daches benutzte man Bleiplatten, Schilfrohrmatten und Asphalt. Die Zweige der Dachgarten- bäume und -sträucher hingen über die fensterlosen Fassaden – das gab der Anlage den Namen »Hängender Garten«.

Nebukadnezzar II. hat die Blütenpracht nicht für die Dame Semiramis anlegen lassen, von der die Altertumswissenschaftler herzlich wenig wis- sen, sondern für Amytis, die Tochter des Kyaxares. Den Vater hatte Nebukadnezzar bei einem seiner Feldzüge getötet, die Tochter aber als Kriegsbeute mitgenommen. Er verliebte sich so heftig in sie, daß er ihr diese Dachgartenanlage – 1200 Quadratmeter soll sie groß gewesen sein – bauen ließ, damit sie in der mesopotamischen Ebene an die grünen Hügel ihrer persischen Heimat erinnert wurde. Noblesse oblige.

Diese Dachgartenschau hatte noch einen willkommenen Nebeneffekt: Das Wasser, von Schaufelrädern aufs Dach transportiert, sorgte für Kühle in den Räumen, auch wenn draußen 50 Grad im Schatten waren. Aircondition vor dreitausend Jahren – durch ein Göpelwerk, das im Paternoster-Verfahren arbeitete.

Häuser, Paläste und Altäre wurden von Gefangenen, die aus allen Himmelsrichtungen nach Babylon transportiert wurden, erbaut; unter ihnen auch die Deportierten aus Juda. Doch verweht und verfallen ist aller Glanz und alle Pracht. Babylon, die Mutter aller Metropolen, ist nicht mehr. Touristen, die über die gut ausgebaute Straße von Bagdad nach Babylon fahren, suchen unter trostlosen Lehmziegelresten vergeblich nach Zeugen seiner einstigen Größe. »Die große Hure Babylon« ist heute ein trostloses Trümmerfeld, wie es der biblische Fluch wollte:

»Wilde Hunde werden in deinen Palästen heulen und Schakale in den luftigen Schlössern.« (Jes. 22,4)

Wer jedoch die Straße einige Kilometer weiter bis zum Dorf Hilleh fährt, der findet dort viele altbabylonische Ziegel. Die Bewohner haben sie sich schon vor langer Zeit geholt und für den Bau ihrer Häuser und Hütten benutzt.

So prunkvoll Babylon auch war, für die aus Jerusalem deportierten Juden war es ein Wüsten-Sibirien am Ende der Welt. Aus den knappen Zeilen des 137. Psalms klingt ihre Verzweiflung:

»An den Strömen von Babel, da saßen wir und weinten, wenn wir an Zion dachten . . . Dort verlangten von uns die Zwingherren Lieder; unsere Peiniger forderten Jubel: ›Singt uns Lieder vom Zion!‹ Wie könnten wir singen die Lieder des Herrn, fern auf fremder Erde?« (Ps. 137,1–4)

O doch, sie konnten! Der gemeinsame Lobgesang auf Jahwe war die einzige Klammer, die die Verbannten zusammenhielt, nachdem sie ihr Land und ihre politische Identität verloren hatten. Zwar war das Vertrauen in Jahwe nicht mehr so felsenfest, weil er soviel Elend über sein auserwähltes Volk hatte kommen lassen, aber das bewirkte keine Abkehr, sondern eine Läuterung. In Babylon entstanden die ersten Niederschriften des Alten Testaments, zum ersten Mal traf sich in Babylon die Gemeinde in Versammlungshäusern, in denen die Texte der Propheten aus Schriftrollen verlesen wurden. In einem solchen Gemeinderaum durfte nur judäisch gesprochen werden, sein Name jedoch war griechisch: Synagoge. Er bedeutet sowohl »die Versammlung« wie auch »der Versammlungsort«.

In der Zeit des Exils ereignete sich jenes Wunder, das in keinem Religionsunterricht ausgelassen wird – nicht weil es so glaubensstark, sondern weil es so spektakulär ist. Dies geschah im Jahre 539 v. Chr.: Der babylonische König Belschazzar, Sohn und Mitregent von Nebukadnezzar II., gibt ein rauschendes Fest. Höhepunkt des Gelages: Der König läßt die geheiligten Becher aus dem Tempel von Jerusalem mit Wein füllen. Er und seine Gäste trinken daraus auf das Wohl ihrer Götter, für Jahwe gibt es nur Hohn und Spott.

Plötzlich verstummen alle: Auf die weißgetünchte Saalwand schreibt eine Menschenhand vier Worte: »mene tekel u-parsin«. Keiner der babylonischen Wahrsager kann sie deuten. Nur einem der verschleppten Juden gelingt es. Er erklärt dem König die Bedeutung der Worte:

»Mene: Gezählt hat Gott die Tage deiner Herrschaft und macht ihr ein Ende.
Tekel: Gewogen wurdest du auf der Waage und zu leicht befunden.
Peres: Geteilt wird dein Reich und den Medern und Persern gegeben.«
(Dan. 5,26–28)

Wir wissen: Diese Prophezeiung vom Untergang Babylons traf schon bald ein. Das ist nicht verwunderlich, denn sie wurde erst nach der Zerstörung Babylons niedergeschrieben. Sie steht nämlich nicht im 2. Buch der Könige, in dem die anderen Exilberichte enthalten sind, sondern im Buch Daniel. Das aber ist gut vierhundert Jahre nach der Babylonischen Gefangenschaft geschrieben worden.

Aus der großen Zeitspanne zwischen Ereignis und Niederschrift erklären sich auch die zahllosen historischen Irrtümer bei Daniel. Zu ihnen gehört auch jener, der Belschazzar zum Sohn Nebukadnezzars macht. In Wahrheit war er der – ungekrönte – Sohn König Nabonids.

Was aber hat es mit jenen Graffiti auf sich, die eine Hand an die Saalwand schrieb? Vor allem, was bedeuten die Worte »mene tekel u-parsin« wirklich?

Bis heute sind sie nicht entschlüsselt, nur gedeutet. Dies ist die übliche Lesart:

O Die Worte gehören zu keiner der damals im Orient bekannten Sprachen.
O In den Worten könnten die Münz- und Gewichtsbezeichnungen versteckt sein, nämlich »Mine, Schekel, pares« (Halbmine).

○ Im Wort »parsin« ist aber auch das Wort für »Perser« versteckt. Das kann jedoch eine Deutung aus dem Nachhinein sein, weil die Sprachforscher wußten, daß Perser Babylon eroberten, entgegen der Angabe des »Buches Daniel«:

Und der Meder Darius übernahm die Königsherrschaft [in Babylon] im Alter von 62 Jahren. (Dan. 11,3)

Historische Klarstellung: Dieser Darius ist nicht jener Perser, den Alexander der Große besiegte in einer der wenigen Schlachten, deren Schauplatz und Jahr unvergessen sind (wegen des Gymnasiastenreims »Drei, drei, drei bei Issus Keilerei«).

Babylons Ende ist lautlos und unblutig. König Kyrus von Persien, der sich selbst »der Große« nannte – und das offenbar zu Recht –, übernimmt die Macht im Staat bei einem Staatsbankett. Völlig ohne Waffengewalt, zwischen Suppe und Fleischgang. Den Babyloniern war es recht. Nebukadnezzar, seit 23 Jahren tot, hatte sich in seinen letzten Jahren höchst merkwürdig benommen:

Sein Herz wurde dem der Tiere gleichgemacht. Er mußte bei den wilden Eseln hausen und sich von Gras ernähren wie die Ochsen. (Dan. 5,21)

Nebukadnezzars Sohn war ein Schwächling, Kyrus war ein willkommener Eroberer.

Eine seiner ersten Amtshandlungen widersprach allen bisherigen königlichen Gepflogenheiten: Er verkündete Religionsfreiheit. Die Statuen fremder Götter, die als Siegestrophäen im Königspalast standen, gab er den besiegten Völkern zurück.

Kyrus der Große muß besondere Sympathien für die judäischen Gefangenen gehabt haben: Er ließ sie nicht nur in die Heimat zurückkehren, sondern befahl, den Tempel zu Jerusalem auf seine Kosten wiederaufzubauen. Die Tempelschätze, die Nebukadnezzars Truppen als Kriegsbeute nach Babylon gebracht hatten, gab er den Heimkehrern gleich mit. Also: Großer Jubel unter den Deportierten und rasch zurück in die Heimat!

Nein, so war es nicht, und das ist verständlich. So viele Jahre Gefangenschaft sind eine lange Zeit, und viele hatten sich in diesen Jahrzehnten in dem weltoffenen, reichen Babylon eine neue Existenz aufgebaut. Die Kinder der Deportierten mußten damit rechnen, als Fremde in eine Heimat zu kommen, die sie nur vom Hörensagen kannten. Sie blieben in

Babylon. Die Bibelarchäologen glauben, daß nicht viel mehr als zehn Prozent von den in Babylon lebenden Judäern zurückkehrten. Das wären dann etwa 50 000 gewesen.

> »WISST IHR DENN NICHT, DASS DER HERR, DER GOTT ISRAELS, DAVID UND SEINEN SÖHNEN DAS KÖNIGTUM VON ISRAEL IN EINEM SALZBUND AUF EWIGE ZEITEN VERLIEHEN HAT?«
> (2. Chron. 13,4)

DIE BEIDEN BÜCHER CHRONIK, DAS BUCH ESRA, DAS BUCH NEHEMIA: JERUSALEM, DIE STADT DES GLAUBENS

Die Titel »Erstes und Zweites Buch Chronik« führen irre. Nicht Historiker haben diese Manuskripte geschrieben, sondern Theologen.

Sie sind auch die Verfasser der beiden anderen Bücher. Alle vier Texte sind ein Ganzes – sowohl was den Stil betrifft wie die Absicht und die Aussage. Sie dürften um 300 v. Chr. von Leviten niedergeschrieben worden sein.

Die beiden »Bücher Chronik« haben vor allem ein Ziel: David reinzuwaschen. Keines seiner Vergehen wird erwähnt, des Hirtenknaben gottgefälliges Leben wird gepriesen. Deshalb geben Historiker, wenn es um Glaubwürdigkeit geht, den Berichten in den »Büchern der Könige« gegenüber denen aus den Chronik-Büchern den Vorzug.

Schwer zu lesen sind die »Bücher Chronik« allemal. Seitenlang werden Geschlechterfolgen aufgezählt, langatmig wird auf die Riten im Tempel verwiesen, und immer wieder stolpert man über Andeutungen oder Worte, die nur zu verstehen sind, wenn man das ebenfalls schwer zu lesende Buch »Leviticus« kennt. Das Zitat über der Kapitelüberschrift ist ein kleines Beispiel für solche Unverständlichkeit. Woher sollen moderne Leser wissen, was ein Salzbund ist? Gut, im 3. Buch Mose heißt es:

> ». . . und deinem Speiseopfer sollst du das Salz des Bundes deines Gottes nicht fehlen lassen . . .«
> (3. Mos. 2,13)

Aber dadurch wird immer noch nicht klar, warum ein Salzbund eine besonders dauerhafte Verbindung war. Dazu muß man wissen, daß Salz zum Konservieren – also Dauerhaftmachen! – von Fisch, Gemüse und Oliven verwendet wurde.

Außerdem wurde Salz in der gesamten arabischen Welt reinigende Kraft zugeschrieben. Wenn ein Araber Salz und Brot reichte und sagte:»Zwischen uns ist Salz«, so meinte er:»Wir sind Freunde.« Ein »Salzbund« ist also ein Freundschaftsbund.

In einigen Landschaften Deutschlands hat Salz heute noch symbolischen Wert. Mancherorts schenken Freunde zum Einzug in eine neue Wohnung Brot und Salz.

Wer unverdrossen weiterliest, kann in den »Chroniken« manche kulturhistorische Randbemerkung entdecken, wie jene über die Erweiterung des Pascha-Festes zu einem Familienfest:

Sieben Tage begingen damals die Israeliten . . . das Pascha und das Fest der ungesäuerten Brote. (2. Chron. 35,17)

Heute noch wird Pascha in Israel über sieben Tage gefeiert, in der Diaspora sogar über acht Tage.

Das Fest beginnt, bevor es anfängt. Tagelang wird das ganze Haus gründlich gereinigt, und alle Reste von Sauerteig werden verbrannt. Am Vorabend des Festes trifft sich die Familie zur »Seder« (hebräisch für »Ordnung«), einer umfangreichen Zeremonie. Man verwendet eigenes Pascha-Geschirr, vor allem eine große Schale mit rituellen Speisen: Matzoth (drei kleine Stücke ungesäuerten Brotes); verschiedene bittere Gemüsearten; ein Ei; ein Stück Lammfleisch; einen süßen Brei aus Äpfeln, Nüssen, Pflaumen, Zucker, Zimt und Wein. Auch zur Mahlzeit ißt man nur ungesäuertes Brot (Mazzes) und trinkt vier Gläser Wein. Auch dies zeigt, daß bei keinem anderen Volk Vergangenheit und Gegenwart, Religion, Geschichte und Brauchtum so eng verschmelzen wie beim jüdischen.

*

Das 2. Buch Chronik endet mit dem Satz:

»Jeder unter euch, der zu seinem Volk gehört – der Herr sein Gott sei mit ihm –, der soll hinaufziehen.« (2. Chr. 36,23)

Nämlich nach Jerusalem.

Dieser Satz wird wiederholt. Am Anfang des »Buches Esra« (Es. 1,3). In ihm wird von der Rückkehr aus der Babylonischen Gefangenschaft und vor allem vom Wiederaufbau des Tempels zu Jerusalem berichtet.

Es hat seinen Namen vom Priester Esra, der etwa um 458 v. Chr. die kultischen Regeln für den Tempel- und Gottesdienst festlegte – richtiger: sie wieder so einsetzte, wie sie in der Tora, den Büchern Mose, bestimmt waren. Er tat dies nicht aus eigenem Antrieb, sondern auf Geheiß des Perserkönigs Artaxerxes, in dessen Diensten er stand.

Er [Esra] war ein Schriftgelehrter, kundig im Gesetz des Mose, das der Herr, der Gott Israels, gegeben hatte. (Es. 7,6)

Das steht etwas freizügig in der Einheitsübersetzung. Wörtlich dürfte es nicht »Schriftgelehrter«, sondern müßte es »ein flinker (geschickter) Schreiber« heißen, aber das wäre zu wenig, denn dieser Esra war offensichtlich der Berater des Königs in allen jüdischen Angelegenheiten, und bei Nehemia steht, daß Esra den Männern und Frauen in Jerusalem das Gesetz Mosis vorlas – so wie es die Schriftgelehrten zu Jesu Lebzeiten taten. Deshalb ist dieser Wort-Vorgriff auf das Neue Testament gut gewählt.

Seite um Seite des Buches, das seinen Namen trägt, ist mit Ausführungen über das Gesetz Mosis und seine Anwendung gefüllt. Nicht gerade ein fesselnder Lesestoff.

Aber auch den gibt es bei Esra! Wer ihn sucht, der schlage das fünfte Kapitel auf. Dort steht eine literarische Bravourleistung, die weit über dem Niveau des übrigen Textes liegt: In Briefform wird die Situation in Jerusalem vor dem Tempelbau präzis und mit sicherem Stilgefühl geschildert.

Manche Sätze im »Buch Esra« bleiben unverständlich, wenn man sie nicht auf den politischen Hintergrund jener Jahre projiziert: Da bieten sich zum Beispiel die Samariter (auf Seite 178 war von ihnen die Rede) an, beim Wiederaufbau des Tempels zu helfen, aber sie werden abgewiesen.

Das war wahrscheinlich politisch notwendig. Denn Jerusalem gehörte jetzt zum Regierungsbezirk Samaria, und die Sorge, daß die Samariter sich nur deshalb freiwillig als Helfer meldeten, um zu verhindern, daß ein neues Jerusalem ihr Samaria überstrahlte, war sicher nicht unbegründet.

Über die Entscheidung, die sowohl bei Esra wie im nachfolgenden »Buch Nehemia« steht, breiten beide christlichen Kirchen in unserem Jahrhundert lieber den Mantel des Schweigens. Begreiflich, sie ist in ihrer Konsequenz weder verständlich noch erklärbar.

Es geht darum, daß Mischehen zwischen Judäern und Samaritern verboten wurden. Wahrscheinlich weil die Erinnerung an die Verlockungen des Baal-Kults und die Erlebnisse im heidnischen Babel noch frisch waren. Aber die Propheten gingen weiter. Sie verlangten nicht nur, daß ab jetzt keine Ehen zwischen Judäern und Andersgläubigen mehr geschlossen werden sollten, sondern sie wollten alle bestehenden Mischehen auflösen. Frauen und Kinder aus diesen Verbindungen sollten des Landes verwiesen werden. Esra sagt das so:

> *»Wir wollen jetzt mit unserem Gott einen Bund schließen und uns verpflichten, daß wir alle fremden Frauen samt ihren Kindern wegschicken...«*
> (Es. 10,3)

Nehemia wurde bei dieser Aktion sogar handgreiflich:

> *»Einige von ihnen schlug ich und packte sie bei den Haaren. Ich beschwor sie bei Gott: Ihr dürft eure Töchter nicht ihren Söhnen geben, noch ihre Töchter zu Frauen für eure Söhne oder für euch selbst nehmen.«*
> (Neh. 13,25)

Dies alles in einer Zeit, da die Judäer gerade erst durch einen heidnischen, aber weltoffenen König ihre Freiheit wiedererlangt hatten! Schwer zu begreifen, was da in der Bibel steht. Esra war ein Mann des Glaubens. Der allein war ihm wichtig. Seine Persönlichkeit tritt hinter dem, was er verkündet, zurück.

Anders Nehemia, der befehlsgewohnte Tatmensch. Seine Sätze sind knapp wie Kommandos, das Wörtchen »ich« strapaziert er kräftig, und auch sein Stil verrät, wie eitel er gewesen sein muß. Immer wieder rückt er seine guten Taten ins rechte Licht, berichtet, daß er auf sein Gehalt als Statthalter verzichtete, daß er auf seine Kosten die Anführer einer Bürgerinitiative zum Essen einlud, und jedesmal, wenn er eine gute Tat schildert, fügt er die Floskel an:

> *»Denk daran, mein Gott, und laß mir all das zugute kommen, was ich für dieses Volk getan habe.«*
> (Neh. 5,19)

Gleich zu Anfang seines Buches macht er klar, daß er nicht irgendwer ist, sondern eine Vertrauensstellung bei Hofe innehatte: »Ich war nämlich Mundschenk beim König.« Und zwar in Babylon, und dort war das wirklich eine hohe Position! Ein Mundschenk war der Verwalter sämtlicher Getränke des Hofes, mitunter war es auch nur ein reines Ehrenamt ohne Aufgabenbereich.

Während Esra sich die innere Festigkeit des Glaubens angelegen sein ließ, sorgte Nehemia für den äußeren Schutz: Unter ihm wurden die Mauern von Jerusalem wiederaufgebaut.

Von Nehemia erfährt man auch, daß das Leben in Jerusalem damals nicht gerade attraktiv gewesen zu sein scheint. Die Stadt hatte nichts mehr von ihrem einstigen Glanz, freiwillig wollte keiner in ihr leben. Nehemia berichtet, wie man für die Anhebung der Einwohnerzahl sorgte:

Die Obersten des Volks ließen sich in Jerusalem nieder. Die übrigen Männer warfen das Los und veranlaßten so jeden zehnten, sich in der heiligen Stadt Jerusalem niederzulassen. Neun Zehntel blieben in den Landstädten. Das Volk aber segnete alle Männer, die sich bereit erklärten, in Jerusalem zu wohnen. (Neh. 11,1)

Anders ausgedrückt: Alle, die das Los nicht traf, freuten sich!

Immer dann, wenn Nehemia die Sünden des Alltags anprangert, wird er lesenswert. Da wird er zum alttestamentarischen Abraham a Santa Clara. Den Wucherern redet er ins Gewissen, daß es eine Lust ist, seine markigen Sätze zu lesen. Natürlich versäumt er auch dabei nicht, darauf hinzuweisen, daß seine Strafpredigt Erfolg hatte.

Selbstgefällig, wie Nehemia sein Buch begann, schließt er es auch ab. Noch im letzten Satz ermahnt er Gott:

»Denk daran, mein Gott, und halt es mir zugute.« (Neh. 13,31)

Sein Buch und das des Esra gehören weder inhaltlich noch stilistisch zu den Glanzstücken des Alten Testaments.

Für eine erste Begegnung genügt es, bei jedem der beiden Bücher einige Seiten anzulesen, um zu erkennen, wie sehr Geschichts-Rekapitulation in politisch ruhigen Zeitläufen den heißen Atem der Unmittelbarkeit verliert. Geschichte wird zum Traktat. Mehltau legt sich auf die Worte. Doch schon in den nächsten Büchern des Alten Testaments bestimmen wieder Menschen aus Fleisch und Blut den Rhythmus von Sprache und Stil.

. . . UND DER HUND LIEF HINTER IHNEN HER.
(Tob. 11,4)

Drei Bücher – Drei Welten

Das Buch Tobit – Gemütvoll
Das Buch Judit – Heroisch
Das Buch Ester – Blutrünstig

TOBIAS, SOHN UND TRÄUMER

Vergebens suchen evangelische Leser die Bücher Tobit und Judit in ihrer protestantischen Bibel. Schade, denn die Tobit-Erzählung gehört in ihrer Schlichtheit und ihrem gradlinigen Stil zum Besten dessen, was man früher »Hauspostillen« nannte, wie sie Johann Peter Hebel und Matthias Claudius geschrieben haben.

In älteren Bibelausgaben lautet die Überschrift: »Das Buch Tobias«, benannt nach dem Sohn, dessen Vater den griechischen Namen Tobit trug, der dem hebräischen Tobijahu entsprach, was soviel wie »Jahwe ist gütig« bedeutet. Nicht nur die Namen sind griechisch, auch die Manuskripte, nach denen diese Erzählung rekonstruiert wurde.

Man muß diesen technischen Ausdruck gebrauchen, denn der Text des »Buchs Tobit« ist aus drei griechischen Vorlagen zusammengestellt worden, die zum Teil stark voneinander abweichen.

Sie sind nicht nur untereinander verschieden, sondern sie weichen auch erheblich vom hebräischen Originaltext ab. Daß dies so ist, wissen die Altsprachler erst seit den fünfziger Jahren unseres Jahrhunderts. Unter den Schriftrollen vom Toten Meer, über die in einem eigenen Kapitel zu reden sein wird, wurde der hebräische Originaltext des »Buchs Tobias« gefunden. Er soll wesentlich anders sein, vielleicht ist er sogar besser.

Mag sein, mag sein – die griechische Version jedenfalls ist eine Lesefreude für alle, die ihr Vergnügen an Erzählungen haben, durch deren Sätze heitere Naivität leuchtet.

Das Zitat über der Kapitelüberschrift ist ein gutes Beispiel, sowohl für die Verschiedenartigkeit der drei griechischen Vorlagen wie für deren Unterschied zum hebräischen Original.

So gibt es in einer der griechischen Versionen eine Stelle, die nicht für den biblischen Text verwendet wurde, in der es heißt, der Hund »lief vor ihnen« und, »gleichsam als Bote ankommend, wedelte vor Freude mit seinem Schwanz«.

Undenkbar, daß dies so im hebräischen Text steht. Die Juden hatten keine so liebe- und verständnisvolle Beziehung zu Hunden. Lediglich Hirten hielten Hunde als Wächter für die Herde. Hunde werden in der Bibel an vierzig Stellen erwähnt, aber immer nur abwertend als Schimpfwort oder als Beispiele für niedere Kreaturen. Anders bei den Griechen: Sie hielten Hunde und schätzten sie.

Noch schlechter als Hunde schneiden die Katzen ab – sie werden an keiner Stelle der Bibel erwähnt.

Wer in dieser Erzählung historische Bezüge und Baedecker-Genauigkeit bei geographischen Angaben sucht, der soll erst gar nicht zu lesen beginnen. Wer aber herzerwärmende, solid-hausbackene, treuherzige Geschichten liebt, der wird das »Buch Tobit« mit Genuß lesen. Die Frömmigkeit eines einfachen Herzens spricht aus jeder Zeile. Es erzählt mit zärtlicher Liebe zum Detail die aufregenden Erlebnisse des jungen Tobias ohne eine falsche Floskel. Spätestens nach drei Seiten ist die Zeitspanne zwischen dem Jüngling Tobias und uns von Jahrtausenden auf ein paar Jahrzehnte zusammengeschrumpft. Eine Kostprobe:

Als der Sohn alles für die Reise vorbereitet hatte, sagte sein Vater zu ihm: »Mach dich mit dem Mann auf den Weg. Gott, der im Himmel wohnt, wird euch auf eurer Reise behüten, sein Engel möge euch begleiten.« Da brachen die beiden auf, und der Hund des jungen Tobias lief mit. (Tob. 5,17)

Liest sich das nicht wie die Beschreibung eines Stichs von Ludwig Richter? Ein anderer, größerer Maler hat wieder und wieder die Tobit-Erzählung als Vorlage für Bilder benutzt: Rembrandt. Er hat die Weisheit und die Könnerschaft aus den Worten herausgelesen und sie in Formen und Farben umgesetzt. Sogar ein Drama wurde nach der Tobit-Erzählung geschrieben. Paul Claudels Stück »Die Geschichte von Tobias und Sara« enthält alles, was den Charme dieser Bibelerzählung – zerstört. Da wird interpretiert und symbolisiert, bis der Blütenstaub der Naivität von der Erzählung wegdialogisiert ist.

Die Naivität aber macht den Reiz dieser Geschichte aus, die von so unterschiedlichen Personen berichtet. Eine davon ist Vater Tobit, der voller Gottvertrauen ist und von sich selbst sagt:

»Ich gab den Hungernden mein Brot und den Nackten meine Kleider...«
(Tob. 1,17)

Das Buch erzählt aber auch von Sara, einer jungen Frau, die mit sieben Männern verheiratet gewesen war, »doch der böse Dämon Aschmodai hatte sie alle getötet, bevor sie mit ihr geschlafen hatten«.
Die Mägde scheinen jedoch nicht so recht an die Geschichte mit dem Dämon geglaubt zu haben, denn sie sagten zu ihr:

»Begreifst du denn nicht, daß du deine eigenen Männer erwürgst?«
(Tob. 3,8)

Das wäre ein Fall für einen Kriminalautor!
Tobias, der Sohn des Tobit, dagegen stammt direkt aus dem Bilderbuch. Ein Ausbund an Tugend. Selbst in der Hochzeitsnacht betet er mit seiner Frau, bevor sie ins Bett steigen. Gemeinsam sagen sie: »Amen.«

Und beide schliefen die Nacht über miteinander.   (Tob. 8,9)

Es ist dies das erste Mal, daß im Alten Testament das Wort »amen« genannt wird. »Amen« heißt soviel wie »so sei es«. Es war in alttestamentarischer Zeit eine Bestätigungsformel für das, was beschlossen wurde. »Amen« hatte die gleiche Verbindlichkeit wie der Handschlag, mit dem man einen Verkauf besiegelte, wenn man handelseinig geworden war. Erst im Neuen Testament bekam es seine liturgische Bedeutung als Abschluß eines Gebets.
Doch Tobias war offenbar nicht nur ein gläubiger, sondern auch ein vorsichtiger junger Mann. Er betet nicht nur vor der Hochzeitsnacht, sondern er versucht auch, die bösen Geister durch heidnisches Zauberwerk zu vertreiben, indem er Glut aus dem Räucherbecken nimmt und das Herz und die Leber eines Frosches darauf legt. Der Erfolg ist verblüffend:

Sobald der Dämon den Geruch spürte, floh er in den hintersten Winkel Ägyptens! Dort wurde er von dem Engel gefesselt.   (Tob. 8,3)

Wie plastisch hier Hanebüchenes erzählt wird.
Im »Buch Tobit« ist nicht nur der eine Engel im »hintersten Winkel Ägyptens« aktiv, sondern an vielen Stellen spielen Engel mit. Sogar der Erzengel Rafael tritt auf:

»Ich bin Rafael, einer von den sieben heiligen Engeln...« (Tob. 12,15)

Seltsam, denn die Bibel kennt nur drei Erzengel mit Namen: Gabriel, Michael und Rafael. In apokryphen Schriften allerdings gibt es kaum einen Engel ohne Namen, und die magische Zahl Sieben findet sich in Verbindung mit Engeln noch einmal am Ende der Bibel. In der Offenbarung des Johannes heißt es:

»Und ich sah: Sieben Engel standen vor Gott, ihnen wurden sieben Posaunen gegeben...« (Off. 8,2)

Doch ist dies eine der wenigen Verbindungen zwischen dem spirituellen Gedanken der Offenbarung und der bieder-erbaulichen, aber sehr lesenswerten Kalendergeschichte des Buches Tobit.

... UND MACHTE SICH SCHÖN, UM DIE BLICKE DER MÄNNER, DIE SIE SÄHEN, AUF SICH ZU ZIEHEN.
(Jud. 10,4)

JUDIT – DIE HELDIN

Auch das »Buch Judit« fehlt in evangelischen Bibeln. Die Fassung in katholischen Bibelausgaben basiert auf griechischen und lateinischen Bearbeitungen. Der hebräische Urtext fehlt bis heute.

Wie bei Tobit stimmen auch in der Judit-Geschichte weder die Zeitnoch die Ortsangaben. Vor allem aber fehlt dieser Geschichte die Poesie und die stilistische Geschlossenheit der Tobit-Erzählung.

Berichtet wird die Tat der judäischen Einzelkämpferin Judit. Ihr Name steht für »Jüdin«. Sie becirct den assyrischen Feldherrn Holofernes, doch statt des erhofften Schäferstündchens schlägt sie ihm den Kopf ab. Punkt.

Diese Judit wird uns geschildert, als sei sie ein Geschöpf aus Schillers Dramen: schön, klug, gottesfürchtig, edel, tapfer.

Eine schöne Frau, die aus Vaterlandsliebe zur Mörderin wird – das ist eine Geschichte voller dramatischen Zündstoffs. Bereits Martin Luther hat dies erkannt. Er notierte: Die Judit-Geschichte gäbe »eine gute, ernste, tapfere Tragödie« ab. Wie recht er hatte! Auf den deutschen Bühnen begründete Friedrich Hebbel mit dem Drama »Judith« seinen Ruhm. Es war sein erstes Stück.

Hebbel schnürte den dramaturgischen Knoten dieser Geschichte: Seine Judit verliebt sich wider Willen in Holofernes und muß nun zwischen vaterländischer Pflicht und persönlicher Neigung wählen. Dergleichen Anfechtungen ist die biblische Judit nicht ausgesetzt, sie kennt nur ein Ziel: den Tod des Holofernes.

Das wird mit dem Brustton nationaler Begeisterung geschildert, aber auch mit hübschen Arabesken, die ein wenig an die Geschichten aus Tausendundeiner Nacht erinnern, wenn zum Beispiel das Prunkzelt des Königs beschrieben wird:

Holofernes lag auf seinem Lager unter einem Mückennetz aus Purpur und Gold, in das Smaragde und andere Edelsteine eingewebt waren.

(Jud. 10,21)

Moskitonetze mit Edelsteinen – sechshundert Jahre vor Christus, wer hätte das gedacht!

In den Dialogen blitzt das Versteckspiel doppeldeutiger Antworten, wie es orientalische Erzählungen lieben. Beispiel: Als der König Judit fragt, was sie denn essen werde, wenn ihre mitgebrachten Vorräte aufgebraucht sind, antwortet sie geheimnisvoll:

»Bei meinem Leben, mein Herr, noch bevor deine Magd ihren Vorrat aufgebraucht hat, wird der Herr durch meine Hand vollbringen, was er beschlossen hat.«

(Jud. 12,4)

Wir, die Leser, haben unser Vergnügen, denn wir wissen, was sie meint, doch Holofernes bleibt arglos. Die Strafe für diesen Leichtsinn bleibt nicht aus: Judit . . .

. . . ging ganz nahe zu seinem Lager, ergriff sein Haar . . . und sie schlug zweimal mit ihrer ganzen Kraft auf seinen Nacken und hieb ihm den Kopf ab.

(Jud. 13,8)

Die Israeliten wußten, was sie an Judit hatten. Sie haben sie auf alttestamentarische Art geadelt, indem sie sie so alt werden ließen wie die Patriarchen:

. . . und [Judit] wurde im Haus ihres Mannes 105 Jahre alt. (Jud. 16,23)

Für heutige Leser wird der Judit-Bericht weniger durch die blutige Tat lesenswert, sondern durch eine Ansprache, die die streitbare Witwe Judit vor den Ältesten der Stadt hält.

So kam es dazu: Die Ältesten hatten beschlossen, die Stadt den Feinden zu übergeben, wenn Gott ihnen nicht innerhalb fünf Tagen Hilfe schickte. Gegen diesen Handel mit Gott zieht Judit in ihrer Rede vom Leder. Eine kraftvolle Rede, in der die Sprache aufblüht, bei der man Engagement in jedem Wort spürt:

> *Wer seid ihr denn, daß ihr am heutigen Tag Gott auf die Probe stellt und euch vor allen Leuten an die Stelle Gottes setzt? Ihr wollt den Herrn, den Allmächtigen, auf die Probe stellen und kommt doch ewig zu keiner Erkenntnis.*
>
> *Nicht einmal die Tiefe des Menschenherzens könnt ihr ergründen und das Bemühen seines Geistes erfassen. Wie wollt ihr dann Gott erforschen, der das alles geschaffen hat? Wie wollt ihr seine Gedanken erkennen und seine Absichten verstehen? . . .*
>
> *Versucht nicht, die Entscheidung des Herrn, unseres Gottes, zu erzwingen; denn Gott ist nicht wie ein Mensch, dem man drohen kann, und wie eines Menschen Sohn, den man beeinflussen kann.«* (Jud. 8,12–16)

Nichts, gar nichts hat sich bis auf unsere Tage an diesem Gottesbegriff geändert. Diese Sätze könnten heute von jeder protestantischen Kanzel gepredigt werden – aber die Geschichte, in der sie stehen, ist in der evangelischen Bibel nicht vorhanden.

»WAS WILLST DU, KÖNIGIN ESTER? . . . AUCH WENN ES DIE HÄLFTE MEINES REICHES WÄRE, DU SOLLST ES ERHALTEN.«
(Est. 5,3)

ESTER – DIE KÖNIGIN

Das »Buch Ester« steht in den Bibelausgaben der beiden großen christlichen Konfessionen, doch beide machen kaum Gebrauch davon. Verständlich, zuviel wird darin von Rache und Vergeltung erzählt. Ebenso verständlich, daß das Buch bei Juden mehr geschätzt wird als bei Christen – Esters Tat ist mehr national als religiös: Sie rettet die persischen Juden vor der Vernichtung.

Noch heute erinnert das sogenannte Purimfest, das im Februar oder März mit großen Essen und viel Geschenken gefeiert wird, an Esters Tat.

Zu diesem Fest wird aus dem »Buch Ester« vorgelesen, in dem die Einführung des Purimfestes als Dankfeier für die Errettung der Juden vor den Persern beschrieben ist.

Doch dürfte der Ursprung dieses Festes nichts mit der stolzen Ester zu tun haben, sondern das Purimfest ist wahrscheinlich ein persisches Frühlingsfest, das die Juden später mit eigenen religiösen Inhalten füllten.

Überhaupt wird die Originalität des ganzen Buchs von einigen Sprachforschern mit guten Argumenten angezweifelt. Sie meinen, sein Inhalt sei der einer persischen Sage, die lediglich umformuliert wurde. Dafür spricht auch der Name Ester. Er ist babylonisch, in ihm stecken Anklänge an die heidnischen Götternamen Ischtar und Astarte.

Der Schauplatz der Ester-Erzählung ist Susa, die Winterresidenz der persischen Könige. Die historischen Angaben sind höchst ungenau, doch persische Sitten und die Organisation dieses Großreiches müssen dem Verfasser vertraut gewesen sein. Das wird gleich in den ersten Absätzen deutlich:

Als König Artaxerxes ... vom Wein angeheitert war, befahl er ... die Königin Waschti im königlichen Diadem vor ihn zu bringen, damit das Volk und die Fürsten ihre Schönheit bewunderten. (Est. 1,10)

Im Klartext könnte das heißen: Im Vollrausch wollte der König seinen Zechkumpanen die Königin nackt, nur mit dem Diadem bekleidet, vorführen. Fest steht: Getrunken haben die Perser kräftig. Bei Regierungsentscheidungen floß meist sehr viel Wein.

Wie aber stimmen folgende Sätze mit den persischen Lebensgewohnheiten überein?

Auch die Königin Waschti gab ein Festmahl für die Frauen, die im Palast des Königs Artaxerxes lebten. (Est. 1,9)

... aber die Königin Waschti weigerte sich, dem Befehl des Königs zu gehorchen ... (Est. 1,12)

Beides war möglich! Persische Frauen hatten mehr Rechte als ihre Geschlechtsgenossinnen in anderen Ländern. Sie trugen keine Schleier, konnten sogar für ihren Ehemann Geschäfte abwickeln und führten ein recht selbständiges Leben.

Aber die Weigerung der Königin überstieg dann doch die persischen Vorstellungen von Gleichberechtigung. Damit solches Beispiel nicht Sitte wurde und damit »jeder Mann Herr sein solle in seinem Hause«, verstieß der König die angetraute Emanze und suchte sich eine Neue. Nicht eine neue Frau, davon hatte er genug, sondern eine neue Königin.

Diese Suche nach einer neuen Königin scheint einer Mißwahl nicht unähnlich gewesen zu sein: Der König ließ überall in seinem Reich »schöne, junge Mädchen suchen«. Die kamen in seinen Palast, aber noch nicht unter seine Augen! Vorher mußten sie »der nötigen Schönheitspflege unterzogen werden«.

Diese Schönheitspflege war kein »Husch-husch-Farbe-ins-Gesicht-Schmieren«, sondern eine Beauty-Kur von zwölf Monaten:

. . . sechs Monate Myrrhenöl und sechs Monate Balsam und andere Schönheits-mittel der Frauen. (Est. 2,12)

Auch Ester unterzog sich dieser kosmetischen Marathonbehandlung, und eines Abends wurde sie dem König Artaxerxes vorgeführt. Bei dieser Präsentation schlug sie alle Konkurrentinnen aus dem Feld – oder richtiger: aus dem königlichen Schlafgemach.

Und der König liebte Ester mehr als alle anderen Frauen zuvor . . .
(Est. 2,17)

Ester, von der niemand wußte, daß sie Jüdin war, wurde Königin und nutzte ihre Stellung und ihren Charme, um eine Massenverfolgung aller persischen Juden zu verhindern. Das war Hilfe in höchster Not. Die Ermordung aller Juden war beschlossene Sache, der Erlaß hierfür vom König bereits unterschrieben. Die Juden waren verzweifelt:

. . . man fastete, weinte und klagte. Viele schliefen in Sack und Asche.
(Est. 4,3)

Und von einem Führer der Juden heißt es:

. . . zerriß er seine Kleider, hüllte sich in Sack und Asche. (Est. 4,1)

Da steht also zum ersten Mal die Redensart »sich in Sack und Asche hüllen«. Dieses Zeichen der Trauer und Buße wird an mehreren Stellen des Alten Testaments wiederholt, und auch wir gebrauchen noch diese Redensart, um Trauer und Verzweiflung auszudrücken.

Ester konnte ihre Landsleute vor dem Holocaust retten, mehr noch, sie sorgte auch dafür, daß der Anstifter dieses Pogroms auf jenen Pfahl aufgespießt wurde, den er selbst für die Hinrichtung eines Juden hatte errichten lassen.

Bis zu dieser Stelle liest man mit einigem Interesse diese Geschichte, doch das Ende ist fatal: Ein königliches Dekret rettet die Juden vor der Vernichtung, sie aber betreiben nun ihrerseits blindwütige Vergeltung:

So metzelten die Juden all ihre Feinde mit dem Schwert nieder; es gab ein großes Blutbad. (Est. 9,5)

Schlimme Zeiten, damals. »Wie du mir, so ich dir«, hieß die Maxime.

Aber die hübsche Ester gab sich damit noch nicht zufrieden. Sie muß dem König ganz schön zugesetzt haben, denn der fragt sie, welchen Wunsch er ihr erfüllen soll, damit sie wieder lieb und glücklich sei. Ester hat einen Wunsch: Das Massaker der Juden gegen die Perser soll fortgesetzt werden! Der König erfüllt die Bitte.

Auch wenn die genannten Zahlen (von 75 000 ist die Rede) sicher übertrieben sind wie so oft – für den Tod eines Menschen zur Freude anderer gibt es keine Entschuldigung.

DAMIT HANDELTE ER SEHR EDEL, DENN ER DACHTE AN DIE
AUFERSTEHUNG.
(2. Makk. 12,43)

Kampf und Auferstehung

Das 1. und 2. Buch der Makkabäer – und weshalb das 3. und 4. Buch
nicht in der Bibel stehen

MODE, MORD UND MACHT

Nur in katholischen Bibeln befinden sich die beiden Bücher der Makkabäer – richtiger muß es heißen: die ersten zwei der vier Makkabäer-
Bücher, die in der Septuaginta noch alle aufgenommen waren. Heute
gelten das 3. und 4. Buch als apokryphe Schriften.

Solche Auswahl verwundert. Warum lehnt die Kirche diese beiden
Bücher ab? Der Grund leuchtet ein: Beide Bücher haben mit den Makkabäern nichts zu tun. Das 3. Buch erzählt lediglich die Errettung der
ägyptischen Juden um 200 v. Chr. und geht mit ziemlicher Sicherheit auf
nichtjüdische Vorlagen zurück.

Das 4. Buch ist lediglich eine religiöse Abhandlung, in der die Herrschaft
der Vernunft über die Triebe gepredigt wird.

Kein großer Verlust, daß diese beiden Bücher nicht in katholischen
Büchern stehen, sondern nur jene, in denen die Geschichte der Makkabäer
berichtet wird.

Das 1. Buch schildert gleich in seiner Einleitung, welche geistigen Strömungen um 300 v. Chr. das Gesicht des Mittleren Ostens prägen: die
Universalität des Hellenismus und der Ausschließlichkeitsanspruch des
jüdischen, des auserwählten Volkes.

Das 2. Makkabäer-Buch ist keine Fortsetzung des 1. Buches, sondern
wiederholt mit anderen, schwülstigeren Worten, was bereits gesagt wurde.
Aber als Glaubensschrift hat das literarisch schwache 2. Makkabäer-Buch
Entscheidendes zu bieten: Zum ersten Mal wird hier das große Thema der
Auferstehung angesprochen. Wieso geschieht dies ausgerechnet in diesem,
mehr auf historische Darstellung bedachten Buch?

Bevor diese Frage geklärt werden kann, muß eine andere beantwortet
werden: Wer waren diese Makkabäer, die beiden Büchern den Namen

gaben? Zuerst gab es nur einen. Er hieß Judas und erhielt wegen seiner Tapferkeit den Beinamen »der Hammer«, hebräisch »makkabaja«. Später wurde der Beiname auch auf seine beiden Brüder übertragen, und schließlich nannte man alle, die mit ihnen gegen die Seleukiden kämpften, Makkabäer.

Die Seleukiden wiederum leiteten ihren Namen von Seleukos I. her, einer jener Generäle Alexanders des Großen, die nach dessen Tod um die Vorherrschaft in Palästina kämpften. Die Ptolemäer gründeten im Süden, die Seleukiden im Norden eigene Dynastien. Um 200 v. Chr. beherrschten sie ein Gebiet, das von Indien, Syrien und Kleinasien bis nach Palästina reichte. Gegen diese Macht aufzubegehren war mehr als mutig – es war tollkühn. Die Makkabäer wagten diesen Aufstand.

Er begann als religiöse Rebellion, denn unter den Seleukiden war in Palästina der Glaube an die griechischen Götter Pflicht, der an Jahwe verboten. Die Plünderung des Tempels durch eine Gruppe, die dem alten Glauben abgeschworen hatte, war das Signal zum Aufstand. Doch auch dieser Religionskrieg eskalierte, wie die meisten, zu einem Eroberungskrieg: Die Makkabäer besetzten fast das ganze Gebiet, das einst König David beherrscht hatte, und machten sich die Bevölkerung tributpflichtig.

Es gehört eine gute Portion Geduld dazu, die ermüdenden Aufzählungen der Schlachten und Botschaften zu lesen, die besonders im 1. Buch ohne schriftstellerischen Ehrgeiz, wohl aber mit einem gerüttelt Maß Nationalstolz aneinandergereiht sind.

In diesen schwerfälligen Texten sind es die Nebensätze, jene Hinweise en passant, die Schlaglichter auf die kulturhistorische Situation im Palästina dieser Jahre werfen. Sie zeigen den Trend des damaligen Alltags. Alles, was griechisch war, galt als chic. Gymnasien, Sportstätten im griechischen Stil, waren »in«, wie wir heute sagen würden. Sport wurde getrieben. Und zwar so, wie es unter griechischen Jünglingen üblich war: nackt. Von behindernden Hüfttüchern befreit, purzelten die Rekorde. Freikörperkultur war Trumpf.

So leistungssteigernd der hüllenlose Sport war, für die gesellschaftliche Reputation wurde er zum Problem. Jetzt sah man mit einem halben Blick, wer zur Herrenschicht und wer zu den Unterprivilegierten gehörte. Die Vorhaut der Fremden war unbeschnitten, sie aber waren die Herren im Lande. Ein paar fehlende Zentimeter deklassierten die Einheimischen. Doch die fanden offenbar eine Lösung, den Eingriff zu kaschieren – sie

. . . ließen bei sich die Beschneidung rückgängig machen.   (1. Makk. 1,14)

Diesen Satz wörtlich nehmen hieße, der plastischen Chirurgie mehr zuzutrauen, als sie zu leisten imstande ist. Verstecken aber konnte man die Blöße. Schließlich wurden Fischblasen bereits in der Antike auch als Kondome benutzt. Leichter war es, sich im Alltag den griechischen Vorbildern anzupassen. Wer es sich um 200 v. Chr. in Palästina leisten konnte, kleidete sich nach Athener Vorbild. Ein Nebensatz verrät es:

. . . und die Söhne der besten Familien brachte er dazu, den griechischen Hut aufzusetzen.   (2. Makk. 4,12)

Tröstlich, daß es auch damals schon Modetorheiten gab, die mitmachen mußte, wer »up to date« sein wollte. Damals wie heute wurde aus solcher besonderen Mode bald eine Art Uniform. Beispiel aus unserer Zeit: die Jeans.

Damals trug die Jeunesse dorée in Palästina breitkrempige, weiche Hüte, die griechische Bauern zum Schutz gegen Sonne und Regen aufsetzten. In den griechischen Städten war diese Kopfbedeckung längst passé, ein alter Hut, den niemand mehr trug. Außer Hermes, der Götterbote mit den geflügelten Sandalen. Auf vielen Münzen ist er mit »griechischem Hut« abgebildet.

Und die Damen, die Diktatorinnen der Mode? Über ihre Kleidung wird nur einmal im 2. Makkabäer-Buch berichtet. An dem Tag, an dem der Tempelschatz beschlagnahmt werden soll, heißt es:

Die Frauen zogen Trauerkleider an, die die Brüste frei ließen, und drängten sich auf die Straßen.   (2. Makk. 3,19)

Dies ist der einzige Hinweis, daß Trauerkleider topless waren. Das weckt Zweifel. Möglicherweise wollte der Verfasser des 2. Makkabäer-Buches nur sagen, die Erregung sei so groß gewesen, daß sich die Frauen gegen sonstigen Brauch in dünnen sackähnlichen Trauerkleidern, durch die man die Brüste sah und die nur im Hause getragen wurden, auf die Straße wagten.

Wer die geographische Lage Jerusalems kennt, muß über Sätze wie diesen stolpern:

*Damals gingen viele, die Recht und Gerechtigkeit suchten, in die Wüste
hinunter, um dort zu leben.* (1. Makk. 2,29)

Genau das Gegenteil war der Fall: Sie gingen aus Jerusalem *hinauf* in die
Einöde der Gebirge! Ein Übersetzungsfehler? Nein, Jerusalem und sein
Tempel waren immer oben – alles andere lag darunter. (Bereits auf Seite 189
heißt es in einem Zitat »hinauf«!)
  Das eigentliche Thema der Makkabäer-Bücher aber ist der Krieg. Voller
Nationalstolz wie bei allen Völkern und genauso monoton wie zu allen
Zeiten werden Kämpfe und Siege geschildert. Nur einmal, als von einer
neuen Waffe berichtet wird, kommt Farbe in die Schilderung: Kriegsele-
fanten verwirren die Krieger!
  Die Beschreibung, wie sie für den Kampf vorbereitet und taktisch
eingesetzt wurden, könnte mit den gleichen Worten genausogut in einer
kriegsgeschichtlichen Abhandlung stehen:

*Den Elefanten hielt man den Saft von Trauben und Maulbeeren vor, um sie
zum Kampf zu reizen. Darauf verteilte man die Tiere auf die einzelnen
Abteilungen. Zu jedem Elefanten stellten sich tausend [Vorsicht bei alttesta-
mentlichen Zahlenangaben!] Mann; diese hatten Kettenpanzer an und auf
dem Kopf bronzene Helme.*

*Außerdem waren jedem Tier fünfhundert ausgesuchte Reiter zugeordnet;
sie hatten sich schon vorher immer bei den Tieren aufgehalten und waren
ihnen überall gefolgt, wohin sie auch gingen. Jedes Tier trug einen befestigten,
gut gesicherten Turm aus Holz, der kunstfertig angeschnallt war, dazu vier
Soldaten, die von dem Turm aus kämpften, sowie seinen indischen Lenker.*
(1. Makk. 6,34–37)

Wie es sich für eine militärtechnische Information gehört, folgt auf die
Beschreibung der neuen Wunderwaffe sogleich auch die Erklärung, wie
man diese Elefanten bekämpft. Anhand des Berichts von einem Kämpfer,
der eines dieser gepanzerten Ungetüme angriff, gibt es »Nahkampfunter-
richt«, wie diese Dickhäuter-Panzer zu »knacken« sind:

*Er lief mutig auf ihn zu, mitten in die feindliche Schlachtreihe hinein, teilte
nach links und rechts tödliche Hiebe aus und schlug sich eine Bresche durch die
Reihen. So drang er bis zu dem Elefanten vor, stellte sich unter ihn und
durchbohrte ihn. Das Tier brach zusammen und fiel auf ihn, so daß er erdrückt
wurde.* (1. Makk. 6,45–46)

Der Mann hatte tatsächlich die »Lindblattstelle« gefunden: Am Bauch ist die Haut eines Elefanten am dünnsten.

Auch von einer taktischen Finesse antiker Feldschlachten wird im 1. Makkabäer-Buch berichtet: War die feindliche Reiterei der eigenen überlegen, dann ... doch sagen wir's mit biblischen Worten:

Dann zog er [der Feldherr] das Heer auseinander und ließ die Reiterei sich mitten zwischen dem Fußvolk aufstellen. (1. Makk. 16,7)

Der psychologische Effekt liegt auf der Hand: Die vorwärtspreschende Kavallerie riß die Fußtruppe mit.

Genug vom Krieg. Nur ein Zitat noch als friedliches Gegenstück. Vom Wehrdienst waren – ohne Gewissensprüfungen – befreit:

... alle, die kurz zuvor ein Haus gebaut, eine Frau geheiratet oder Weinberge angelegt hatten oder die Angst hatten. (1. Makk. 2,14)

Gehörten solche Berichte nicht eher in ein jüdisches Geschichtsbuch als in die katholische Bibel? Nein, sagen die Theologen und bieten gleich zwei Begründungen dafür an.

Erstens: In den Makkabäer-Büchern wird jedes nationale Unglück als Strafe für Glaubenssünden dargestellt, und jeder militärische Erfolg ist nur dem Beistand Gottes zu danken. Das reicht bis zu Beispielen, die in ihrer Naivität etwas Rührendes haben – wenn es etwa heißt:

Da entdeckten sie, daß alle Toten unter ihren Kleidern Amulette der Götter von Jammia trugen, obwohl das den Juden vom Gesetz her verboten ist. Da wurde allen klar, daß die Männer deswegen gefallen waren, und sie priesen nun alle das Wirken des Herrn, des gerechten Richters, der das Verborgene ans Licht bringt. (2. Makk. 12,40)

Entscheidend für die Aufnahme dieser Bücher in die Bibel ist die zweite theologische Begründung: Zum ersten Mal wird hier die Auferstehung erwähnt. An zwei Stellen wird die Zuversicht auf ein Leben nach dem Tode ausgesprochen. Als Judas, »der Hammer«, Geld für ein Sühneopfer nach Jerusalem schickt, wird dies so kommentiert:

Damit handelte er sehr schön und edel, denn er dachte an die Auferstehung. (2. Makk. 12,43)

Eine Einschränkung jedoch ist notwendig: Die Juden verstanden unter
Auferstehung eine leibliche Auferweckung, nicht jene geistige, die das
Christentum lehrt. Der alttestamentarische Glaube war nicht aufs Jenseits
orientiert, sondern welt- und lebensnah. Der Segen Gottes zeigte sich für
einen gläubigen Juden in einem Erdenleben, in dem alle schönen Möglichkeiten ausgeschöpft werden konnten.

Die zweite Stelle, an der von der Auferstehung gesprochen wird, hat
schon eher christliche Färbung. Sie steht am Ende einer Schilderung, bei
deren Lektüre einem der Atem stockt: Vor den Augen der Mutter werden
– einer nach dem anderen – ihre sieben (!) Söhne zu Tode gequält. Nichts
läßt die Schilderung aus: Sie werden gehäutet, Nasen, Ohren, Hände und
Füße werden ihnen stückweise abgehackt, und schließlich werden die
Verstümmelten auch noch in einer Pfanne gebraten.

Und weshalb die ganze Tortur? Weil sie sich geweigert hatten, Schweinefleisch zu essen, um den Geboten ihres Glaubens nicht untreu zu
werden.

Die Textforschung hat diesen Bericht jenen Legenden zugeordnet, in
denen die Brutalität der griechischen Besatzer, aber auch die Glaubens-
treue der Juden dargestellt werden sollen. Die Zahl Sieben spricht für diese
Theorie.

Doch das ist eine neuere Erkenntnis. Frühere Jahrhunderte nahmen
Wort für Wort dieses Berichts für bare Münze – so wurden im 4. Jahrhundert die sieben tapferen Brüder auf die Liste der christlichen Märtyrer
gesetzt, wurden ihnen Kirchen geweiht, zum Beispiel in Köln. Dort
befindet sich in der »Kirche der sieben makkabäischen Brüder« sogar
ein Reliquienschrein. Er stammt aus dem späten Mittelalter.

Für die Berechtigung, die vorchristlichen Brüder in die Reihe der
christlichen Heiligen aufzunehmen, beruft sich die katholische Kirche auf
den Satz, den einer der Söhne zu seinen Peinigern sagt und aus dem bereits
die christliche Gewißheit eines ewigen Lebens klingt:

»Du Unmensch! Du nimmst uns dieses Leben; aber der König der Welt wird
uns zu einem neuen, ewigen Bund aufwecken, weil wir für seine Gesetze
gestorben sind . . . Gott hat uns die Hoffnung gegeben, daß er uns wieder
auferweckt. Darauf warten wir gerne, wenn wir von Menschenhand sterben.
Für dich aber gibt es keine Auferstehung zum Leben.«

(2. Makk. 7,9–14)

Der Glaube an die Auferstehung gab die Kraft, Schmerzen und Qualen zu ertragen – das aber ist eine christliche Haltung, auch wenn sie *vor* Christi Geburt vorgelebt wurde. Der Glaube an die Auferstehung – Kernstück des Christentums – bereits im Alten Testament! Unter den Heiligen der katholischen Kirche Menschen, die lange vor Christus lebten – das umreißt, wie tief die Wurzeln des Christentums ins Alte Testament reichen und wie verständlich es ist, daß die beiden Makkabäer-Bücher zum Kanon gehören.

In ihnen steckt auch erstmals eine Bezeichnung, die zu einer politischen Wendemarke wurde. Sie wurde bereits zwei Seiten vorher in dem Bibelzitat von den Toten mit den heidnischen Amuletten erwähnt. Aber wahrscheinlich haben Sie sie überlesen, weil dieser Begriff heute gang und gäbe ist. Gemeint ist das Wort »Juden«.

An zwei weiteren Stellen kommt dieser Begriff, der von nun an weder aus der Bibel noch aus der Politik wegzudenken ist, in den Makkabäer-Büchern vor. Gleich im ersten Satz des 2. Buches heißt es:

> *»Wir, eure Brüder, die Juden aus Jerusalem und aus dem Lande Judäa, grüßen euch, unsere Brüder, die Juden, die in Ägypten wohnen . . .«*
>
> (2. Makk. 1,1)

Ein Briefanfang mit zwei Informationen: Er bestätigt, daß es damals jüdische Siedlungen in Ägypten gab, und er macht keinen Unterschied mehr zwischen Judäern und Israeliten. Sie verschmelzen zu dem Begriff »Juden«. Sie setzten sich damit bewußt gegen alle anderen Völker ab, die unter dem Sammelnamen »Griechen« zusammengefaßt wurden. Beschnittene gegen Unbeschnittene, das auserwählte Volk gegen alle anderen Völker.

Zum letzten Mal erlebten die Juden unter den Makkabäern eine hundertjährige Unabhängigkeit. Sie dauerte bis 63 v. Chr. In diesem Jahr besetzte Pompeius Jerusalem, und Palästina wurde römische Provinz. Die Adler der Legionen herrschten nun auch in Palästina, das sie in vier Verwaltungsbezirke einteilten.

Für die Juden wurde diese Zeit politischer Ohnmacht zu einer Epoche, in der eine geistige Konzeption entstand und in der Ideen geboren wurden, die heute noch den Lauf der Welt mitbestimmen.

»Wie Schatten sind auf Erden unsere Tage.«
(Ijob 8,9)

Die poetischen Bücher

Das Buch Ijob
Die Psalmen
Die Sprüche
Der Prediger
Das Hohelied
Das Buch Weisheit
Das Buch Jesus Sirach

Das Buch Ijob: Dialog mit Gott

Über kein Buch des Alten Testaments ist soviel geschrieben worden wie über das »Buch Hiob«. Hektoliter Tinte, Tonnen von Papier.

Schon sein Name muß sich verschiedene Schreibweisen gefallen lassen: »Hiob« nennen ihn die Protestanten, »Job« die Katholiken, »Ijob« heißt er jetzt in der Einheitsübersetzung. Das ist der hebräischen Schreibweise am nächsten – aber auch dem heutigen Leser? Ob Hiob, Job oder Ijob – der Sinn des Namens bleibt immer gleich: »Wo ist der Vater?«

Ijobs Geschichte ist bekannt: Schlechte Nachrichten, Hiobsbotschaften, hageln auf diesen gottesfürchtigen, braven Mann. Krankheit, Armut, Verlust von Angehörigen – keine Prüfung bleibt ihm erspart. Der Trost der Freunde erschöpft sich in wohlgesetzten unverbindlichen Worten, Phrasendrescherei. Weit und breit niemand, der wirkliche Hilfe wüßte.

Ijob beginnt, an Gottes Gerechtigkeit zu zweifeln und mit ihm zu hadern. Er fordert eine Antwort von ihm, warum ausgerechnet er, ein braver Mann, so mit Schicksalsschlägen eingedeckt wird.

Und das Wunder geschieht – Gott spricht mit ihm! Aber statt Antworten zu geben, ist er es, der Ijob Fragen stellt. Jede der göttlichen Fragen hat immer den gleichen Inhalt: Wie kann ein Mensch erwarten, er könne Gott begreifen?

Aber weder dieses Frage-Gegenfrage-Spiel noch die Struktur dieser klar und psychologisch aufgebauten Geschichte können doch der Grund sein, daß gerade über dieses poetische Werk, von dem weder der Verfasser noch seine Entstehungszeit bekannt sind, so viele Kommentare geschrieben wurden.

Nein, der Teufel ist schuld!

In diesem Buch tritt er erstmals auf. Er ist Gottes großer Gegenspieler. Noch muß er nicht mit den vielen negativen Eigenschaften fertig werden, die ihm später im Neuen Testament nachgesagt werden, noch ist er das, was sein hebräischer Name »Satan« sagt: Ankläger.

Als solcher wendet er sich an den Privatmann Ijob und versucht, sein Gottvertrauen zu erschüttern. Das tut er nicht etwa aus eigener Machtvollkommenheit, nein, Gott erlaubt dem Teufel ausdrücklich, seine Kraft an Ijob zu erproben! Der Mensch Ijob wird zum Preis einer Wette zwischen Gott und Satan, der kühn erklärt: »Was wettet ihr? Den sollt ihr noch verlieren, wenn ihr mir nur Erlaubnis gebt, ihn meine Straße sacht zu führen!«

Und Gott willigt ein:

»Gut, er sei in deiner Hand, schone nur sein Leben.«

Haben Sie den kleinen Schwindel bemerkt? Die Worte des Satans stehen im »Prolog im Himmel« in Goethes »Faust«, die Antwort Gottes im ersten Kapitel des »Buchs Ijob«.

Der Weimarer Geheimrat hat nie einen Hehl daraus gemacht, daß er die Anregung zu seinem Prolog im Himmel in ebendiesem Ijob-Buch fand, wie denn sein »Faust« die vergeistigte Paraphrase des Ijob-Themas ist: der Mensch zwischen Gott und Satan, zwischen Gut und Böse.

Ein ewiges Thema, dieser Widerstreit. Denn: Wenn es einen guten, allmächtigen Gott gibt – wieso ist dann das Böse in der Welt? Oder andersherum gefragt: Der Satan darf doch nur tun, was Gott ihm zu tun erlaubt? Warum läßt Gott es zu, daß Satan soviel Macht in der Welt hat?

Das »Buch Ijob« stellt diese Fragen. Von dieser Schrift an steckt der Teufel nicht nur im Detail, sondern ist aus der Theologie nicht mehr wegzudenken. Menschen, so sagt das »Buch Ijob«, können vom Teufel befallen werden. Der Exorzismus – hier hat er seine Anfänge. Seine Auswirkungen spüren wir bis heute noch. Die katholische Kirche hält an der Existenz des Teufels fest – auch gegen die Einstellung ihrer Gläubigen, von denen weniger als elf Prozent an den Teufel glauben. Jedenfalls ergab dies eine Umfrage der Wickert-Institute im Jahre 1976.

Ob es den Teufel gibt – das bleibt umstritten. Wie aber der Satan ins Alte

Testament kam – das weiß man genau: Während der Babylonischen Gefangenschaft hatten die Judäer eine Religion kennengelernt, die sich von der Vielgötterei des Baal-Kults ebenso unterschied wie von der jahweistischen Eingottlehre: die persische. Bei ihr gab es weder einen einzigen Gott noch eine Götterversammlung, sondern zwei Gottheiten: die des Guten und die des Bösen. Zwischen diesen beiden muß sich der Mensch ständig entscheiden. Dieser Dualismus, die Lehre des Zarathustra, war die Hintertür, durch die sich der Teufel in die Bibel schlich.

Der Mensch zwischen Gott und Teufel – das ist die große Konstellation, die zum ersten Mal im »Buch Ijob« aufgebaut wird. Der Mensch ist es, der sich für Gott oder den Teufel entscheiden muß! Dieser Gedanke, der später im Neuen Testament ausgesprochen wird, ist bei Ijob bereits im Keim vorhanden.

Nicht nur der Satan ist neu im »Buch Ijob«, auch der Gottesbegriff erfährt eine Differenzierung: Der Gott des Moses war noch ein Gott der Naturgewalten, bei Elija wurde er zu einem Gott, der keinen Sturm brauchte, sondern sich in der Stille offenbarte. Für Nehemia wurde Gott zum Computer, den man mit guten Taten fütterte, um entsprechend Wohlstand und Glück zugeteilt zu bekommen.

Ijob ist der erste, der erkennt, daß Gott keine Hausrat- oder Krankenversicherung ist. Das war und ist ein großer Gedanke, hinter dem sich ein noch größerer verbirgt: Nicht nur die Menschen brauchen Gott – Gott braucht auch die Menschen, Menschen wie Ijob, die Fragen stellen, sich aber schließlich der unbegreiflichen Allmacht Gottes beugen.

Dieses Buch, ob es nun Ijob oder Hiob heißt, ist eines der tiefsinnigsten und poetischsten des Alten Testaments. Die Größe seiner Gedanken und der Stilrhythmus, in dem sie formuliert sind, machen es zu großer, ganz großer Literatur.

»Ruf doch! Ist einer, der dir Antwort gibt? An wen von den Heiligen willst du dich wenden?« (Ijob 5,1)

Wie ein Echo dieser Worte klingt der Satz: »Wer, wenn ich schriee, hörte mich denn aus der Engel Ordnungen?«

Über zwei Jahrtausende liegen zwischen beiden Texten. Der erste steht im »Buch Ijob«, der zweite ist der Anfangssatz der »Duineser Elegien« des Rainer Maria Rilke.

Aus jedem Drama der Klassik oder vom großen Shakespeare könnten die folgenden Sätze stammen:

*»Wenn Unrecht klebt an deiner Hand, entfern es, und laß nicht Schlechtigkeit
in deinem Zelte wohnen! Dann kannst du makellos deine Augen heben, fest
stehst du da und brauchst dich nicht zu fürchten.«* (Ijob 11,14–15)

Gedanken und Worte sind in diesem Buch frisch geprägt und nicht
abgegriffen. Auch die Übersetzer wurden von der dichterischen Kraft der
Vorlage beflügelt, wenn sie von »Zornigkeit« sprechen statt von »Jähzorn«
oder statt »geflüstert« schreiben: »zu mir hat sich ein Wort gestohlen . . .«
   Große Literatur! Aber auch für kulturgeschichtlich interessierte Leser
ist Ijobs Buch eine Fundgrube.
   So taucht nicht nur Satan, sondern auch der Leviatan erstmals auf.
Hinter diesem hebräischen Wort versteckt sich sowohl ein mythisches
Meeresungeheuer wie auch eine Attraktion unserer zoologischen Gärten:
das Krokodil.
   Der Leviatan tauchte selten allein auf, meistens waren es drei animali-
sche Chaoten, die die Ordnung der Welt bedrohten: Leviatan, Rahab und
Tannin. Von ihnen hat nur Leviatan bis in unsere Zeit überlebt. Das
verdankt er – oder richtiger: verdanken wir – dem englischen Philosophen
Thomas Hobbes, der 1651 den Leviatan zum Symbol des allmächtigen
Staates machte. Solange es solche Staaten gibt, wird es auch den Begriff
Leviatan geben. Also ewig.
   An anderer Stelle des »Buchs Ijob« stehen die doch recht seltsamen
Verse:

»Hast du mich ausgegossen wie Milch, wie Käse mich gerinnen lassen.«

(Ijob 10,10)

Was beim ersten Überlesen wie eine Werbung für Naturprodukte klingt,
entpuppt sich als eine Vorstellung, die in der Antike weit verbreitet war.
Man glaubte, ein Embryo bilde sich, wenn das Mutterblut unter Einfluß
des Samens gerinnt.
   Als Ijob den schalen Trost seiner Freunde leid ist, weil diese nur »win-
dige Worte« und leere Sprüche parat haben, die aus dem Zettelkasten
religiöser Allgemeinplätze stammen, fragt er verbittert:

»Wer würde sonst den Handschlag für mich leisten?« (Ijob 17,3)

Das klingt so, als wolle er wissen, wer ihm in seinem Elend noch die Hand
zum Gruße reichen wird – in Wahrheit steckt hinter dieser bitteren Frage

viel mehr. Denn erst wenn ein Bürger bereit war, mit Handschlag zu besiegeln, daß er willens war, die Schulden eines anderen zu übernehmen, konnte dieser aus der Schuldhaft entlassen werden.

Sosehr Ijob auch mit Gott und seinem Schicksal hadert – ein Gedanke kommt ihm nie: der des Selbstmords. Er war bei den Juden verpönt, es sei denn, man tötete sich, um nicht in Feindeshand zu fallen. Im Alten Testament gibt es nur einen einzigen Fall von nicht kriegsbedingtem Selbstmord: der des Verräters Ahitofel im »Buch Samuel«.

Dies und vieles mehr steht bei Ijob, der einst Hiob hieß. Sein Buch ist das erste der fünf Bücher der Poesie und der Weisheit. Außer ihm gehören die »Psalmen«, das »Buch der Sprichwörter«, das »Buch der Prediger« (auch »Buch Kohelet« genannt), das »Hohelied«, das »Buch Weisheit« und das »Buch Jesus Sirach« dazu. In protestantischen Bibeln fehlt das Buch der Weisheit und das des Jesus Sirach. Beide Bücher enthalten Ratschläge für den Alltag und für die Bindung an Jahwe, die für die Juden zum Alltag gehörte. Nicht alles ist eigene israelitische Schöpfung, sondern vieles ist aufgenommen, das bereits vorher in Ägypten oder Assyrien niedergeschrieben wurde.

Das gilt auch für die Verse des nächsten Buches: für die »Psalmen« – oder wie der altfränkische Titel dieser Liedersammlung hieß: »Psalter«.

»HERR, LASS DEIN ANGESICHT ÜBER UNS LEUCHTEN!«
(Ps. 4,7)

DIE PSALMEN – ZUR LAUTE ZU SINGEN

Ein Psalter, vom griechischen »psaltérion«, ist ein Saiteninstrument, mit dem der Gesang der Lob-, Klage-, Preis- und Jubellieder begleitet wurde. Sein Name wurde auf die 150 Texte übertragen, die wir Psalmen nennen, nach dem griechischen Wort »psalmós« für Saitenspiel.

Die »Psalmen« sind das älteste heute noch gebräuchliche religiöse Gesangbuch. Diese Texte wurden bei den Gottesdiensten im Tempel zu Jerusalem gesungen und erklingen heute noch in den christlichen Kirchen.

Daß sie gesungen wurden, wußten wir durch Texthinweise schon immer, seit 1977 haben wir zum ersten Mal auch eine ungefähre Vorstellung, wie sie gesungen wurden. Welche Musikinstrumente benutzt wurden, steht im 150. Psalm:

»Lobet ihn mit dem Schall der Hörner,
lobet ihn mit Harfe und Zither!
Lobet ihn mit Pauken und Tanz,
lobet ihn mit Flöten und Saitenspiel!
Lobet ihn mit hellen Zimbeln.«   (Ps. 150,3–5)

Zimbeln waren wahrscheinlich zwei kupferne Teller, die aufeinanderge-schlagen wurden und so den Takt angaben.

Aber weder die Kenntnis der Instrumente noch Hinweise bei einigen Psalmen, wie zum Beispiel »Für den Chormeister. Mit Saitenspiel nach der Achten«, noch die Information, daß Sänger und Tänzer zum Tempelper-sonal gehörten, helfen bei der Ermittlung der Tonfolgen, nach der die Begleitmelodien arrangiert wurden.

Denen kam man über einen Umweg auf die Klangspur. Bei der Betrach-tung ägyptischer Wandmalereien! Bei einigen saßen sechs, acht Saitenspie-lerinnen hintereinander, so gleich in Aussehen und Gestik, daß einige Ägyptologen glaubten, diese Bilder seien mit Schablonen gezeichnet wor-den. Doch beim genaueren Hinsehen entdeckte ein Ägyptologe, daß jede der Spielerinnen eine andere Saite an anderer Stelle griff. Ein Harfenspieler zupfte diese gemalte Tonfolge nach – und über dreitausend Jahre hinweg erklang die im Bild festgehaltene Melodie!

An dieser Stelle könnte eingewendet werden, daß eine ägyptische Noten-blatt-Wandmalerei noch keine jüdische Tempelmusik erklärt.

Stimmt. Aber seit 1977 gibt es noch einen zweiten Hinweis, der die Ähnlichkeit zwischen ägyptischen und assyrischen Tonfolgen belegt. War-um sollen dann jüdische Melodien so ganz anders gewesen sein? So wurde die Verwandtschaft entdeckt: Die amerikanische Professorin Anne Drafftkorn-Kilmer von der Universität Berkeley in Kalifornien ist nicht nur eine ausgezeichnete Assyrologin, sondern zum Glück auch eine profunde Musikkennerin. Diese Begabungskombination ermöglichte es ihr, einen Keilschrifttext aus Nippur, der nach 500 v. Chr., also zu spätbabylonischer Zeit, niedergeschrieben wurde, als ein babylonisches Kompositionslehr-buch zu entziffern.

Die Angaben basieren auf einer Leier mit neun Saiten, wie sie auch von den Juden benutzt wurde. Jede Zeile des Keilschriftstücks beginnt mit dem Stichwort »Saite«, das aber auch »Intervall« und sogar »Tonart« bedeuten kann. Diese Kompositionslehre, so bestätigten Musikkenner, beruht auf einer siebenstufigen (wieder sieben!) Skala, die Ganz- und Halbtöne sowie Terz, Quarte, Quinte und Sexte kennt.

Nach dieser Auskunft wären die »Psalmen« nicht nur im Text, sondern auch in der Begleitmusik seit Jahrtausenden weitgehend gleich geblieben, denn auch unsere Psalmen-Melodien sind in etwa so angelegt.

Das Forscherteam der Berkeley-Universität war von dem, was die Kollegin zum Klingen gebracht hatte, so angetan, daß sie statt eines dicken Wälzers eine Schallplatte publizierten, auf der – natürlich in englisch – Forschungsverlauf und Tonproben vorgestellt werden.

Doch auch ohne Begleitmusik hat die Lektüre der »Psalmen« ihren Reiz. Wissen sollte man dabei, daß die Überschriften der einzelnen Psalmen in unseren Bibeln spätere Zutat und ihre Verfasserbezeichnungen unverbindlich sind.

Die Einheitsübersetzung hat an vielen Stellen Verständnishilfe geleistet und verkrustete Wortgebilde griffiger formuliert. So hieß es bisher, selbst in der sonst so lobenswert klaren Zürcher Bibel:

»Erhebe über uns das Licht deines Angesichts, o Herr.« (Ps. 4,7)

Nun heißt dieser Vers so, wie er als Zitat über der Kapitelüberschrift steht. Eines der krassesten Beispiele für den Ballast an Unverständlichkeit, der über Jahrhunderte quer durch die Bibel mitgeschleppt wurde, steht im 16. Psalm:

». . . auch des Nachts mahnt mich mein Inneres.«

»Mein Inneres« wurde übersetzt, weil sich niemand getraute, das Wort einzusetzen, das im hebräischen Urtext steht, nämlich »Nieren«. Die aber waren nun mal nach antiker Vorstellung der Sitz aller geheimen Gedanken und unterbewußten Gefühle, während im Herzen sowohl der Verstand wie das Gemüt zu Hause waren. Wenn wir heute jemanden »auf Herz und Nieren prüfen«, dann bedienen wir uns unbewußt jener antiken Vorstellung.

Die Einheitsübersetzung hat sich zu Recht von solcher halbherzigen Eindeutschung für »Nieren« gelöst. Sie sagt wörtlich falsch, aber sinngemäß richtig:

»Auch mahnt mich mein Herz in der Nacht.« (Ps. 16,7)

Einige Psalmentexte mit unverständlichen Worten geraten allerdings immer noch in die fatale Nähe von Waschmittel-Werbesprüchen:

»Entsündige mich mit Ysop,
dann werde ich rein;
wasche mich,
dann werde ich weißer als Schnee . . .« (Ps. 51,9)

Wer in unseren Breitengraden benutzt schon Ysop-Zweige, um damit die Opfergaben zu besprengen und zu reinigen? Beide Konfessionen haben versucht, den Texten der »Psalmen« neuen Sinn zu geben, aber nicht immer sind die Umdeutungen glücklich. So wurde der Lobgesang auf Jerusalem als Lob auf die Kirche gedeutet, singt ein Psalm vom König Israels, wird das auf den Messias bezogen, und das Wort »Tempel« gilt als Synonym für »Tod am Kreuz«.

In den »Psalmen« stehen auch Rache- und Fluchpsalmen, deren abgründiger Haß erschrecken kann. Doch wer wollte wegen einzelner Texte eine ganze Sammlung verwerfen, die Lieder aus vielen Jahrhunderten enthält, darunter einige, durch deren Gesang Menschen die Kraft für ihren letzten Gang fanden? Nicht nur im antiken Rom, auch in unserem Jahrhundert.

Wie eng die »Psalmen« mit dem jüdischen Alltag verbunden waren, dafür liefert das Neue Testament überraschende Beweise. Beweise, die sich nicht in Psalmenzitaten erschöpfen, wie sie sich bei allen Evangelisten finden, sondern der Bekanntheitsgrad der »Psalmen« reicht bis zu Redewendungen und Alltagsgesten: So wird im Matthäus-Evangelium von Pontius Pilatus nach der Verurteilung Jesu eine noble römische Geste überliefert:

Als Pilatus sah, daß er nichts erreichte, ließ er Wasser bringen, wusch sich vor allen Leuten die Hände und sagte: »Ich bin unschuldig am Blut dieses Menschen.« (Matt. 27,24)

Nobel ist die Geste, aber nicht römisch. Lange vor Pilatus hat ein frommer Mann bereits das gleiche getan. Im 26. Psalm heißt es:

»Ich wasche meine Hände in Unschuld, ich umschreite, Herr, deinen Altar.«
(Ps. 26,6)

Gäbe es nur diese eine Übereinstimmung, man könnte von Zufall sprechen, doch je näher das Ende Jesu rückt, um so mehr häufen sich Psalmen-Formulierungen im berichtenden Text. In allen Evangelien ist zu lesen, daß die römischen Soldaten um die Kleider Jesu losen. Johannes weist darauf hin, daß damit eine Begleiterscheinung des Messias, wie sie im 22. Psalm steht, erfüllt ist:

»Sie verteilen unter sich meine Kleider und werfen das Los um mein Gewand.« (Ps. 22,19)

Als letzte Worte Jesu übermittelt das Lukas-Evangelium jenen Satz, der volle Ergebung in Gottes Wille ausdrückt:

»Vater, in deine Hände lege ich meinen Geist.« (Luk. 23,46)

Diese Worte waren das Nachtgebet frommer Juden, und auch sie stehen in den »Psalmen«. Nur hat sie die Einheitsübersetzung um zwei Worte verlängert und damit abgeschwächt:

»In deine Hände lege ich voll Vertrauen meinen Geist.« (Ps. 31,6)

Das letzte Wort der Psalmen-Sammlung belegt noch einmal, wie eng Altes und Neues Testament, jüdische und christliche Liturgie zusammengehören: Es ist jenes »Halleluja«, das bei christlichen wie jüdischen Gottesdiensten erklingt und »Lobpreist Jahwe« heißt.

WER EINE GRUBE GRÄBT, FÄLLT SELBST HINEIN.
(Spr. 26,27)

DAS BUCH DER SPRICHWÖRTER – DER WEG ZUM ERFOLG

Das »Buch der Sprichwörter« steht in neuen Bibelausgaben über jener Spruchsammlung, die lange Zeit König Salomo zugeschrieben wurde. Inzwischen ist geklärt: Salomo ist nicht der Verfasser, mehr noch: Die meisten dieser Sprüche, die nicht viel anderes sind als Ratschläge für den sichersten Weg zu Erfolg im Beruf und Leben, stammten nicht aus israelitisch-judäischer Spruchweisheit, sondern sind ein Kompendium der Sprichworte aller Völker des Nahen Ostens aus vielen Jahrhunderten. Die Endredaktion dürfte im 5. Jahrhundert v. Chr. erfolgt sein.

Liest man sie unbefangen querbeet und versucht dabei zu vergessen, daß sie in der Bibel stehen, dann entpuppen sich die meisten als Allerweltsratschläge auf dem Niveau »Frau Renate rät«. In dieser Sammlung ist viel Oberflächliches und Nichtssagendes. Um so erstaunlicher, daß sich im Neuen Testament viele Zitate aus dieser Sammlung finden.

Dem Schicksal solcher wahl- und systemlosen Zusammenstellungen entgeht auch das »Buch der Sprichwörter« nicht. Allein fünfmal kommt, leicht abgewandelt, dieser Spruch vor:

Ein kluger Sohn macht dem Vater Freude, ein dummer Sohn ist der Kummer seiner Mutter.

Bei keiner der fünf Versionen wird die Frage beantwortet, warum nur die Mutter Kummer an einem dummen Sohn hat.

Spruch 23 könnte in einer Guttempler-Broschüre stehen, er beschwört die bösen Folgen des Weintrinkens:

Schau nicht nach dem Wein, / wie er rötlich schimmert, / wie er funkelt im Becher: / Er trinkt sich so leicht! / Zuletzt beißt er wie eine Schlange, / spritzt Gift aus, gleich einer Viper.
Deine Augen sehen seltsame Dinge, / dein Herz redet wirres Zeug. / Du bist wie einer, der auf hoher See schläft, / der schläft über dem Steuer des Schiffes.
(Spr. 23,31–34)

Doch bevor Sie Ihren Wein gehorsam wegkippen, lesen Sie weiter. Spruch 31 sagt nämlich genau das Gegenteil:

Gebt berauschenden Trank dem, der zusammenbricht, und Wein denen, die im Herzen verbittert sind! Ein solcher möge trinken und seine Armut verges-sen und nicht mehr an seine Mühsal denken. (Spr. 31,6–7)

Ein Thema klingt in den Sprüchen immer wieder an: Ehebruch und die Verlockungen durch leichte Mädchen. Seitensprung scheint eine fleißig betriebene Disziplin gewesen zu sein, gegen die es zu warnen galt. Das geschieht nicht nur oft, sondern auch in genüßlicher Breite, etwa im 7. Spruch:

Da! Eine Frau kommt auf ihn zu / im Kleid der Dirnen, mit listiger Absicht; / voll Leidenschaft ist sie und unbändig, / . . . / Nun packt sie ihn, küßt ihn, / sagt zu ihm mit keckem Gesicht: / Ich war zu Heilsopfern verpflichtet, / und heute erfüllte ich meine Gelübde . . .

Ich habe Decken über mein Bett gebreitet, / bunte Tücher aus ägyptischem Leinen; / ich habe mein Lager besprengt / mit Myrrhe, Aloë und Zimt; / komm, wir wollen bis zum Morgen in Liebe schwelgen, / denn mein Mann ist nicht zu Hause, / er ist auf Reisen, weit fort. (Spr. 7,10–19)

Ein anderer Spruch differenziert zwischen Ehebruch und dem Gang zur Gunstgewerblerin:

Einer Dirne zahlt man bis zu einem Laib Brot, die Frau eines anderen jagt dir das kostbare Leben ab. (Spr. 6,26)

Die Moral ist klar: Lieber etwas zahlen, als das kostbare Leben riskieren! Dieser Reklamespruch für ein Eros-Center ist außerdem ein Beispiel für eine Inkonsequenz der Einheitsübersetzer: Bei dem Spruch vom Licht, das man nicht unter den Scheffel stellen soll, mußte der altvertraute Scheffel einem Eimer weichen, weil die Jugend angeblich nicht weiß, was ein Scheffel ist. Ja, weiß sie denn im Zeitalter der Plastikverpackungen, was ein Brotlaib ist?

Insgesamt kommen in den Sprüchen Frauen nicht gut weg, immer wieder hagelt es Vorwürfe. Da heißt es einmal: »Ein zänkisches Weib ist wie ein ständig tropfendes Dach in der Regenzeit.« Ein andermal: »Ein goldener Ring im Rüssel eines Schweines: Das ist ein Weib, schön, aber sittenlos.«

Möglicherweise empfand bereits der erste Herausgeber dieser Sprüche-Anthologie diese ständigen Angriffe auf die Frauen als ungerecht und hat deshalb als letzten Spruch ein Loblied auf die tüchtige Hausfrau angefügt, das ihm jedoch zu überschwenglich lobhudelnd aus der Feder floß, als daß es überzeugen könnte:

Sie übertrifft alle Perlen an Wert . . . Sie tut ihm Gutes und nichts Böses alle Tage ihres Lebens . . . Auch des Nachts erlöscht ihre Lampe nicht . . . Gütige Lehre ist auf ihrer Zunge. (Spr. 31,12–26)

Ein Edelwesen, wie vom jungen Schiller geschaffen. Die Dame ist nicht allein. Sie hat in dieser Spruchsammlung eine Schwester im Geiste – die Weisheit. Sie tritt hier und nur hier in persona auf: Gleich am Anfang ruft sie den Menschen ihre Mahnungen zu. Sie verlangt:

Halte dich nicht selbst für weise, / fürchte den Herrn, und fliehe das Böse!

(Weish. 14,5)

Gut und schön gesagt. Seltsam ist nur die Begründung der Dame Weisheit, warum man ihren Rat befolgen soll:

Das ist heilsam für deine Gesundheit und erfrischt deine Glieder.

(Weish. 14,7)

Wer dieser Logik nur schwer folgen kann, findet sicher Passenderes für sich in den nächsten Weisheitstexten des »Buchs Kohelet«.

EIN MÄCHTIGER DECKT DEN ANDEREN, HINTER BEIDEN STEHEN NOCH
MÄCHTIGERE . . .
(Koh. 5,7)

DAS BUCH KOHELET – EIN IRRTUM?

Das erstaunlichste an diesem erstaunlichen Buch ist, daß es überhaupt in die Bibel aufgenommen wurde. Seine Moral und seine Lehrmeinungen stehen im Gegensatz zu allen anderen Büchern des Alten Testaments. Angeblich wurde es wegen eines einzigen Satzes aufgenommen: »Fürchtet Gott und haltet seine Gebote.«

Ausgerechnet dieser Satz aber wurde erst später dem Text eingefügt. Und nicht nur er! Quer durch das Manuskript ziehen sich spätere Einschübe. Alle haben nur ein Ziel: den pessimistischen bitteren Grundtenor des Werks mit frommen Sentenzen über den Vorteil des Gottvertrauens zu verzuckern.

Bereits der erste Satz des Manuskripts drückt die Lebenseinstellung des Verfassers aus: Es lohne nicht, zu leben. Luther übersetzte ihn so: »Es ist alles ganz eitel.« Später hieß es: »Wie ist alles so nichtig.« Die Einheitsübersetzung macht daraus:

»Windhauch, Windhauch, alles ist Windhauch.«   (Koh. 1,2)

Drei Stilvarianten für ein und denselben Gedanken. Die »Windhauch«-Version ist die poetischste und kommt dem Kohelet-Autor, der seine Worte wohl zu setzen weiß, am nächsten.

Der hebräische Titel des Buches lautet: »Worte des Kohelet, des Sohnes Davids, des Königs von Jerusalem«. Für Luther und viele nach ihm gab es keinen Zweifel, wer mit der Bezeichnung »Sohn Davids« gemeint war: Salomo. Also fügt man die Überschrift »Der Prediger Salomo« bei, die Luther gewählt hatte. Inzwischen ist bekannt, daß weder Salomo noch ein Zeitgenosse von ihm der Verfasser gewesen sein kann. In allen Texten steckt so viel griechische Lebenseinstellung, daß sie wahrscheinlich erst 250 v. Chr. geschrieben worden sein können. Deshalb wählten neuere Bibelausgaben den Titel »Buch Kohelet«.

Dieses Wort ist kein Eigenname, sondern eine Gattungsbezeichnung. Ein Kohelet war ein »Versammler«, einer, der Schüler oder auch nur Zuhörer um sich versammelte.

Was die Schüler dieses Kohelet zu hören bekamen, war ungewöhnlich genug. Der Mann ist Pessimist. Das Prinzip Hoffnung – dieser unbekannte Kohelet kennt es nicht. Für ihn ist alles im Leben vorbestimmt, und alle Versuche, dies zu ändern, machen es nur noch schlimmer.

Denn: »Viel Wissen, viel Ärger, wer das Können vermehrt, der mehrt die Sorge.«
(Koh. 1,18)

Er weiß auch, was man dagegen tun kann:

»Der Ungebildete legt die Hände in den Schoß und hat doch sein Fleisch zum Essen. Besser eine Handvoll und Ruhe als beide Hände voll und Arbeit und Luftgespinst.«
(Koh. 4,5–6)

Und warum ist das so? Hier die Antwort:

»Ein Mächtiger deckt den anderen, hinter beiden stehen noch Mächtigere.«
(Koh. 5,7)

Dieses Buch macht keine Hoffnung auf einen Lohn im Jenseits, und gute Taten verwehen wie Spreu im Wind. Trotzdem ist die Erde für den Verfasser kein Jammertal. Im Gegenteil:

»Also: Iß freudig dein Brot und trink vergnügt deinen Wein, denn das, was du tust, hat Gott längst so festgelegt, wie es ihm gefiel. Trag jederzeit frische Kleider, und nie fehle duftendes Öl auf deinem Haupt. Mit einer Frau, die du liebst, genieß das Leben . . .«
(Koh. 9,7–9)

Aus diesem Kohelet spricht die Erfahrung eines Erbonkels, wenn er formuliert:

»Mehrt sich das Vermögen, so mehren sich auch die, die es verzehren.«
(Koh. 5,10)

Daß dies keine Lehre vom grünen Tisch ist, daran läßt er keinen Zweifel. Gleich zu Anfang zählt er auf, was er alles besaß: Häuser, Weinberge, Gärten, Sklaven, Vieh, Silber und Gold.

»Ich besorgte mir Sänger und Sängerinnen und die Lust jedes Menschen: einen großen Harem.«
(Koh. 2,8)

Aber er kommt zu dem Ergebnis:

»Das ist alles Windhauch und Luftgespinst. Es gibt keinen Vorteil unter der Sonne.«
(Koh. 2,11)

Auch wer diese Ansichten nicht teilt, sollte das »Buch Kohelet« lesen, denn schreiben konnte der Mann! Lesen Sie nur mal sein 12. Kapitel über Jugend und Alter. Sprachbilder werden zu einem Satzturm gestapelt, bis zum letzten Satz dieses Buches, der wie eine Armsünderglocke noch einmal die Grundmelodie läutet:

»Windhauch, Windhauch«, sagte Kohelet, »das ist alles Windhauch.«
(Koh. 11,8)

Ein Bearbeiter, möglicherweise einer seiner Schüler, hat offenbar nach einer Möglichkeit gesucht, die Gedankengänge dieses klugen Mannes so weiterzuführen, daß sie sich nicht zu kraß von den anderen alttestamentarischen Büchern absetzen. Er hat einen Epilog hinzugefügt, dessen letzter Satz das Gegenteil dessen versichert, was Kohelet ausgeführt hat:

»Denn Gott wird jedes Tun vor das Gericht bringen, das über alles Verborgene urteilt, es sei gut oder böse.«
(Koh. 12,14)

Zehn Zeilen vorher allerdings ist dem Bearbeiter ein Satz aus der Feder gerutscht, der beweist, daß er sehr wohl die Lehren dieses Kohelet verstanden hatte:

»Es nimmt kein Ende mit dem vielen Bücherschreiben, und viel Studieren ermüdet den Leib.«   (Koh. 12,12)

Wer wollte diesem Stoßseufzer, gerade in der heutigen Zeit, widersprechen?

»... BERAUSCHT EUCH AN DER LIEBE!«
(HL 5,1)

DAS HOHELIED – LIEDER DER LIEBE

Nun sagen es auch Theologen: Das »Hohelied« ist eine Sammlung israelitischer, ägyptischer und babylonischer Lieder, die die geschlechtliche Liebe besingen.

Dieser Ansicht war man nicht immer. Lange galt es als ausgemacht, mit der Liebe, von der in den Versen gesprochen wird, sei die Liebe Gottes zu den Menschen gemeint und Salomo der Verfasser der Verse. Er verlor seine Urheberschaft, als man auf älteren Keilschrifttafeln und Hieroglyphentexten gleichlautende Gedichte fand.

Schon die jüdischen Schriftgelehrten versuchten, die Gedichte allegorisch umzudeuten. War von Bräutigam und Braut die Rede, war dies für sie die Umschreibung für Jahwe und sein auserwähltes Volk.

Das »Hohelied« sollte nur bei Gottesdiensten gesungen werden. Rabbi Ben Akiba, von dem der Spruch »Alles schon dagewesen« stammen soll, verbot sogar, daß Verse aus dem »Hohenlied« bei Hochzeiten gesungen wurden. Dahinter steckte eine – allerdings unfreiwillige – Konsequenz, denn die Liebe, die in diesen Texten besungen wird, hat nichts mit Ehe, nichts mit Zeugung und Fortpflanzung zu tun – allein die Freude aneinander verherrlichen diese Gedichte. Sie sind Loblieder auf die schönste und leidenschaftlichste Zuwendung zweier Menschen zueinander.

Wie schwer es einigen Theologen gefallen sein mag, diese Texte als Liebeslyrik und nichts anderes anzuerkennen, belegen die Formulierungsklimmzüge, die das 1969 erschienene katholische »Sachbuch zur Bibel« aufführt: »Auch die reine bräutliche und eheliche Liebe gehört mitsamt ihren erotischen Begleitumständen zu den das Volk aufbauenden und erhaltenden Kräften, die Gott selbst geschaffen hat.«

Heute zweifelt niemand mehr, daß es sich um Liebeslyrik handelt, bei der die unverhohlene Freude an den körperlichen Reizen des Partners in jedem Wort zu spüren ist. Welches Geständnis, aber auch welche Freude am eigenen Körper spricht aus den Versen:

>*Schaut mich nicht so an, weil ich gebräunt bin.* / *Die Sonne hat mich verbrannt.*
Meiner Mutter Söhne waren mir böse, / *ließen mich Weinberge hüten;* / *den eigenen Weinberg konnte ich nicht hüten.*« (HL 1,6)

Die erste Liebe kann ein Mädchen vielleicht anders, aber kaum zärtlicher beschreiben.

Die Verfasser dieser Gedichte haben ihre Vorbilder mit leidenschaftlicher Zärtlichkeit aus allen Bereichen gewählt:

>*Mit der Stute an Pharaos Wagen* / *vergleiche ich dich, meine Freundin.*«
(HL 1,9)

>*Eine Lilie unter Disteln* / *ist meine Freundin unter den Mädchen.*«
(HL 2,2)

>*Deiner Hüften Rund ist wie Geschmeide . . .*
Dein Schoß ein rundes Becken . . .
Dein Leib ist ein Weizenhügel . . .
Deine Brüste sind wie zwei Kitzlein . . .
Dein Hals ist ein Turm aus Elfenbein . . .
Wie eine Palme ist dein Wuchs; / *deine Brüste sind wie Trauben.*«
(HL 7,2–8)

Und der nächste Vers verrät, daß hier nicht einer etwas lobt, was er nur vom Hörensagen kennt, sondern der genau weiß, wozu Gott dies alles geschaffen hat:

>*Ich sage: Ersteigen will ich die Palme;* / *ich greife nach den Rispen.* / *Trauben am Weinstock sind mir deine Brüste,* / *Apfelduft sei der Duft deines Atems.*«
(HL 7,9)

Soweit er – wie aber reagiert sie? Auch sie verschweigt nicht, wie ihr ums Herz ist. Ihre und seine Sehnsucht werden zu einem Duett der Liebe. Einer der Verfasser hat dem Mädchen sogar ein Wort in den Mund gelegt, das im Alten Testament nur selten verwendet wird:

»Ich gehöre meinem Geliebten, / und ihn verlangt nach mir.« (HL 7,11)

Dieses Verlangen zueinander ist die Grundmelodie dieser Lieder, die in immer neuen Variationen die Liebe besingen und die dem »Hohenlied« einen ersten Platz in der Liebeslyrik aller Völker und Zeiten sichern. Diese Gedichte brauchen keine Interpretation. Sie sind zeitlos gültig wie die Liebe. Eines beschreibt das Liebeslager eines Pärchens im Grünen:

»Frisches Grün ist unser Lager, Zedern sind die Balken unseres Hauses, Zypressen die Wände.« (HL 1,16–17)

In diesen Zeilen schwingt die gleiche gesunde Freude wie in dem nordischen Gegenstück: »Unter der Linden / auf der Heide, / wo ich mit ihm in Liebe saß, / da werdet ihr finden, / wie wir beide / Blumen brachen und das Gras.«

Walther von der Vogelweide, der Minnesänger, hat es geschrieben – allerdings in mittelhochdeutsch. Aus jener Zeit, da die Minne die Liebe noch nicht verdrängt hatte, stammt das kürzeste, einfachste und tiefste Bekenntnis zweier Liebender: »Ich bin dein, und du bist mein.«

Es schmälert nicht die Kraft dieser sieben Worte, wenn sie bereits anderthalb Jahrtausende zuvor von einem unbekannten jüdischen Mädchen zu ihrem Freund gesagt worden sind. Auch sie stehen im »Hohenlied«:

»Der Geliebte ist mein, / und ich bin sein.« (HL 2,11)

Das »Hohelied« ist unvergänglich, weil in keiner Zeile versucht wird, zu definieren, was Liebe ist. Sie ist – und das genügt. Wie sie ist, sagt einer der Liedermacher in den letzten Versen dieses Vademecums zärtlicher Leidenschaft:

»Auch mächtige Wasser / können die Liebe nicht löschen; /auch Ströme schwemmen sie nicht weg. / Böte einer für die Liebe / den ganzen Reichtum seines Hauses, / nur verachten würde man ihn.« (HL 8,7)

Weder heute noch morgen wird man es ergreifender sagen können. Worte von Ewigkeitswert.

DURCH ZUFALL SIND WIR GEWORDEN, UND DANACH WERDEN WIR SEIN,
ALS WÄREN WIR NIE GEWESEN.
(Weish. 2,2)

DAS BUCH WEISHEIT UND DAS BUCH JESUS SIRACH

In protestantischen Bibeln beschließt das »Hohelied« die poetischen Bücher des Alten Testaments. Ein schöner Abschluß. Die beiden Bücher, die in katholischen Bibeln folgen, erreichen dessen inhaltliche und stilistische Qualität nicht.

Diese beiden Texte sind das »Buch Weisheit« und das »Buch Jesus Sirach«. Nach der Entstehungszeit müßte das »Buch Jesus Sirach« vor dem »Buch Weisheit« stehen. Es wurde gut ein Jahrhundert vorher geschrieben. Weil aber lange Zeit das Weisheitsbuch dem weisen Salomo zugeschrieben wurde, hatte man es vor dem des Jesus Sirach eingeordnet, und dabei ist es dann geblieben.

Das Weisheitsbuch, in griechisch geschrieben, ist das jüngste Buch des Alten Testaments. Es entstand in der zweiten Hälfte des 1. Jahrhunderts v. Chr. und gehört erst seit dem 2. Jahrhundert n. Chr. zum Kanon katholischer Bibeltexte.

Thema des Buches: die Rolle der Weisheit im Schicksal des Menschen. Eine so pauschale Aufgabenstellung verführt dazu, den leichten Weg zu Gemeinplätzen einzuschlagen. Auch in diesem Buch gibt es reichlich davon, zum Beispiel gleich im ersten Satz:

Liebt Gerechtigkeit, ihr Menschen der Erde . . .

Das Zitat über der Kapitelüberschrift gehört dagegen nicht zu den ernstgemeinten Ratschlägen. Im »Buch der Weisheit« steht es als Negativbeispiel für Frevler wider das Gesetz Gottes. An die Kapitelspitze kam es nur, um Sie zum Lesen zu verführen.

Vieles, was im »Buch Weisheit« steht, hat uns heute kaum noch etwas zu sagen, dafür wirft es Schlaglichter auf den Alltag zu alttestamentarischer Zeit. Da heißt es zum Beispiel von den Kanaanitern zur Zeit der Landnahme:

Sie waren erbarmungslose Kindermörder und verzehrten beim Opfermahl Menschenfleisch und Menschenblut. (Weish. 12,5)

Es ist dies der einzige biblische und außerbiblische Hinweis auf Kannibalismus in Kanaan. Durchaus denkbar, daß dem frommen Autor jedes Mittel recht war, um die Feinde Israels unmenschlich darzustellen. Verbürgt jedoch ist ein anderer Hinweis. Bei der Aufzählung heidnischer Götterbilder heißt es:

Ein anderer, der sich zu einer Seefahrt rüstet ... ruft ein Holz an, das gebrechlicher ist als das Fahrzeug, das ihn trägt. (Weish. 14,1)

Unschwer zu erraten, was gemeint ist: eine hölzerne Götterfigur am Bug eines Schiffes. Urahnin der Galionsfiguren?

Das »Buch Weisheit« wurde in Alexandria niedergeschrieben. Dieser Entstehungsort ist von Bedeutung, denn in Alexandria waren zu dieser Zeit griechische Kultur und griechische Philosophie zu Hause, mehr als in den anderen Städten. Wenn sich der jüdische Glaube in einer solchen Stadt behaupten wollte, konnte er sich nicht einfach abkapseln, dann mußte er sich der Auseinandersetzung mit den griechischen Philosophen stellen.

Der Begriff der »Idee«, die große Leistung der griechischen Philosophie, wird im »Buch Weisheit« mit der jüdischen Gottesvorstellung verbunden. Die Suche nach Wahrheit führt immer zu Gott – dieser Gedanke wird in diesem Text zum ersten Mal ausgesprochen.

Auch andere Begriffe tauchen erstmals auf: Die Auferstehung wird mit der Unsterblichkeit gekoppelt, von einer Apokalypse wird berichtet und von Vergeltung im Jenseits. Doch solche Deutungen finden nur schwer ein Echo in einer Zeit wie unserer, die Wissen schon für Weisheit hält.

Um so erstaunlicher, daß in einem modernen Feuilleton über einen Atheisten nicht nur der übliche Hinweis auf die Majestät der Natur als Beweis für die Existenz Gottes zitiert wird, sondern auch ausgerechnet dieses »Buch Weisheit«. Der Autor schreibt, die Berge seien »gleichsam ein Echo der Worte im Buch der Weisheit: Der Urheber der Schönheit hat sie geschaffen. Und wenn sie über ihre Macht und ihre Kraft in Staunen gerieten, dann hätten sie auch erkennen sollen, wieviel mächtiger jener ist, der sie geschaffen hat ...«

Der Name des Autors: Karol Wojtyla. Die Welt kennt ihn besser unter seinem neuen Namen: Papst Johannes Paul II.

Das »Buch Jesus Sirach« wurde in hebräischer Sprache von einem der »Chassidim«, der »frommen Juden«, namens Ben Sira geschrieben. Er gibt es nicht als seinen eigenen Text aus, sondern als das Werk seines Großvaters, der um 190 v. Chr. gelebt hat.

Ausgerechnet dieses Buch, das in Stil, Gedanken und Inhalt so jüdisch ist, fehlt in den jüdischen Bibeln, weil das hebräische Manuskript nicht mehr vorlag. In christlichen Bibeln wurden die Übersetzungen bisher nach griechischen Vorlagen erstellt. Als erste greift die deutsche Einheitsübersetzung in ihrer Fassung des »Buches Jesus Sirach« auch auf hebräische Texte zurück, die in den letzten hundert Jahren – unter anderem in Qumran – entdeckt wurden.

Als moralischer Pfadfinder wandelt Jesus Sirach auf ausgetretenen Pfaden. Er gibt Etiketteregeln und Sittenlehren aus zweiter Hand.

Ein »Goldenes Anstandsbrevier« für die reifere Jugend. Ein sittenstrenger Federfuchser, dem Tinte statt Blut in den Adern pulst, doziert mit erhobenem Zeigefinger. Lebensfremd gibt er Sprüche wie diese weiter:

Gesunden Schlaf hat einer, der den Magen nicht überlädt, steht er am Morgen auf, fühlt er sich wohl.
Hast du dich dennoch von Leckerbissen verführen lassen, steh auf, erbrich sie, und du hast Ruhe! (Sir. 31,20–21)

Doch plötzlich stößt man auf Ratschläge, die man zwei-, dreimal liest, so ungewöhnlich sind sie!

Ohne Dank bleibt, wer einen Frevler beschenkt . . . Gib dem Guten, nicht aber dem Bösen . . . Denn auch Gott haßt die Bösen, den Frevlern vergilt er mit Strafe. (Sir. 12,3–6)

Das dürfte kaum von einer Kanzel, gleich, welcher Konfession, verkündet werden.

So umstritten Jesus Sirachs moralpädagogische Qualitäten auch sein mögen, bei der kulturgeschichtlichen Spurensicherung ist er ein ausgezeichneter Zuarbeiter.

Bei ihm kommt zum ersten Mal das Wort »Mammon« vor – allerdings nicht in der Einheitsübersetzung. Dort hat man es sehr frei mit »der sich nicht aus Habgier versündigt« eingedeutscht. Andere Übersetzungen wählen für Mammon die Umschreibung »der nicht dem Golde nachläuft«. Der Geruch vom unredlichen Gewinn, der heute dem »Mammon« anhängt, ließ es angeraten erscheinen, andere Worte zu wählen. In alttestamentarischen Zeiten war es ein ehrenwertes Wort, das wahrscheinlich von dem aramäischen Wortstamm »mamona« abgeleitet ist, was soviel wie »das, worauf man baut« bedeutet.

Ein anderes, uns wohlvertrautes Wort entspringt dem gleichen Stamm! Das Wort »Amen«. Wer hätte gedacht, daß »Mammon« und »Amen« verwandt sind?

Für Eindeutschungen nicht dem Wort nach gibt es bei Jesus Sirach noch ein prägnantes Beispiel – so lesen und verstehen wir ohne Mühe den Satz:

Denn er hatte Gott . . . angerufen, und dieser gab seiner rechten Hand Kraft.
(Sir. 47,5)

Aber es ist für uns nur verständlich, weil die Übersetzer nicht das schrieben, was im hebräischen Urtext steht, nämlich »gab seiner rechten Hand das Horn«.

»Horn« ist ein oft benutztes Sinnbild für Charakterkraft, aber auch körperliche Stärke. Nicht nur an dieser Stelle, sondern auch an vielen anderen des Alten Testaments ist in deutschen Bibeln »Horn« durch »Kraft« ersetzt.

Das aber stimmt nachdenklich, wenn man sich jener Sätze auf Seite 109 erinnert, da vom fälschlich »gehörnten Moses« die Rede war. Vielleicht war das Horn auch bei Moses kein Abschreibfehler, sondern auch an dieser Stelle ein Symbol dafür, daß Moses durch die Begegnung mit Gott gestärkt worden war. Die Bibel – zeigt sich einmal mehr – steckt selbst in den einfachsten Worten voller Überraschungen.

Schließen wir dieses Kapitel mit einer weiteren Überraschung: Bei Jesus Sirach steht folgender Vergleich:

»Wie ein im Korb gefangener Vogel ist das Herz des Übermütigen . . .«
(Sir. 11,30)

Seltsam! Ein reichlich schiefes Bild, gerade ein Übermütiger fühlt sich doch frei und unbeengt! Genau das ist auch gemeint! Das wird sofort klar, wenn man für den »im Korb gefangenen Vogel« das Wort »Lockvogel« setzt. Der ist übermütig, weil er sich sicher fühlt. Der »Lockvogel« im Text trillerte Verständliches. Vielleicht singt er ja eines Tages auch in der Einheitsübersetzung.

ABER DU, BETLEHEM-EFRATA ... AUS DIR WIRD MIR EINER HERVOR-
GEHEN, DER ÜBER ISRAEL HERRSCHEN SOLL.
(Mich. 5,1)

Die prophetischen Bücher

Warum es sechs große und elf kleine Propheten gibt und weshalb Maleachi
kein Prophet war

DIE KONFLIKTE WAREN VORPROGRAMMIERT

Was ein Prophet ist, weiß jeder: ein Hellseher, einer, der die Zukunft
voraussagt. Immer schon hat es Menschen gegeben, die über diese Gabe
verfügten: in Babylon wie in Assur, in Sparta wie in Troja, in Athen wie in
Rom, im Mittelalter wie in unserer Zeit. Je orakelhafter verpackt ihre
Prophezeiungen sind, um so größer die Erfolgsquote, weil hinterher
herausgelesen werden kann, was inzwischen eingetroffen ist.

Das alles trifft auf die Propheten des Alten Testaments nicht zu. »Propheten« hießen jene Menschen, die für einen anderen sprachen. Auch im
Alltag konnte, wer nicht sprachgewandt war, sich einen »Propheten«
engagieren, den er bei Verhandlungen und vor Gericht für sich reden ließ.
Er war sein Sprachrohr.

Die biblischen Propheten waren das Sprachrohr Gottes. Sie betonten
dies auch mit einer Redewendung, die oft am Anfang ihrer Ansprachen
steht: »Und es erging an mich das Wort des Herrn.«

Auch andere Religionen kannten solche Dolmetscher göttlicher Botschaften, der Baal-Kult beispielsweise. Die Propheten Jahwes hießen »Nabi«,
was schwer zu übersetzen ist, am ehesten vielleicht mit »Berufene Rufer«.

Die große Zeit der alttestamentarischen Propheten begann während der
Babylonischen Gefangenschaft und reichte bis zum 2. Jahrhundert v. Chr.
In dieser Zeit haben sie – es gab Hunderte – das politische und geistige
Leben der Kinder Israels kommentiert und mitunter auch gelenkt. Sie
prangerten Mißstände an, riefen zur Besinnung und riskierten dabei nicht
selten Kopf und Kragen. Ihr Konflikt mit Staat, Kirche und Gesellschaft
war vorprogrammiert.

Achtzehn prophetische Bücher hat die katholische, eines weniger die
protestantische Bibel. In ihr fehlt das »Buch Baruch«.

Weil die mündlichen Ausführungen der Propheten niedergeschrieben worden sind – und zwar meist von anderen –, nennt man sie »Schriftpropheten«. Das führt zu Mißverständnissen. Sie alle wirkten nicht durch das geschriebene Wort; sie waren eben keine Schriftpropheten, keine Schreibtischtäter, wenn das Wort einmal im positiven Sinne gebraucht werden darf. Sie alle waren Redner.

Die Kirchenväter unterschieden große und kleine »Schrift«-Propheten. Solche Unterscheidung ist immer problematisch, unsinnig wird sie, wenn sie nach der Länge der Manuskripte vorgenommen wird. Genau dies aber war das Kriterium für die Einteilung in große und kleine Propheten. Im literarischen Bereich hieße das: Lope de Vega schrieb 800 Stücke, also war er größer als Shakespeare, der es bestenfalls auf 36 brachte.

Viele Stellen der prophetischen Bücher sind mühsam zu lesen. Oft wechselt der Erzähler innerhalb eines Satzes von der Gegenwartsform in die der Zukunft oder der Vergangenheit. Das ist nicht so absonderlich, wenn man bedenkt, daß es im Hebräischen für unseren Begriff »Zeit« kein Wort gibt und daß die Verben lediglich zwischen abgeschlossenen Handlungen und solchen unterscheiden, die noch stattfinden. Beide Formen können sich, je nach dem Zusammenhang, auf Gegenwärtiges, Vergangenes oder Zukünftiges beziehen, aber das wird nicht durch eine besondere Endung angezeigt.

Das große Thema aller alttestamentarischen Propheten ist die Messias-Erwartung, jene jüdische Hoffnung auf einen Erlöser, auf einen Christus, wie das griechische Wort für Messias heißt.

Der Messias-Gedanke ist alt und nicht nur im isaraelitischen Glauben verankert. Assyrer und Perser hofften ebenfalls auf einen Messias. Doch nur bei den Juden wurde die Messias-Hoffnung zur Gewißheit und zur Bestätigung, daß einzig und allein sie das auserwählte Volk Gottes sein mußten.

Von diesem Messias existierten unterschiedliche Vorstellungen. Die einen glaubten, er müsse ein neuer kriegerischer König wie David sein, während die anderen einen Glaubensmann wie Moses erwarteten.

Die Autoren des Neuen Testaments haben beide Versionen auf Jesus als den Messias bezogen, der zum Christus wurde, weil er zum Erlöser nicht nur der Juden, sondern aller Menschen wurde.

Doch laßt uns erst von den Propheten reden – und zwar in der Reihenfolge, die in unseren Bibeln gewählt wurde, die jedoch nicht den chronologischen Lebensdaten der Autoren entspricht.

JESAJA, 765 v. Chr. geboren, war vierzig Jahre lang in Jerusalem als Prophet tätig. In Qumran fand man 1949 eine vollständige Jesaja-Handschrift. Sie bestätigte, was Altphilologen schon lange vermuteten: Nur ein kleiner Teil dessen, was unter Jesajas Namen im Alten Testament steht, ist von ihm. Werke unbekannter Propheten, Manuskripte seiner Schüler wurden mit Originaltexten Jesajas vermischt. Nicht immer kann die Herkunft der Texte genau bestimmt werden. Doch als sicher gilt, daß die Kapitel 55 bis 66 von anderen Propheten stammen.

Das Jesaja-Buch ist eines der längsten, und keiner seiner Verfasser nimmt ein Blatt vor den Mund, wenn er Mißstände beim Namen nennt:

Priester und Propheten schwanken vom Bier, sind überwältigt vom Wein. Sie taumeln vom Bier, sie schwanken bei ihren Visionen, sie torkeln, wenn sie ihr Urteil verkünden. Alle Tische sind voll von Erbrochenem, sind voll von Kot bis auf den letzten Fleck. (Jes. 28,7–8)

Das wird sich keiner, auf den diese Vorwürfe zutrafen, hinter den Spiegel gesteckt haben, sofern er einen besaß! Den hatten jene Mädchen von Jerusalem, die Jesaja (oder wer auch immer) der Hoffart beschuldigte:

... weil die Töchter Zions hochmütig sind, ihre Hälse recken und mit verführerischen Blicken daherkommen, immerzu trippelnd daherstolzieren und mit ihren Fußspangen klirren, darum wird der Herr den Scheitel der Tochter Zions mit Schorf bedecken und ihre Schläfe kahl werden lassen. An jenem Tag wird ihnen der Herr ihren Schmuck wegnehmen: die Fußspangen, die kleinen Sonnen und Monde, die Ohrgehänge und Armkettchen, die Schleier und Turbane, die Fußkettchen und die Prachtgürtel, die Riechfläschchen und die Amulette, die Fingerringe und Nasenringe, die Festkleider und Umhänge, die Umschlagtücher und Täschchen und die Spiegel, die feinen Schleier, die Schals und Kopftücher. Dann habt ihr Moder statt Balsam, Strick statt Gürtel, Glatze statt kunstvolle Locken, Trauergewand statt Festkleid, ja, Schande statt Schönheit. (Jes. 3,16–24)

Nun weiß man genau, was alles zur modischen Ausrüstung der Töchter Zions gehörte. Er war gut informiert, der Prophet Jesaja.

»Die Töchter Zions« – damit sind die Mädchen aus Jerusalem gemeint; mit der Einzahl wäre nicht ein Mädchen gemeint, sondern die Stadt Jerusalem selbst; »Zion« hieß die Jebusiterfestung, aus der David »seine Stadt« machte.

Im Jesaja-Buch taucht erstmals ein geheimnisvoller Begriff auf:

Serafim standen über ihnen. Jeder hatte sechs Flügel: Mit zwei Flügeln bedeckten sie ihr Gesicht, mit zwei bedeckten sie ihre Füße, und mit zwei flogen sie.   (Jes. 6,2)

Serafim waren menschenähnliche, geflügelte Wesen. Zusammen mit den Kerubim gehörten sie zur Engelschar. Der Text verrät, daß sie ihr Gesicht verdeckten. Das taten sie, um Jahwe nicht anzusehen, was ja verboten war. Aber warum bedeckten sie ihre Füße? Die Antwort lautet: Das steht zwar da, getan aber haben sie es nicht! Um nicht schreiben zu müssen, daß sie schamhaft ihre Geschlechtsteile bedeckten, hat der Jesaja-Autor »Füße« geschrieben.

Die wichtigste Stelle des »Buchs Jesaja« aus christlicher Sicht ist ein einziger Satz, eigentlich nur ein Wort:

Seht, die Jungfrau wird ein Kind empfangen, sie wird einen Sohn gebären.
                                                                    (Jes. 7,14)

Wahrscheinlich ist dieser Wortlaut von der Ankündigung des Messias eine jener Stellen, derentwegen es zu keiner katholisch-protestantischen Einheitsübersetzung gekommen ist. Noch die Zürcher Bibel schreibt 1972:

Siehe, das junge Weib ist schwanger und gebiert einen Sohn . . .

Wer hat recht? Diejenigen, die mit »Jungfrau« übersetzen, oder jene, die »junges Weib« schreiben? Antwort: Beide! Denn im hebräischen Urtext steht »alma«, und das heißt einfach »das Herangereifte«: Es wird sowohl für die unverheiratete Tochter, das Mädchen, aber auch für eine junge Ehefrau benutzt. Bei der Geburt Jesu wird uns das Wort »alma« noch einmal beschäftigen.

Nicht nur für die Geburt, auch für den Tod des zu erwartenden Messias bietet Jesaja Details, die sich weitgehend mit der Passion Jesu decken (bitte ersetzen Sie beim Lesen »wurde« durch »wird« und »gab« durch »gibt«):

Doch er wurde durchbohrt . . . Er wurde mißhandelt und niedergedrückt . . . Durch Haft und Gericht wurde er dahingerafft. Bei den Ruchlosen gab man ihm sein Grab, bei den Verbrechern seine Ruhestätte . . .   (Jes. 53,5–9)

JEREMIA wurde um 645 v. Chr. geboren. Das längste und am wenigsten geordnete Prophetenbuch, zudem noch langatmig geschrieben, trägt seinen Namen. Jeremia lebte in Jerusalem, als es von den Babyloniern erobert und zerstört wurde. Er sah darin eine Strafe Jahwes, dem sein Volk den Gehorsam verweigert hatte. Er prophezeite den Untergang, drohte mit weiteren Strafen und erlitt das Schicksal aller unbequemen Mahner: Er wurde verfolgt und verbannt. Seine vielen Leiden und Krankheiten, die er ausführlich schildern läßt, haben ihm den Beinamen »der weinende Prophet« eingebracht.

Ungewöhnlich für einen Propheten ist der Jammerschrei:

»Verflucht der Tag, an dem ich geboren wurde; der Tag, an dem meine Mutter mich gebar, sei nicht gesegnet.« (Jer. 20,14)

Dem Buch sind fünf Klagelieder angefügt, die bis vor zwei Jahrzehnten ebenfalls Jeremia zugeschrieben wurden. Heute dominiert die Auffassung, daß sie von mehreren unbekannten Verfassern stammen. Alle besingen das traurige Schicksal Judas und Jerusalems.

*

BARUCH war Weggefährte, vielleicht sogar Neffe des Jeremia, dem er in die Verbannung nach Ägypten folgte und dessen Botschaft er öffentlich verlas, als Jeremia Redeverbot erhielt. Auch in seinem eigenen Buch erweist sich Baruch als wenig eigenständiger Prophet, als braver Wiederkäuer von Thesen, die vor ihm schon andere verkündet hatten.

Lediglich der als 5. Kapitel angehängte »Brief Jeremias« bietet interessante Ausblicke auf das Leben in einer jüdischen Diaspora. Doch ausgerechnet dieser Brief ist nicht von ihm.

Aus den Worten dieses Briefes sprüht das Feuer heiligen Zorns, wenn der Autor mit den »Hierodulen« abrechnet. Von diesen Tempeldirnen, die oft im Alten Testament als schlimmstes Ärgernis erwähnt werden, berichtet der Brief einige Details:

Die Frauen aber sitzen mit Schnüren umwunden an den Wegen [zum Tempel] und lassen Kleie in Rauch aufgehen. (Ba. 6,42)

Man sieht sie vor sich, die armen versklavten Wesen, die zu erniedrigendem schändlichen Tun gezwungen werden. Fesseln hindern sie daran, wegzulaufen.

So denkt man und irrt erheblich! Diese Frauen sind nicht gefesselt, damit sie nicht weglaufen können, sondern die »Schnüre« dienen als symbolisches Zeichen dafür, daß jeder Mann sie wegführen konnte. Es kam sogar zu Eifersüchteleien zwischen den Mädchen. Sobald eine entfesselt wird,

... schmäht sie ihre Nachbarin, weil ... ihre Schnur noch nicht zerrissen
wurde. (Ba. 6,43)

Unklar bleibt, wozu die Kleie geräuchert wurde. Einige Kulturgeschichtler vermuten, daß der Duft luststeigernde Wirkung gehabt haben könnte. Man müßte es eben mal probieren. Vorausgesetzt, daß »Kleie« die richtige Übersetzung des hebräischen Wortes ist.

Auf dem Gebiet der Spezereien und deren Verwendung in der Antike ist ohnehin noch vieles unerforscht. So weiß man noch nicht, wozu in Ägypten Zentner von Henna gelagert wurden. Als Haarfärbemittel hätte der hundertste Teil gereicht. Es gibt eine Theorie, nach der Henna ein Mittel zur Götterbeschwörung war.

Die Anbetung heidnischer Götter ärgert den Propheten Baruch so sehr, daß er sich zu einer Erklärung hinreißen läßt, die nicht ohne unfreiwillige Komik ist:

Besser ist also ein gerechter Mann, der keine Götterbilder hat; denn er ist sicher
vor dem Gespött. (Ba. 6,72)

*

EZECHIEL – Luther hatte ihn »Hesekiel« genannt, aber nun haben Theologen und Sprachforscher sich auf Ezechiel geeinigt. Er gehörte zu einer Priesterfamilie, die 597 v. Chr. mit nach Babylon ins Exil deportiert wurde. Von dort hat er seine Visionen, seine Drohreden, aber auch seine Hoffnungen verkündet. Im Buch mit seinem Namen haben Schüler Sätze des Meisters, aber auch viel Eigenes zusammengetragen.

Ezechiels Lehre hieß Erneuerung von innen. Eine seiner Visionen hat vor einigen Jahren außerbiblische Aufmerksamkeit erregt, als Erich von Däniken, der Pfadfinder des Weltalls, glaubte, aus Ezechiels Beschreibung eines Himmelsgefährts technische Hinweise für ein vorzeitliches Raumfahrzeug herauslesen zu können. Wer die kühnen Kombinationen nachprüfen möchte – unter Ezechiel 1,4–28 ist das »Fahrzeug« beschrieben.

Wer jedoch lieber etwas vom Leben am häuslichen Herd erfahren

möchte, findet bei diesem Propheten das einzige nachvollziehbare Back-
rezept des Alten Testaments:

Du nimmst dir Weizen, Gerste, Bohnen, Linsen, Hirse und Dinkel; tu sie
zusammen in ein Gefäß und mach Brot daraus! (Ez. 4,9)

Doch was ist Dinkel? Dinkel ist Spelt, schreibt die Zürcher Bibel. Doch
was ist Spelt?

Der Brockhaus hilft! Dinkel ist eine Art Spelz, und Spelz ist eine Art
Weizen, bei dem die Spelze am Korn verbleiben. Heute noch wird es unter
dem Namen »Grünkern« verkauft. Wer mag, kann sich nun ein Ezechiel-
Brot backen.

Doch es steht Verwirrenderes bei diesem Propheten als unklare Teigzu-
taten. Zum Beispiel dies:

Der Herr sagte zu ihm: Geh mitten durch die Stadt Jerusalem und schreib ein
T auf die Stirn aller Männer, die über die in der Stadt begangenen Greueltaten
seufzen und stöhnen. (Ez. 9,4)

Jene also, die dem Glauben treu geblieben waren und die gerettet werden
sollten, erhielten ein T auf die Stirn gezeichnet. Warum ausgerechnet ein
T? Für »treu«? Oder für »tadellos«? Weder noch – die Zürcher Bibel hat
diesen Befehl verständlich eingedeutscht, dort heißt es: ». . . und zeichne
ein Kreuz auf die Stirn derer . . .«

Genau das ist im hebräischen Urtext mit T gemeint! »Taw« ist der letzte
Buchstabe des hebräischen Alphabets und wird so wie unser X geschrieben. Ein solches Kennzeichen sollte auf die Stirn der Gerechten geschrieben werden!

Die prophetischen Bücher sind gar nicht so schwierig zu lesen. Vorausgesetzt, man blättert in verschiedenen Übersetzungen.

٭

DANIEL: Welche und wie viele Autoren sich hinter diesem Propheten-
namen verbergen, ist unbekannt. Sicher ist nur, daß das »Buch Daniel«
zwischen 167 und 164 v. Chr. abgefaßt wurde. Der Prophet Daniel, dessen
Namen es trägt, gehörte zu den nach Babylon deportierten Juden und
machte dort Karriere am Königshof, blieb aber auch in der heidnischen
Welt den Geboten des Moses treu. Die Legende von Daniel in der
Löwengrube ist Sinnbild für einen unerschütterlichen Glauben, der selbst

Löwen zu Schoßhündchen zähmt. Daß nicht Appetitlosigkeit Daniel vor dem Gefressenwerden rettet, macht ein Nachsatz klar, der verrät, daß die Löwen ihren Hunger an Daniels Verleumdern stillen. »Und zermalmten ihnen alle Knochen«, heißt es plastisch.

Drei Orte glauben, daß in ihren Mauern die Gebeine dieses Daniel ruhen. Einer von ihnen ist Venedig.

Die Vielfalt der Stile und der Gattungen, die im Daniel-Buch vorkommen, beweist, daß hier Werke unterschiedlicher Autoren aus mehreren Jahrhunderten unter dem Namen Daniel (»Gott ist mein Richter«) zusammengetragen wurden.

Am bekanntesten ist die Kurzgeschichte von »Susanna im Bade«, die jedoch in protestantischen Bibeln fehlt: Zwei Älteste (wir würden heute Rechtsanwälte sagen) hatten ein Auge auf die schöne Susanna geworfen, die jedoch nichts davon ahnte. Das Ganze wäre eine der vielen platonischen Lieben älterer Herren zu jungen Mädchen geblieben, wenn beide nicht die gleiche Idee gehabt hätten – sich in jenem Garten zu verstecken, in dem Susanna zu baden pflegte. Gesagt, getan, Susanna erschien, der Tag war heiß. Susanna schickte ihre Mädchen nach Öl und Salben, da . . . doch folgen wir dem Daniel-Text:

Als die Mädchen weg waren, standen die beiden Ältesten auf, liefen zu Susanna hin und sagten: »*Das Gartentor ist verschlossen, und niemand sieht uns. Wir brennen vor Verlangen nach dir: Sei uns zu Willen und gib dich uns hin. Weigerst du dich, dann bezeugen wir gegen dich, daß ein junger Mann bei dir war und daß du deshalb die Mädchen weggeschickt hast.*«

Da seufzte Susanna und sagte: »*Ich bin bedrängt von allen Seiten. Wenn ich es tue, so droht mir der Tod, tue ich es aber nicht, so werde ich euch nicht entrinnen. Es ist besser für mich, es nicht zu tun und euch in die Hände zu fallen, als gegen den Herrn zu sündigen.*« *Dann schrie Susanna, so laut sie konnte. Aber zugleich mit ihr schrien auch die beiden Ältesten . . .*

(Dan. 13,17–24)

Nachbarn eilen herbei, hören sich beide Versionen an, schenken aber jener der beiden Ältesten mehr Glauben als den Unschuldsbeteuerungen der schönen Susanna. Es steht schlecht um sie, doch da wendet Daniel, der die gerichtlichen Untersuchungen leitet, eine Verhörmethode an, die auch heute noch zu jeder Fernseh-Krimiserie gehört: Er vernimmt die beiden Ältesten getrennt, und prompt verwickeln sie sich in Widersprüche! Susannas Ehre ist wiederhergestellt.

Die Löwengruben-Legende, der Susanna-Krimi und die Science-fiction-Erzählung von der Schrift an der Wand, von der auf Seite 186 die Rede war, beweisen den hohen literarischen Rang der Daniel-Autoren. Doch nicht dieser erzählerischen Qualitäten wegen wird der Daniel-Text so oft im Neuen Testament zitiert, sondern aus zwei anderen, theologisch gewichtigeren Gründen.

Erstens: Im Daniel-Buch steht die einzige alttestamentarische Schilderung der Apokalypse, in der die gesamte Geschichte des Orients als Wegbereitung für die Gottesherrschaft gedeutet wird.

Zweitens: In Daniels Traum von den vier Tieren steht ein Wort, das zwar auch schon von Ezechiel benutzt wird, aber bei Daniel einen neuen Sinn bekommt: »ein Menschensohn«. Von diesem »Menschensohn« – der Mensch gewordene Sohn Gottes – heißt es: Er kam mit den Wolken des Himmels,

ihm wurden Herrschaft, Würde und Königtum gegeben. Alle Nationen und Sprachen müssen ihm dienen. Seine Herrschaft ist eine ewige, unvergängliche Herrschaft. Sein Reich geht niemals unter. (Dan. 7,14)

Jesus hat den Begriff »Menschensohn« auf sich angewendet. Einmal unter direktem Bezug auf Daniels Formulierung:

Sie werden den Menschensohn mit großer Macht und Herrlichkeit auf den Wolken des Himmels kommen sehen. (Matt. 24,31)

Ein anderes Mal auf sein irdisches Dasein:

. . . der Menschensohn aber hat keinen Ort, wo er sein Haupt hinlegen kann. (Matt. 8,20)

✻

HOSEA wirkte zwischen 750 und 722 v. Chr. im Nordreich Israel. In seinen Reden benutzte er möglicherweise sein eigenes Schicksal – er liebte anscheinend eine untreue Frau – als Beispiel für den Ehebund, den Jahwe mit dem ungetreuen Israel eingegangen ist. So läßt er Jahwe über seine treulose Frau (Israel) sagen:

Sie soll von ihrem Gesicht das Dirnenzeichen entfernen und von ihren Brüsten die Male des Ehebruchs. Sonst ziehe ich sie nackt aus und stelle sie hin wie am Tag ihrer Geburt. (Hos. 2,4–5)

Harsche Worte! Auch wenn Hosea sicher nicht profanen Liebesdienst des schnöden Mammons wegen gemeint hat, sondern die Sakralprostitution des Baal-Kults, der zu Hoseas Zeit viele Anhänger in Israel hatte. Auch sind die Dirnenzeichen im Gesicht keine Tätowierungen, sondern – wahrscheinlich – Zauberamulette, die um die Stirn getragen wurden.

Die Drohung, die Ungetreue nackt auszuziehen, war allerdings wörtlich gemeint. Das war Rechtsbrauch, um anzuzeigen: Ich, der Ehemann, bin nicht mehr verpflichtet, meine Frau mit Kleidung zu versorgen.

Das »Buch Hosea« ist das erste der zwölf »kleinen« Propheten. So dünn es ist – alle Evangelisten und auch Paulus haben oft und gern aus ihm zitiert. Matthäus beispielsweise greift das Hosea-Wort auf:

Liebe will ich, nicht Schlachtopfer, Gotteserkenntnis statt Brandopfer.

(Hos. 6,6)

Auch das Paulus-Wort im 1. Brief an die Korinther:

Tod, wo ist dein Sieg? Tod, wo ist dein Stachel?   (1. Kor. 15,55)

bezieht sich bewußt auf die Frage des Hosea:

Tod, wo sind deine Seuchen, Unterwelt, wo ist dein Stachel? (Hos. 13,14)

※

JOËL soll in der ersten Hälfte des 4. Jahrhunderts v. Chr. in Jerusalem gelebt haben. Sein Text, der etwa 350 v. Chr. entstand, ist ein einziger Aufruf zur kultischen Buße. Fasten, Weinen und Klagen sind seine drei großen Forderungen. Halt, auch eine vierte nennt er!

Schmiedet Schwerter aus euren Pflugscharen und Lanzen aus euren Winzermessern!

(Joël 4,10)

Tatsächlich, das steht bei Joël, der zum »Heiligen Krieg« aufruft! Haben also jene Friedensbewegungen unserer Zeit, die »Schwerter zu Pflugscharen« umschmieden wollen, einen biblischen Text in sein Gegenteil verkehrt? Nein, Joël hat das getan! »Schwerter zu Pflugscharen« sollten bereits vor ihm umgeschmiedet werden, nachzulesen bei Jesaja und Micha. Joël hat das »christliche« Wort ins Gegenteil verkehrt. Die Theologen sagen, Joël habe das Wort »Dann schmieden sie Pflugscharen aus ihren Schwertern« im »heiligen Zorn« in sein Gegenteil verkehrt. Bleibt die Frage, ob die Heiligkeit wirklich jede Entgleisung rechtfertigt.

*

AMOS soll Schafzüchter an der Grenze der Wüste Juda gewesen sein. Sicher ist jedoch lediglich, daß er um 750 v. Chr. begann, wortgewaltig gegen korrupten Lebenswandel, gegen den Hochmut der Ämter und gegen jegliche Form der sozialen Ungerechtigkeit zu – ja, zu wettern.

Kein Satz ist von ihm selbst niedergeschrieben. Schüler taten es. Sie dürfen dabei noch einmal ihre Freude an den handfesten Formulierungen dieses grobschlächtigen Propheten gehabt haben, der den Leuten aufs Maul schaute, bevor er Sätze wie diese sprach:

Pflügt man mit Ochsen das Meer? . . .
Ihr grölt zum Klang der Harfe . . .
Ihr aber habt das Recht in Gift verwandelt.« (Am. 6,5–12)

In der Überschrift zu seinem Buch gibt Amos einen Hinweis, der für die zeitliche Fixierung von großem Wert ist:

. . . in der Zeit, als Urija König von Juda, Jerobeam . . . König von Israel waren, zwei Jahre vor dem Erdbeben. (Am. 1,1)

Wann beide Könige lebten, nämlich um 787 bis etwa 740, war bekannt. Dadurch war es möglich, das Erdbeben, das Archäologen bei Ausgrabungen in Hazor anhand von Zerstörungen feststellten, in die Chronologie einzupassen. Wann können Historiker schon mal aus prophetischen Schriften Nutzen ziehen? Hier war es der Fall.

*

OBAFJA: Sein Buch besteht aus einer Druckseite. Die 21 Verse entstanden 586 v. Chr. nach dem Fall von Jerusalem. Es ist ein einziger nationalistischer Racheschrei. Vergessen wir's.

*

JONA: Der Autor des Jona-Buchs lebte zur Regierungszeit König Jerobeams II. (787–747). Wir wissen nicht, wie er hieß, aber jeder, der die Geschichte vom widerborstigen Propheten Jona gelesen hat, weiß, daß er ein begnadeter Schriftsteller gewesen ist.

In keiner anderen biblischen Erzählung steckt soviel augenzwinkernde Heiterkeit. Gott spielt seinem Propheten einen Streich nach dem anderen. Auf einen Schelm setzt er anderthalb.

Stellen Sie sich beim Lesen vor, wie der Erzähler seinen staunenden Zuhörern die Geschichte als selbsterlebten Bären aufbindet, kunstvoll Pausen setzt, um die Erwartung zu steigern oder um seinen Zuhörern Zeit zum Schmunzeln zu lassen, und mit dem nächsten Satz schon einen neuen Effekt ansteuert.

Der Erzähler beginnt ganz ernsthaft, berichtet, daß er um keinen Preis Prophet werden will, zumindest nicht einer, der von Gott nach Ninive zu den assyrischen Heiden geschickt wird, um sie vor dem Untergang der Stadt zu warnen. Das ist doch nun wirklich keine Aufgabe für einen Propheten des auserwählten Volkes! Sollen doch die Heiden sehen, wie sie mit der Katastrophe fertig werden, obgleich:

Ninive war eine große Stadt vor Gott; man brauchte drei Tage, um sie zu durchqueren. (Jon. 1,2)

Jona beschließt, Gott nicht zu gehorchen, aber Angst vor ihm hat er doch. Er flieht übers Meer. »Nach Tarschisch«, was soviel wie »ans Ende der Welt« bedeutet. Da soll Gott ihn erst mal finden!

Natürlich findet er ihn und läßt ihn von dem berühmten Fisch verschlucken, in dessen Bauch Jona drei Tage und drei Nächte bleibt und Buße gelobt.

Prompt läßt Gott daraufhin seinen reuigen Propheten vom Fisch ausspucken. An einer Stelle, von der er ohne Umweg nach Ninive gehen kann. Murrend zieht Jona in die Stadt und warnt die Menschen vor der bevorstehenden Katastrophe.

Doch die kommt nicht! Gott hat inzwischen seinen Plan geändert, Ninive wird nicht von ihm zerstört. Er sagt das dem Jona. Das ist zuviel! Verärgert zieht sich der Prophet in die Einsamkeit zurück und hadert mit Gott. Er wirft ihm vor, daß er ihn den weiten Weg nach Ninive ganz umsonst habe machen lassen, und außerdem – Jona empfindet dies als persönlichen Tort – hat Gott ausgerechnet jenen Rizinusbaum eingehen lassen, der Jona Schatten spendete.

Gott hört sich das alles geduldig an und fragt dann nur: »Ist es recht von dir, wegen des Rizinusbaumes zornig zu sein?« Jona, voller Trotz, antwortet: »Ja, es ist recht, daß ich zornig bin und mir den Tod wünsche!«

In dieser Antwort steckt die Logik eines bockigen Kindes, das meint, es geschähe seiner Mutter ganz recht, wenn ihm die Hände frieren: Warum kauft sie ihm keine Handschuhe?

Für den Märchenerzähler ist diese trotzige Antwort des Jona die Möglichkeit, daß Gott in seiner Schlußreplik seine ganze Größe und Überlegenheit zeigt – und dies nicht bitterernst, sondern mit Humor:

»Dir ist es leid um den Rizinusstrauch, für den du nicht gearbeitet und den du nicht großgezogen hast. Über Nacht war er da, über Nacht ist er eingegangen. Mir aber soll es nicht leid sein um Ninive, die große Stadt, in der mehr als 120 000 Menschen leben, die nicht einmal rechts und links unterscheiden können – und außerdem noch so viel Vieh?« (Jon. 4,10–11)

»... und außerdem noch so viel Vieh« – welch heitere Überlegenheit steckt allein in diesem Nachsatz!

Lesen Sie dieses tiefsinnige, heitere Märchen vom bockigen Jona. Dies und der Bericht, wie Abraham mit Gott um die Rettung von Sodom und Gomorra feilscht, sind seit Jahrtausenden unübertroffen. Meisterwerke.

✻

MICHA: Es gab zwei Propheten dieses Namens! Der, dessen Name über diesem Buch steht, lebte und predigte um 730 v. Chr. im Südreich Juda. Er war ein Zeitgenosse Hoseas und Jesajas. Das »Buch Micha« wurde jedoch erst viel später zusammengestellt, und es ist nicht mehr genau festzustellen, was von Micha stammt und was von anderen Propheten.

Als Richtschnur mag gelten: Alles, was handfest formuliert ist, alles, was sich gegen raffgierige Reiche, bestechliche Richter, betrügerische Kaufleute, unehrliche Priester und verderbte Städter richtet, das ist von Micha, diesem groben Klotz, der nie seine bäurische Herkunft verleugnete.

Ein hemdsärmeliger Redner war dieser Prophet vom Lande. Mit seinen Gegnern legte er sich ohne Rücksicht auf Rang und Namen an.

Hört man nicht den Beifall und die Zustimmungsrufe, wenn er seinen Zuhörern die Vergehen der Richter entgegendonnert?

Sie fressen mein Volk auf, sie ziehen den Leuten die Haut ab und zerbrechen ihnen die Knochen; sie zerlegen sie wie Fleisch für den Kochtopf, wie Braten für die Pfanne. (Mich. 3,2–3)

Auch gegen seine Kollegen, die käuflichen Propheten, hält er nicht hinter dem Berg:

Haben sie etwas zu beißen, dann rufen sie: Friede! Wer ihnen aber nichts in den Mund steckt, dem sagen sie den Heiligen Krieg an. (Mich. 3,5)

Ob allerdings jenes Prophetenwort von Micha stammt, aus dem die Kirchenväter den Geburtsort des Messias herauslesen wollten, ist mehr als fraglich. Es lautet:

Aber du, Betlehem-Efrata, so klein unter den Gauen Judas, aus dir wird mir einer hervorgehen, der über Israel herrschen soll. (Mich. 5,1)

Zwei Punkte sind in dieser Prophezeiung zu beachten: Das Wort »Messias« fällt nicht, und andererseits kann »Efrata« sowohl der Name einer Sippe sein, aus der David stammte, wie auch nur eine Zusatzbezeichnung für Betlehem. Was beweist: Die Prophezeiung von Ereignissen und Begleitumständen aus dem Leben Jesu in Schriften aus alttestamentarischer Zeit ist ein Thema ohne Ufer. Denn wer prüfen will, wie viele Messias-Ankündigungen sich mit Einzelheiten aus dem Leben Jesu decken, darf nicht nur die im Alten Testament aufgenommenen Texte durchforschen, er muß auch die apokryphen Schriften heranziehen, die damals genauso gelesen wurden. So steht beispielsweise im sogenannten apokryphen »Testament Adams«: »Gott wird herabsteigen, aus einer Jungfrau geboren, wandelt auf dem Meer, erweckt die Toten.«

Ein Beispiel von vielen, jedoch: Vorsicht ist geboten. Wer zu sehr nach Parallelen zwischen Messias-Ankündigungen und Ereignissen in Jesu Leben sucht, wird leicht das Opfer von Überinterpretationen. Außerdem bleibt ungeklärt, was in Jesu Leben auf die Messias-Prophezeihungen hin formuliert worden ist.

*

NAHUM: Auch er war ein zorniger Prophet, aber der Zorn seiner wenigen Verse richtet sich nur gegen Judas äußere Feinde, besonders gegen Ninive. Vor Mißständen in den eigenen Mauern schloß er seine prophetischen Augen. Sein Buch entstand um 613 v. Chr.

*

HABAKUK predigte wie Nahum im Südreich Juda. Da seine Verwünschungen hauptsächlich den Babyloniern galten, muß er zwischen 608 und 598 v. Chr. gewirkt haben.

*

ZEFANIA: »Demut« heißt das Gebot dieses jungen und ernsten Propheten, der im 7. Jahrhundert v. Chr. in Juda lebte. Die unter seinem Namen zusammengestellten Drohsprüche gegen die äußeren und inneren Feinde Judas sind nur zum kleinen Teil von ihm. Seine bildhafte Sprache benutzt jene Ausdrücke, die auch der einfache Mann gebrauchte. Selbstgefällige Reiche zum Beispiel nennt er jene, »die dick geworden sind auf ihrer Hefe.«

Er zieht vom Leder gegen alle, die »fremdländische Kleidung tragen«, und jeden, »der über die Schwelle springt«. Ein ungewohntes Bild, mit dem er jene geißelt, die mit den babylonischen Besatzern paktierten und die Türschwellen ihrer Häuser überschritten.

Am Schluß des Buches, unter dem Stichwort »Verheißungen«, steht sein schönster Vers:

Und ich lasse in deiner Mitte übrig ein demütiges und armes Volk, das seine Zuflucht sucht beim Namen des Herrn. (Zef. 3,12)

*

HAGGAI: Als im August 520 v. Chr. die Juden aus dem babylonischen Exil zurückkamen und erst ihre Häuser herrichteten, bevor sie an den Wiederaufbau des Tempels dachten, da hat dieser Prophet das Volk mit seinen Reden auf die Mißachtung Jahwes hingewiesen.

*

SACHARJA schildert in acht Visionen die bevorstehende Heilszeit und fordert die Juden in aller Welt auf, nach Jerusalem zurückzukehren, wobei der Name der Stadt Davids stellvertretend für das Land Juda steht, das in diesem Buch (2,16) erstmals »Heiliges Land« genannt wird.

Eine andere Figur, die schon bei Ijob auftauchte, ist bei Sacharja zum Engel im Hofstaat Jahwes avanciert: Satan, »der rechts von Jeschuha stand, um den anzuklagen.«

Auch die Sieben baut Sacharja in seine Visionen ein. Wenn er von den sieben Augen des Herrn spricht, »die über die ganze Erde schweifen«, dann ist die Sieben Symbol für das vollkommene Allwissen Jahwes. Jahwe ist auch mit jenem Schafhirten gemeint, der seinen Lohn verlangt und mit dreißig Silberstücken abgespeist werden soll. Das war ein beleidigendes Trinkgeld, denn dreißig Silberstücke waren ein Spottgeld, bestenfalls der Preis für einen Sklaven.

»Dreißig Silberstücke« (»Silberlinge« hatte Luther eingedeutscht!) – das klingt an eine Stelle im Neuen Testament an – und das ist kein Zufall! Es ist genau der Betrag, für den Judas Jesus verrät. Matthäus nimmt ausdrücklich auf die Stelle bei Sacharja Bezug. Er will damit sagen, den Israeliten waren sowohl Gott wie dessen Sohn nur ein paar Pfifferlinge wert.

✱

MALEACHI: Maleachi oder Malachias heißt der Prophet, mit dessen Schriften das Buch der Propheten schließt. Es hat nie einen Malachias gegeben! »Malachi« heißt auf hebräisch »Mein Bote«. Und genau dies stand über einem der prophetischen Texte. Derjenige, der dies um 450 v. Chr. verkündete, wollte damit sagen, daß er sich als Bote fühlte, der das Wort Gottes zu den Menschen trägt. Frühe Übersetzer deuteten es aber als Eigennamen, und so sprechen wir vom »Buch Maleachi« als von einem anonymen Manuskript.

Der Gedanke, daß das Buch der Propheten mit einem anonymen Text schließt, hat etwas Bestechendes. Ein Irrtum bekommt Symbolwert. Denn was waren diese Männer anderes als anonyme Sendboten einer Botschaft, die ihnen von ihrem Gewissen oder von Gott aufgegeben war!?

Ihre Schriften sind das letzte geistige Aufblühen in der politischen Agonie eines Volkes, das Erstaunliches geleistet hatte: Aus Hirten waren Staatsbürger, aus Nomaden die Begründer der ersten Religion eines unsichtbaren Gottes geworden.

Doch ihre Staaten hatten keinen Bestand, und ihr Glaube war in Oberflächlichkeit und Äußerlichkeit versandet. Was sie noch zusammenhielt, war die Hoffnung auf den Messias, der sie herausführen würde aus diesem »Jammertal«. Als jedoch Jesus auftauchte und neue Horizonte für den Glauben suchte, versagten sie ihm die Gefolgschaft. Er wurde für sie nicht zum ersehnten Messias, sie vollzogen den Schritt vom Glauben ihrer Väter zur neuen Lehre nicht.

Wie wäre es Jesus wohl ergangen, hätte er zu Zeiten der vorexilischen Propheten gelebt? Ob wenigstens sie ihn erkannt hätten?

Und noch eine ketzerische Frage zum Schluß: Warum wohl ist immer wieder David die Bezugsperson aller Prophetentexte? Warum nicht Salomo, der Weise, der Gerechte? Schließlich war beider Leben voller Versuchungen und Fallstricke. Der Lebenswandel kann es also nicht sein, durch den David den Vorzug vor Salomo erhielt. War es seine Jugend, waren es seine Kriegstaten? Bis heute überstrahlt der Davidstern den Ruhm Salomos.

Was in ihren Büchern die Propheten verkündeten, war schon bei ihrem Erscheinen nicht mehr die Ansicht der Allgemeinheit. Der Glaube an Jahwe war längst nicht mehr einheitlich, Sektierertum hatte sich ausgebreitet, und jede dieser Glaubensgemeinschaften pflegte ihre eigene, differenzierte Auslegung der heiligen Schriften.

Über eine dieser Sekten ist in den letzten Jahrzehnten viel geschrieben worden: über die Essener.

Doch nicht erst seit den Funden von Qumran liegt bei theologischen Streitgesprächen die Frage auf dem Tisch, ob vielleicht auch Jesus und seine Jünger nichts anderes gewesen seien als eine Sekte, die sich von den Essenern abgezweigt hatte. Bereits Anfang des 18. Jahrhunderts wurde sie gestellt.

Schon damals stand es für die Fachgelehrten fest, daß es keinen abrupten Einschnitt zwischen Altem und Neuem Testament gegeben hat, sondern eine kontinuierliche Weiterentwicklung vorhandener Glaubenslehren.

Was fehlte, waren Beweise. Haben wir sie, seit wir die Schriftrollen vom Toten Meer gefunden haben? Es lohnt, sich damit in einem eigenen Kapitel zu beschäftigen.

»SELIG, DIE UM DES GEISTES WILLEN ARM GEBLIEBEN SIND.«
(aus der Kriegsrolle der Essener-Schriften)

III. Kapitel
Der Orden zwischen den Zeiten:
Die Essener

Schatzsucher auf falscher Spur
Waren die Essener bereits vor Jesus Christen?
Ähnlichkeiten und Gegensätze
Zwischen Altem und Neuem Testament: Johannes der Täufer –
ein Essener?

»Jesus war eigentlich ein Essener, er war durchtränkt mit der essenischen
Moral.«
Friedrich II. von Preußen (der Große)

STATT ALTEM GOLD: NEUE ERKENNTNISSE

In der Nacht vom 10. zum 11. Juni 1956 tickerten die Fernschreiber der Nachrichtenagenturen eine Meldung in die Redaktionen, die alles von jenem Stoff enthielt, aus dem Schlagzeilen gemacht werden: »2000 jahre alter lageplan eines schatzes von 200 tonnen gold und silber entdeckt stop genaue versteckangaben ermöglichen suche stop möglicherweise reste aus dem tempelschatz des könig salomon endlich gefunden stop.«

Nach den Angaben mußte sich der Schatz in der Nähe von Jerusalem befinden, und zwar zwischen dem Berg Garizim und den biblischen Stätten Nablus und Hebron, also in einem Umkreis von nur neunzig Kilometern. Einzelne Hinweise präsentierten geradezu den Schatz: »In der großen Zisterne im Hof mit dem Säulengang, in dem Winkel ihres Bodens, in einem Loch gegenüber der obersten Öffnung 900 Talente . . .« Oder: »In der Zisterne unterhalb des Walls an der Ostseite, eine Höhlung des Felsens, dort 600 Silberbarren . . .«

Über drei Jahrzehnte sind seitdem vergangen, keiner der Schätze wurde gefunden. War die Meldung eines jener Produkte der »Sauregurkenzeit«, in der es an interessanten Nachrichten fehlt und die Redaktionen mal wieder auf die Seeschlange von Loch Ness oder andere obskure »Ereignisse« zurückgreifen?

Nein, diese Meldung stimmte. Sie kam von einem Forscherteam, das so international zusammengesetzt war wie kaum ein anderes in unserem Jahrhundert. Amerikaner, Engländer, Franzosen, Deutsche, Italiener, Polen, Israelis und Jordanier gehörten ihm an. Bergsteiger, Generalstäbler, Chemiker, Infrarotspezialisten und Paläographen (Kenner alter Schriften) waren darunter.

Wie aber waren diese seriösen Forscher zu einer so spektakulären

Nachricht gekommen? Die Angaben über diesen Schatz standen in einer der Schriftrollen vom Toten Meer, mit deren Restaurieren, Sortieren, Inventarisieren dieses Forscherteam beschäftigt war, ist und noch für Jahrzehnte sein wird. Diese Schriftrollen, deren erste 1947 in Höhlen an der Nordwestecke des Toten Meers gefunden wurden, machten weltweit Sensation und führten zu einer der ergiebigsten Ausgrabungsaktivitäten in der Geschichte der Archäologie.

Der Inhalt dieser Rollen war dafür Anlaß genug: Er enthielt Bibelhandschriften des Alten Testaments, die gut tausend Jahre älter waren als die bisher bekannten Abschriften dieser Texte.

Die meisten Rollen waren aus Leder oder Pergament, die Informationen über das Schatzversteck jedoch standen in zwei Rollen aus Kupfer. Die Schreiber vor zweitausend Jahren müssen also die Information für wichtig genug gehalten haben, um sie auf diesem wertvollen Material festzuhalten. In Manchester wurden eigens spezielle Schneidemaschinen konstruiert, damit beim Aufrollen der über zweitausend Jahre alten Kupferfolien möglichst keiner der dreitausend Buchstaben zerstört wurde.

Doch der Goldschatz wurde nie gefunden. Landschaftsveränderungen und das Kriegsgeschehen der fünfziger und sechziger Jahre in diesem Gebiet machten eine planvolle Suche unmöglich.

Der wahre Schatz aber, der die Wissenschaftler in aller Welt faszinierte, waren die Texte dieser Papyrus-Fragmente. Nach den ersten Übersetzungen schien klar zu sein, daß sie unser Bild von der Entstehung der christlichen Lehre mehr verändern könnten, als Jahrtausende die Landschaft des Nahen Ostens verändert hatten.

Es spricht für den inneren, undefinierbaren Wert aller geistigen Leistung, daß ein Goldschatz unauffindbar bleibt, der Gehalt einer Schrift jedoch nach Jahrtausenden wieder zu Leben erweckt werden kann.

Diese Schriftrollen waren einst in 270 verschiedene Höhlen ausgelagert worden, von denen die meisten nur mit Bergsteigerausrüstung zu erreichen waren. Geschwader von Fledermäusen bewachten die Tonkrüge, in denen man sie konserviert und versteckt hatte, wahrscheinlich um sie dem Zugriff der römischen Legionen des Vespasian zu entziehen, die im Jahre 68 n. Chr. das Gebiet besetzt hielten.

Die Schriftrollen bekamen bald einen zweiten Namen: Qumran-Texte – benannt nach einem nahe den Höhlen gelegenen Ruinenfeld, dem Chirbet Qumran.

Anfangs hielten die Forscher diese Ruinen für die Reste eines römischen Kastells. Doch bald entdeckten die Gelehrten Einrichtungen, die nicht zu einem Kastell paßten: In dieser ausgedehnten Anlage mit dreißig Räumen gab es keine Quelle, wohl aber eine Vielzahl größerer Zisternen, in denen mehr Wasser gesammelt werden konnte, als für die etwa zweihundert Menschen benötigt wurde, für die Platz in der Siedlung war. Das Wasser für diese Zisternen kam in kilometerlangen Steinkanälen aus dem Gebirge. Kein römisches Kastell hätte sich so leichtfertig von der Wasserversorgung bei einer Belagerung abschneiden lassen. Wozu brauchten so wenig Menschen so viel Wasser? Die Antwort stand in den Schriftrollen: um täglich mehrere Taufbäder nehmen zu können!

Die Schriftrollen, stellte sich heraus, gehörten zur Bibliothek des Klosters Qumran, das die Archäologen bisher für ein römisches Kastell gehalten hatten! In diesem Kloster hatte die geistige Elite der Essener-Sekte gelebt, gelehrt und meditiert und aus rituellen Gründen dreimal täglich ein Taufbad genommen, denn – so die Lehre dieser jüdischen Sekte – niemand kann durch *eine* Taufe auf die Dauer seiner Sünden ledig werden.

Wer heute an dieser Ausgrabungsstätte steht, wird durch einen großen Grundrißplan über Sinn und Zweck der einzelnen Räume informiert. Am auffallendsten ist ein schmaler Raum mit einem gewaltigen steinernen Schreibtisch in der Mitte. An ihm konnte nur kniend gearbeitet werden. Hier beschrieben Essener jene Schriftrollen, die zur wichtigsten archäologischen Entdeckung nach dem Tut-ench-Amon-Grab wurden.

Diese Schreibarbeiten haben frühestens um 150 v. Chr. begonnen und endeten 31 n. Chr., als ein Erdbeben die Klosteranlage zerstörte.

Die damals geschaffenen Schriftrollen darf man sich heute nicht als verwitterte, sonst aber vollständige Manuskripte vorstellen. Oft sind die Fragmente, die den Wissenschaftlern von geschäftstüchtigen Beduinen angeboten werden, nicht größer als ein Fingernagel, und die »ehrlichen« Finder wissen, was sie dafür verlangen können. Merkantil besonders begabte Beduinen zerlegen oft intakte Manuskripte und bieten die einzelnen Teile in Fetzen an, um höhere Preise zu erzielen.

Computer, in denen alle Wörter des Alten und Neuen Testaments gespeichert sind, werden mit den Wortschnipseln gefüttert, um zu erfahren, zu welchem Vers die wenigen Buchstaben passen könnten.

Für Fetzen von den Qumran-Schriftrollen wird so ziemlich jeder geforderte Preis bezahlt. Warum? Weil der größte Teil dieser Schriftrollen an die hundert Abschriften alttestamentarischer Texte enthält, die tausend Jahre älter sind als jene, nach denen unsere Bibelausgaben übersetzt wurden. Das erstaunlichste an diesen Abschriften ist: Sie unterscheiden sich nur geringfügig von den unseren. Man muß es wiederholen: Tausend Jahre ältere Abschriften decken sich im Inhalt mit denen, die uns bis dahin vorlagen! Das allerdings kann nur den verblüffen, der die bis ins kleinste Detail festgelegte Arbeit der Masoreten nicht kennt. Sie waren von Berufs wegen für die wortgetreue Überlieferung der alttestamentarischen Texte zuständig. Ihre Aufgabe war nicht nur die Kontrolle des Textinhalts, sondern auch der richtigen Schriftart, des richtigen Formats, der Seitenzahl, des Umfangs der Spalten, des Abstands zwischen den Wörtern und den Sätzen, bis hin zu Farbe und Zusammensetzung der Tinte. Alles war genau vorgeschrieben. Kein Masoret konnte sich in der Kleidung an die Arbeit machen, die ihm gerade zupaß kam. Während des Abschreibens mußte er eine ganz bestimmte Tracht tragen.

Die »Gesamtbeute« der Schriftrollen vom Toten Meer umfaßt mehr als sechshundert Manuskripte, die zuerst einmal grob nach drei Themenkomplexen geordnet wurden:

○ Alle Schriften des Alten Testaments (viele davon sind in mehreren Exemplaren vorhanden). Nur das »Buch Ester« fehlt. Ob es noch gefunden wird? Das »Buch Tobit« dagegen muß von den Mönchen Qumrans besonders geschätzt worden sein. Es liegt in zahlreichen Abschriften vor. Die deutsche Einheitsübersetzung ist übrigens die erste Bibelausgabe, die Qumran-Texte zum Vergleich bei verschiedenen Lesarten alttestamentarischer Texte mit herangezogen hat.

○ Allgemeine Schriften. Unter ihnen vor allem medizinische Abhandlungen, der Plan des Schatzverstecks, ein eigener Kalender, denn die Essener lehnten das jüdische Mondjahr ab, weil es von Menschen eingeführt worden war. Sie teilten das Jahr nach dem Sabbatzyklus auf, was möglicherweise für die immer wieder umstrittene Datierung des Abendmahls Jesu von Bedeutung sein kann.
Diese Schriften gaben den Essenern ihren Namen, der soviel wie »Heiler« bedeutet. Ihnen wurden außerordentliche Kenntnisse auf dem Gebiet der Pflanzenheilkunde nachgesagt, was den Qumran-Forscher P. L. Allegro zu der verwegenen Theorie verführte, die Lehre dieser jüdischen Sekte sei nichts weiter gewesen als die Anleitung zum Versinken in Rauschzustände durch den Genuß giftiger Pilze. Seine Teamkollegen gaben ihm daraufhin den Spitznamen »Allegro non moderato« (»Allegro, der nicht Gemäßigte«).

○ Gemeindevorschriften, Lieder, das Aufnahmeritual und Hinweise auf die Gebetseinteilung dieser Gemeinschaft. Dieser dritte Themenkomplex barg die eigentliche Sensation: In diesen Manuskripten finden sich bereits Formulierungen, die – zum Teil wörtlich – im Neuen Testament wiederholt werden. Manches ist in den Essener-Texten sogar klarer formuliert! So heißt die Matthäus-Stelle »Selig sind die Armen im Geiste« viel klarer in der sogenannten »Kriegsrolle der Essener«: »... die um des Geistes [also der Erleuchtung] willen arm geblieben sind.« Vor allem aber enthalten die Texte des dritten Komplexes Informationen über den Aufbau der Essener-Sekte. Durch sie wissen wir: Die Aufnahmebestimmungen waren streng. Wer von den Bewerbern auserwählt wurde, mußte in einer dreijährigen Probezeit ein zweistufiges Noviziat durchlaufen. Bestand er die Prüfung am Ende der ersten Stufe, durfte er an den Taufwaschungen teilnehmen, bestand er auch die zweite, kam er in den Kreis derer, die das gemeinsame Mahl einnahmen.

Die Essener waren eine Männergemeinschaft und zur Ehelosigkeit verpflichtet. Das bezeugen ihre Schriften sowie die Regel, daß an ihrem gemeinsamen Mahl Frauen die Teilnahme untersagt war, »um die Engel nicht zu vertreiben«. Diese Formulierung findet sich wörtlich bei Paulus wieder! Außerdem fand man in den über tausend Gräbern in Qumran nur männliche Skelette.

DIE ERSTEN CHRISTEN?

Die Mönche von Qumran waren Essener, aber nicht alle Essener waren Mönche von Qumran, sondern es gab Essener-Gemeinden in allen Orten des Landes. Für diese Laien galt weder die Ehelosigkeit noch der streng nach dem Glauben ausgerichtete Tages- und Jahresablauf der Qumran-Mönche.

Bei diesen herrschte strengste hierarchische Ordnung: An der Spitze der Gemeinde stand der »Lehrer der Gerechtigkeit«, alle wesentlichen Entscheidungen aber traf eine Ratsversammlung, der drei Priester und zwölf Laien angehörten. Doch wäre es falsch, von diesen zwölf Laien auf die zwölf Jünger Jesu zu schließen. Bei ihm wie bei den Essener-Mönchen geht diese Begrenzung auf die zwölf Stämme Israels zurück.

Von der Mehrzahl der Essener, die nicht in klösterlicher Zucht und Strenge lebte, berichtet Flavius Josefus, der nach eigenen Angaben selbst Schüler der Essener gewesen sein will: »Sie meiden die Vergnügungen als etwas Verwerfliches und sehen in der Enthaltsamkeit und dem Widerstand

gegen die Leidenschaften die wahre Tugend ... sie nehmen anderer Leute Kinder an, solange diese noch im zarten Alter stehen, in dem sie am gelehrigsten sind ... es besteht nämlich bei ihnen die unerschütterliche Überzeugung, daß zwar ihr Leib dem Zerfalle ausgesetzt und der körperliche Stoff etwas Vergängliches sei, daß aber die Seele, weil sie unsterblich ist, immer fortbestehe ...«
Jeder Bericht ist so glaubwürdig wie der Mann, von dem er stammt. Flavius Josefus ist zwar nicht unbedingt das, was sich Historiker als Kronzeugen wünschen, aber bewußte Lügen finden sich selten in seinen Schriften. Er war Jude, Sohn eines Priesters, lebte von 37 bis etwa 100 n. Chr. Erst kämpfte er gegen die Römer, geriet in Gefangenschaft, wurde Sklave. Nach seiner Freilassung schrieb er als römischer Bürger mit Pensionsberechtigung seine »Geschichte des jüdischen Krieges« in sieben Bänden. Wenn Sie irgendwo seinen Namen als Josefus Flavius geschrieben sehen, ändern Sie ihn beherzt um! Er hieß Flavius und fügte, wie es damals unter Sklaven Brauch war, nach seiner Freilassung den Geschlechtsnamen seines bisherigen »Besitzers« als sogenannten Co-Namen hinzu. Von ihm wird im Kapitel über das Neue Testament noch die Rede sein.

Über die Essener hat nicht nur er geschrieben, sondern in allen Jahrhunderten fanden sich immer wieder Gelehrte und Laien, die von der Essener-Lehre angezogen wurden und Informationen über sie zusammentrugen.

Friedrich der Große, in allen Glaubensfragen voller Skepsis, schrieb am 18. Oktober 1770 an den ihm befreundeten französischen Mathematiker und Philosophen d'Alembert: »Jesus war eigentlich ein Essener, er war durchtränkt mit der essenischen Moral.« Nicht schwer zu ermitteln, wie der Preußenkönig zu dieser Erkenntnis gekommen war: Der von ihm verehrte Voltaire hatte sie drei Jahre vorher in seiner Enzyklopädie veröffentlicht. Beweisen konnten sie weder der König noch der Philosoph. Sein Wissen hatte Voltaire aus mittelalterlichen Abschriften dieser Essener-Texte geschöpft.

Nach diesen Unterlagen war bekannt:

○ Die Essener hielten ein gemeinsames Mahl ab, bei dem sie sich Gott und den Engeln verbunden fühlten.

○ Armut, Keuschheit und Demut waren die Voraussetzungen für ein gottgefälliges Leben.

○ Schwören und Fluchen war verpönt.

○ Durch Taufen war eine – allerdings zeitlich befristete – Reinwaschung von Sünden möglich.

Die zentrale Figur der Essener, der Lehrer »der Gerechtigkeit«, wurde von seinen jüdischen Gegnern verfolgt und möglicherweise zu Tode gefoltert.

Das klingt alles so vertraut, so jesusnah, so »christlich«. Die Vermutung, das Christentum sei nur eine Weiterführung der Essener-Lehre, lag zu nahe, als daß sie nicht bereits sehr früh Anhänger gefunden hätte. Die Funde von Qumran schienen diese Hypothesen zu erhärten. Hatte die Archäologie einmal mehr Licht in die Zeit der messianischen Erwartung gebracht? Mußten die Anfänge des Christentums neu geschrieben werden, wie einige theologische Heißsporne meinten?

Um es vorwegzunehmen: Es gibt anhand der Schriftrollentexte keinen verbindlichen Beweis für die Annahme, das Christentum sei nichts als eine weitergeführte Essener-Lehre. Es entbehrt nicht einer gewissen Komik, daß die Verfechter der Ansicht, Jesu Lehre gehe auf die Essener zurück, die gleichen Fakten anführen wie jene, die diese Wurzel verleugnen und von der Einmaligkeit des Christentums überzeugt sind.

Hier sind die wichtigsten Fakten, die sowohl von den »Jesus war Essener«-Verfechtern wie deren Gegnern als Beweise für ihre Theorie angeführt werden:

○ Das gemeinsame Mahl der Essener ist die Vorstufe des christlichen Abendmahls, sagen die einen. Ausgeschlossen, sagen deren Gegner, denn bei den Essenern durften an diesem Mahl nur gesunde Männer teilnehmen. Frauen, Kranke und Krüppel waren ausdrücklich ausgeschlossen, Jesus aber nahm sich gerade der Kranken und Frauen besonders an.

○ Die Essener lehnten die priesterliche Oberhoheit ab – genau wie Jesus. Stimmt. Nur taten es beide aus unterschiedlichen Motiven. Die Essener suchten einen Weg zurück zum reinen Glauben der Väter, weg von der Veräußerlichung in Formalismen. Jesus jedoch sprengte die überkommenen Gesetze. Seine Lehre sollte nicht zum alten Glauben zurückführen, sondern neue Perspektiven öffnen.

○ Die Essener predigten den Krieg, Haß gegen die Feinde Israels und den Kampf gegen die Mächte der Finsternis. Jesus machte aus Jahwe, dem Gott der Rache, den himmlischen Vater, den Gott der Feindesliebe.

○ Der essenische »Lehrer der Gerechtigkeit« war ein absoluter Hierarch. Undenkbar, daß er etwa seinen Mönchen so wie Jesus seinen Jüngern die Füße gewaschen hätte. Er war eine über den anderen stehende Respektsperson.

○ Von Jesus heißt es, daß er »vom Geist in die Wüste geführt wurde und ihn dort der Teufel versuchte«. Auch die Essener gingen bewußt in die

Wüste. Also wieder eine Parallele! Doch die ist weit hergeholt. Denn die Essener, so steht es in den Schriftrollen, gingen in die Wüste zur Erinnerung an die Zeit des Zugs durch die Wüste unter Moses. Jesus aber wurde »vom Geist in die Wüste geführt«.

O Doppelargument Nummer sechs: Die Essener predigten und lebten in Armut – auch Jesus verlangte von seinen Jüngern, daß sie besitzlos blieben. Ein Argument, dem die Gegner nicht widersprechen, sondern nur darauf hinweisen, daß es bei vielen Wanderpredigern jener Zeit üblich war, eine gemeinsame Kasse zu führen.

Von der anfänglich so hochgespielten Parallelität der Essener-Lehre und der Worte Jesu blieb bei genauerer Prüfung kaum etwas übrig.

Einen Beweis, der für Kontakte Jesu und seiner Anhänger zu dieser Sekte spricht, konnten die Verfechter der absoluten Originalität der Jesus-Lehre nicht entkräften: Im Neuen Testament wird zwar oft und ausführlich von zwei sektiererischen Strömungen im damaligen jüdischen Glauben gesprochen, die Essener jedoch werden mit keinem Wort erwähnt! Dabei waren sie mindestens so populär wie die immer wieder erwähnten Pharisäer und Saduzäer. Flavius Josefus nennt z.B. diese beiden und die Essener in einem Atemzug als gleichwertig.

Warum also werden sie im Neuen Testament totgeschwiegen?

Der Hinweis, daß es sich bei ihnen um eine Sekte gehandelt habe, die jede Publizität vermied, überzeugt nicht, denn schließlich gab es bereits vor Lebzeit Jesu in Jerusalem das »Tor der Essener«. So war das »Aschentor« umbenannt worden, nachdem die Essener durch dieses Tor aus Protest gegen den Prunk des Tempels und des dort herrschenden Kults in die Wüste – nämlich nach Qumran – gezogen waren.

Wenn dies jedoch alles wäre, was nach gut vierzigjähriger Sortier- und Übersetzungsarbeit von den ersten Behauptungen über Kontakte zwischen den Essenern und dem Christentum übrigblieb, lohnte es nicht, davon zu berichten.

Aber es ist nicht alles!

Sosehr die Parallelen im Grundsätzlichen weniger wurden, so stark haben die Ähnlichkeiten zugenommen, die bei einzelnen Formulierungen festgestellt werden konnten. Gleichlautende Sätze in den Schriftrollen und im Neuen Testament führten zu Wort- und Stilvergleichen. Sie ergaben, daß sowohl das Evangelium nach Matthäus wie das nach Johannes unter essenischem Einfluß geschrieben wurden.

Vor allem das Evangelium nach Johannes, jahrhundertelang für das »griechischste« aller Evangelien gehalten, rückte durch die Textfunde von

Qumran viel enger an das jüdische Geistesleben jener Zeit. Die Qumran-Texte machten klar: Man mußte nicht in Athen studiert haben, um den Dualismus von Licht und Finsternis als Symbol des Kampfes von Gut gegen Böse zu gebrauchen. Dieser Dualismus ist einer der tragenden Pfeiler der Essener-Lehre wie des Evangeliums nach Johannes.

In ihm [Gott] war das Leben, und das Leben war das Licht der Menschen. Und das Licht leuchtet in der Finsternis, und die Finsternis hat es nicht erfaßt. (Joh. 1,4–5)

Ich bin das Licht der Welt. Wer mir nachfolgt, wird nicht in der Finsternis umhergehen, sondern wird das Licht des Lebens haben. (Joh. 8,12)

Diese beiden Sätze hätten sehr wahrscheinlich ohne Kenntnis der Essener-Terminologie nicht geschrieben werden können.

Auch Neutestamentler beider Konfessionen stimmen mit den Sprachforschern überein, daß weder der symbolträchtige Stil noch einzelne Wortprägungen des »Johannes-Evangeliums« ohne den Einfluß der Essener kaum denkbar sind. So spricht Johannes vom »Geist der Wahrheit« und vom »Geist des Irrtums« – genau diese Bezeichnungen stehen auch im »Handbuch der Unterweisung« von Qumran. Oder können Sie auf Anhieb unterscheiden, welcher der folgenden Sätze aus dem Neuen Testament und welcher aus den Qumran-Texten stammt?

Der eine lautet: »Gott ist es, der alles festsetzt, und nichts geschieht ohne ihn.« Der andere heißt: ». . . und ohne ihn ist nichts geschaffen, was geschaffen ist.« Der erste ist aus den Qumran-Texten, der zweite steht bei Johannes (1,3).

Was aber – fragen daraufhin die Vertreter der reinen Christenlehre – ist mit solchen Übereinstimmungen bewiesen? Doch nichts weiter, als daß eben zu den Verfassern der Evangelien auch Menschen gehört haben, die den Essenern und ihrer Lehre nahestanden.

Richtig, um so merkwürdiger, daß ausgerechnet diese Sekte mit keinem Wort im Neuen Testament erwähnt wird.

Wie wird es weitergehen? Sind mit fortschreitender Sortier- und Dechiffrierarbeit neue Erkenntnisse zu erwarten? Wohl kaum. Überraschungen sind nur möglich, wenn weitere Schriftrollen auftauchen sollten. Niemand weiß, ob nicht in irgendwelchen Beduinenzelten noch Schriftrollen verborgen gehalten werden oder ob nicht in einer der unerforschten Höhlen weitere Rollen versteckt liegen.

Die letzte größere Rolle wurde 1967 für 105 000 Dollar erworben. Der israelitische Professor Yigael Yadin hatte die acht Meter lange »Tempelrolle« einem Altwarenhändler abgekauft. Erst 1978, zehn Jahre später, war die Präparierung und Übersetzung fertiggestellt! Wir müssen uns in Geduld fassen. Die Gabe, warten zu können, war schon immer eine Voraussetzung jedes archäologischen Erfolgs.

DER TÄUFER – EIN ESSENER?

Wer hätte vor fünfzig Jahren geglaubt, daß eine Figur wie Johannes der Täufer aus dem diffusen Licht einer mythischen Gestalt in die unmittelbare Nähe historischer Existenz rücken würde? Daß dies möglich war, ist den Funden der Schriftrollen vom Toten Meer zu verdanken.

In allen Jahrhunderten war Johannes der Täufer, obgleich von dessen Leben so wenig bekannt war, eine Lieblingsfigur für Maler, Komponisten und Dichter. Schuld daran war eine Frau (oder war sie noch ein Mädchen?), der die Legende seine Enthauptung anlastet. Die Bibel verrät ihren Namen nicht, doch Oscar Wilde und Richard Strauss haben sie unsterblich gemacht: Salome, die Stieftochter des Herodes. Sie tanzte den berühmten Tanz der sieben (wieder einmal die Sieben!) Schleier, der den König so entzückte, daß er ihr die Erfüllung jeden Wunsches versprach, was immer dies sei, »bis zur Hälfte meines Königreichs«.

Das Mädchen Salome, aufgestachelt von ihrer Mama, verlangte als Dankgeschenk den Kopf von Johannes dem Täufer, der ihr dann auch prompt auf einer silbernen Platte serviert wurde. Was hatte Johannes dem Mädchen getan? Ihr gar nichts. Er hatte nur öffentlich gegen die ehebrecherische Heirat ihrer Mama gewettert.

Nicht nur bei den Künstlern, auch im christlichen Glauben nimmt Johannes der Täufer einen besonderen Platz ein. Alle vier Evangelien beginnen ihre Berichte vom Wirken Jesu mit der Erklärung des Johannes, daß er nur »ein Rufer in der Wüste« (auch dies ein Essener-Zitat) sei, nicht würdig, dem, der nach ihm kommt – Jesus –, »die Schnürriemen der Sandalen zu binden«.

Diese Bescheidenheit wurde nach seinem Tode belohnt: Johannes der Täufer ist der einzige Heilige der katholischen Kirche, dessen Geburtstag (24. Juni) wie auch Todestag (29. August) gefeiert wird. Die übrigen Heiligen müssen sich mit einer Würdigung ihres Todestages begnügen.

Die Stelle, an der Johannes der Täufer – in Sackleinwand gehüllt und sich wie die Essener von (gerösteten) Heuschrecken ernährend – predigte und taufte, war eine Jordan-Schleife in Sichtweite des Klosters Qumran. Israel-Touristen bekommen allerdings eine weiter nördlich gelegene Taufstelle gezeigt. Johannes hatte im (heutigen) militärischen Sperrgebiet getauft.

Doch die Taufe des Johannes entsprach weder jener der essenischen Täufersekte noch der unserer christlichen Kirchen. Johannes und alle, die sich von ihm taufen ließen, glaubten, durch die Taufe von ihren Sünden reingewaschen zu werden. Die Essener jedoch erklärten, daß noch so viele Taufwaschungen nicht ausreichten, um für immer von Sünden befreit zu werden. Jesus, der selbst nie taufte, hat sich von Johannes taufen lassen und ihn den »Größten vom Weibe Geborenen« genannt.

Aus diesen Worten folgerten christliche Splittergruppen, die bis ins zweite Jahrhundert nach Christus existierten, daß Jesus sich Johannes untergeordnet habe und Johannes der wahre Messias gewesen sei. Er hatte großen Zulauf, und das dürfte nicht nur seiner Ausstrahlung zuzuschreiben gewesen sein, sondern auch profane Gründe gehabt haben – denn sich am Jordan taufen zu lassen, um dadurch Sündenvergebung zu erhalten, war auf jeden Fall billiger als die vorgeschriebene Reise nach Jerusalem und die damit verbundenen Kosten für die obligatorischen Tempelopfer.

Nicht nur die geographische Nähe, auch vieles aus seiner Lehre spricht dafür, daß dieser Johannes als Wanderprediger entweder die reine Lehre der Essener verkündete oder aber eine selbstentwickelte Abart dieser Lehre.

Die Wahrscheinlichkeit ist groß, daß der junge Jesus öfter zu den Zuhörern dieses faszinierenden Redners gehört hat. Durch Johannes hätte er dann erstmals die Forderung nach einer notwendigen Erneuerung des verkrusteten Glaubens gehört, wie sie so oder ähnlich auch von den Essenern gestellt wurde.

Vieles spricht dafür, Beweise fehlen. Sicher ist jedoch, daß mit diesem Täufer Johannes, dem letzten der Propheten, die die Ankunft des Messias predigten, ein neuer Abschnitt der Weltgeschichte und der Geistesgeschichte begann: der neue Bund mit Gott – das Neue Testament.

In ihm wird aus dem Erlöser für das »auserwählte Volk« der Heiland für alle Völker. Folgerichtig bezeichnet man den Erlöser nicht mehr mit dem hebräischen Wort »Messias«, sondern mit dem entsprechenden griechischen: Christus. Wir Christen halten Jesus für diesen Messias, Christus, Heiland.

ANFANG DES EVANGELIUMS VON JESUS CHRISTUS . . .
(Mk. 1,1)

IV. Kapitel
Geist wird Fleisch,
Fleisch wird Geist:
Das Neue Testament

Evangelien gab es schon vor Jesus
Das Neue Testament hat 27 Bücher – doch 19 sind von anderen Autoren
Wird es einmal fünf Evangelien geben?
Särge aus Handschriften
Warum man übertragen und nicht übersetzen muß

»Die Wahrheit der Evangelien ist nicht einfach historisch, und jeder, der ihre Wahrheit anhand der Geschichte überprüfen will, mißversteht sie total.«
Joseph Fitzmeyer (SJ), Catholic University of America

EINIGE FAKTEN VORWEG

Das lernt man schon in der Schule:

o Das Alte Testament umspannt in seinen historischen Büchern mehr als zwölf Jahrhunderte und behandelt das Schicksal vieler Generationen.

o Das Neue Testament dagegen befaßt sich ausschließlich mit einer Figur: mit Jesus aus Nazaret, seiner Lehre und seinen Taten. In den vier Evangelien werden die Ereignisse weniger Jahre geschildert.

o Die Trennung in Altes und Neues Testament gibt es seit Ende des 2. Jahrhunderts.

o Die Bezeichnung »Testament« entstand, als bei der Bibelübersetzung in das Griechische das hebräische Wort »berit« (»Bund«) mit »diátheke« gräzisiert wurde, das unserem Begriff »Testament« als letztem Willen entspricht. Die Bezeichnung »Alter« und »Neuer Bund« – nämlich mit Gott – wäre richtiger.

Was man außerdem wissen sollte:

o Evangelium ist keine Bezeichnung, die nur dem Neuen Testament vorbehalten ist. Das griechische Wort »eu-aggélion« bedeutet »frohe Botschaft«, mit der man auch vor den Berichten über Jesus ganz allgemein gute Nachrichten bezeichnete. Schon der Prophet Jesaja verkündete ein »Evangelium«, als er sagte, er sei einer,

. . . der eine frohe Botschaft bringt und Rettung verheißt.   (Jes. 52,7)

Auch die Nachricht von der Geburt Octavians, des ersten römischen Kaisers, wird in einer Stein-Inschrift im Jahre 63 v. Chr. als »Evangelium« bezeichnet.

o Nach der Seitenzahl macht das Neue Testament ein knappes Drittel des Bibelumfangs aus.

o Das Neue Testament ist eine Sammlung von 27 Büchern. Nämlich: die vier Evangelien, die Apostelgeschichte des Lukas, 21 Apostelbriefe und die Offenbarung des Johannes.

o Alle Texte wurden in griechisch verfaßt. Von diesen 27 Texten stammen 19 nicht von jenen Verfassern, die in der Bibel genannt werden. Wahrscheinlich hatten sogar die meisten Evangelien mehrere Verfasser.

o Nicht ein Bericht des Neuen Testaments wurde von Augenzeugen der Ereignisse um Jesus geschrieben.

o Die Namen der Evangelisten Matthäus, Markus, Lukas und Johannes stehen zwar über den Evangelien, doch bediente man sich nur der Autorität dieser Namen, um den Berichten mehr Gewicht zu geben. Geschrieben haben sie andere, die fast eine Generation später lebten. Diese Benutzung bekannter Namen war damals in der Literatur üblich. Folgerichtig hat man bereits im 2. Jahrhundert die Evangelien nicht als »Evangelium des . . .«, sondern als »Evangelium nach Markus, Matthäus, Lukas, Johannes« bezeichnet.

Das ist wenig bekannt, und viele glauben, diese Formulierung stehe im Widerspruch zur offiziellen kirchlichen Auffassung. Dem ist nicht so. Die offiziöse Lesart der katholischen Kirche lautet in der Formulierung der traditionsreichen »École biblique« zu Jerusalem: »Die synoptischen Evangelien haben einen Überlieferungsstrom in sich aufgenommen, an dessen Ursprung die Erfahrungen der Jünger Jesu mit ihrem Meister stehen!«

Spätestens beim zweiten Lesen wird klar, was damit gesagt werden soll: Menschen einer späteren Generation notierten, was die Jünger ihnen berichtet hatten.

o Die ersten Berichte, die nach Jesu Tod abgefaßt wurden, sind nicht die vier Evangelien, sondern jene Briefe, die – teils zu Recht, teils zu Unrecht – dem Paulus zugeschrieben werden. Sie wurden eine ganze Generation früher abgefaßt als die Evangelien. Um so erstaunlicher, daß nicht in einem der Evangelien die Paulus-Texte erwähnt werden.

o Das älteste Evangelium ist das nach Markus, es wurde in den Jahren zwischen 65 und 75 geschrieben. Ihm folgt das nach Matthäus, das zwischen 80 und 90 entstand, das Evangelium nach Lukas wurde etwa um 85 verfaßt, und am spätesten entstand das Evangelium nach Johannes, wahrscheinlich um das Jahr 95 n. Chr.

Auch das ist wissenswert:

o Im Laufe der Jahrhunderte wurde immer wieder versucht, das Neue Testament zur allgemeinen Grundlage des christlichen Glaubens zu erklären. Also allein auf Jesus Christus ohne Moses aufzubauen. Wie unsinnig dieses Unterfangen ist, geht schon daraus hervor, daß im Neuen Testament etwa 900mal auf das Alte Testament Bezug genommen wird, davon 250mal in Form von Zitaten.

o Seit 1979 gibt es die Einheitsübersetzung des Neuen Testaments sowohl für katholische wie protestantische Christen. Beide Konfessionen machen in ihren Gottesdiensten jedoch herzlich wenig Gebrauch davon. Warum – das werden die verschiedenen Übersetzungsbeispiele in den folgenden Kapiteln zeigen.

WER WAR DIESER JESUS?

Soviel an Kurzinformation zum Neuen Testament, das uns nicht nur zeitlich, sondern auch inhaltlich näher ist als das Alte Testament.

Die Wege, über die seine Texte zu uns kamen, sind jedoch nicht weniger verschlungen und mit Überraschungen gepflastert gewesen wie jene, über welche wir Zugang zum Alten Testament gefunden haben. Von keinem der neutestamentarischen Texte existiert das Originalmanuskript. Das klingt ungewöhnlicher, als es ist, denn von den meisten antiken Schriften gibt es keine Originale mehr.

Das Neue Testament ist die antike Schriftensammlung mit den meisten Abschriften! Fast viertausend Manuskripte mit Texten des Neuen Testaments in griechischer Sprache sind uns inzwischen bekannt. Das erlaubt Vergleiche wie bei keinem anderen Text, das erleichtert es, Abschreibfehler aufzuspüren und den eigentlichen Sinn des Originals wieder herauszudestillieren.

Das älteste Schriftstück mit neutestamentarischem Text ist das Papyrus-Fragment p 52, auch »Papyrus Rylands« genannt, nach der englischen Bibliothek, in deren Besitz es sich befindet. Es ist ein Schnipsel, so groß wie eine Kreditkarte, 9 mal 5 Zentimeter.

Auf seiner Vorder- und Rückseite konnten 27 griechische Wörter oder Buchstaben in sieben Zeilen entziffert werden. Sprachforscher ermittelten, daß sie zu jenen Sätzen aus dem 18. Kapitel des Johannes-Evangeliums gehören, in denen Jesus bekennt:

»Ich bin dazu geboren und dazu in die Welt gekommen, daß ich für die Wahrheit Zeugnis ablege. Jeder, der aus der Wahrheit ist, hört meine Stimme.«

(Joh. 18,37)

Untersuchungen nach der C-14-Methode ergaben, daß der Papyrus um 125 n. Chr. beschrieben wurde. Da das Johannes-Evangelium um 95 n. Chr. abgefaßt wurde, könnte der Christ, der diese Abschrift anfertigte, den Evangelisten noch gekannt haben. Ein erregender Gedanke.

Erst 1935 wurde das ebenso kostbare wie winzige Fragment von der John-Rylands-Bibliothek zu Manchester erstmals der Fachwelt vorgestellt. Bis dahin hatte es fünfzehn Jahre unbeachtet unter anderen Codices gelegen.

Die Hoffnung, daß irgendwo in der Welt in Museums- oder Bibliotheksarchiven weitere alte Abschriften der Evangelien existieren, ist also gar nicht so abwegig.

Die meisten der frühen Papyrus-Fragmente mit Texten des Neuen Testaments wurden in Oberägypten entdeckt. Nicht weil es dort besonders große Christengemeinden gegeben hätte, sondern weil die Luft in dieser Gegend so trocken ist, daß die Papyrusstücke konserviert wurden.

Viele der Abschriften wurden in Gräbern gefunden. Jedoch nicht als Grabbeigaben, sondern als Särge! Wegen des Holzmangels in dieser Gegend wurden oft Papyrusreste zusammengeklebt und als Särge benutzt: Tote im Text über die Auferstehung zur letzten Ruhe gebettet – das hat schon wieder Symbolkraft.

Die berühmtesten Abschriften des Neuen Testaments sind der »Codex Vaticanus« und der »Codex Sinaiticus«. Der erste nach seinem Aufbewahrungs-, der zweite nach seinem Fundort benannt. Sie stammen aus dem 4. Jahrhundert.

Kein anderes Buch der Weltgeschichte ist mit so viel Fleiß und Könnerschaft wieder und wieder Buchstabe für Buchstabe abgeklopft worden wie das Neue Testament. Es ist vielleicht nicht das meistgelesene Buch, bestimmt aber das am sorgfältigsten untersuchte.

Wie mühselig die Entschlüsselung der alten Texte ist, zeigt Ihnen der nächste Satz, der so geschrieben ist, wie es damals meist üblich war: mankanntewederzwischenräumenochgroßundkleinschreibungnochsatzzeichensodaßdiesetextesoschwierigzulesensindwiedieersatz.

Doch das sind Äußerlichkeiten, die zum täglichen Brot von Altphilologen gehören. Die wahren Schwierigkeiten liegen dort, wo man zwar die Worte übersetzen, aber nicht deren Bedeutung verstehen kann. Viele

Begriffe haben im Laufe der Jahrtausende ihre Bedeutung geändert, hatten vielleicht schon am Tage der Niederschrift einen doppelten, mitunter sogar einen dreifachen Sinn, der dann den frommen Abschreibern nicht mehr geläufig war und den es nun mit kriminalistischem Spürsinn und sprachlichem Einfühlungsvermögen wieder herauszuschälen gilt.

Nicht selten hat sich eine falsche Interpretation im Laufe der Jahrhunderte so fest bei Bibellesern eingeprägt, daß die richtige Lesart kaum noch eine Chance hat, die falsche zu verdrängen. Ein geradezu klassisches Beispiel dafür liefert bei Lukas ein Vers, ohne den keine Weihnachtsfeier auskommt:

»Ehre sei Gott in den Höhen / und Frieden auf Erden / an den Menschen ein Wohlgefallen.« (Lk. 2,14)

Weil »an den Menschen ein Wohlgefallen« keinen klaren Sinn ergibt, singt man in rechter Weihnachtsstimmung ». . . und den Menschen ein Wohlgefallen« – doch so war dieser Text nicht gemeint! Nicht den Menschen sollte Wohlgefallen erwiesen werden, sondern die dritte Zeile des Verses bezieht sich auf die zweite!

Wörtlich übersetzt lautet die dritte Zeile ». . . unter den Menschen des Wohlgefallens.« Also: Friede auf Erden unter den Menschen, an denen Gott Wohlgefallen hat. Oder, freier übersetzt, »die er liebt«. Die vorläufige Einheitsübersetzung gebrauchte noch diese klärende Eindeutschung. Die endgültige jedoch gibt sich damit nicht zufrieden. Bei ihr lautet der Vers:

»Verherrlicht ist Gott in der Höhe, / und auf Erden ist Friede / bei den Menschen seiner Gnade.«

In dieser Fassung hat der Text seinen ursprünglichen Sinn, gar keine Frage. Aber war es gut, so weit von den altvertrauten Worten wegzugehen? Wer springt schon gern über den Schatten seiner Kindheitserinnerungen?

Wer eine ältere Bibelausgabe besitzt, möge bitte einmal Matthäus 21,10 aufschlagen. Dort wird der Einzug Jesu in Jerusalem geschildert. Ein Naturereignis kündigt an, was sich in den nächsten Stunden Dramatisches ereignen wird: ». . . die Stadt wird von einem Beben erschüttert«, heißt die Zeile. Eine irdische Reaktion als Ankündigung für ein überirdisches Ereignis. Symbolik also.

In der Einheitsübersetzung jedoch bleibt Jerusalem von diesem Erdbeben verschont. Bei ihr lautet der Satz:

Als er in Jerusalem einzog, geriet die ganze Stadt in Aufregung, und man fragte:» Wer ist das?« (Mt. 21,10)

Aus Symbolik wurde menschliche Neugier. Erstaunlich, wieviel Spielraum alte Texte den Übersetzern lassen! Und da die Bibel in alle Weltsprachen übersetzt ist, gibt es viele Variationen. Allein schon durch die Wortwahl kann ein Ereignis einen völlig anderen Wert erhalten. In unseren Bibeln lauten bei Johannes die letzten Worte Jesu am Kreuz:

»Es ist vollbracht.« (Jo. 19,30)

Drei Worte, die innere Größe und Triumph verraten. Der gleiche Satz liest sich in einer amerikanischen Bibel so:» It's finished.« Gemeint ist das gleiche, aber die Verpackung rückt den Gedanken in die fatale Nähe von Tarzan-Dialogen.

In obskuren Büchern ist die Rede von Jesus-Briefen – schade um die Zeit, die man fürs Lesen aufwendet. Jesus hat nichts geschrieben.

Doch! Einmal hat er Linien, vielleicht Wörter in den Sand gezogen, aber sogleich wieder ausgelöscht. Wie gut, daß es nichts Geschriebenes von ihm gibt. Dadurch wissen wir so wenig Präzises von ihm, daß seine Lehre und sein Tun nicht in übliche Kategorien eingeordnet werden können.

Es macht einen Teil seiner Faszination aus, daß von ihm Ewiges und Endgültiges nur in vergänglicher Sprache überliefert ist. Diese Sprache aber war kraftvoll und voll praller Bilder:

»Es ist leichter, daß ein Kamel durch ein Nadelöhr hindurchgeht, als daß ein Reicher in das Reich Gottes kommt.« (Mk. 10,25)

Was hat sich dieser in seiner doppelten Übertreibung so eingängige Satz nicht alles an Deutungen gefallen lassen müssen! Da wurde nach einem schmalen Tor in Jerusalems Mauer gefahndet, durch das ein ausgewachsenes Kamel nur mit Mühe durchkam, da machte man aus »Kamel« das griechische Wort »kámilos«, was Schiffstau bedeutet – und dies alles nur, um diesem extremen und dadurch bildhaften Vergleich eine reale Erklärung zu geben.

Das ärgerliche dabei ist, daß man bei dieser Interpretation das Gefühl nicht los wird, sie sei eigens für das Establishment gesucht worden, damit kein »Reicher« glaube, er zahle seine Kirchensteuern vergeblich. Dabei genügt ein Querlesen, um im Neuen Testament allenthalben auf solche effekt- und eindrucksvollen Wortbilder zu stoßen. Aber bei einem Satz wie »Ihr siebt Mücken aus und verschluckt Kamele« macht sich keiner die Mühe, nach einer realistischen Erklärung für diese Übertreibung zu suchen.

Statt solcher Haarspaltereien ist es nützlicher, nach dem historischen Jesus zu fragen, denn bei aller Überzeitlichkeit seiner Lehre sind Taten und Worte des Jesus von Nazaret nur aus dem Glauben und den Lebensgewohnheiten seiner Umwelt zu verstehen. Was war das für ein »Menschensohn«, der sich hinter den Evangelien verbirgt?

Ja, verbirgt. Denn diese »Frohen Botschaften« strebten nicht historische Objektivität an, sondern jedes einzelne Evangelium war auf eine ganz bestimmte Gruppe Gläubiger zugeschnitten. Für diese »Zielgruppe« wurde das von Jesus und seiner Lehre herausgestellt, was für sie wichtig war, und zwar in dieser damaligen Situation speziell für sie wichtig war.

Erst der Vergleich der verschiedenen biblischen und außerbiblischen Informationen ermöglicht ein Bild von Jesus, das vielleicht der historischen Wahrheit näherkommt.

Das ist für das Verständnis der Bibel wichtiger als für jede andere Religion. Denn das Christentum stellt sich bewußt auf den Prüfstand der Geschichte. Es ist eine der ganz wenigen Religionen, die sich zu einer historischen Person bekennen, deren Lehre in einer historisch nachprüfbaren Zeit entstand. Das macht die Größe dieser Religion aus, birgt aber auch viele Schwierigkeiten.

Zwar wissen wir heute mehr über die Umwelt Jesu als irgendeine Generation vor uns, aber noch immer fehlt ein außerbiblischer Beleg über die irdische Existenz Jesu, der zu seinen Lebzeiten verfaßt wurde. Keine Aktennotiz eines römischen Schreibers, kein Dankbrief eines Kranken, der von ihm geheilt wurde, existiert.

Die Personalakte des Rabbi Jeschua – so die hebräische Form des Namens Jesus – ist dünn.

Sucht man nach einer Charaktereigenschaft, die ihm Anhänger wie Gegner zuerkennen, bleibt ein Wort übrig: Souveränität. Immer und allen gegenüber. Diese Tatsache akzeptieren zwar alle, doch schon bei der Frage, was ihm diese innere Sicherheit gab, scheiden sich die Geister.

Deshalb suchen seit nun fast zwei Jahrtausenden Anhänger wie Gegner eine Antwort auf die Fragen: Wer war dieser Jesus? War er Gottes Sohn? Wenn ja, ab wann wußte er es? Auch die beiden großen christlichen Kirchen geben darauf unterschiedliche Antworten. Selbst heute noch.

»WER MICH VERACHTET UND MEINE WORTE NICHT ANNIMMT, HAT
SEINEN RICHTER: DAS WORT, DAS ICH GESPROCHEN HABE.«
(Joh. 12,48)

Jesus – Menschensohn aus Galiläa

Über keine Persönlichkeit der Geistes- oder der Weltgeschichte ist so viel
geschrieben worden wie über Jesus. Mehr als 70 000 Biographien beschäftigen sich mit seinem Leben. Wahrscheinlich, weil wir so herzlich wenig
davon wissen. Weder sein Alter noch sein Geburts- oder Todesjahr sind
exakt zu bestimmen.

Für Gläubige wie Ungläubige steht lediglich fest, daß sich vor fast
zweitausend Jahren in Palästina, in einem Umkreis von kaum dreißig
Kilometern, etwas ereignete, das die Welt veränderte. Hegel hat das ebenso
knapp wie treffend ausgedrückt: »Die Geschichte ging auf Jesus hin und
von ihm aus.«

Wer aber war dieser Jesus? War er Gottes Sohn? War er »nur« ein
bedeutender Mensch normaler Herkunft? Oder ist er nichts weiter als eine
erfundene Figur, ein Mythos?

Die letzte Umfrage zu diesem Thema wurde 1979 in der Bundesrepublik durchgeführt. Dies sind die Ergebnisse:

○ 33 Prozent erklärten: Jesus war Gottes Sohn und ist von den Toten
auferstanden.

○ 21 Prozent sehen in ihm lediglich eine überragende Persönlichkeit,
glauben aber nicht an seine Göttlichkeit.

○ 38 Prozent halten ihn für bedeutungslos, seine Taten von den Kirchen
aufgebauscht.

○ 7 Prozent sind überzeugt, daß dieser Mann namens Jesus nie gelebt hat.
Sie halten ihn für eine literarische Erfindung.

Nach dieser Umfrage glaubt die Mehrheit der bundesrepublikanischen
Bevölkerung, daß es einen Mann namens Jesus gegeben hat, und ein Drittel
ist überzeugt, daß er Gottes Sohn war, der Fleisch von unserem Fleisch
wurde. Dieses Drittel ist in den Armen der Kirchen wohlbehütet. Es kann
sich eins fühlen mit Howard Marshall, dem Senior lecturer in New
Testament Exegesis an der Universität Aberdeen (Großbritannien), der im
»Handbuch der Bibel« bekennt: ». . . der Versuch, ihn als ganz gewöhnlichen Menschen zu erweisen, muß unweigerlich scheitern!«

267

Dagegen steht allerdings auch eine andere Meinung: »Wir müssen klipp und klar sagen, daß Jesus Mensch war und nichts als Mensch. Und was die Alten meinten, wenn sie sagten ›wahrer Gott‹, das können wir nur so ausdrücken: In dem, was Jesus ist und tut, wird für uns sichtbar gemacht, was Gott auf Erden durch Menschen, die nichts als Menschen sind, getan hat, tun will und tun wird.«

Nichts Ungewöhnliches, diese Ansicht, zu der sich immerhin 21 Prozent aller Befragten bekannten. Ungewöhnlich ist allerdings die Stelle, der dieses Zitat entnommen ist: Walter Hartmann, Wundergeschichten der Bibel in der Grundschule, in »Evangelische Unterweisung«, Jahrgang 21, 1966. Diese beiden Zitate zeigen wieder einmal, wie groß der Schoß der Kirche ist (vielleicht auch sein muß) und wie überzeugt jede Gruppe von der Richtigkeit ihrer persönlichen Jesus-Vorstellung ist.

Die einzigen immer wieder zitierten Dokumente über sein Wirken sind Berichte über Christengemeinden im kaiserlichen Rom. Wobei man hinzufügen muß, daß die Anhänger der Lehre Jesu zunächst – und das bedeutet: einige Jahrzehnte – als jüdische Sekte galten.

Kein Wunder, schließlich beteten die ersten bekehrten Juden noch in ihren Tempeln zu Jesus als Messias, Paulus predigte in Synagogen, auch hießen die ersten Jesus-Anhänger nicht Christen, sondern Nazaräer. Erst auf dem Apostelkonzil in Antiochia im Jahre 49 wurde für sie der Name »Christen« eingeführt.

Der ausführlichste Bericht über sie stammt von Tacitus, der in seinen 115 geschriebenen »Annales« zu Neros »Christianer«-Verfolgung nach dem Brand von Rom im Jahre 64 Stellung nimmt und dazu schreibt: »Dieser Name [Christianer] stammt von Christus, der unter der Regierung des Tiberius durch den Prokurator Pontius Pilatus hingerichtet wurde. Dieser verabscheuungswürdige Aberglaube, der für kurze Zeit unterdrückt wurde, lebt aber jetzt wieder auf und hat sich nicht nur über Judäa, wo dieses Übel entstand, sondern auch in Rom verbreitet, wo alles, was es in der Welt an Niederträchtigem gibt, seine Stätte und seine Anhänger findet.«

Plinius der Jüngere, einer der fleißigsten Briefeschreiber der Antike, erbat während jener Zeit als Prokonsul in der Provinz Pontus-Bithynien (am Schwarzen Meer) von Kaiser Trajan, mit dem er befreundet war, Verhaltensmaßregeln gegen die Christen, »deren Zahl ständig wächst«. Er schildert, was Christen vor Gericht ausgesagt hatten: »Sie brachten im Wechselgesang Christus als [ihrem] Gott ein Lied dar und verpflichteten sich durch Eid, nicht etwa zu einem Verbrechen, sondern zur Unterlassung von Diebstahl, Raub, Ehebruch, Treulosigkeit, Unterschlagung von anvertrautem Gut ...« Seine Meinung: »Ich fand nichts als verschrobenen, maßlosen Aberglauben« (Brief X 96).

Ein anderer römischer Historiker, Suetonius, notiert in seiner Biographie des Caesars Claudius lediglich den Hinweis auf einen gewissen »Chrestus«, der oder dessen Lehre viel Verwirrung in Rom gestiftet haben soll. Aber Suetonius war in vielen seiner Angaben unzuverlässig, so daß auch hier offenbleibt, ob es sich bei seinem Chrestus um einen Schreibfehler für Christus oder um eine andere Person handelt, die tatsächlich Chrestus hieß.

Die positivsten Worte über Jesus finden sich bei Flavius Josefus. Er lobt Jesus als Wundertäter, Christus und Messias. Gerade diese Lobhudelei aber stimmt bedenklich. Flavius Josefus, Neu-Römer jüdischer Herkunft, hat wohl kaum so positiv von Jesus berichtet. Einige Teile in diesem Absatz wirken wie spätere Einschübe aus frühchristlicher Sicht, wenn es »Er war der Christus« heißt oder wenn die Auferstehung als Tatsache dargestellt wird.

In den Schriften der Rabbiner wird Jesus verständlicherweise nur kurz erwähnt, und zwar als Zauberer, der die Menschen aufwiegelte und dessen fünf (!) Jünger Kranke heilten.

Fazit: Auch diese Texte führen nicht weiter auf dem Weg zum historischen Jesus. Deshalb geschah, was immer geschieht, wenn Fakten fehlen: Das unbekannte Leben des Mannes aus Galiläa wurde zum Tummelplatz vieler Legendenberichte. Vor allem aus seiner Jugendzeit, von der die Evangelien nur wenig berichten, fabulieren viele außerbiblische Schriften Wundergeschichten. So knetet der Knabe aus Lehm Vögel, die dann lebendig werden und wegfliegen. Ein andermal stößt aus Versehen ein Kind mit dem kleinen Jesus zusammen. Und sofort fällt es tot um! Wie paßt das zur Lehre Jesu?

Zwei Funde vor allem haben etwas Licht in die Welt um Jesus gebracht: die Schriftrollen vom Toten Meer und der Fund einer frühen Abschrift des sogenannten Thomas-Evangeliums. Es soll von dem Jünger Thomas verfaßt sein, auf den unsere Redensart »ungläubiger Thomas« zurückgeht, weil er der einzige unter den elf Jüngern war, der erst an die Auferstehung glaubte, nachdem er Jesus berührt hatte. Es handelt sich bei diesem Text zwar um eines der apokryphen Evangelien, doch bekam er für die Jesus-Forschung großen Wert. Deshalb wird es im Anschluß an die fünf kanonischen Evangelien behandelt.

Was also wissen wir vom realen irdischen Jesus? Böse Zungen haben eine Antwort rasch parat: eigentlich nur, daß er gern aß und trank. Vorausgesetzt, es stimmt, was er einmal über sich sagte:

»Dieser Fresser und Säufer, dieser Freund der Zöllner und Sünder!«

(Mt. 11,19)

Auch soll er verheiratet gewesen sein! Als jüngster Verfechter dieser Behauptung, für die es nicht den Kringel eines Hinweises im Neuen Testament gibt, hat sich 1978 der französische Historiker und Theologe Jean-Claude Barreau zu Wort gemeldet. In seinem Buch »Die Memoiren von Jesus« setzt er dies als selbstverständlich voraus.

Diese erfundenen Memoiren sind der verwegene Versuch, das Leben Jesu in Ichform zu erzählen. Das ist erst- und einmalig.

Die Vorstellung, Jesus sei Ehemann und gar Vater gewesen, ist für uns absurd, zu seinen Lebzeiten aber war Ehe- und Kinderlosigkeit ein Makel.

Das Buch erschien 1978 auch in Deutschland, und »Bild« kürte den Menschensohn aus Galiläa zum Exklusiv-Autoren, indem es »Ich, Jesus« im Vorabdruck brachte.

Doch das Glück währte nicht lange. Die Buchauflage wurde eingestampft, der Zeitungsvorabdruck kastriert – alles, dem Vernehmen nach, auf ausdrückliche Anordnung des Verlegers Axel Springer, der die »Memoiren«, die in seinem Buchverlag erschienen waren, als schiere Blasphemie empfand. Er war mit seiner Auffassung kritischer als der deutsche Bischof Dr. Dr. Hermann Kunst DD, der in dem Buch den »begrüßenswerten Versuch« sah, »Jesus den Menschen unserer Tage wieder näherzubringen«.

Der Bischof wußte natürlich, daß im Alten Testament ein junger Mann, der nicht heiratete und keine Kinder zeugte, mit einem Mörder verglichen wurde. Die Ehe war für Juden religiöse Pflicht, daher sein positives Urteil.

Doch Jesus hat diese Einstellung nicht so pauschal akzeptiert, sondern bei einem Gespräch mit seinen Jüngern auch Ausnahmen für ein Leben als Single gelten lassen:

»Manche sind von Geburt an zur Ehe unfähig, manche sind von den Menschen dazu gemacht, und manche haben sich selbst dazu gemacht – um des Himmelreichs willen.«

(Mt. 19,12)

Ein Satz, der zu mancherlei Mißverständnissen führte. Das verhängnisvollste beging um das Jahr 200 Origines, Philosoph und Theologe: Er

nahm die Stelle »manche haben sich selbst dazu gemacht« wörtlich und
entmannte sich bereits in seiner Jugend. Später erkannte er seinen Irrtum,
doch da war es zu spät.

Jesus – Der Mann mit den tausend Gesichtern

Sowenig wir von dem »Privatleben« Jesu wissen, so wenig geben die
Evangelien Auskunft, wie er wohl ausgesehen haben mag. Bleibt also die
Schlußfolgerung: Da nichts Ungewöhnliches von ihm berichtet wird,
dürfte er so wie seine Zeitgenossen ausgesehen haben. Das Nichtwissen
über seine Erscheinung gab den Künstlern aller Epochen die Möglichkeit,
ihn aus der Sicht ihrer Zeit darzustellen. Die Legende will, daß Lukas das
erste Jesus-Porträt gemalt hat. Es hängt im griechisch-orthodoxen Kloster
Lawra auf dem Berg Athos.

Die älteste germanische Darstellung Jesu zeigt ihn bereits panzerbe-
wehrt und speerbewaffnet, als gewappneten Himmelskönig. Auf einem
Grabstein von Niederdollendorf, der aus dem 7. Jahrhundert stammt, ist
sie eingeritzt.

Der schmalgesichtige, blonde Jesus der Gotik entspricht sicherlich ebensowenig dem Rabbi Jeschua wie die häßlichen Darstellungen des hinken-
den Heilands der orthodoxen Kirche. Meist ist das linke Bein kürzer
dargestellt als das rechte. In den neutestamentarischen Schriften gibt es
jedoch keinen Hinweis, daß Jesus gehinkt hat.

Jesus als Hirte und gleichzeitig als Lamm Gottes – so sahen ihn die
frühen Heidenchristen.

Jesus mit langem, gelocktem Haar – aber bartlos – entsprach spätlateini-
schen Vorstellungen, während die romanische Kunst Jesus oft als bärtigen
Weltenherrscher darstellte. Auf diesen Bildern wird er bewußt älter gezeigt, als er nach den Evangelien bei seiner Kreuzigung gewesen sein muß.
»Alter gleich Weisheit« war damals das Motto.

Um die geistige Kraft Jesu darzustellen, auf die es den Gnostikern
ankam, gingen einige Maler ungewöhnliche Wege: Sie zeigten ein leeres
Kreuz und einen römischen Soldaten, der seinen Speer in die Luft stieß.
Gottes Sohn war schon nicht mehr Fleisch.

Anders ein süddeutscher Maler der Renaissance. Er zeigt die Geburts-
szene und läßt das Jesuskind mit einer Hand zielbewußt nach den Gold-
münzen grapschen, die die drei Weisen ihm mitgebracht haben.

Die italienischen Maler dieser Epoche konnten ihn sich nicht anders als zart und schön vorstellen. Anders Rembrandt: Er holte sich die Modelle für seine Christusbilder aus dem Amsterdamer Ghetto.

Einen Schock löste Grünewalds Christus am Kreuz aus. Eine geprügelte, gequälte Kreatur, ausgemergelt, voller Wunden und doch – hinter dieser Demut, in diesem Schmerz ist die Gewißheit des Sieges zu spüren. Für mich gibt es kein ehrlicheres Jesusbild. Ob von begnadeten Künstlern gemalt oder von Kitscheuren verzuckert, in einem weichen fast alle Jesusbilder von der Realität ab: Sie zeigen ihn barhäuptig. Doch als Kind seiner Zeit wird er die Kopfbedeckung getragen haben, die in Palästina und nicht nur dort Tradition war: einen Turban.

Solche kulturgeschichtlichen Details brauchten die Maler unserer Zeit nicht zu beachten: Picasso zeigt Jesus als Stierkämpfer, Pop-art-Maler als eine Art biblischen Dressman.

Einen eigenen Weg, mit Naivität und menschlichem Verständnis gepflastert, ging Max Ernst. Auf seinem Bild »Die Jungfrau haut das Jesuskind vor drei Zeugen« zeigt er, wie Mutter Maria ihr Kind übers Knie gelegt hat und ihm den Popo versohlt, der schon ganz rot ist. Über ihr schwebt der Heiligenschein, der des Jesuskindes jedoch ist auf die Erde gefallen. Vielleicht hatte er vom Eingemachten genascht? Als das Bild 1926 zum ersten Male ausgestellt wurde, gab es Proteste – heute schmunzeln auch Klosterschüler über diese Darstellung.

Doch eine andere erregte dafür 1986 die Gemüter, jedenfalls in Innsbruck. Dort sollte ein fünf Meter hohes Kruzifix mit einem stilisierten *nackten* Christus auf einer Brücke aufgestellt werden. Die Bürger protestierten. Was dem Bildhauer Symbol für das »Ausgeliefertsein« war, deuteten Gemeindemitglieder als »religiöse Pornographie«.

Ein Ende des Streits ist noch nicht abzusehen. Der bronzene Christus steht inzwischen im dunklen Kreuzgang der Hofkirche. Der Gottessohn wartet auf die kleinmenschliche Entscheidung über seine Aufstellung. Von der Auferstehung zur Aufstellung – welch ein Weg!

DIE GEBURT – ERFÜLLUNG ODER LEGENDE?

Keines der vier Evangelien wurde in der Absicht geschrieben, künftigen Generationen einen chronologisch exakten Bericht vom irdischen Dasein des Jesus Christus zu hinterlassen.

Jedes war – das eine mehr, das andere weniger – aktuelle Hilfe für enttäuschte Jesus-Anhänger, die nicht begreifen konnten, weshalb die angekündigte Wiederkehr Jesu nicht so schnell erfolgte, wie sie angenommen hatten. Dieser Unruhe galt es mit Berichten – eben den Evangelien – entgegenzutreten.

Das geschah – ich wiederhole mich bewußt – für jede einzelne Zielgruppe – sowohl mit der für sie geeigneten Auswahl von Worten und Texten Jesu wie auch deren Darstellungsform.

Im Grundtenor jedoch sind alle Evangelien gleichgestimmt. Er lautet: Zwar ist der Zeitpunkt der Wiederkehr Jesu ungewiß, aber es gibt keinen Zweifel, daß er der erwartete Messias ist. Eine damals immens wichtige Aussage! Schwärmgeister, Scharlatane und Wunderheiler zogen dutzendweise durch Palästina und die entlegenen römischen Provinzen. Alle traten mit dem Anspruch auf, sie seien der erwartete Messias. Da konnte schon, wer schwach im Glauben war, unsicher werden.

Für sie waren die Evangelien Glaubenshilfe, und außerdem bildeten sie das geistige Bindeglied, durch das alle Gemeinden zusammengehalten wurden.

Woher aber bezogen die Verfasser der Evangelien ihre Informationen über Jesus, da doch keiner von ihnen Augenzeuge und Lebensgenosse von ihm gewesen war?

Um es vorwegzunehmen: Diese Frage konnte von den Neutestamentlern unter den Bibelwissenschaftlern bis heute nicht verbindlich beantwortet werden. Sie haben deshalb eine Zwei-Quellen-Theorie aufgestellt, nach der es die sogenannte Q- oder Redequelle und ein Ur-Evangelium gab. Obendrein hatte sicherlich jeder Verfasser zusätzliche Informationen, das sogenannte »Sondergut«. Doch dies ist graue Theorie, eine Arbeitsformel – mehr nicht.

Außerdem: Der reale Jesus war für den Zweck, den die Evangelien erfüllen sollten, nicht so wichtig. Viel wichtiger war, die Taten und Leiden Jesu als Erfüllung jener Prophezeiungen des Alten Testaments zu deuten, die sich auf den Messias bezogen.

Deshalb steht bei Matthäus der Stammbaum Jesu bis Abraham, bei Lukas sogar bis Adam, worüber sich böswillige Bibelkritiker so gern lustig machen, deshalb auch Betlehem als Geburtsort, denn stand nicht beim Propheten Micha, daß der Messias aus Betlehem, der Heimat Davids, kommen würde? Also nennt das »Evangelium nach Matthäus« Betlehem als Wohnort von Maria und Josef, und Lukas, der die Eltern Jesu in Nazaret ansiedelt, erwähnt eine Volkszählung, zu der sie nach Betlehem müssen, weil Josef »aus dem Hause und Geschlechte Davids war«. Durch diese Reise wurde auch der aus Nazaret stammende Jesus des Lukas in Betlehem geboren, wie es für den Messias prophezeit worden war.

Solch ein Hinweis auf eine Volkszählung ist für Historiker ein Geschenk des Himmels, liefert er ihnen doch ein fixes Datum! In diesem Falle jedoch haben diese Angaben viel Kopfzerbrechen bereitet.

Nicht nur den Historikern, sondern uns allen.

Das Jahr Null unserer Zeitrechnung ist das Geburtsjahr Jesu, sagen wir. Aber das Geburtsjahr Jesu ist nicht das Jahr Null, wissen wir.

Der Kirchenvater Dionysius Exigerus hat uns dieses Dilemma bereitet, als er im 6. Jahrhundert die »christliche Zeitrechnung« einführte und dabei von einer falschen Berechnung ausging. Aber das war nicht allein seine Schuld! Der Reihe nach erzählt: Bei dem »um Sorgfalt bemühten« Lukas steht klipp und klar, wann Jesus geboren wurde:

»In jenen Tagen erließ Kaiser Augustus den Befehl, alle Bewohner des Reiches in Steuerlisten einzutragen.« (Lk. 2,1)

Da alle vierzehn Jahre im Römischen Imperium eine Steuereinschätzung stattfand, galt es nur, herauszufinden, welche gemeint war – und schon hatte man das Geburtsjahr von Jesus.

Der exakte Lukas hatte es den historischen Forschern noch einfacher gemacht, denn er betont: »Dies geschah zum ersten Mal!« Ja, er nennt sogar den Namen des damaligen Statthalters von Syrien, zu dem Palästina gehörte: Quirinus. Die Römer, präzis in ihrer politischen Buchführung, notierten, daß Senator Publius Sulpicius Quirinus mit dem Beinamen Cyrenius nach Syrien versetzt wurde – aber erst im Jahre 6 n. Chr.! Da für dieses Jahr auch Flavius Josefus eine Volkszählung erwähnt, wurde Jesus wahrscheinlich im Jahre 6 der christlichen Zeitrechnung geboren.

Aber auch das paßt nicht, denn dann stimmt nicht, was sowohl bei Lukas wie Matthäus steht, daß nämlich Jesus zur Regierungszeit Herodes des Großen (den Beinamen gab er sich selbst) geboren wurde. Der aber starb bereits im Jahre 4 v. Chr.

Da beide Angaben nicht zusammenpaßten, suchte man nach einer dritten und fand sie bei Matthäus. Bei ihm steht ein Hinweis, der jahrhundertelang als zeitliche Orientierungshilfe für das Geburtsjahr Jesu diente: der Stern von Betlehem.

Bereits 1606 wies Johannes Kepler nach, daß im Jahre 7 v. Chr. unter den Gestirnen eine »große Konjunktion« stattgefunden hatte, die auf dem 32. Breitengrad – auf ihm liegt Betlehem – zu sehen gewesen ist.

Diese große Konjunktion war das Zusammenrücken von Jupiter und Saturn im Zeichen der Fische. So dicht können die zwei Sterne zusammengekommen sein, daß ihr Licht sich zu einer einzigen Lichtquelle bündelte. Dreimal war diese Konstellation zu sehen: am 29. Mai, am 3. Oktober und am 4. Dezember. Aber nicht im Jahre Null, sondern sieben Jahre früher.

Daran störten sich die Astrologen nicht, die diese astronomische Tatsache deuteten. Saturn, erklärten sie, war der Stern Syriens und Judäas, Jupiter der Stern des Weltenherrschers. Und das Sternbild der Fische, in dem beide so dicht zusammenrückten, galt nach jüdischer Tradition als jenes Sternbild, in dem die Endzeit beginnt und der Messias kommt.

Diese Sternentheorie erwies sich stärker als Volkszählungsdaten: Das Jahr 7 v. Chr. wurde als wahrscheinliches Geburtsjahr Jesu angenommen.

1977 jedoch erschienen in der britischen Zeitschrift der »Königlichen Astronomischen Gesellschaft« die Forschungsergebnisse zweier englischer Universitätsastronomen, nach denen sich im Jahr 5 n. Chr. eine »Nova«, ein »neuer Stern«, gezeigt habe. Dieser neue Stern war auch in Mesopotamien zu sehen. Er soll von Mitte März an von Nacht zu Nacht immer länger am Himmel auszumachen gewesen sein.

Das Haar in der neuen Sternen-Suppe: Die Astronomen hatten den Bericht dieser historisch-astronomischen großen Konjunktion lediglich in chinesischen und koreanischen Schriften gefunden. Da aber durch Keilschrifttexte aus dem 3. und 2. Jahrhundert v. Chr. der hohe Stand der damaligen babylonischen Astrologie belegt ist, blieb die Frage offen, weshalb die babylonischen Kollegen nichts über diese »Nova« für notierenswert gehalten hatten.

Jüngster Stand der Suche nach dem Stern von Betlehem: Amerikanische Astrologen glauben, anhand eigener Berechnungen und babylonischer Texte eine Konjunktion entdeckt zu haben, deren Erscheinen als »Stern von Betlehem« sowohl mit der Regierungszeit des Herodes wie auch mit dem möglichen Geburtsjahr Jesu zusammenpaßt.

Nach ihren Berechnungen zog der Planet Jupiter in den Jahren 3 und 2 v. Chr. dreimal an Regulus, dem Hauptstern im Sternbild Löwe, vorbei. Venus zog in dieser Begegnungszeit ebenfalls zweimal an Jupiter vorbei.

Auch das dürfte nicht das letzte Wort bei der Sternsuche sein. Diese Bemühungen kann man nicht ohne Sentimentalität verfolgen. Da werden Computer gefüttert und Keilschrifttexte dechiffriert, um etwas zu beweisen, was wahrscheinlich gar nicht zu beweisen ist, denn möglicherweise ist der Hinweis auf den Stern nur eine der vielen Bemerkungen, die Jesus als Messias bestätigen sollen, weil es im 4. Buch Mose heißt: »Es geht auf ein Stern aus Jakob.« Dann nämlich, wenn der Messias geboren wird.

Dieser Stern leuchtete nicht nur heller als alle anderen Sterne, er hatte auch eine Funktion: Er veranlaßte Magier, sich »aus dem Morgenland« auf den Weg nach Betlehem zu machen, und wies ihnen den Weg.

»Morgenland«, das ist, von Jerusalem aus gesehen, das Land an Euphrat und Tigris: Babylon, Persien. Die Heimat der Astronomie. Die Männer, die von dort aufbrachen, haben im Laufe der Jahrtausende mehr Wandlungen durchgemacht als irgendeine andere biblische Gestalt, Maria ausgenommen.

An ihnen hat sich immer wieder die gläubige Phantasie entzündet. Aus Magiern wurden Weise, aus Weisen Könige, aus Königen wieder Magier.

Von dreien war die Rede, deren Namen oder Initialen fromme Bergbauern noch heute jedes Neujahr auf die Türbalken ihrer Gehöfte schreiben: C + M + B = Caspar, Melchior, Balthasar. Auf Gemälden ist der eine von ihnen, Caspar, als Neger dargestellt.

Nichts davon steht in der Bibel. Weder spricht sie von Königen noch von dreien, noch nennt sie Namen. Auch wo ihre Rückreise endete, wird in der Bibel nicht erwähnt. Im Kölner Dom aber werden seit 1164 in einem goldenen Schrein die Gebeine der Heiligen Drei Könige verehrt.

Nur wenige gläubige Bewunderer des Schreins haben im Laufe der Jahrhunderte bemerkt, daß nicht drei, sondern vier Könige auf ihm dargestellt sind. Der vierte ist kein König, sondern der deutsche Kaiser Otto IV., Sohn Heinrichs des Löwen, der offenbar hoffte, dadurch werde etwas vom Glanz der ersten drei christlichen Monarchen auch auf sein Haupt fallen.

Natürlich hat man nicht geruht, bis man wußte, wessen Gebeine wirklich in diesem Schrein liegen. Seit Anfang unseres Jahrhunderts ist bekannt, daß es die von drei Knaben sind.

1980 wurden Stücke ihrer Kleidung nach modernsten Methoden untersucht. Das Ergebnis brachte ein neues Rätsel: Die Kölner »Könige« waren in kostbaren Gewändern bestattet worden, wie sie im 2. Jahrhundert im Orient gewebt wurden! Waren es also doch die »echten« Könige?

Das fatale dabei ist, daß erst im 6. Jahrhundert aus den anonymen Magiern der Bibel die Heiligen Drei Könige destilliert wurden. Waren die Weisen also in Königsgewändern gekleidet gewesen? Nach der Karriere von Magiern zu Königen war es nur noch eine Frage der Zeit, bis sie auch wundertätig wurden. Wegen ihres Kniefalls vor Jesus halfen sie bei Fallsucht, wegen ihrer Schätze waren sie zuständig für Wohlstand, und wegen ihrer langen Anreise wurden sie – neben dem heidnischen Merkur – die Beschützer der Kaufleute.

Wieso aber machte die Überlieferung aus Magiern Könige? Viele meinen, auch hier habe eine Prophezeiung für den zu erwartenden Messias eine Rolle gespielt. Im 2. Psalm stehen die Zeilen:

Alle Könige müssen ihm huldigen, / alle Völker müssen ihm dienen.

Und im 60. Psalm heißt es:

Völker wandern zu deinem Licht / und Könige zu deinem strahlenden Glanz. / Alle kommen von Saba, / bringen Weihrauch und Gold . . .

Ihm, dem Messias, der als Jesus Mensch geworden war.

Vielleicht aber war es viel einfacher! Das gesunde Empfinden, daß die Geburt des Heilands in einem Stall einen Kontrast brauchte, um voll zu wirken, könnte zur Armut dieser Umgebung die exotische königliche Pracht dazu erfunden haben. Gekrönte Häupter beugen sich vor einem, der dann als ungekrönter König ans Kreuz geschlagen wird. So wäre eine Brücke zwischen Geburt und Tod Jesu geschlagen. Sie wird durch eine Nebensächlichkeit verstärkt: Gehörte zu den königlichen Geschenken nicht Myrrhe? Auch der vom Kreuz abgenommene Jesus erhält sie:

Es kam aber auch Nikodemus, der früher einmal Jesus bei Nacht aufgesucht hatte. Er brachte eine Mischung aus Myrrhe und Aloë, etwa hundert Pfund.
(Joh. 19,39)

Reich und arm, Anfang und Ende – Gegensätze, die zu Symbolen wurden, die uns auch heute noch tagtäglich begegnen: In jedem Nachschlagewerk steht der Stern (*) als Zeichen für »geboren am« und das Kreuz (†) als Zeichen für »gestorben am«.

Arabeske am Rande: An der Außenwand der Geburtskirche, die Kaiser Konstantin im Jahre 330 n. Chr. in Betlehem errichten ließ, sind die Heiligen Drei Könige dargestellt. Da der unbekannte Maler sie in persische Gewänder hüllte, ließ der Perserkönig Chosroes im Jahre 614 diese Kirche als eine der wenigen nicht niederreißen. Auch Legenden, zeigt sich hier, können von Nutzen sein.

Die Frage nach dem Geburtsjahr Jesu bleibt weiter offen. Stimmt wenigstens der Geburtstag, der 25. Dezember?

Nein. Weder das Alte noch das Neue Testament nennen ein konkretes

Datum für die Geburt des Messias. Daß es der 25. Dezember nicht gewesen sein kann, ist bekannt. Dieser Tag wurde erst im 4. Jahrhundert von Papst Liberius zum Geburtstag Jesu erklärt. Das Datum war klug gewählt, denn die Römer feierten nach einer alten gotischen Tradition an diesem Tag die Wintersonnenwende. Aus dem heidnischen Fest der unbesiegbaren Sonne wurde so das Fest des unbesiegbaren christlichen Gottessohnes.

Bei Lukas findet sich jedoch ein Hinweis, der vielleicht bei der Festlegung des wahrscheinlichen Geburtsdatums Jesu behilflich sein könnte:

»Und es waren Hirten ... auf dem Felde, die hielten Nachtwache über ihre Herde...« (Lk. 2,8)

In der Gegend von Betlehem aber waren und sind die Herden nur von Ostern bis November auf offenem Feld. Danach beginnt die Regenzeit, und die Tiere kommen in die Ställe. Vorher, wenn die Tiere auf der Weide waren, wurden ihre Ställe an Reisende für die Übernachtung vermietet.

»Stall« ist allerdings ein irreführendes Wort. Was wir darunter verstehen, kannte man im Nahen Osten nicht, sondern meinte damit Höhlen, in denen Hirten und ihr Vieh bei schlechtem Wetter Schutz suchten. Auch Ochs und Esel, die auf vielen Bildern als Zeugen von Jesu Geburt zu sehen sind, gehören zu den naiven Zutaten frommer Phantasie. In der Bibel steht kein Wort davon. Wohl aber steht zu lesen, daß Josef und Maria, die kaum älter als sechzehn gewesen sein dürfte – das war damals das Heiratsalter –, in einem Stall (oder einer Höhle) übernachten mußten, denn »es war kein Raum in der Herberge«.

Das wiederum muß nicht heißen, daß die Karawanserei überfüllt war. Vielleicht hat ein besorgter Herbergsvater der Hochschwangeren nicht zumuten wollen, unter Männern, Frauen, Kindern und Tieren im allgemeinen Schlafsaal zu übernachten.

In diese logische und seit Jahrhunderten geprägte Auffassung brachte 1986 der englische Professor Kenneth Bailey einigen Wirbel, als er den Stall als Geburtsstätte anzweifelte. Er führte für seine Theorie sprachliche Deutungen des griechischen Wortes »katalyma« an, das nicht nur Herberge, sondern auch Wohnhaus bedeuten kann. Der Professor stand von Anfang an auf verlorenem Posten. Nicht zuletzt hatte er Millionen von Krippe-Bastlern gegen sich. Sollten sie die vielen Schnitz- und Bastelstunden vergeblich abgesessen haben?

Aber auch der Satz »Es waren Hirten auf dem Felde...« wurde

angezweifelt. Vielleicht gehört auch er zur Messias-Ausschmückung der Geburtsgeschichte. Hirten mußten die ersten sein, die den Messias sahen, denn dieser sollte ja aus dem Geschlechte Davids kommen, und David war ja selbst einmal Hirte gewesen. »Messias-Auflagen« wie dieser hatten sich alle Daten und Taten über Jesu anzupassen.

Nicht nur zu David, auch zu Moses wird in der Kindheitsgeschichte Jesu eine Brücke geschlagen – durch den Kindermord des Herodes. So wie Moses und andere bedeutende Männer vor einem Mordanschlag gerettet wurden, so entging auch Jesus dem Massenkindermord, den Herodes befohlen hatte, als er von der Geburt eines neuen Königs der Juden erfuhr.

Für diesen Mordbefehl gibt es keinerlei historischen Beleg, aber wer ihn erfunden hat, bewies damit sicheres psychologisches Gefühl, denn zuzutrauen wäre er dem machthungrigen, ehrgeizigen, skrupellosen König ohne weiteres gewesen.

Neben vielen persönlichen Feinden hat er seine Lieblingsfrau Mariamne enthaupten, zwei seiner Söhne erdrosseln und seinen Schwager ertränken lassen. Noch sein Tod sollte den Juden in schrecklicher Erinnerung bleiben. Deshalb ließ er, als es mit ihm zu Ende ging, Dutzende vornehmer Juden in der Arena von Jericho zusammentreiben, mit dem Befehl, sie sofort zu töten, wenn sein Herz zu schlagen aufhöre.

Jesus erhielt seinen Namen, wie es im Judentum üblich ist, bei der Beschneidung. Doch Maria kannte ihn schon lange vorher. Ein Engel hatte ihn ihr verkündet, noch bevor sie schwanger wurde:

»Ihm sollst du den Namen Jesus geben, denn er wird sein Volk von seinen Sünden erlösen.« (Mt. 1,21)

Jesus, hebräisch Jeschua, bedeutet »Jahwe ist Rettung«. Kein ungewöhnlicher Name damals, Flavius Josefus erwähnt in seinem Geschichtswerk zehn Männer mit dem Namen Jesus, die alle zur Zeit des christlichen Heilands Jesus lebten.

Ob Jesus aus Nazaret stammt oder ob die Bezeichnung in den griechischen Texten »Jesu der Nazaräer« der Hinweis auf die Zugehörigkeit zu einer Sekte, nämlich der der Nazaräer, war, gehört zu jenen Streitfragen, die wohl erst entschieden werden, wenn für diese oder jene Meinung unwiderlegbare Beweise gefunden werden.

Bemerkenswert ist, daß in der Apostelgeschichte Jesus wie auch seine Anhänger als Nazaräer bezeichnet werden.

Als sicher gilt, daß Jesus aus Galiläa stammt, genau wie Petrus, der nach Jesu Gefangennahme sich durch den galiläischen Dialekt verriet. Die kehlig-rauhe Aussprache der Galiläer war schon immer Ziel für den Spott Jerusalemer Juden gewesen.

Galiläa heißt soviel wie »Landkreis der Heiden«. Dieses Gebiet war ein Grenzbezirk zwischen der jüdischen und der hellenistischen Welt. Dort lagen jene zwanzig galiläische Städte, die Salomo an König Hiram von Tyrus abtrat, als er dessen Lieferungen für den Tempelbau nicht anders bezahlen konnte. Fischer und Handwerker lebten in Galiläa. Vielleicht gehörte auch Jesus zu ihnen. Markus nennt ihn »den Zimmermann«, Matthäus jedoch spricht nur vom »Sohn des Zimmermanns«. In beiden Fällen darf man das Wort nicht mit unserem Zimmermann gleichsetzen, denn die griechischen Texte verwenden das Wort »tékton«, womit ein Handwerker bezeichnet wird, der alles kann, was beim Hausbau erforderlich ist.

Die Wahrscheinlichkeit, daß auch Jesus als »tékton« ausgebildet wurde, ist groß. Einige Neutestamentler haben versucht, dies durch Jesus-Zitate zu belegen, die sich auf den Hausbau beziehen. Doch mit gleichem Suchfleiß ließe sich nachweisen, daß Jesus Fischer, Winzer oder Koch war. Wohl aber spricht ein Gebot des Talmud dafür, daß er von seinem Vater im Zimmererhandwerk ausgebildet wurde: »Wer seinen Sohn kein Handwerk lehrt, ist wie ein Räuber«, heißt es im Talmud. In einer Formulierung bei Markus heißt es hingegen:

»Ist das nicht der Zimmermann, der Sohn der Maria?«   (Mk. 6,3)

Einige Forscher glauben, daraus den Hinweis auf seine uneheliche Geburt herauslesen zu können, da üblicherweise nie vom Sohn der Mutter, sondern immer vom Sohn des Vaters gesprochen wurde. Andere Exegeten setzten dagegen, Markus habe absichtlich vermieden, von einem irdischen Vater zu sprechen, und diese Formulierung gewählt, um die jungfräuliche Geburt zu betonen.

Nun, wenn schon so pingelig Wort für Wort gedeutet wird, wollen wir auch den Finger auf den Sohn legen. Demnach hatte Maria nur diesen einen.

An sieben verschiedenen Stellen des Neuen Testaments ist jedoch von »Brüdern und Schwestern Jesu« die Rede. Bei Johannes heißt es: »Auch seine Brüder glaubten nicht an ihn.« Der einzige Verwandte, der im Neuen

Testament namentlich erwähnt wird, ist Jakobus, der Bruder Jesu. Bei Markus steht, daß die Familienangehörigen Jesus mit Gewalt ins Haus zurückholten, »denn sie sagten: Er ist von Sinnen.«

Wenn siebenmal von Geschwistern die Rede ist, spricht doch alles dafür, daß Jesus tatsächlich Brüder und Schwestern hatte. Falsch! Im Hebräischen, nach dem die uns vorliegenden griechischen Übersetzungen entstanden, ist immer alles etwas schwieriger. Das hebräische »ach« für Brüder und das »achot« für Schwester gilt nämlich auch als Bezeichnung für Vetter und Base. Keine Klarheit also über Jesu Geschwister. Jedoch zwei Hinweise, die gegen Geschwister sprechen.

Erste Überlegung: Lukas berichtet, daß Maria und Josef mit dem zwölfjährigen Jesus zum Pascha-Fest nach Jerusalem fuhren. Für Josef war das nach mosaischem Gesetz Pflicht, aber Maria war zu dieser mindestens zweiwöchigen Wallfahrt nicht verpflichtet. »Diese lange Abwesenheit wäre für Maria als Mutter kaum möglich gewesen, hätte sie zu Hause noch ein halbes Dutzend weitere Kinder zu betreuen gehabt«, schreibt der Züricher Pfarrvikar Paul Bruin.

Zweite Überlegung: Wenn Jesus Geschwister gehabt hat, warum bat er dann am Kreuz Johannes, sich um seine Mutter Maria zu kümmern? Eine Überlegung, die allerdings voraussetzt, daß das Evangelium nach Johannes den genauen Tatbestand der Ereignisse bei der Kreuzigung schildert.

Was mag diese Maria für ein Mensch gewesen sein? Das wenige, was die Bibel über sie berichtet, ist eine Mischung aus realem Bericht und religiösen Mythen. Paulus, der den Ereignissen ein halbes Jahrhundert näher war, erwähnt in keinem seiner Briefe Mutter Maria namentlich. Für ihn ist Jesus ganz normal »vom Weibe geboren«. Auch in der Apostelgeschichte spielt Maria lediglich eine Statistenrolle.

Über ihre Verwandtschaft jedoch erhalten wir im Neuen Testament genaue Auskunft. Ihre Vorfahren gehörten zum Stamm Davids. Das verlangte einerseits die Messias-Prophezeiung, andererseits war dies nicht ungewöhnlich – Tausende konnten einen solchen Stammbaum vorweisen.

Nach Johannes hatte sie eine Schwester, die ebenfalls Maria hieß.

Nach Lukas hieß eine Base von ihr Elisabeth. Sie war mit einem Priester namens Zacharias verheiratet. Im vorgerückten Alter gebar Elisabeth einen Sohn: Johannes den Täufer.

Nach zwei Berichten, die im 2. Jahrhundert entstanden, hießen Marias Eltern Anna und Joachim. In der Bibel steht nichts davon.

Maria war mit Josef verlobt. Doch darf man »verlobt« nicht in unserem heutigen Sinne verstehen. Die Verlobungszeit war damals bereits eine feste Bindung, die sich von der Ehe nur dadurch unterschied, daß das Paar nicht zusammenwohnte. Wenn aber der Verlobte starb, galt seine Braut als seine Witwe. Gegenseitige Treue war selbstverständlich.

Die Bibel nennt weder Marias Geburts- noch Wohnort. Dies hält jedoch Fremdenführer nicht davon ab, in Nazaret ihr Wohnhaus zu zeigen und eine Quelle, die ihr geweiht ist, weil sie dort Wasser geschöpft haben soll. Sie heißt »Ein Mirjam«. Mirjam ist die hebräische Form des Namens Maria, der aus dem Ägyptischen kommt und soviel wie »Die von Gott Geliebte« bedeutet.

Welch ein Doppelsinn steckt in dieser Deutung! Jedenfalls seit in den Evangelien nach Lukas und nach Matthäus die jungfräuliche Geburt herausgestellt wurde. Dieses Ereignis beginnt nach Lukas mit der Verkündigung durch einen Engel, der Maria mitteilt:

»Du wirst ein Kind empfangen, einen Sohn wirst du gebären: dem sollst du den Namen Jesus geben.« (Lk. 1,31)

Maria erschrickt, reagiert aber rasch und höchst realistisch:

»Wie soll das geschehen, da ich keinen Mann erkenne?« (Lk. 1,34)

Das letzte Wort kennen wir aus vielen Stellen des Alten Testaments. Es bedeutet: »Ich habe mit keinem Mann geschlafen.«

An jedem 25. März feiert die katholische Christenheit diese außergewöhnliche Eröffnung durch einen Engel als »Mariä Verkündigung«.

Seltsamerweise erzählt Maria ihrem Verlobten Josef, der übrigens nicht ein einziges Mal in den Evangelien etwas sagt, kein Wort von dieser Nachricht. Doch möglicherweise ist dies zu modern gedacht. Frauen waren damals von Gesprächen und Entscheidungen ausgeschlossen. Ihre Absonderung ging so weit, daß ein Mann beim Betreten eines fremden Hauses rufen mußte, damit die Frauen Zeit hatten, sich in ihre Räume zurückzuziehen.

Als Josef erkennt, daß Maria schwanger ist, und annehmen muß, sie habe ihn mit einem anderen betrogen, will er sie »in aller Stille« verlassen. Nicht aus Zorn, sondern aus Edelmut, wie einige Bibeldeuter meinen. Sie glauben, Josef wollte seiner Verlobten durch seinen Weggang das strenge Gerichtsverfahren ersparen, das auf Ehebruch unvermeidlich war. Wieder greift ein Engel ein, hält ihn zurück:

». . . denn das Kind, das sie erwartet, ist vom heiligen Geist.« (Mt. 1,20)

Der Versuch, Erklärungen für diese jungfräuliche Geburt zu finden, ist ebenso absurd wie sinnlos. Die Jungfräulichkeit Marias ist ein Glaubensfaktum, das nicht mit wissenschaftlichen Maßstäben gemessen werden kann.

An die unbefleckte Empfängnis glauben beide christlichen Konfessionen, allerdings mit kleinen Unterschieden: Für Protestanten ist es eine Glaubenshilfe, für Katholiken eine Glaubenswahrheit.

Protestanten können für sich das »geboren von der Jungfrau Maria« übersetzen in »gesandt von Gott«, für Katholiken hingegen ist die unbefleckte Empfängnis seit 1854 ein Dogma.

In den Jesus-Darstellungen des Islam, dessen 7. Prophet Jesus ist, wird Maria vom Engel geschwängert, und in der Renaissance verschmolzen sie und Venus zu einem Bild.

Für Martin Luther war die Jungfrauenschaft Marias genau wie die Göttlichkeit Jesu eine Selbstverständlichkeit. In einer seiner drastischen Streitschriften stellt er die rhetorische Frage: »Der solle ein Gott sein, der liegt neun Monate in dem Leib Marias, der Jungfrau, scheißet und pisset in die Wiegen, danach stirbt am Kreuz erbärmlich, als ein Dieb und Schelm?«

Und über Maria sagt er: »Billig wäre es gewest, daß man ihr einen güldenen Wagen bestellt und sie mit 4000 Pferden geleitet und vor dem Wagen her trompetet und geschrieen hätte: Hier fähret die Frau aller Frauen, die Fürstin unter dem ganzen menschlichen Geschlecht.«

Nicht immer wurde Maria so in Ehren gehalten. Im Gegenteil. Kurz nach Jesu Tod wurde sie als Legionärsliebchen, als »Masseuse«, verleumdet. Doch ab dem Jahre 431 wird von der Kirche systematisch der Marienkult aufgebaut. Damals wurde auf dem Konzil von Ephesus Maria zur »Gottesgebärerin« erklärt.

Von da an herrschte um Maria ein ekstatischer Eifer wie bei keiner anderen Heiligenverehrung. Es gab Zeiten im Mittelalter, in denen durch die Verehrung der Jungfrau Maria die Bindung an Jesus in den Hintergrund gedrängt wurde.

1950 verkündet Pius XII. »mit völliger Sicherheit und ohne jeden Irrtum«, daß die »Unbefleckte Mutter Gottes, die Jungfrau Maria, am Ende ihres irdischen Lebens mit Leib und Seele in die Herrlichkeit des Himmels aufgenommen wurde«. 1964 wird sie von Paul VI. zur »Mutter der Kirche« erklärt, und 1979 schafft Johannes Paul II., der in der Tradition der »Marien-Päpste« steht, einen neuen Feiertag im Kirchenjahr: »Mutter unserer Kirche«.

Dieses hohe Podest, auf das Maria gehoben wurde, hält jedoch einige Katholiken nicht ab, auch Einschränkungen zu diesem Kult zu veröffentlichen. So wird in dem 1985 erschienenen, von Rom und den deutschen Bischöfen abgesegneten »Katholischen Erwachsenen-Katechismus« zugegeben, daß die jungfräuliche Geburt Jesu nun bei Matthäus und Lukas erwähnt wird, sonst aber nirgendwo, daß sie eine fromme erbauliche Erzählung sei, daß Jungfrauengeburt ein damals mehr oder weniger geläufiges literarisches Schema gewesen, so daß von der Bibel her in dieser Frage weder Eindeutigkeit noch Gewißheit gegeben sei.

Natürlich beruft sich der Verfasser nach diesen offenen Worten auf das Dogma der Jungfräulichkeit, an das es zu glauben gilt. Ohne diesen Nachsatz hätten die Vorsätze kaum das Imprimatur erhalten.

Bleibt die Frage, wie es zu dieser – jüdischem Denken absolut konträren – Vorstellung einer jungfräulichen Geburt kommen konnte.

Die Mehrheit der Bibelkenner glaubt, daß ein Übersetzungsfehler schuld war. In der griechischen Übersetzung des Alten Testaments wurde eine Messias-Ankündigung des Propheten Jesaja so wiedergegeben:

»Seht, die Jungfrau wird ein Kind empfangen, einen Sohn wird sie gebären...« (Jes. 7,14)

Das muß aber nicht die korrekte Übersetzung sein. Die ebenso klugen wie frommen Übersetzer der »Septuaginta« hatten für das hebräische Wort »alma«, was »reif sein, heiratsfähig sein« bedeutet, das griechische Wort »parthenos« gewählt. Und das heißt »Jungfrau«. Das hebräische Wort ist aber treffender mit »junge Frau« zu übersetzen. Aus diesem »Wortwechsel« ist die »Jungfrau« Maria entstanden. Ein Beispiel mehr, wie genau die Prophezeiungen für die Geburt des Messias auf Jesus übertragen wurden.

Jesu Eltern müssen arm gewesen sein, das verrät eine Stelle bei Lukas. Als Maria und Josef mit dem zwölfjährigen Jesus nach Jerusalem gingen, um dem Gebot des Moses zu genügen, da brauchten sie im Tempel nur

»nach der Bestimmung im Gesetz des Herrn ein Paar Turteltauben oder zwei junge Tauben zu opfern«. (Luk. 2,24)

So billig aber kamen nur die Armen davon. Normalerweise mußte ein Lamm geopfert werden.

Aus dem Lukas-Bericht vom zwölfjährigen Jesus dürfen wir schließen, daß er ein kluges Kind war. Im Tempel diskutiert er mit den »Lehrern«, und

»alle, die ihn hörten, waren erstaunt über sein Verständnis und über seine Antworten«. (Lk. 2,47)

Kleine Einschränkung: Ähnliches wird auch aus der Jugendzeit anderer Religionsstifter – Buddha beispielsweise – berichtet.

Welche Sprachen Jesus beherrschte, ist umstritten. Einige Sprachforscher glauben beweisen zu können, daß er des Griechischen, andere, daß er des Hebräischen mächtig war. Nur für Latein, die dritte der damaligen Weltsprachen, war (bisher) keiner bereit, Belege zu liefern. Bestimmt sprach Jesus Aramäisch, es war die Umgangssprache in ganz Judäa, während Hebräisch zur Jesus-Zeit schon eine tote Sprache geworden war. So tot, daß im Tempel die alttestamentarischen Texte von Dolmetschern aus dem Hebräischen ins Aramäische übersetzt werden mußten.

Die Texte des Neuen Testaments enthalten viele aramäische Worte. Das markanteste ist »abba«, das wir mit »Vater« übersetzen, doch es entspricht mehr unserem »Papa«. Jesus sprach damit in seinen Gebeten Gott an. Kein Jude vor ihm und keiner nach ihm hat gewagt, Gott so familiär anzusprechen.

Ein anderes aramäisches Wort ist »gulguta«, das im Hebräischen »gulgolath« (»Golgata«) heißt und das das gleiche wie das lateinische »calvaria« bedeutet, nämlich »Schädel«, woraus unser Wort »Kalvarienberg« entstand.

Der Versuch, die Lebensdaten Jesu anhand der Angaben aus einem halben Dutzend Lexika zusammenzustellen, zeigt, wie wenig Exaktes wir aus seiner Biographie wissen:

○ Jesus wurde gegen Ende der Regierungszeit von Herodes geboren, irgendwann in den Jahren 8 bis 6 v. Chr.
○ Ob Betlehem der wirkliche Geburtsort war, muß zweifelhaft bleiben. Vieles spricht dafür, daß er aus Nazaret stammte.
○ Seine Glaubensvorstellungen scheinen stark von der Buß- und Taufbewegung Johannes des Täufers geprägt, von dem er sich im Jahr 27 oder 28 taufen ließ. Kurz darauf begann er, seine eigene Lehre zu verkünden: Damals war er 33 oder 34 Jahre alt. So heißt es bei Lukas (3,23): »Jesus war etwa dreißig Jahre alt, als er zum ersten Mal öffentlich auftrat.«

o Er predigte und heilte hauptsächlich in Galiläa, möglicherweise auch in Judäa. Er hat nicht mehr als zwanzig Städte und Dörfer besucht. Der Durchmesser seines Wirkungskreises betrug nur dreißig Kilometer.

o Über die Dauer seiner Tätigkeit schwanken die Angaben. Das »Evangelium nach Johannes« nennt drei Reisen zum Pascha-Fest nach Jerusalem. Das hieße, Jesus hätte über zwei Jahre gepredigt. Die anderen drei Evangelien rechnen nur mit einer einjährigen Tätigkeit. Historiker halten das Mittel – also anderthalb Jahre – für wahrscheinlich.

o Jesus starb – zu Unrecht verurteilt – am Kreuz während der Amtszeit des römischen Statthalters Pontius Pilatus (26–36) an einem Freitag des Frühlingsmonats Nissan. Mögliche Daten sind der 7. April des Jahres 30 oder der 27. April des Jahres 31 oder der 3. April 44.

Soweit die lexikographischen Daten. Weil wir so wenig Persönliches von ihm wissen, konnte jedes Jahrhundert in seine Worte und Taten hineininterpretieren, was es brauchte, um sich ein ihm gemäßes Jesusbild zu schaffen.

Er war das sanfte Lamm Gottes, wurde zum Idol der Sklavenbefreiung, dann zum würdevollen Weltenherrscher, er galt als Asket und dann wieder als Genußmensch, war Widerstandskämpfer, Kommunist und schließlich – das blieb unserer Zeit vorbehalten – Vorläufer der Hippies.

Von abwegigen Ideen wie jener, in der Figur Jesu seien die Taten zweier Menschen – eines Wunderheilers und eines Widerstandskämpfers – zusammengefaßt worden, laßt uns schweigen.

Was Jesus tat und predigte, erforderte Mut. Er stellte sich nicht gegen die römischen Besatzer, wie einige sicher erhofft hatten, aber gegen die herrschenden politischen und religiösen Gruppen der Juden. Sein ganzes Tun war Konfrontation zur gängigen Lehre.

Wer waren diese Gegner? Vier Gruppen werden wiederholt im Neuen Testament genannt: der Tempelklerus, die Schriftgelehrten und – am häufigsten – die Pharisäer, weniger oft und weniger negativ die Sadduzäer.

Der Tempelklerus war am mächtigsten. Die Jerusalemer Tempelpriester fühlten sich ihren Kollegen vom Lande weit überlegen. Sie hielten sich für Priesteradel und handelten auch so. Nicht nur der Hohepriester an ihrer Spitze, auch die übrigen Tempel-Funktionäre waren durch ihre Ämter zu beträchtlichem Reichtum gekommen. Von jeder Gabe, von jedem Opfertier erhielten sie Anteile. Zur wirtschaftlichen Macht kam ihr politischer Einfluß. Sie waren ein Staat im Staate; auch unter der römischen Besatzung. Mehr gefürchtet als verehrt.

Auch der Einfluß der Schriftgelehrten war groß. Doch vor ihnen hatte das Volk Respekt. Sie hatten viele Jahre die Tora studieren müssen, bevor sie als Sachverständige in Rechts- und Religionsfragen tätig werden konnten. Selbst ihre oft kleinliche Auslegung der heiligen Texte wurde akzeptiert. Die meisten von ihnen waren Pharisäer. Viele blieben aus eigenem Entschluß arm.

Die Sadduzäer, eine Verbindung vornehmer und reicher Priester mit konservativen Großgrundbesitzern, hatten sich mit der römischen Besatzungsmacht abgefunden, kollaborierten sogar gelegentlich mit ihr, was ihnen im Hohenrat zu einer Vermittlungs- und mitunter auch Führungsrolle verhalf. Ihre religiöse Auffassung war streng und eng. Nur die fünf Bücher Mosis wurden von ihnen anerkannt. Weder die Propheten noch die Lehre von der Auferstehung hatte in ihrem Glaubensschema Platz. Sie waren die unerbittlichsten Gegner Jesu und seiner Lehre. Kaiphas (neue Schreibweise: Kajaphas), der Hohepriester, der die Verurteilung Jesu betrieb, war Sadduzäer. In seinem Kampf gegen Jesus verbündete er sich mit den Pharisäern. Ein reines Zweckbündnis, denn zwischen beiden Gruppen gab es mehr Gegensätze als Gemeinsamkeiten.

Pharisäer – zu deutsch: »Die Abgesonderten«. Ihr Name nennt bereits ihr Programm. Sie sonderten sich ab, um konsequent das Gesetz Mosis einhalten zu können. Sie waren eine zahlenmäßig kleine Laienverbindung, die aber von den Gläubigen geschätzt und verehrt wurde. Die Pharisäer waren national eingestellt und lehnten die Römer ab. Sie waren nicht scheinheilig, wie ihnen bei Matthäus nachgesagt wird, sondern bemühten sich um eine strikte Befolgung der Gebote Mosis. Sie legten es darauf an, genauer als alle anderen, auch die unsinnigsten Gebote einzuhalten. So war es für sie schon ein Vergehen, auf offener Straße mit einer Frau zu sprechen. Einige von ihnen trieben die Einhaltung dieses Verbots so weit, daß sie nur mit geschlossenen Augen weitergingen, wenn sie auch nur in der Ferne eine Frau sahen. Oft genug rannten sie sich deshalb Stirn und Nase blutig, was ihnen den Beinamen »die Blutigen« eintrug.

Doch die harschen Worte gegen die Pharisäer, wie sie besonders bei Matthäus stehen, tun ihnen Unrecht. Jesus verkehrte und diskutierte mit Pharisäern, und einige von ihnen warnten ihn:

»Geh weg, verlaß dieses Gebiet, denn Herodes will dich töten.«

(Lk. 13,31)

Und das, obgleich das Jesus-Wort

»Der Sabbat ist um des Menschen willen geschaffen worden und nicht der Mensch um des Sabbats willen« (Mk. 1,27)

genau das Gegenteil ihres Standpunktes ausdrückte.

Eine weitere Gruppe, die das politische Leben jener Jahre in Palästina entscheidend mitprägte, wird im Neuen Testament nur indirekt erwähnt: die Zeloten – zu deutsch: »Die Eiferer«.

Zeloten waren Männer, entschlossen, ihr Land mit Waffengewalt vom römischen Joch zu befreien: Untergrundkämpfer, Guerillas. Aus ihren Reihen kam der harte Kern der Aufständischen gegen die römische X. Legion, die damals Palästina besetzt hatte.

Einer der Jünger, Simon, hat in älteren Bibelausgaben den Beinamen »der Eiferer«. Er dürfte zu den Zeloten gehört haben. Die Einheitsübersetzung nimmt dies als gegeben an und nennt Simon »den Zeloten«.

Einige Bibelkenner halten es für möglich, daß noch ein anderer Jünger zu den Zeloten gehörte: Judas Iskariot. Möglicherweise hat dieser Judas in Jesus den erwarteten militanten Messias gesehen und von ihm das Signal zur Befreiung erhofft. Als dies ausblieb, hat er ihn, aus Enttäuschung oder um einen Anstoß zum Losschlagen zu geben, verraten. Jedenfalls war er der einzige Jünger, der den Tod suchte, als er sah, daß Jesus durch ihn ans Kreuz geschlagen wurde.

Was waren das eigentlich für Männer, die Jesus um sich versammelt hatte?

»VIELE SIND BERUFEN, DOCH NUR WENIGE AUSERWÄHLT.«
(Mt. 20,16)

Die Jünger – Vereinte Gegensätze

Die Zahl der Jünger kennt jeder: zwölf. Alle zwölf Namen jedoch kaum einer.

Simon, dem er den Namen Petrus gab, / und sein Bruder Andreas. / Dazu Jakobus und Johannes, Philippus / und Bartholomäus, Matthäus und Thomas, / Jakobus, den Sohn des Alphäus, und / Simon, genannt »der Zelot«, Judas, der / Sohn des Jakobus, und Judas Iskariot, / der zum Verräter wurde.

(Lk. 6,13)

Wieviel Anhänger Jesus folgten, wird an keiner Stelle des Neuen Testaments gesagt, daß es jedoch eine große Schar gewesen sein muß, geht aus einer anderen Stelle im »Evangelium nach Lukas« hervor:

Danach suchte der Herr zweiundsiebzig andere aus und sandte sie zu zweit voraus in alle Städte und Ortschaften, in die er selbst gehen wollte.

(Lk. 10,1)

Doch auch das gibt keine exakte Vorstellung von der wahren Anzahl, denn bei der altjüdischen Lust an Zahlensymbolik können beide Zahlen durchaus nur Symbolwert haben. Die magische Sieben steckt – wieder ein mal – in den 72, und die zwölf Jünger entsprechen den zwölf Stämmen des Volkes Israels.

Jünger um sich zu versammeln war weder außergewöhnlich noch neu. Jeder, der die Tora studieren wollte, wählte sich einen Rabbi, bei dem er »in die Lehre ging«. Er wurde sein »Jünger«. Wir würden heute »Schüler« sagen.

Neu bei Jesus war jedoch, daß er es war, der bestimmte, wen er als Jünger um sich haben wollte. Die Rabbiner nahmen, wer kam.

Eine gegensätzlichere, buntscheckigere Gemeinschaft wie diese zwölf Jünger wäre kaum zusammenzustellen gewesen. Jesus scheint sie mit Vorbedacht gerade wegen ihrer Unterschiede ausgewählt zu haben.

Neben dem Zöllner Levi, den sie Matthäus nannten und der in den

289

Augen seiner Mitbürger ein Kollaborateur war, weil er für die Römer die Steuern eintrieb, steht Simon, ein Widerstandskämpfer. Zum sanften Johannes gesellt sich der bärbeißige Petrus, der griechisch gebildete Lukas und Judas Iskariot, der einzige der Jünger aus Juda, also aus jenem Gebiet, aus dem die schwerblütigen Juden kamen.

Diese Männer waren ein Querschnitt durch Landsmannschaften, Herkunft und Berufssparten – eines jedoch waren sie nicht: eine würdige Gefolgschaft, wie sie sich gläubige Juden für den Messias bei seinem Auftreten vorstellten.

Und noch etwas war neu und verwegen: Jesus nahm auch Frauen als Jüngerinnen in seine Gemeinschaft auf. Frauen, die strenggläubige Juden nicht anschauten, geschweige denn ansprachen! Das mußte in den Augen der Pharisäer ein genauso grober Verstoß gegen die Gesetze Mosis sein wie Jesu Bruch mit den überspitzten Verboten für Aktivitäten am Sabbat.

Jesus und die Frauen – ein unerschöpfliches Thema. Jedes Jahrhundert gab den Frauen seiner Umgebung andere Bedeutungen. In prüden Zeiten überging man sie stillschweigend, pietistische Jahrzehnte stilisierten sie zu Himmelsbräuten, zu Nonnen-Vorläuferinnen, und in unseren rockmusikbesessenen Jahren rückten einige von ihnen in die Nähe von Groupies. Sie sind nichts von alledem gewesen. Bei Lukas wird klar gesagt, aus welchen Gründen sie sich Jesus anschlossen und was sie für die Jüngergemeinschaft taten:

Die Zwölf begleiteten ihn, außerdem einige Frauen, die er von bösen Geistern und von Krankheiten geheilt hatte: Maria Magdalena, aus der sieben [!] Dämonen ausgefahren waren, Johanna, die Frau des Chuzas, eines Beamten des Herodes, Susanna und viele andere. Sie alle unterstützten Jesus und die Jünger mit dem, was sie besaßen. (Lk. 8,1–3)

Die Zürcher Bibel sagt es mit schweizerischer Exaktheit bei Gelddingen:

». . . die mit ihrem Vermögen für sie sorgten.«

Während Martin Luther es altfränkisch und verschämt umschreibt:

». . . die ihm [Jesus] Handreichungen taten von ihrer Habe.«

Eine dieser Frauen, die mit Jesus und den Jüngern zog, hat zu allen Zeiten viele Gemüter bewegt: Maria Magdalena, »aus der sieben Dämonen ausgefahren waren«. Sie ist ein Musterbeispiel produktiver Irrtümer. Sie beginnen bereits mit ihrem Namen. Sie hieß eigentlich Maria aus Magdala. Magdala war ein Villenvorort des römischen Heilbades Tiberias. Mehr wissen wir nicht von ihr. Doch um sie wuchsen und wucherten die Legenden, die fromme Phantasie begann zu kombinieren: Ein römischer Badeort, in dem das Dolce vita zum Tages- und Nachtprogramm gehörte, das war doch das ideale Arbeitsfeld für eine Gunstgewerblerin! Hatte vielleicht – so überlegte man – diese Maria das älteste Gewerbe der Welt ausgeübt? Verwendete sie ihr rasch erlegenes Vermögen für den Unterhalt der Jünger? Kein Wort davon steht in der Bibel, aber es traf sich gut, daß bei Lukas wenige Verse zuvor von einer Sünderin die Rede ist, die Jesus die Füße salbte. Von dieser Dame erfahren wir nichts Näheres, nicht einmal ihren Namen, aber ihre Erwähnung reichte aus, um die Maria aus Magdala mit der Sünderin zu einer Figur, nämlich zu Maria Magdalena, zu verschmelzen.

Da bei Lukas und bei Johannes außerdem noch von einer Maria berichtet wird, die vielleicht aus Bethanien stammte und die die Schwester der Martha und wahrscheinlich des Lazarus war, legte die Legende auch das, was von dieser Maria berichtet wird, der erfundenen Sünderin in den Schoß, die dadurch zur Kunstfigur aus drei verschiedenen Marias wurde.

Eine Kunstfigur und eine Figur für Künstler. Aus Literatur und Malerei ist die Sünderin Maria Magdalena ebensowenig wegzudenken wie die legendäre Salome.

So hat neben vielen anderen auch der Literaturnobelpreisträger Paul Heyse 1899 ein Drama um die Sünderin Maria Magdalena geschrieben, dessen Zusammenfassung sich wie die Inhaltsangabe eines rührseligen Kinostücks liest: Callgirl für römische Besatzungssoldaten findet zu Jesus, trifft nach dessen Verhaftung ehemaligen Freier, einen römischen Offizier, wieder, der ihr für eine Liebesnacht die Freilassung Jesu verspricht. Vor die Wahl gestellt, Jesus damit zu retten – aber gleichzeitig dadurch auch ihre Zweifel an seiner Göttlichkeit einzugestehen – oder aber das römische Angebot abzuschlagen, entscheidet sie sich für letzteren Weg, versagt dem Römer die Liebesfreuden und bekennt sich damit zu Jesus als Christus. Eine biblische Kameliendame.

Der Name Maria Magdalena ist auch noch in unserer Zeit ein Synonym für gefallene Mädchen. Katholische Heime, in denen Gestrauchelte Aufnahme finden, heißen nach der biblischen Kunstfigur »Maria-Magdalena-Heime«.

Ein Satz, den Jesus zur namenlosen, aber offenbar stadtbekannten Liebesdienerin sagte, hat schon immer den Übersetzern Kopfzerbrechen bereitet. In Luther-Bibeln liest er sich so:

»Ihr sind viele Sünden vergeben, denn sie hat viel geliebt, welchem aber wenig vergeben wird, der liebet wenig.« (Lk. 7,47)

Professor W. Michaelis verdeutschte diese Textstelle so:

»Ihr sind ihre vielen Sünden vergeben worden, denn [das zeigt sich daran]: Sie hat viel Liebe erwiesen.«

Die Bearbeiter des »Neuen Testaments im heutigen Deutsch« machten daraus:

»Ihre große Schuld ist ihr vergeben worden. Das zeigt sich an der Liebe, die sie mir erwiesen hat. Wem wenig vergeben wird, der liebt auch nur wenig.«

Die Zürcher Bibel liegt auf ähnlicher Linie, greift nur die »Sünde« statt der »Schuld« wieder auf:

»Ihre vielen Sünden sind ihr vergeben, denn sie hat viel geliebt; wem aber wenig vergeben wird, der liebt wenig.«

Die Einheitsübersetzung hat sich für folgende Formulierung entschieden:

»Ihr sind ihre vielen Sünden vergeben, weil sie mir so viel Liebe gezeigt hat. Wem aber um wenig vergeben wird, der zeigt auch nur wenig Liebe.«

Schon diese wenigen Beispiele zeigen, daß eine Übersetzung sich dem Sinn des Originals oft nur nähern kann, ohne ihn voll abzudecken.

Das Wort »Liebe«, das in jeder Version dieses Zitats vorkommt, ist ein typisches Beispiel für diese Schwierigkeit. Die Griechen kannten zwei Begriffe für Liebe, unter »éros« verstanden sie die irdische, unter »agape« die göttliche Liebe. Wenn Jesus der Ehebrecherin verzeiht oder dem Liebesmädchen das Gottesreich verspricht, dann ist das »agape«. Die Sünden aber, die sie begangen hatten, war »éros«. Dieses Wort kommt nicht ein einziges Mal im Neuen Testament vor.

Wie hoch Jesus die Frauen einschätzte und wie fremd ihm deren zeitgenössische Abwertung war, zeigt die Tatsache, daß der erste Mensch, der Jesus nach dessen Auferstehung sah, eine Frau war, jene Maria von Magdala, der er befiehlt:

»Geh aber zu meinen Brüdern und sage ihnen: Ich gehe hinauf zu meinem Vater und zu eurem Vater, zu meinem Gott und zu eurem Gott.«

(Joh. 20,17)

Kernstück des Neuen Testaments sind die vier Evangelien. Jedes enthält Mosaiksteine, aus denen ein Jesusbild zusammengesetzt werden kann – nicht *das,* sondern *ein* Jesusbild, jenes, durch das der Leser am ehesten Zugang zu dessen Glaubensbotschaft findet. Nichts Ärgeres kann diesen Texten und uns angetan werden, als daß ein amerikanischer Verlag seine Drohung wahrmacht und aus den vier Evangelien mittels eines Computers ein einziges »Evangelien-Digest« zusammenstellen läßt.

Außer Glaubensbotschaften sind die Evangelien auch Dokumente zur Zeit- und Kulturgeschichte jener Epoche. Als solche sind sie nicht nur als Informationen interessant, sondern auch eine Hilfe zum besseren Verständnis dieser Texte. Es lohnt, sich mit jedem einzelnen zu beschäftigen.

»Lasst die Kinder zu mir kommen; hindert sie nicht daran!
Denn Menschen wie ihnen gehört das Himmelreich.«
(Mt. 19,14)

Das Evangelium nach Matthäus

Das »Evangelium nach Matthäus« ist in unseren Bibeln die erste »Frohe
Botschaft«. Nicht weil es das älteste ist – das »Evangelium nach Markus«
wurde vorher niedergeschrieben –, sondern weil es am besten die Brücke
zum Alten Testament schlägt.

Der Mann, der es um 85 n. Chr. schrieb, bezeichnet sich als »Schriftgelehrten«, der

. . . wie ein Hausherr aus seinem reichen Vorrat Neues und Altes hervorholt.
(Mt. 13,52)

Wir wissen weder seinen Namen noch seine Herkunft. Fest steht, er muß
ein Jude gewesen sein, der sich mit seiner Schrift an eine Gemeinde von
Judenchristen wendet, denn er setzt die Kenntnis des Alten Testaments
voraus. In über 130 Zitaten nimmt er darauf Bezug, mehr als jeder andere
Evangelist.

Wie sehr dieser Autor bemüht war, sich an die alten Formen zu halten
und Jesus als die fleischgewordene Erfüllung der Messias-Prophezeiungen
darzustellen, dafür drei Beispiele:

o Nur in diesem Evangelium (5,17) steht das Jesus-Wort: »Denkt nicht,
   ich bin gekommen, um das Gesetz und die Propheten aufzuheben. Ich
   bin nicht gekommen, um aufzuheben, sondern um zu erfüllen.«

o Wie sehr dieser Text in jüdischer Tradition verwurzelt ist, zeigt sich
   auch daran, daß er das Wort »Gott« vermeidet und dafür »Himmelreich« oder eine andere Umschreibung setzt.

o An elf Stellen weist dieser Autor ausdrücklich darauf hin, daß dies und
   jenes in Jesu Leben nur geschah, »damit sich erfülle, was der Herr durch
   den Propheten gesagt hat«.

Um dies beweisen zu können, stört sich der Evangelist nicht an Unklar-
heiten. So läßt er Jesus beim Einzug in Jerusalem sowohl auf einer Eselin
wie auch auf einem Fohlen sitzen, nur weil er die Prophezeiung Sacharjas
falsch interpretierte. Richtig heißt sie:

294

... und reitet auf einem Esel, auf einem Fohlen, dem Jungen einer Eselin.
(Sach. 9,9)

In diesem Evangelium spricht Jesus oft mit den Zungen der Propheten, zum Beispiel wenn er sagt:

»Barmherzigkeit will ich, nicht Opfer.«   (Mt. 9,13)

Dieser Satz war judenchristlichen Gemeinden wohlbekannt, denn schon der Prophet Hosia hatte verlangt:

»Liebe will ich, nicht Schlachtopfer.«   (Hos. 6,6)

Um seine Messias-Parallelen zu betonen, scheut sich dieser Verfasser, der ein Vollblutpropagandist gewesen sein muß, nicht, Textzitate aus dem Zusammenhang zu reißen, damit sie einen anderen Sinn bekommen, oder die alttestamentarischen Zitate für seine Zwecke zurechtzulegen. Der Messias-Beweis war ihm wichtiger als philologische Genauigkeit. Deshalb macht er auch in einem erfundenen Stammbaum Jesus zum direkten Nachkommen Abrahams, obgleich er an anderer Stelle versichert, er sei von einer Jungfrau geboren, wodurch der Stammbaum eigentlich ohne rechten Sinn ist.

Dieser Verfasser kennt aber nicht nur die Texte des Alten Testaments, sondern auch die kabbalistische Zahlenmystik dieser alten Schriften ist ihm vertraut. Da heißt es zu Beginn, nachdem Jesus von Johannes getauft worden ist:

»Als er vierzig Tage und vierzig Nächte gefastet hatte, bekam er Hunger.«
(Mt. 4,2)

Vierzig Tage und Nächte – das ist nicht kalendergenau zu nehmen, sondern ist eine Anpassung an die vierzig Jahre, die Moses sein Volk durch die Wüste führte.

Die Zahl Sieben – natürlich taucht sie auch in diesem Evangelium immer wieder auf. So hat nach Matthäus das »Vaterunser« sieben Bitten, das des Lukas nur fünf (Lukas läßt »Dein Wille geschehe« und »Erlöse uns von dem Bösen« aus).

Dabei beläßt er es nicht. Bei ihm gibt es auch: zweimal sieben Geschlechter im Stammbaum Jesu; sieben Seligpreisungen; sieben Gleichnisse; sieben Weh-Rufe gegen die Pharisäer.

295

Außerdem befiehlt der Jesus dieses Evangeliums seinen Jüngern:

»Geht nicht zu den Heiden und betretet keine Stadt der Samariter.«
(Mt. 10,5)

Jesu Lehre also nur für Juden! In keinem anderen Evangelium steht diese Einschränkung. Der Verfasser wußte, daß die Bewohner von Samaria – ein Völkergemisch aus Israeliten und Assyrern – für Juden als unreines Mischvolk galten, mit denen man jeden Kontakt vermied. Juden, die eben erst Christen geworden waren und an die sich dieses Evangelium wendet, hätten es nicht verstanden, daß Jesus seine Lehre auch diesen verachteten Menschen verkünden wollte.

Mit diesem Jesus-Wort kündigt sich jene Entwicklung an, die dann zur Auseinandersetzung zwischen Petrus und Paulus führte und die die Christenheit fast gespalten hätte, noch ehe sie sich gefestigt hatte, weil beide Apostel sich nicht einig waren, ob die Lehre Jesu für alle Völker oder nur für das jüdische, auserwählte Volk bestimmt ist.

Es finden sich im gleichen Evangelium jedoch auch zwei Jesus-Zitate, die genau das Gegenteil sagen. Den ersten Satz sagt er in Jerusalem:

»Aber dieses Evangelium vom Reich [Gottes] wird auf der ganzen Welt verkündet werden, damit alle Völker es hören; dann erst kommt das Ende.«
(Mt. 24,14)

Den zweiten Satz spricht der auferstandene Jesus:

»Darum geht zu allen Völkern, und macht alle Menschen zu meinen Jüngern . . .«
(Mt. 28,19)

Nirgendwo eine Erklärung über diesen Meinungswandel! Könnten es spätere Einschübe sein? Denn so recht wollen diese beiden Sätze nicht zum Grundtenor dieses Evangeliums passen. Ja, sie widersprechen der Darstellung eines Berichts, den der Matthäus-Autor aus dem Markus-Evangelium (7,24–30) übernommen und genüßlich für seine jüdischen Leser ausgebaut hat. Es ist die Erzählung von der Heilung der von Dämonen besessenen Tochter einer kanaanitischen, also nichtjüdischen Mutter. Jesus soll die Tochter von ihren, wahrscheinlich epileptischen, Anfällen befreien.

Was Markus in fünf knappen Sätzen schildert, erweitert Matthäus zu neun, und seine Ergänzungen dienen nur dazu, Jesu Abneigung gegen die Heiden herauszustellen.

Zunächst einmal läßt der Jesus des Matthäus die bittende Frau einfach stehen.

Kein Wort davon bei Markus.

Sogar als die Jünger ihn bitten: »Befrei sie [von ihrer Sorge], denn sie schreit hinter uns her!«, reagiert Jesus abweisend: »Ich bin nur zu den verlorenen Schafen des Hauses Israel gesandt.«

Kein Wort davon bei Markus.

Als die Mutter sich dennoch nicht abweisen läßt, antwortet er noch heftiger: »Es ist nicht recht, das Brot den Kindern [Israels] wegzunehmen und den Hunden [gemeint: den Heiden] hinzuwerfen.«

Erst die Antwort dieser Mutter stimmt ihn um. Sie greift bauernschlau seinen Vergleich mit den Hunden auf und entgegnet: »Aber selbst die Hunde bekommen von den Brotresten, die vom Tisch ihrer Herrn fallen.« Erst auf diese Replik hin heilt Jesus das Mädchen.

Alle Retuschen helfen nichts, der Jesus dieses Evangeliums kümmert sich zuerst vor allem um das Heil seiner jüdischen Glaubensbrüder, zu deren Welt er bis zu nebensächlichen Redewendungen gehört. Das zeigt sich, wenn er seinen Jüngern befiehlt, von Orten, in denen sie ihre Botschaft vor tauben Ohren verkündeten, »den Staub von euren Füßen« zu schütteln. Das ist nicht einfach ein poetischer Ausdruck, sondern jüdische Glaubenswahrheit: Der Staub aller nichtjüdischen Länder galt als unrein. Unmittelbar neben dieser Rücksichtnahme auf religiöses Brauchtum steht die Verkündigung eines neuen Glaubens, der nicht nur im alten wurzelt, sondern der über diesen hinausgeht. In diesem Evangelium wird zum ersten Mal gesagt, daß Jesus das Moses-Wort »Du sollst deinen Nächsten lieben und deinen Feind hassen« erweiterte:

»Liebet eure Feinde und betet für die, die euch verfolgen.«   (Mt. 5,44)

Dem alttestamentarischen »Auge um Auge, Zahn um Zahn« stellt er die Forderung gegenüber:

»Wenn dich einer auf die rechte Wange schlägt, dann halt ihm auch die andere hin.«   (Mt. 5,39)

Jesu Liebe gegen Jahwes Rache – diesen neuen Gedanken zu verbreiten war damals so schwierig wie heute. Natürlich wußte auch Jesus, wie unrealistisch seine Forderung, »nach einer Ohrfeige auch die andere Wange hinzuhalten«, war. Aber gerade durch solche unrealistischen Forderungen hat Jesus eine neue moralische Realität geschaffen.

Nicht nur in den großen Fragen war das, was Jesus lehrte, neu und revolutionär, auch Sätze, die für uns harmlos klingen, rüttelten an dem jüdischen Glaubensgebäude.

Wir alle kennen das Jesus-Wort: »Lasset die Kinder zu mir kommen...« Dabei stellen wir uns – wie es unzählige Illustratoren taten – einen sanftmütigen Kinderfreund vor, der seine Hände segnend auf kindliche Wuschelköpfe legt. Dieser Satz enthielt jedoch zu seiner Zeit geistigen Sprengstoff.

Die Juden, wie überhaupt die gesamte Antike, hatten kein Verständnis für kindliches Tun. Kinder wuchsen ohne besondere Beachtung auf. Zwar wurde der Vater vieler Kinder bewundert, aber nur wegen seiner Zeugungskraft, nicht wegen der Qualitäten der Nachkommen. Unter den Rabbinern war die Streitfrage beliebt, ob Kinder überhaupt die Möglichkeit hatten, in das Reich Gottes aufgenommen zu werden. Es galt als erwiesen, daß ein Kind bis zum Ausfall der Milchzähne – etwa im siebten Lebensjahr – weder Verstand hatte, noch sonst als Mensch anzusehen war.

Für Jesus ist das keine Frage, er stellt fest:

»Ihnen, den Kindern, gehört das Reich Gottes.« (Mt. 19,14)

Dieser Satz war eine der ganz großen Wendemarken im Verhältnis der Menschen zu Gott. Nicht nur, daß Kinder es sind, denen das Himmelreich gehört, nach dem Matthäus-Text macht Jesus sogar aus dieser Hoffnung eine Forderung:

»Wenn ihr nicht umkehrt und wie die Kinder werdet, könnt ihr nicht ins Himmelreich kommen.« (Mt. 18,3)

Das war die totale Umkehrung dessen, was in den Synagogen gelehrt wurde: Kinder mußten erst erwachsen werden, um von Jahwe anerkannt zu werden. Der Wanderprediger Jesus jedoch machte daraus: Erwachsene müssen zum kindlichen Vertrauen, zur Gläubigkeit des Herzens zurückfinden, um vor Gott zu bestehen.

Wie ernst es ihm mit dieser Auffassung war, erkennt man an einer der wenigen Drohungen, die er in seinen Predigten verwendete. Luther hat sie so übersetzt:

»Wer aber ärgert dieser Geringsten [Kinder] einen, die an mich glauben, dem wäre besser, daß ein Mühlstein an seinem Hals gehängt und er ersäuft würde im Meer, da es am tiefsten ist.« (Mt. 18,6)

Ersäufen für ein bißchen ärgern! Eine unverständlich harte Strafe – oder? Luther meinte – und seine zeitgenössischen Leser verstanden ihn auch so – nicht jenes »Ärgern«, das wir vom »Mensch ärgere Dich nicht«-Spiel her kennen, sondern ärgern war für ihn »Arges antun«, jemandem ein Leid zufügen. Machen Sie die Probe aufs Exempel, schlagen Sie Matthäus 18,6 auf: Steht in Ihrer Bibelausgabe noch »ärgert«, sollten Sie sich eine neue zulegen.

In der Einheitsübersetzung liest sich der Satz jetzt so:

»Wer einen von diesen Kleinen, die an mich glauben, zum Bösen verführt, für den wäre es besser, wenn er mit einem Mühlstein um den Hals im tiefen Meer versenkt würde.«

Die »Freie Übersetzung des Neuen Testaments in die heutige Umgangssprache« geht noch einen Schritt weiter und verwandelt »Kinder« in »Menschen mit kindlichem Vertrauen« – doch damit wird Übersetzung schon zur Deutung.

Moderne Übersetzungen sollen zwar den Weg zum Verständnis begehbarer machen, aber ihn doch nicht gleich so verkürzen, daß von seiner ursprünglichen Route nichts mehr übrigbleibt.

Für eine Glaubensgruppe gibt es in diesem Evangelium keinen Pardon – für die Pharisäer. In keinem anderen Evangelium werden sie so angegriffen. Sie sind ein Gegner, den der Verfasser nie aus dem Visier verliert. Sein Text vor allem ist es, der über Jahrtausende dieses »Otterngezücht« zu Scheinheiligen stempelte, was sie gar nicht waren.

In »Sieben[!] Weh-Rufen« läßt er Jesus gegen sie wettern. Er nennt sie: Heuchler, Witwenbetrüger, Lügner, Narren, Blinde, Söhne der Prophetenmörder, Nattern, Schlangenbrut und was der Freundlichkeiten mehr sind.

Ein Vorwurf gegen die Pharisäer ist jedoch so schlimm nicht, wie man jahrzehntelang meinte. Jesus erklärt:

»Die Schriftgelehrten und die Pharisäer haben sich auf den Stuhl des Mose gesetzt.« (Mt. 23,2)

Klingt das nicht, als hätten sie sich angemaßt, Moses gleich zu sein? Für unsere Ohren schon, die jüdischen Leser aber wußten, daß »der Stuhl des Mose« der Ehrensitz in der Synagoge war, der den Schriftgelehrten zustand, wenn sie die Tora deuteten.

Ein anderer Vorwurf gegen die Pharisäer wird vielen heutigen Bibellesern unverständlich bleiben:

»Sie machen ihre Gebetsriemen breit und die Quasten an ihren Gewändern lang.« (Mt. 23,5)

Wer in Jerusalem gläubige Juden an der Klagemauer beten sah, weiß, was damit gemeint ist: Strenggläubige Juden schnallen sich kleine Kapseln (Tefilin), die Texte der Tora enthalten, mit Riemen entweder auf die Stirn – also nahe dem Gehirn (das Wort kommt nicht ein einziges Mal in der Bibel vor!) – oder an die Innenseite des linken Oberarms – also nahe dem Herzen. Diese Riemen kann man unauffällig anlegen oder aber so, daß schon von weitem zu erkennen ist: Hier betet ein besonders Frommer.

Die Quasten an den vier Gewandzipfeln waren Zeichen der Zugehörigkeit zum jüdischen Glaubenskreis. Moses hatte diesen Schmuck angeordnet, auch Jesus trug ihn.

Beispiele wie diese zeigen, wie wichtig es gerade bei diesem Evangelium ist, einiges über das Alltagsleben jener Zeit zu wissen. Nur so kann der ursprüngliche Sinn verständlich werden. Was fängt ein heutiger Leser mit einem Satz wie diesem an?

Als Jesus und die Jünger nach Kafarnaum kamen, gingen die Männer, die die Tempelsteuer einzogen, zu Petrus und fragten: »Zahlt euer Meister die Doppeldrachme nicht?« (Mt. 17,24)

In alten Übersetzungen steht noch »Einnehmer der Doppeldrachmen« statt ». . . die Männer, die die Tempelsteuer einzogen«. Diese Formulierung ist eine Brücke, die die Einheitsübersetzung heutigen Lesern baut, aber zum vollen Verständnis dieses Satzes braucht es noch ein ganzes Bündel von Erklärungen:

o Die Doppeldrachme war eine tyrische Währung und hatte etwa den Wert von vier D-Mark.

o Nur in tyrischer Währung durfte die Tempelsteuer bezahlt werden. Das war übrigens das Geschäft der Wechsler im Tempelhof. Selbst wenn sie ehrlich römische, griechische oder attische Münzen in tyrische umwechselten, machten sie guten Profit. Sie berechneten dafür happige vier Prozent Aufgeld.

○ Eine Doppeldrachme war die jährliche Tempelsteuer, die jeder erwachsene Jude zu entrichten hatte. Nur Priester waren von dieser Steuer befreit. Wahrscheinlich wollten die Steuereinnehmer mit ihrer Frage klären, ob Jesus sich den Priesterstatus anmaßte.

Jesus ist bereit zu zahlen, »damit wir ihnen keinen Anstoß geben«. Er befiehlt Petrus, einen Fisch zu fangen, »und wenn du sein Maul öffnest, wirst du ein Vierdrachmenstück finden; das nimm und gib es ihnen für mich und dich«.

Ganz klar: Eine Doppeldrachme für jeden als Jahressteuer macht vier Drachmen für zwei. Doch der Hinweis hatte für damalige Leser noch eine zusätzliche Information: Doppeldrachmenmünzen waren nämlich selten, deshalb zahlten meist zwei mit einem Vierdrachmenstück ihre Steuern gemeinsam.

Auf das Verbot, die Tempelsteuer mit römischem Geld zu bezahlen, bezieht sich Jesus an anderer Stelle noch einmal – in seiner Antwort auf die Pharisäer-Fangfrage »Darf man dem Kaiser Steuern zahlen oder nicht?« Was immer Jesus antworten würde – er mußte sich damit zwischen zwei Stühle setzen. Hätte er gesagt: »Ja, man darf«, dann hätte er die national Gesinnten seiner Anhänger enttäuscht; hätte er »Nein« gesagt, wäre dies Grund genug gewesen, ihn bei den Besatzungsbehörden anzuzeigen. Deshalb hielt Jesus den Pharisäern eine römische Münze, auf der das Bild des Kaisers geprägt war, vor die Augen und antwortete sein berühmtes: »Gebt dem Kaiser, was des Kaisers ist.«

An zwei Stellen dieses Evangeliums konnte die Übersetzung Luthers durch Ergebnisse der archäologischen Forschung inzwischen verbessert werden. Luther hatte noch übersetzt:

»Wer ist aber unter euch, der seiner Länge eine Elle zusetzen möge, ob er gleich darum sorget?«   (Mt. 6,27)

Ins heutige Deutsch gebracht, hieße das: Man kann sich recken und strecken, soviel man will, man wird trotzdem nicht größer.

Sprachforscher fanden inzwischen heraus, daß das griechische Wort, das Luther mit Elle übersetzte, auch ein Zeitmaß bedeuten konnte, und so heißt es jetzt in der Einheitsübersetzung:

»Wer von euch kann mit all seiner Sorge sein Leben auch nur um eine kleine Zeitspanne verlängern?«

Derselbe Sinn, nur kürzer formuliert: Unser Leben liegt in Gottes Hand.

Im Gleichnis von den drei Knechten, die das Vermögen ihres Herrn zur Verwaltung anvertraut bekamen, steht ein anderes Wort, dessen Sinn erst um die Jahrhundertwende ermittelt werden konnte.

Die drei Knechte erhalten fünf, zwei und der dritte nur ein Talent anvertraut. Zu Luthers Zeiten war »Talent« nur als Gewichtsbezeichnung bekannt, deshalb ersetzte er in seiner Übersetzung das Wort »Talent« durch »Zentner«. Die Knechte erhielten also bei ihm Zentner von Getreide zur Verwaltung. Inzwischen wissen wir: In neutestamentarischer Zeit war ein Talent eine Münze von hohem Wert. Der Gutsherr hatte seinen Knechten also nicht Zentner von Korn, sondern bares Geld zur Verwaltung anvertraut.

Übrigens: Unser Wort »Talent«, als Bezeichnung für die besondere Fähigkeit eines Menschen, hat seinen Ursprung in diesem Gleichnis von den Knechten, die die Talente ihres Herrn vermehrten – und das nicht nur bei uns, sondern in fast allen Sprachen des christlichen Abendlandes. Lukas erzählt dasselbe Gleichnis, und bei ihm ersetzte Luther die Zentner mit Pfunden. Daher unser Ausspruch »mit seinen Pfunden wuchern«.

Höhepunkt dieses Evangeliums ist die Bergpredigt. Sie hat wesentlichen Anteil an der Formung des abendländischen Christentums. Wenn dieses »Evangelium nach Matthäus« das »kirchliche« Evangelium genannt wird, dann nicht zuletzt wegen dieser Bergpredigt. Ihr Anfang hat rhetorische Größe:

Als Jesus die vielen Menschen sah, stieg er auf einen Berg. Er setzte sich, und seine Jünger traten zu ihm. Dann begann er zu sprechen und lehrte sie. Er sagte . . .   (Mt. 5,1–2)

Nein, er sagte nichts. Jedenfalls nicht den Text, den wir als Bergpredigt kennen. Diese »Predigt« ist eine Zitatensammlung, komponiert aus Sätzen, die Jesus zu den verschiedensten Anlässen und unterschiedlichsten Zuhörergruppen gesprochen hat – zusammengestellt als Kompendium für die Presbyter (Ältesten) der heidenchristlichen und die Episkopen (Aufseher) der judenchristlichen Gemeinden.

Randbemerkung: Unsere Worte »Priester« und »Bischof« sind aus diesen beiden Worten abgeleitet.

Auch der Berg als Schauplatz dieser fiktiven Predigt war für Judenchristen ein Glaubenssymbol. Seit Moses mit Jahwe auf einem Berg sprach, ist für Juden der Berg der Ort für göttliche Begegnungen.

Neun Sätze dieser Bergpredigt beginnen mit »Selig sind . . .« Wir würden heute eher »Wohl denen, die . . .« sagen, aber »Seligpreisungen« waren den Judenchristen aus dem Alten Testament vertraut.

Kein Berg und keine Predigt – jedoch kein Grund, auch nur einen dieser Sätze geringer zu achten, weil er nicht in diesem Zusammenhang gesprochen wurde. Im Gegenteil: Mancher Satz bekommt erst die rechte Wirkung, wenn er als gezielte Antwort auf eine konkrete Situation verstanden wird.

Das Evangelium nach Matthäus schließt mit einem Jesus-Satz, dessen zwölf Worte die Summe allen christlichen Vertrauens einschließen:

»Ich bin bei euch alle Tage, bis an das Ende der Welt.«   (Mt. 28,20)

DARAUF VERLIESSEN DIE UNREINEN GEISTER DEN MENSCHEN UND
FUHREN IN DIE SCHWEINE, UND DIE HERDE STÜRZTE SICH . . .
IN DEN SEE.
(Mk. 5,13)

Das Evangelium nach Markus

»Anfang des Evangeliums von Jesus Christus.« Mit diesen sachlichen
sechs Worten beginnt das älteste und kürzeste der vier Evangelien. Um das
Jahr 70 wurde es geschrieben. In griechisch.

Es soll auf die Berichte zurückgehen, die Petrus in Rom den Gemeinde-
brüdern von Jesus erzählte. Deshalb wird dieses Evangelium auch »Die
Memoiren des Petrus« genannt. Wer der oder die Verfasser waren, ist
unbekannt; der Jünger Markus war es mit Sicherheit nicht.

Wahrscheinlich stammte der Verfasser nicht aus dem jüdischen Kulturkreis, denn er nimmt weniger als die anderen drei Evangelisten Bezug auf
die alttestamentarischen Schriften und kennt sich mit den lokalen Gegebenheiten ebensowenig aus wie mit dem Alltag im damaligen Palästina.
Um so besser weiß er über römisches Recht und römische Gepflogenheiten Bescheid. Einen Satz wie

*Auch eine Frau begeht Ehebruch, wenn sie ihren Mann aus der Ehe entläßt
und einen anderen heiratet* (Mk. 10,12)

hätte ein Autor, der in der jüdischen Tradition aufgewachsen wäre, nie
geschrieben. Nach jüdischem Recht konnte sich nur der Mann von der
Frau trennen. Im Römischen Reich aber hatte auch die Ehefrau diese
Möglichkeit. Der Autor belehrte seine heidenchristlichen Leser auch über
jüdische Gebräuche:

*»Die Pharisäer essen nämlich wie alle Juden nur, wenn sie vorher mit einer
Handvoll Wasser die Hände gewaschen haben, wie es die Überlieferung der
Alten vorschreibt. Auch wenn sie vom Markt kommen, essen sie nicht, ohne
sich vorher zu waschen.«* (Mk. 7,3-4)

Eine ziemlich umständliche Erklärung, aber in ihr sind auch gleich zwei
Informationen versteckt.

Erstens: Das Händewaschen war nicht nur eine hygienische Maßnahme, sondern auch eines der 613 religiösen Ge- und Verbote, die zur Zeit Jesu befolgt werden mußten. Wer nur eines davon nicht einhielt, wurde bestraft. Und nicht allein das Waschen war Vorschrift, auch wie man sich zu waschen hatte, war genau festgelegt: Die zu waschende Hand mußte an der geballten anderen Hand gerieben werden.

Zweitens: Über den Hinweis »wenn sie vom Markt kommen« hätten jüdische Leser nur den Kopf geschüttelt – kein Jude ging auf den Markt einkaufen, das war Frauenarbeit. In Athen und Rom aber besorgten dies die Männer. Dergleichen konnte wirklich nur jemand schreiben, der Palästina nur vom Hörensagen kannte.

Die wiederholte Anpassung des Markus-Textes an nichtjüdische Alltagsgewohnheiten hat so manchem Übersetzer Schwierigkeiten bereitet. In zwei Fällen hat die Einheitsübersetzung durch eine nicht wörtliche, aber sinngemäße Übersetzung eine Verständigungsbrücke geschlagen.

So warf bisher in vielen Übersetzungen die arme Witwe zwei Lepta in den Opferkasten – »das macht einen Quadrans«. Weder Lepta noch Quadrans sagen modernen Lesern etwas.

Ein Lepton war die kleinste griechische Münze (1 Drachme sind 100 Lepta). Lepta klimperten zur Zeit Jesu auch in jüdischen Geldbeuteln. Um ihren Wert Lesern, die diese Münze nicht kannten, vermitteln zu können, vergleicht der Markus-Autor sie mit einer römischen Münze von geringem Wert, dem Quadrans.

Luther übersetzte Lepton mit »einen Heller«, und die Zürcher Bibel bleibt dabei, fügt obendrein noch in Klammern hinzu: »das ist ein Rappen«. Die Einheitsübersetzung erspart den Lesern alle Umrechnungskurse, indem sie schreibt: ». . . und warf zwei kleine Münzen hinein.«

Die einschneidendste Veränderung nahm der Markus-Autor bei der Erzählung vom Ährenpflücken am Sabbat vor.

Sowohl bei Matthäus wie bei Lukas steht dieser Bericht von den Jüngern, die Ähren pflücken, weil sie Hunger haben, als Beispiel für die kleinliche Auslegung des Arbeitsverbots am Sabbat, dem Jesus mit dem aufrüttelnden Satz widersprochen hatte:

»Der Sabbat ist für den Menschen da, nicht der Mensch für den Sabbat.«
(Mk. 2,27)

Der Markus-Autor stand bei diesem Gleichnis vor einem Problem: Die Leser seines Evangeliums kannten das Sabbat-Arbeitsverbot nicht und konnten sich kaum vorstellen, daß jemand so hungrig ist, daß er Ähren pflückt und ißt. Er funktionierte deshalb die Erzählung um. Bei ihm ist nicht mehr das Ährenpflücken aus Hunger das Vergehen, sondern das unbedachte Ausreißen der Ähren:

. . . und seine Jünger begannen einen Weg zu machen, indem sie die Ähren abrissen. (Mk. 2,23)

So steht es jedoch nicht in der Einheitsübersetzung, wohl aber in der vorbildlichen Übersetzung der »Jerusalemer Bibel«, der »École biblique«. Bei uns heißt es nur:

». . . und unterwegs rissen seine Jünger Ähren ab.«

Der Stil des Evangeliums nach Markus ist grob, aber der Text liest sich zügig, fast spannend. Das hat seinen stilistischen Grund: Er ist zum größten Teil in der Gegenwart geschrieben. Ein Lieblingswort dieses Textes ist »sogleich«.

Seine Frische aber bezieht dieses Evangelium aus seiner Unordnung. Ja, gerade weil es nicht nach einem schematischen Ablauf geschrieben wurde, sondern querbeet alles erzählt, was dem Verfasser gerade in den Sinn kommt, gewinnt es Farbe und Leben. Und noch eines macht dieses Evangelium auch für heutige Leser so lesenswert: Es zitiert Jesus mit griffigen Vergleichen aus dem Alltag und nicht mit Rückgriffen auf das Alte Testament. Ein Beispiel: Um klarzumachen, daß die Lehre Jesu nicht als neues Teilstück in den alten Glauben eingebaut werden kann, ließ der Verfasser Jesus bisher in unseren Bibelausgaben erklären:

»Niemand näht ein Stück ungewalktes Tuch auf ein altes Kleid; sonst reißt das Flickstück [ein Teil] von ihm ab; das neue von dem alten, und der Riß wird schlimmer.« (Mk. 2,21)

Das war den Leuten aufs Maul geschaut! Das verstand jeder. Für uns, im Zeitalter der Synthetics und chemischer Reinigungen, sind allerdings einige klärende Worte notwendig: In der Antike mußte ein Stoff, bevor der Schneider seine Schere ansetzen konnte, zum Walker. Der stopfte den Stoff in eine Mischung aus Wasser, Lauge und Kreide. Dort blieb er eine

Nacht lang, bevor das nasse Tuch über Steine geschlagen und mit Holzstempeln gestampft wurde. Das war notwendig, damit die einzelnen Wollhaare zusammenklebten, verfilzten. Danach mußte der Stoff noch einmal gewaschen, getrocknet, mit Wurzelbürsten aufgerauht, geschwefelt und gepreßt werden. Natürlich ging bei dieser groben Prozedur der Stoff ein. Versuchte man nun einen Riß in einem so gewalkten Stoff durch ein Stück ungewalktes Tuch zu verdecken, lief beim nächsten Waschen das ungewalkte Stück ein. Erfolg: Der alte »Riß wird schlimmer«.

Jesus führt dieses Beispiel an, um zu verdeutlichen, daß seine Lehre nicht die alten Gebote – in diesem Falle das Fasten – einfach übernehmen kann.

Die Einheitsübersetzer hatten offenbar Zweifel, ob moderne Leser mit dem Ausdruck »durchwalkter Stoff« etwas anfangen können, und änderten diese Stelle so:

»Niemand näht ein Stück neuen Stoff auf ein altes Kleid; denn der neue Stoff reißt doch vom alten Kleid ab, und es entsteht ein noch größerer Riß.«

Das ist so recht aus der Lebenseinstellung unserer Wegwerfgesellschaft formuliert, die Überzeugungskraft des alten Satzes hat diese neue Übersetzung jedoch nicht.

Dem Beispiel mit dem Stoffflicken läßt der Evangelienautor ein weiteres folgen:

»Niemand füllt neuen Wein in alte Schläuche, sonst wird der Wein die Schläuche zerreißen [weil sie brüchig sind], und der Wein geht zugrunde samt den Schläuchen.« (Mk. 2,22)

Vor dem altmodischen »Wein in Schläuchen« scheuten die Einheitsübersetzer nicht; der Satz blieb.

Mit einem anderen Satz dieses Evangeliums hatte schon Luther seine Übersetzungsschwierigkeiten. Er steht in der Erzählung von der Heilung eines Gelähmten. Luther hat beherzt Jesus zu dem soeben Geheilten sagen lassen:

»Nimm dein Bett und geh heim.« (Mk. 2,11)

Was soll das! Ein Mann, kaum genesen, soll sein schweres Bettgestell – vier Pfosten, die durch Lederriemen verbunden waren – ins Haus schleppen! Schon für einen Gesunden wäre das eine schweißtreibende Anstrengung.

So war es ja auch gar nicht gemeint! Zwar schlief man in Griechenland und Rom bereits in Betten, in Palästina aber wickelte sich die ärmere Bevölkerung nachts in ihr Obergewand (Talit) und legte sich auf den Boden. Was Jesus wahrscheinlich gemeint und gesagt hat, war also: »Heb dein Talit auf, häng es dir um und geh nach Haus.«

Luther verwendete für dieses Obergewand das Wort Mantel. Instruktiv, aber nicht ganz richtig, denn dieses Obergewand war nichts weiter als eine große Decke, die man tagsüber um die Schultern legte, nachts aber zum Zudecken benutzte. Deshalb war das Talit, das Obergewand, zwar pfändbar, aber nur am Tage! Für die Nacht mußte es dem Eigentümer zurückgegeben werden. So steht es schon bei Moses.

Markus – oder wie immer der Verfasser geheißen haben mag – scheint das nicht gewußt zu haben, genausowenig wie er wußte, daß dieses Obergewand keine Knöpfe besaß, sondern an allen vier Ecken Quasten (Zizit), mit denen man es zusammenschnüren konnte.

Von ihnen war bereits im vorigen Kapitel die Rede, als Jesus den Pharisäern vorwarf: ». . . sie machen .. ihre Kleiderquasten lang.« Nur wer über den Zweck dieser Zizit nicht informiert war, konnte schreiben:

». . . und sie baten, daß sie auch nur die Quaste seines Kleides anrühren dürften.« (Mk. 6,56)

Die Einheitsübersetzung umgeht beide Wörter. Für »Bett« sagt sie nicht »Gewand«, sondern »Tragbahre«, doch das klingt sehr nach einer Verletzung, während für Quaste eine gute Umschreibung gefunden wurde: Aus »Zizit« wurde der »Saum des Gewandes«, den die Hilfesuchenden berühren wollten.

In diesem Evangelium wird von mehr Wunderheilungen berichtet als in den anderen drei. Auch dies ist ein Beweis, daß es für Heidenchristen geschrieben wurde, für Menschen also, die eben noch an die Wunderheilungen ihrer antiken Götter geglaubt hatten, die nach Epidaurus gepilgert waren, um durch die dortigen Priester von ihren Gebrechen befreit zu werden. Ihnen mußte klargemacht werden, daß Jesus auch als Wundertäter größer war als die antiken Götter.

So ist es fraglich, ob Jesus wirklich je über den See Genezaret gelaufen ist, wichtig war, den jungen Gemeinden zu versichern, daß er dies minde-

stens so gut konnte wie die heidnischen Götter, von denen Wasserspazier-
gänge gern und oft kolportiert wurden.

Ein Detail dieser Erzählung, das Matthäus wörtlich übernahm, verrät,
wie sehr der Markus-Autor in römischen Begriffen dachte. Er schreibt:

In der vierten Nachtwache ging er auf dem See zu ihnen hin . . .

(Mk. 6,48)

Was bedeutet »vierte Nachtwache«? Hatten die Jünger ein festes System
der Wachablösung? Nein, sie nicht, aber die römischen Legionäre! In
ihrem Reglement war die Nacht in vier Wachen eingeteilt, von denen die
dritte um Mitternacht begann, die vierte also von drei bis sechs Uhr
dauerte. Diese militärische Zeitrechnung war von der Zivilbevölkerung
übernommen worden. Jeder verstand, welche Uhrzeit mit der »vierten
Nachtwache« gemeint war.

Unter den Wundertaten, die im Evangelium nach Markus berichtet
werden, klingt uns jene am absurdesten, in der die Verpflanzung von
Dämonen aus einem Besessenen in eine Schweineherde geschildert wird.

Warum hat Jesus in diesem Fall die Dämonen nicht einfach vernichtet,
wie er es sonst tat? Warum müssen unschuldige Schweine sich mit ihnen
herumplagen?

Auch hier heißt die Antwort: Weil diese Geschichte für die Heidenchristen erzählt wird! Viele dieser Christen werden sicher auch nach der Taufe
noch an Dämonen geglaubt haben, die in den antiken Religionen eine weit
größere Rolle spielten als im Jahwe-Glauben. Deshalb kannte sich die
Zielgruppe, für die diese Geschichte niedergeschrieben wurde, genau aus,
was Dämonen konnten und was nicht.

Und dies wiederum wußte der Verfasser! Deshalb läßt er den Dämon –
die Einheitsübersetzung schreibt »unreiner Geist« – gleich zu Anfang Jesus
mit »Sohn des höchsten Gottes« anreden, denn – das wußte jeder –
Dämone wissen alles! Da dies auch der Markus-Autor weiß, benutzt er
dies gleich zu Beginn seines Evangeliums, um seinen nichtjüdischen Lesern
zu sagen, wer Jesus ist, eben der »Sohn des höchsten Gottes«.

Kurze, aber wichtige Abschweifung: Die Vorstellung, Jahwe habe einen
Sohn, hätte man Juden nie zumuten können! Ende der Abschweifung.

Und er [Jesus] verbot den Dämonen zu reden; denn sie wußten, wer er war.

(Mk. 1,34)

Eine elegante literarische Volte! Die allwissenden Dämonen wissen, daß Jesus der Messias ist, aber er verbietet ihnen, darüber zu reden! Auch der Satz

Nun weidete dort an einem Berghang gerade eine große Schweineherde . . .
(Mk. 5,11)

wurde ganz gezielt geschrieben. Schweine mußten es sein, keine anderen Tiere! Denn damit stand zweifelsfrei fest: Wo auch immer der Schauplatz dieser Geschichte gewesen sein mag – es muß heidnisches Gebiet gewesen sein. Schweine waren nach jüdischer Auffassung unrein und wurden nicht gezüchtet. Die Heidenchristen bekamen so zu verstehen, daß Jesus auch in ihrem, nichtchristlichen Gebiet lehrte!

Für diese Behauptung gibt es zwar keinen Beweis in anderen Evangelien, aber der Autor dieser »Frohen Botschaft« kennt offenbar seine Leser, er setzt auf diese Information noch eine weitere. Er erzählt, daß Jesus den Dämonen erlaubte, in die Schweine hineinzufahren!

Diese Erlaubnis war immens wichtig! Denn damit bewies Jesus seinen Heidenchristen ein weiteres Mal, wie gut er sich in der Welt ihrer Dämonen auskannte. Nichts war für diese Unterweltsbiester schrecklicher, als in diese Unterwelt zurückzumüssen! Das Schlüpfen in Schweine war ein Entgegenkommen – den Dämonen gegenüber.

Es ist bezeichnend, daß der Lukas-Evangelist bei der Wiedergabe dieser Begebenheit in seiner Version das Wort »Unterwelt« benützt, der Markus-Autor dagegen brauchte nicht »Unterwelt« zu schreiben. Seine Leser wußten um diese Angst der Dämonen und verstanden, was gemeint war, wenn diese »in der Gegend« – also in der Welt der Menschen – bleiben wollten. Details, Details – aber wichtig für Heidenchristen. Denn: Wenn Jesus ihre Gedankenwelt kannte, dann kannte er auch ihre Sorgen.

Und wie sehen die Versionen dieser Erzählung in den anderen Evangelien aus? Johannes hat sie ganz weggelassen, und sowohl Matthäus wie auch Lukas haben sie gemildert. Bei keinem von beiden findet sich eine präzise Ortsangabe. Aus gutem Grund: Sie hätte ihre jüdisch-christlichen Zielgruppen nur verwirrt. Was sollten diese von einem Messias halten, der zu den Heiden ging?!

Vielleicht werden einige Leser sagen, diese Aufschlüsselung sei an den Haaren herbeigezogen, seien Überinterpretationen. Für alle, die so denken, folgt hier der Satz, mit dem bei Markus diese Episode endet:

Da ging der Mann weg und verkündete in der ganzen Dekapolis, was Jesus für ihn getan hatte, und alle staunten. (Mk. 5,20)

Warum es »Dekapolis« heißen muß, bleibt ein Geheimnis der Einheitsübersetzer. Hier hätte ein Satz wie »im Gebiet der zehn griechischen Städte« klar gesagt, daß heidnisches Gebiet gemeint ist.

Die Unkenntnis des Markus-Autors in jüdischer Symbolik beweist ein Bericht, den er offenbar weiterkolportiert hat, ohne dessen Aussage zu verstehen. Es ist die Schilderung von Jesu Zorn auf den Feigenbaum, den er auf seinem letzten Weg nach Jerusalem nach Feigen absuchte und den er, weil er keine findet, verflucht. Prompt verdorrt der Baum.

Gutwilligen Gläubigen wird heute noch dieser verdorrte Feigenbaum auf dem Weg zum Ölberg gezeigt. Der Markus-Autor scheint nun doch nicht so gutgläubig wie diese gewesen zu sein. Er fügt nämlich den Satz ein: ». . . denn es war nicht die Zeit der Feigenernte.« Anzunehmen, daß er sich gewundert hat, daß ein Mann wie Jesus nicht gewußt haben soll, daß ein Feigenbaum im April keine Früchte trägt. Und möglicherweise hat er sich auch gefragt, wieso sich Jesus über diese naturgegebene Tatsache so aufregt, daß er den Baum verflucht. Mit gleichem Recht hätte er dann im April alle Feigenbäume verfluchen müssen.

Übrigens: Lukas scheint sich eine ähnliche Frage gestellt zu haben! Jedenfalls fehlt in dem Evangelium, das seinen Namen trägt, die Feigenbaum-Erzählung.

Irrtum, ein Irrtum – das Ganze! Natürlich wußte Jesus, daß ein Feigenbaum im April keine Früchte trägt. Sein Fluch galt auch gar nicht den Feigen oder dem Baum, sondern dem, was der Feigenbaum in der jüdischen Religion symbolisiert: Er steht für die rechte Gläubigkeit. Das wußte jeder, der die Bücher der Propheten kannte. Beim Propheten Micha steht:

»Keine Traube ist mehr da zum Essen, keine von den Frühfeigen, die mein Herz begehrt. Verschwunden sind die Treuen im Lande, kein Redlicher ist mehr unter den Menschen.« (Mi. 7,1–2)

Der Feigenbaum ohne Früchte ist das Symbol für Israel ohne Frömmigkeit. Die Erzählung ist also kein Wunderbericht, sondern der Rahmen für eine der handfesten Aktivitäten Jesu, die wenig später folgt: die Reinigung des Tempels von den Geldwechslern, die aus dem Haus des Gebets eine Räuberhöhle gemacht haben. Der Gedankengang ist klar: Die Händler im

311

Tempel haben den Glauben verdorren lassen, so wie Jesus das Symbol des Glaubens, den Feigenbaum, verdorren ließ.

Dieses Wüten gegen die Wechsler war ja kein Randalieren, sondern Jesus rüttelte damit bewußt an Auswüchsen der Religionsausübung. Es war eine Glaubenstat. Nicht zufällig sagt Jesus in diesem Zusammenhang seinen Jüngern: »Ihr müßt Glauben an Gott haben.«

Auch den Priestern und Schriftgelehrten war das Ausmaß der Tat Jesu wohl bewußt. Als sie davon erfuhren, heißt es bei Markus, suchten sie »nach einer Möglichkeit, ihn umzubringen«.

Von den 35 Wundern, die im Neuen Testament erwähnt werden, stehen 21 im Evangelium nach Markus. Wunder – ein Wort, das Bibelleser in zwei Lager spaltet. Wunder sind für uns außergewöhnliche, die Naturgesetze aufhebende Ereignisse, doch das war nicht immer die geltende Meinung.

WUNDER JESU

	Mt.	Mk.	Lk.	Joh.
Heilung körperl. u. seel. Krankheiten				
Aussätziger	8,2–3	1,40–42	5,12–13	
Diener des Hauptmanns	8,5–13		7,1–10	
Schwiegermutter des Petrus	8,14–15	1,30–31	4,38–39	
Zwei Gadarener	8,28–34	5,1–15	8,27–35	
Gelähmter	9,2–7	2,3–12	5,18–25	
Blutflüssige Frau	9,20–22	5,25–29	8,43–48	
Zwei Blinde	9,27–31			
Stummer Besessener	9,32–33			
Mann mit einer verdorrten Hand	12,10–13	3,1–5	6,6–10	
Blinder und stummer Besessener	12,22		11,14	
Tochter einer Kanaaniterin	15,21–28	7,24–30		
Fallsüchtiger Knabe	17,14–18	9,17–29	9,38–43	
Bartimäus und ein anderer Blinder	20,29–34	10,46–52	18,35–43	
Taubstummer		7,31–37		

	Mt.	Mk.	Lk.	Joh.
Heilung körperl. u. seel. Krankheiten				
Besessener in der Synagoge		1,23–26	4,33–35	
Blinder in Bethsaida		8,22–26		
Verkrümmte Frau			13,11–13	
Wassersüchtiger			14,1–4	
Zehn Aussätzige			17,11–19	
Ohr des Malchus			22,50–51	
Sohn eines Beamten in Kapernaum				4,46–54
Kranker am Teich Betesda				5,1–9
Blindgeborener				9,1–41
Gewalt über die Naturkräfte				
Sturmstillung	8,23–27	4,37–41	8,22–25	
Seewandel	14,25	6,48–51		6,19–21
Speisung der 5000	14,15–21	6,35–44	9,12–17	6,5–13
Speisung der 4000	15,32–38	8,1–9		
Münze im Fischmaul	17,24–27			
Verdorrter Feigenbaum	21,18–22	11,12–14 20–26		
Wunderbarer Fischzug			5,1–11	
Weinwunder				2,1–11
Anderer Fischzug				21,1–11
Totenerweckungen				
Tochter des Jairus	9,18–19 23–25	5,22–24 38–42	8,41–42 49–56	
Jüngling von Nain			7,11–15	
Lazarus				11,1–44

In alttestamentarischer Zeit verstand man unter Wundern Zeichen der Allmacht und Allgegenwart Gottes.

In der griechischen Antike waren schon herausragende künstlerische, technische oder architektonische Leistungen Wunder.

Das Mittelalter rückte Wunder in die Nähe von Zauberei.

Wundertaten gehörten zu allen heidnischen Götterberichten. Sie waren damals so verbreitet wie heute Horoskope in Tageszeitungen. Wenn ein Gott oder Halbgott mit mehr Wundern als seine olympischen Kollegen aufwartete, war er der größte.

Weil dem so war, mußten auch die Evangelisten so ausführlich von Wunderheilungen durch Jesus berichten. Für die Leser aus dem griechischen Kulturraum waren dies Schilderungen, die ihnen vertraut waren und durch die sie einen Begriff von der Größe dieses neuen Heilands bekamen. Und etwas Vertrautes brauchten sie, dazu war die Lehre zu neu, zu revolutionierend.

Nichts ist einfacher, als Wunder zu zerpflücken. Denn wären sie erklärbar, wären es weder Wunder noch Zeichen. Doch nicht nur deshalb sind alle Versuche, sie zu erklären – und genügend Bibelkritiker werden nicht müde, dies zu versuchen –, so sinnlos wie die Jagd nach dem Regenbogen, sondern vor allem deshalb: Weder gewänne Jesu Lehre an Bedeutung, wenn er hundert Wunder mehr bewirkt hätte, noch verlöre sie auch nur ein Gramm ihres Wertes, wenn er nicht eines vollbracht hätte.

Goethe zum Trotz: Es ist ein schlechter Glaube, dessen liebstes Kind das Wunder ist. Im Gegenteil: Der Glaube, der erst auf ein Wunder hin entsteht, kann kein wahrer Glaube sein. Jean-Jacques Rousseau steht mit seinem Satz »Schafft die Wunder weg, und die ganze Welt wird Jesus zu Füßen fallen« dem Glaubensgefühl unserer Zeit näher, das in den Wundern fast eine Belästigung für die Selbstverständlichkeit des Glaubens sieht.

GLEICHNISSE JESU			
	Mt.	Mk.	Lk.
Licht unter dem Scheffel	5,14–15	4,21–22	8,16; 11,33
Häuser auf Felsen und auf Sand gebaut	7,24–27		6,47–49
Neuer Flicken auf altem Kleid	9,16	2,21	5,36
Neuer Wein in alten Schläuchen	9,17	2,22	5,37–38

	Mt.	Mk.	Lk.
Vierfaches Ackerfeld	13,3–8	4,3–8	8,5–8
Senfkorn	13,31–32	4,30–32	13,18–19
Unkraut unter dem Weizen	13,24–30		
Sauerteig	13,33		13,20–21
Schatz im Acker	13,44		
Kostbare Perle	13,45–46		
Fischnetz	13,47–48		
Verlorenes Schaf	18,12–13		15,4–6
Schalksknecht	18,23–34		
Arbeiter im Weinberg	20,1–16		
Zwei ungleiche Söhne	21,28–31		
Treulose Weingärtner	21,33–41	12,1–9	20,9–16
Königliche Hochzeit	22,2–14		
Feigenbaum als Sommerbote	24,32–33	13,28–29	21,29–32
Zehn Jungfrauen	25,1–13		
Talente (Mt.), Pfunde (Lk.)	25,14–30		19,12–27
Weltgericht	25,31–36		
Selbstwachsende Saat		4,26–29	
Der Gläubiger und die zwei Schuldner			7,41–43
Barmherziger Samariter			10,30–37
Bittender Freund			11,5–8
Reicher Kornbauer			12,16–21
Wachsame Knechte			12,35–40
Treuer Haushalter			12,42–48
Feigenbaum ohne Früchte			13,6–9
Ehrenplätze bei der Hochzeit			14,7–14
Großes Abendmahl			14,16–24
Turmbau und Kriegführen			14,28–33

	Mt.	Mk.	Lk.
Verlorener Groschen			15,8–10
Verlorener Sohn			15,11–32
Ungerechter Haushalter			16,1–8
Reicher Mann und armer Lazarus			16,19–31
Herr und Knecht			17,7–10
Witwe und ungerechter Richter			18,2–5
Pharisäer und Zöllner			18,10–14

Wichtiger als irgendwelche Erklärungsversuche für Jesus-Wunder scheint mir dieser Hinweis: Nicht ein einziges Mal hat Jesus versucht, durch Wunder Menschen für seine Lehre zu gewinnen. Nur wer bereits an ihn glaubte, dem konnte er mit einem Wunder helfen.

Eine Formulierung, die Martin Luther immer wieder in seinen Übersetzungen verwendet hat, sucht man vergeblich in der Einheitsübersetzung des »Evangeliums nach Markus« – die Luthersche Eröffnungsformulierung »Wahrlich ich sage euch . . .« Wahrscheinlich war das »Wahrlich«, das Luther aus dem Sprachschatz seiner Zeit schöpfte, dem gelehrten Übersetzerteam zu altmodisch. Sie verwendeten statt dessen jenes Wort, das auch im griechischen Text steht: Amen. Nicht falsch, aber ungewohnt. Diese Schlußbesiegelung, die soviel wie »So sei es« bedeutet, steht nun am Satzanfang: »Amen, das sage ich euch . . .«

Ein anderes Wort hat Luther unübersetzt gelassen, und auch die Einheitsübersetzung hat es übernommen: »Hosianna«. Mit diesem Ruf, mitunter auch in »Hisanna« abgewandelt, wurde nicht nur Jesus bei seinem Einzug in Jerusalem begrüßt, sondern jeder Gläubige, der den Tempel betrat. Auf deutsch meint es etwa: »O Herr, hilf doch.« So heißt es auch im 118. Psalm, Vers 25. Dort kommt es zum ersten Mal in der Bibel vor.

Der Schluß des »Evangeliums nach Markus« schildert die Auferstehung, und der letzte Satz lautet:

Sie aber zogen aus und predigten überall. Der Herr stand ihnen bei und bekräftigte die Verkündigungen durch die Zeichen, die er geschehen ließ.

(Mk. 16,20)

»Verkündigung« – »Zeichen« – »geschehen lassen«. Das will im Stil nicht so recht zum sachlichen Einleitungssatz »Anfang des Evangeliums von Jesus Christus« passen. Tatsächlich ist dieser letzte Satz und auch die zehn davor spätere Zutat. In den frühesten Handschriften dieses Evangeliums wurde die Auferstehung nicht erwähnt. Die ersten uns bekannten Abschriften schließen mit der Entdeckung des leeren Grabes durch die drei Frauen, und sie enden mit der nüchternen Feststellung:

Da verließen sie das Grab und flohen, denn Schrecken und Entsetzen hatte sie gepackt. Und sie sagten niemandem etwas, denn sie fürchteten sich ...
(Mk. 16,8)

Wovor aber fürchteten sie sich? Wir werden es nie erfahren, sowenig wie wir wissen, ob der Verfasser durch Tod oder Verhaftung am Weiterschreiben gehindert worden ist oder ob er es mit der Feststellung »sie fürchteten sich« bewenden lassen wollte.

Dieser knappe, informative Schluß paßt zu dem Verfasser dieses Evangeliums, der ein biederer Mann gewesen sein muß. Er schrieb nieder, was er hörte. Deutungen waren seine Sache nicht. Zu Unrecht steht in der Gunst der heutigen Bibelleser sein Evangelium im Schatten des eleganteren Evangeliums nach Lukas.

>»Wer von diesen dreien hat sich als der Nächste dessen
erwiesen, der von den Räubern überfallen wurde?«
(Lk. 10,36)

Das Evangelium nach Lukas und seine Apostelgeschichte

*Schon viele haben es unternommen, einen Bericht über all das abzufassen, was
sich unter uns ereignet und erfüllt hat. Dabei hielten sie sich an die Überlieferung derer, die von Anfang an Augenzeugen und Diener des Wortes waren
... um es für dich, hochverehrter Theophilus, der Reihe nach aufzuschreiben.*
(Lk. 1,1–4)

Schon diese Einleitungssätze zeigen: Hier schreibt einer, der die Feder zu
führen weiß. Der Verfasser des Lukas-Evangeliums kann Sätze bauen,
durch die ein Sprachrhythmus schwingt.

Grieche soll er gewesen sein, Mediziner und Begleiter des Paulus – doch
beweisen läßt sich keine dieser Behauptungen. Verbürgt ist lediglich: Das
Evangelium nach Lukas wurde nach der Zerstörung Jerusalems zwischen
den Jahren 85 und 90 geschrieben. In einem flüssigen Schriftgriechisch und
nicht in »Koine«, dem vereinfachten Umgangsgriechisch, das damals auch
in Palästina jedermann sprach. Mehr noch: Der Mann, der unter dem
Namen Lukas schrieb, ahmt über lange Strecken den Stil der »Septuaginta«, der ersten griechischen Übersetzung des Alten Testaments, nach.

Verborgen bleibt bis heute, wer dieser hochedle Theophilus war, den
der Verfasser im ersten Satz direkt anspricht. Möglicherweise gab es ihn
gar nicht, denn erfundene Anreden als Auftakt für Berichte und Erzählungen waren ein beliebtes Stilmittel der Zeit.

Nur in diesem Evangelium wird immer wieder betont, daß Jesus auf
Erden ein Programm zu erfüllen hatte, von dem er weder abweichen
konnte noch durfte.

Auch dieses Evangelium wurde, wie das nach Markus, für Heidenchristen geschrieben. Deshalb werden auch in ihm das Alte Testament nur
sparsam zitiert und alle Ausdrücke, wie Ortsangaben, erklärt, die nichtjüdischen Lesern fremd waren. Dafür baut der Verfasser Zusätze ein oder läßt
schwer Erklärbares einfach weg. Gelegentlich paßt er Äußerlichkeiten
jenen Gegebenheiten an, die seinen Lesern bekannt waren.

Der Bericht von der Heilung des Gelähmten, von dem schon im

vorhergehenden Markus-Kapitel die Rede war, liefert dafür ein Beispiel. Bei Lukas sind folgende Vorbereitungen für die Heilung nötig:

... stiegen sie aufs Dach, deckten die Ziegel ab und ließen ihn auf seiner Tragbahre in die Mitte des Raumes hinunter ... (Lk. 5,19)

Ziegel vom Dach abzudecken, das war bestimmt nicht nötig, denn Dachziegel gab es zwar in Rom und Athen, in Galiläa aber waren die Häuser primitive Einraum-Vierecke aus luftgetrockneten Ziegeln, deren »Dach« aus einer einfachen Abdeckung mit Balken und Schilfrohr bestand. Die Balken wurden über die vier Wände gelegt und die Ritzen mit Schilfrohr und Werg ausgestopft sowie mit Lehm verschmiert.

Auch bei Zeitangaben hält sich der Lukas-Autor an die griechische Wochentagsbezeichnung, wenn er schreibt: »Am zweiten Tag kam Jesus nach Kapernaum.«

Das heißt nicht etwa, daß Jesus zwei Tage unterwegs war, sondern damit ist ein Montag gemeint, der auch heute noch im Griechischen und im Portugiesischen »zweiter Tag«, »segunda feira« heißt, und die anderen Wochentage zählen entsprechend weiter bis zum »sexta feira«, zum Freitag.

Wie gut sich dieser Autor in griechischen Gebräuchen auskannte, beweist sein Bericht von der Sünderin, die Jesus salbte:

Sie trat von hinten an ihn heran. Dabei weinte sie, und ihre Tränen fielen auf seine Füße. (Lk. 7,38)

Wie war das möglich? Es war kein akrobatisches Kunststück, sondern für den Lukas-Autor stand fest – und die Einheitsübersetzung schreibt es auch –, daß sich Jesus nach griechischer Sitte zum Essen hinlegte und nicht setzte oder hockte!

Gelegentlich geht Lukas sogar so weit, daß er seinen Personen Gerätschaften in die Hand gibt, die zwar bei den Griechen zu den täglichen Gebrauchsgegenständen gehörten, die aber in Palästina Luxusartikel waren. So, wenn es in einem Bericht von der Geburt Johannes' des Täufers heißt:

Er [Zacharias] verlangte ein Schreibtäfelchen und schrieb zum Erstaunen aller darauf: Sein Name ist Johannes. (Lk. 1,63)

Solche Schreibtäfelchen kann man fast in jedem archäologischen Museum besichtigen: Es waren aufklappbare Holzrahmen, die mit Wachs ausgefüllt wurden. In das Wachs ritzte man mit einem Griffel seine Notizen; brauchte man sie nicht mehr, strich man das Wachs glatt und hatte wieder eine freie Fläche für die nächste Niederschrift. So selbstverständlich, wie wir heute besprochene Tonbänder löschen. Aber daß der Vater des »Täufers« ein solches Täfelchen besaß, ist mehr als zweifelhaft.

Der Verfasser des Evangeliums nach Lukas kannte die Evangelien nach Markus und Matthäus, scheint aber mit ihnen nicht immer einer Meinung gewesen zu sein. Oft formuliert er deren Jesus-Zitate verständlicher, meist nimmt er ihnen die Ecken und Kanten, macht sie gefälliger. Wenn es bei Markus und Matthäus heißt: »Ich bin nicht gekommen, Gerechte zu berufen, sondern Sünder«, dann genügt das Lukas nicht, er fügt eine Erklärung hinzu, wieso Jesus sich mit Sündern abgab, nämlich: ». . . damit sie umkehren.«

Für die übertriebene Auslegung des Arbeitsverbots am Sabbat steht in diesem Evangelium ein auch Heiden einleuchtendes Beispiel: Jesus heilte eine verkrümmte Frau am Sabbat in der Synagoge, was der Synagogen-Vorsteher als Bruch des Moses-Gesetzes auslegte. Mit solch hanebüchener, engstirniger Auslegung des Sabbat-Arbeitsverbots waren auch Heiden von dessen Unsinnigkeit zu überzeugen.

Allerdings – viel geändert hat sich seit Jesu Tagen in Israel offenbar nicht, wie eine Meldung der Nachrichtenagentur Reuter vom 1. September 1986 beweist: In einem Kibbuz wurde am Sabbat ein Flohmarkt abgehalten. Finanzbeamte überprüften auf diesem Basar in Nir Eliahu, ob die Verkäufer auch Rechnungen schrieben und ihre Einnahmen verzeichneten. Der zuständige Rabbiner verurteilte Händler wie Prüfer, weil beide den heiligen Tag durch Arbeit entweihten.

Ausgerechnet in diesem so sorgfältig geschriebenen Evangelium steht jener Satz, der im Laufe der Jahrhunderte so schrecklich mißverstanden wurde . . . Im Gleichnis über die Gäste des Festmahls sagt Jesus:

»Dann geh auf die Landstraßen und vor die Stadt hinaus und nötige die Leute zu kommen, damit mein Haus voll wird.« (Lk. 14,23)

Die Kirche sah in Jesus den Gastgeber, der die Menschen nötigt (!), an den Tisch seiner Lehre zu kommen – und daraus wurde die Rechtfertigung für eine Heidenmission mit Feuer und Schwert abgeleitet.

39 Gleichnisse werden im Neuen Testament erzählt. Fast die Hälfte,

siebzehn, stehen im Evangelium nach Lukas. Zu diesen siebzehn gehören die drei bekanntesten: das Gleichnis vom armen Lazarus, das Gleichnis vom verlorenen Sohn, das Gleichnis vom barmherzigen Samariter. Letzteres vor allem betont eine Eigenschaft Jesu, die diesem Evangelien-Verfasser wichtiger war als alle anderen – seine Barmherzigkeit. Außerdem gehört das Gleichnis zu dem Besten, was es in der Weltprosa an scheinbar so einfachen Erzählungen gibt.

Schon die Eröffnung verrät Könnerschaft. Jesus erzählt dieses Gleichnis einem Mann, der von Berufs wegen die Gesetze des Alten Testaments auslegt, und er erzählt es nicht aus freien Stücken, sondern auf dessen Frage: »Wer ist mein Nächster?«

Diese Frage wird nicht aus theoretischem Interesse an Jesus gerichtet, sondern die Antwort darauf war für gläubige Juden vorgefertigt. Sie mußte lauten: Nur ein gläubiger Jude kann mein Nächster sein.

Die Schriftgelehrten aber wußten, daß Jesus seine Lehre nicht nur auf Juden beschränkt sehen wollte – also mußte er ihrer Meinung nach antworten: Jeder Mensch in Not ist mein Nächster. Mit dieser Antwort aber hätte er gegen das Gesetz verstoßen. Die Frage war eine Falle. Jesus merkt das und kleidet seine Antwort in das Gleichnis vom barmherzigen Samariter.

Daß er ausgerechnet einen Bewohner von Samaria wählt, war wohl-überlegt. Für die Juden galten die Samariter – wie erwähnt – als unrein, und die Samariter wiederum waren gegenüber Jerusalem-Pilgern besonders feindselig eingestellt.

Dieser Samariter tut das, was ein jüdischer Priester und ein Levit, die ebenfalls vorbeikommen, nicht tun – er hilft einem Mann, der unter die Räuber gefallen war.

Das ist gekonnt aufgebaut und psychologisch ausgefeilt, doch das ist nur literarische Verpackung. Die eigentliche Pointe steckt in der Formulierung der Frage, die Jesus dem Gesetzeslehrer stellt. Statt zu fragen: »Wer war wem der Nächste?«, fragt er genau umgekehrt: »Wer von diesen dreien hat sich als der Nächste dessen erwiesen, der von den Räubern überfallen wurde?«

Mit der Formulierung »als der Nächste dessen erwiesen« zwingt er sei-nen Gesprächspartner, die eigentliche Frage dieses Gleichnisses (»Was ist Nächstenliebe?«) aus der richtigen Perspektive zu beantworten. Denn Nächstenliebe, die fragt: »Wer ist mein Nächster?«, ist keine! »Wem bin ich der Nächste?« muß die Frage lauten. Genau diese stellt Jesus. Und der Schriftgelehrte muß – wahrscheinlich zähneknirschend – zugeben: »Der,

der barmherzig war und ihm geholfen hat!« Ein literarisches und ein psychologisches Meisterstück. Zwei Randbemerkungen zu diesem Gleichnis:

Erstens: Auf Seite 205 war zu lesen, daß jeder gläubige Jude nach Jerusalem hinauf- oder von Jerusalem herabging, weil für ihn die Stadt Davids immer oben lag. In dieser Erzählung allerdings stimmt das Wort »hinab von Jerusalem« auch geographisch: Jerusalem liegt 790 Meter über, Jericho 250 unter dem Meeresspiegel.

Zweitens: Der Samariter gießt Öl und Wein auf die Wunden des Überfallenen. Ein probates Hausmittel damals, weil es das Blut stillte und das Wundbett desinfizierte. Zum Waschen benützte man übrigens ebenfalls Olivenöl, mit Asche vermischt.

Die schriftstellerische Qualität dieses Verfassers zeigt sich auch bei dem Versuch, seinen griechischen Lesern die leibliche Auferstehung verständlich zu machen. Für Griechen lag dies so weit außerhalb ihrer Vorstellungswelt, daß es eigentlich eine unlösbare Aufgabe war. Doch der Lukas-Autor fand einen Weg, er ließ den auferstandenen Jesus aussprechen, was den Griechen unvorstellbar war:

»Faßt mich doch an und begreift: Kein Geist hat Fleisch und Knochen, wie ihr es bei mir seht.« Bei diesen Worten zeigte er ihnen seine Hände und Füße.

(Lk. 24,39)

Nach so glänzenden literarischen Sequenzen erwartet man einen Schluß, der alles noch einmal anhebt. Doch der kommt nicht. Der Schlußsatz bleibt glanzlos:

»Und sie [die Jünger] waren immer im Tempel und priesen Gott.«

(Lk. 24,53)

Das fällt ab, das ist kein Abschluß. Der Satz war auch nie als Ende gedacht! Der Verfasser hatte vom ersten Satz an ein zweiteiliges Werk geplant: seinen Bericht über Jesus als ersten Teil und als zweiten die »Apostelgeschichte«, jenes Manuskript, in dessen Mittelpunkt das Wirken der Apostel, besonders des Petrus in der jüdischen und des Paulus in der hellenistischen Welt, steht.

Machen Sie die Probe aufs Exempel, überblättern Sie das »Evangelium nach Johannes«, überspringen Sie auch das kurze Vorwort der »Apostelgeschichte«, und lesen Sie deren Anfangssätze, dann wird deutlich, daß sie unmittelbar an die letzten Worte des auferstandenen Jesus aus dem »Evangelium nach Lukas« anknüpfen.

Ein »Apostel« ist ein »Gesandter«. Den Begriff gab es auch außerhalb des Neuen Testaments. Für die jungen Gemeinden waren die Besuche der Apostel von großer Wichtigkeit. Sie waren schließlich die ersten und lange Zeit die einzigen, die die Lehre Jesu verbreiteten – die Evangelien wurden erst später geschrieben.

Die Frage, die diesen Männern immer wieder gestellt wurde, lautete: Wo bleibt der Heiland, der Christus, der Messias, er hat doch seine Rückkehr angekündigt?! Darauf eine überzeugende Antwort zu geben war die Aufgabe der Apostel auf ihren Missionsreisen.

Was sie dazu zu sagen hatten, wurde von dem Autor, der vielleicht Lukas hieß, in seiner »Apostelgeschichte« zusammengefaßt und den Gemeinden zugestellt. Eine Zweckschrift also. Auch sie, wie alle Schriften dieser Art, geschönt, auf positiv eingefärbt. So brav und so harmonisch, so selbstlos und hilfsbereit ging es sicher nicht in allen frühchristlichen Gemeinden zu. Edelmut schimmert durch jede Zeile, liest man:

Und alle, die gläubig geworden waren, bildeten eine Gemeinschaft und hatten alles gemeinsam. Sie verkauften Hab und Gut und gaben davon allen, jedem so viel, wie er nötig hatte. (AG 2,44-45)

Noch deutlicher wird der Verfasser an anderer Stelle:

Die Gemeinde der Gläubigen war ein Herz und eine Seele. Keiner nannte etwas von dem, was er hatte, sein Eigentum, sondern sie hatten alles gemeinsam. (AG 4,32)

Wenn diese Angaben wirklich stimmen, dann haben die frühen Christen den Kommunismus perfekt praktiziert. Zum einzigen Male in der Weltgeschichte hätte er dann bei ihnen funktioniert. An anderen Stellen aber schwimmt sich der Autor aus dem idealisierenden Fahrwasser frei, und seine Bemerkungen zeigen, wie stark sich in seinem Bericht die Wirklichkeit den Wunschvorstellungen unterordnen mußte. – Hier ist eine solche Bemerkung:

. . . begehrten die Hellenisten gegen die Hebräer auf, weil ihre Witwen bei der täglichen Versorgung übersehen wurden. (AG 6,1)

Also auch hier Reibereien, Bevorzugung von Freunden und Lücken im Verteilersystem. Es kann ja auch gar nicht anders gewesen sein: Die frühen Christen mögen durch ihren Glauben an Jesus Christus bessere Menschen geworden sein – vollkommene wurden sie deshalb nicht.

Ob Lukas auch der »geliebte Arzt« war, von dem Paulus in seinen Briefen spricht, ist nicht verbürgt. Zwar beschreibt Lukas in seiner »Apostelgeschichte« einige Reisen des Paulus so, als sei er dabeigewesen (»Wir kamen nach...«), andere, als kenne er sie nur vom Hörensagen (»Sie kamen nach...«), doch besagt dies wenig, da sich viele zeitgenössische Autoren des Wechsels von der ersten in die dritte Person in ihren Erzählungen bedienten.

Viele Details erzählt der Autor der »Apostelgeschichte«, aber die ungleich wichtigeren Briefe des Paulus an die Gemeinden erwähnt er mit keinem Wort. Möglicherweise kannte er sie nicht. Die »Apostelgeschichte« endet im Jahre 60 (oder 62) mit der Gefangenschaft des Paulus in Rom. Von dessen Märtyrertod zusammen mit dem Apostel Andreas berichtet die »Apostelgeschichte« nicht. Möglicherweise gehört auch dieser Tod, wie so vieles aus frühchristlicher Zeit, ins Reich frommer Legenden.

Legenden, Hypothesen, Vermutungen. Was bleibt, ist ein blendend geschriebenes Manuskript – gleichviel, von wem. Halten wir es doch auch bei diesem und den anderen Evangelien-Manuskripten mit George Bernard Shaw, der den Streit, wer Shakespeares Werke geschrieben habe, mit der listigen Antwort beendete: »Shakespeares Werke sind nicht von ihm, sondern von einem unbekannten Dichter gleichen Namens.«

IM ANFANG WAR DAS WORT, UND DAS WORT WAR BEI GOTT,
UND DAS WORT WAR GOTT.
(Joh. 1,1)

Das Evangelium nach Johannes

Wie Donnerschläge, deren Herkunft nicht zu orten ist, stehen die oben
zitierten Worte am Anfang des Johannes-Evangeliums. Es steht in dem
Ruf, das griechischste, das tiefsinnigste, das am schwierigsten zu verste-
hende Evangelium zu sein. Doch das stimmt nicht.

Es ist lediglich anders als die anderen drei »Frohen Botschaften«. Schon
der Anfangssatz beweist dies. Im Alltagsdeutsch besagt er: Am Anfang,
bevor die Welt geschaffen wurde, war schon das Wort bei Gott. Ersetzt
man nun »Wort« durch »Weisheit«, wird es vollends klar: Gottes Weisheit
ist es, die Leben schafft.

Man muß nicht zu Füßen griechischer Philosophen gesessen haben, um
solche Gedanken formulieren zu können. Dazu genügt die Kenntnis des
Alten Testaments. Denn dort steht bereits: »Im Anfang schuf Gott den
Himmel und die Erde.« Gott und die Weisheit des Wortes waren also da,
bevor es Himmel und Erde gab.

Der Johannes-Autor kannte sein Altes Testament. Besser als die drei
anderen »synoptischen« (vergleichbaren) Evangelisten. Wahrscheinlich
hat er deren Texte nie gelesen.

Zeitlich können wir dieses Evangelium durch neue Manuskriptfunde
ziemlich genau einordnen: Von ihm existieren die ältesten Abschriften.
Bereits im Jahre 125 war es in Ägypten bekannt, und fünfzig Jahre später
kursierten Abschriften in Karthago, Smyrna und sogar in Lyon. Demnach
muß es Ende der neunziger Jahre entstanden sein – wesentlich früher, als
man bis zu diesen Funden vermutet hatte.

Unbekannt jedoch blieben bis heute sein Entstehungsort und sein Verfasser. Bibelfeste Leser werden sofort einwenden, daß dieses Evangelium
doch vom Jünger Johannes geschrieben wurde, denn mehrmals wird im
Text darauf hingewiesen, daß es sich hier um den Augenzeugenbericht
eines Jüngers handelt:

Und der, der es geschrieben, hat es bezeugt, und sein Zeugnis ist wahr.

(Joh. 19,35)

Auch die Herausgeberbemerkung am Schluß des Evangeliums unterstreicht das:

Dieser Jünger ist es, der all das bezeugt, der es aufgeschrieben hat; und wir wissen, daß sein Zeugnis wahr ist. (Joh. 21,24)

Es stimmt: Augenzeugenschaft wird hier bestätigt, aber nirgendwo die des Verfassers! Der schreibt lediglich, daß er seine Informationen von Augenzeugen, vielleicht sogar vom Jünger Johannes, gehört hat. Mehr nicht.

Übrigens: Auch die Vorstellung, daß Johannes jener Jünger war, von dem es heißt, daß Jesus ihn besonders liebte, wird im Evangelientext nicht bestätigt. Dies ist nur eine Vermutung, von vielen Bildern gestützt, die den schlafenden Johannes an Jesu Brust zeigen.

Daß der unbekannte Autor viel enger mit der alttestamentarischen Tradition verknüpft ist, als vor einigen Jahrzehnten angenommen wurde, brachte die Entzifferung der Schriftrollen von Qumran ans Licht. Die griechische Geistigkeit, die lange Zeit diesem Evangelium nachgerühmt wurde, entpuppte sich als Essener-Lehre. An vielen Stellen enthält dieser Text Formulierungen, wie sie auch in den Qumran-Schriften verwendet wurden; und auch für Johannes den Täufer hat der Verfasser dieses Evangeliums größere Sympathien als die anderen drei Evangelisten.

Der philosophische Hintergrund dieses Evangeliums entspricht dem, den wir aus den Schriftrollen kennen. Immer wieder wird das Duell »Licht gegen Finsternis«, »Wahrheit gegen Lüge« beschworen, eben der große Dualismus der Essener-Lehre. Wer nach Jerusalem kommt, kann sich von der geographischen Genauigkeit dieses Evangeliums überzeugen. An einer Stelle heißt es:

In Jerusalem gibt es beim Schaftor einen Teich, zu dem fünf Säulenhallen gehören; dieser Teich heißt auf hebräisch Betesda. (Joh. 5,2)

Betesda oder Betzda bedeutet »Haus der Gnade«, »Haus der Barmherzigkeit«, es war die übliche Bezeichnung für ein Krankenhaus.

Diesen Teich und die Ruinen der fünf Säulenhallen haben Archäologen ausgegraben. Je eine war an den vier Seiten, die fünfte teilte den Teich, der eine Badeanlage war, in zwei Teile. Es handelte sich dabei nicht um ein Planschbecken, sondern die Anlage hatte respektable Ausmaße, etwa 90 Meter lang und etwa 60 Meter breit – vergleichbar mit heutigen größeren öffentlichen Badeanstalten. Das Wasser galt als heilkräftig, und die Anlage wurde von Römern wie Juden benutzt.

Die Sonderstellung dieses Evangeliums beruht jedoch nicht auf präzisen geographischen Angaben, sondern auf dem Prinzip des Autors, allen Ereignissen, von denen er berichtet, einen Symbolwert zu geben.

Bereits die Anzahl der in diesen Text aufgenommenen Wunder ist Symbol. Es sind – wie könnte es anders sein – sieben, die Zahl der Vollkommenheit. Diese Wunder werden nicht als spektakuläre Sensationen, sondern als »Zeichen« erzählt. Als Zeichen für die Gottessohnschaft Jesu. Dafür »Zeugnis abzulegen« – einer der Lieblingsausdrücke des Johannes-Autors – ist ihm wichtiger als alles andere. In diesem Evangelium steht das klarste, eindeutigste Bekenntnis zur göttlichen Herkunft Jesu:

Und das Wort ist Fleisch geworden und hat unter uns gewohnt.

(Joh. 1,14)

Auf welche Weise in diesem Evangelium die Wunder Symbolwert erhalten, zeigen die folgenden Beispiele:

o Bei der Hochzeit zu Kana verwandelt Jesus Wasser in Wein. Symbolische Bedeutung: Auch das Leben wird durch die Lehre Jesu verwandelt, veredelt.

o Ein Lahmer kann wieder gehen, ein Blinder durch Jesus wieder sehen. Symbolische Bedeutung: Durch die Lehre Jesu können die Menschen zu Gott gehen und Gott erkennen.

o Lazarus wird von Jesus wieder zum Leben erweckt. Symbolische Bedeutung: Jesus weiß, daß er um den Preis seines eigenen Todes neues Leben schenkt.

Selbst der Tod am Kreuz wird für den Johannes-Verfasser zum Symbol. Keine Sonnenfinsternis, keine Tempelvorhänge, die zerreißen wie bei den anderen Evangelisten. Bei ihm stirbt Jesus im strahlenden Mittagssonnenschein – Symbol seines Sieges gegen jene Finsternis, die schon bei den Essenern als ewiger Widerpart des Lichts eine so wesentliche Rolle spielte.

Wunder als Zeichen, Zeichen als Symbole, Symbole als Beweise dafür, daß der, der sie vollbrachte, der erwartete Messias war. So etwa ist die logische Gedankenfolge in diesem Evangelium aufgebaut. Damit an der Gleichung Jesus = Messias keine Zweifel aufkommen, gibt es für jedes der sieben Wunder im »Evangelium nach Johannes« Bezugsstellen im Alten Testament, die von der Ankündigung des Messias handeln und auf die der Verfasser ausdrücklich hinweist.

So hat die Speisung der fünftausend ihren Vorläufertext beim Propheten Jesaja:

»Der Herr der Herren wird auf diesem Berg für alle Völker ein Festmahl geben mit den feinsten Speisen, ein Gelage mit erlesenen Weinen...«

(Jes. 25,6)

Auch die Heilung von Blinden und Tauben durch den Messias ist bei Jesaja angekündigt.

»Dann werden die Augen der Blinden geöffnet, auch die Ohren der Tauben sind wieder offen.« (Jes. 35,5)

Und so geht es von Zeichen zu Zeichen weiter. Selbst ein Hinweis bei der Kreuzigung wird zu einem Zeichen:

Sie [die Soldaten] nahmen auch sein Untergewand, das von oben her ganz durchgewebt und ohne Naht war. (Joh. 19,23)

Einige Bibelexegeten deuten dies als Symbol für die priesterliche Stellung des Gekreuzigten, denn das Obergewand der Hohenpriester mußte ohne Naht sein.

Verständlich, daß bei so vielen vorgefertigten Interpretationen das Johannes-Evangelium bei Theologen besonders geschätzt ist. Es nimmt ihnen viel Arbeit ab. Martin Luther stellte es sogar über die anderen drei: »Weil nu Johannes gar wenig Werk von Christo, aber gar viel seiner Predigt schreibt, wiederumb die anderen drei Evangelisten viel seiner Werk, wenig seiner Wort beschreiben ist Johannes Evangelion das einzig zarte, rechte Häupteevangelion, und den anderen drei weit, weit furzuziehen und hoher zu heben.«

Literarisch aber kann der Johannes-Autor dem des Lukas-Evangeliums nicht das Wasser reichen. Sein Wortschatz ist begrenzt, seine Wirkung erzielt er durch Wiederholungen; und um seine Interpretationen anzubringen, greift er zu einem recht simplen stilistischen Hilfsmittel: Er stellt die Jünger als begriffsstutzig dar, die nicht verstehen, was Jesus sagt, so daß dieser zu Erklärungen ausholen muß. In diesem Evangelium machen die Jünger keine gute Figur.

Eines jedoch wird mit jeder Zeile klar: Dieser Autor kannte sich in jüdischen Gebräuchen besser aus als die anderen drei. So berichtet er:

Es standen dort sechs steinerne Wasserkrüge, wie es der Reinigungsvorschrift der Juden entsprach; jeder faßte ungefähr hundert Liter. (Joh. 5,6)

Große Krüge also – in alten Übersetzungen wird ihr Volumen noch mit »zwei oder drei Bath« angegeben, die Einheitsübersetzung hat dies gleich durch den heutigen Begriff veranschaulicht.

Wozu aber der Hinweis, daß es Steinkrüge waren? Weil für die rituellen Waschungen das Wasser in steinerne Krüge gefüllt werden mußte! Die üblichen porösen Tonkrüge hätten nie so gesäubert werden können, daß sie im religiösen Sinne »rein« gewesen wären.

Das uns unverständlichste Ereignis in diesem Evangelium steht im 1. Kapitel, und nicht von ungefähr spielt dabei wieder der Feigenbaum eine entscheidende Rolle.

Dies geschieht: Jesus hat eben die ersten Jünger ausgewählt, als einer von ihnen, Philippus, einen weiteren namens Natanael überzeugen will, daß dieser Jesus jener ist,

». . . über den Mose im Gesetz und die Propheten geschrieben haben: Jesus aus Nazaret, der Sohn Josefs.« (Joh. 1,45)

Doch Natanael bleibt skeptisch:

»Aus Nazaret? Kann von dort etwas Gutes kommen?« (Joh. 1,46)

Schließlich schaut er sich doch diesen Mann aus Nazaret näher an. Jesus begrüßt ihn mit dem Satz:

»Schon bevor dich Philippus rief, habe ich dich unter dem Feigenbaum gesehen.« (Joh. 1,48)

Seltsame Begrüßung, zugegeben, aber warum soll Jesus ihn nicht schon aus der Ferne im Schatten eines Feigenbaumes gesehen haben? Nichts Ungewöhnliches also. Überraschend ist nur die Reaktion des Natanael auf diese einfache Feststellung. Er antwortet verblüfft:

»Rabbi, du bist der Sohn Gottes, du bist der König von Israel.«

(Joh. 1,49)

Für diese eigenartige Antwort gibt es viele Erklärungen, zwei davon werden vorzugsweise in Bibelkommentaren angeboten:

Erste Erklärung: Natanael ist von Jesu hellseherischen Fähigkeiten so überrascht, daß er zu diesem Ausruf kommt. Dieser Auslegung scheinen auch die Einheitsübersetzer zu folgen. Dafür spricht die Formulierung: ». . . unter dem Feigenbaum *gesehen*.«

Für die zweite Deutung spricht die Übersetzung der Zürcher Bibel: ». . . sah ich dich, wie du unter dem Feigenbaum *warst*.«

Um zu verstehen, was damit gemeint ist, sind zwei Worte in diesem Satz wichtig! Erstens: Jesus sagt nicht »unter *einem* Feigenbaum«, sondern »unter *dem* Feigenbaum«. Zweitens: Jesus sagt eben nicht »gesessen bist«, sondern »warst«. »Unter dem Feigenbaum sein« aber bedeutete für Rabbiner die Umschreibung für »die Tora studieren« (erinnern Sie sich, was über den verdorrten Feigenbaum und seine Bedeutung auf Seite 311 gesagt wurde?). Was Jesus mit seinem Satz meinte, war: »Ich weiß, du kennst dich im Gesetz und bei den Propheten aus.« Und die Antwort des Natanael bedeutet: »Ja, und deshalb glaube ich, daß du der Messias bist.« So erst, finde ich, trägt dieser »literarische Feigenbaum« Früchte. Jesus als Hellseher – das paßt weder zu ihm noch zu diesem Evangelium, dem einzigen, in dem Jesus schreibt!

Jesus aber bückte sich und schrieb mit dem Finger auf die Erde . . . Und er bückte sich wieder und schrieb auf die Erde. (Joh. 8,6–8)

Weder wissen wir, was er schrieb, noch, was der Johannes-Autor mit dieser Geste ausdrücken wollte.

Über eine andere Stelle in diesem Evangelium sind Generationen von Bibellesern gestolpert, erst die Einheitsübersetzung hat dem durch eine neue Eindeutschung ein Ende gemacht. Jetzt liest sich der Hinweis auf den Verrat eines der Jünger so:

»Einer, der mein Brot aß, hat mich hintergangen.« (Joh. 13,18)

Dieser Jesus-Satz ist ein Zitat, einer der vielen Messias-Hinweise im Alten Testament. Er steht im 41. Psalm. In dieser Formulierung ist klar, was Jesus meint, aber in älteren Bibelausgaben lautete der Satz so:

»Der mein Brot ißt, hat seine Ferse wider mich erhoben.«

So hieß damals auch die letzte Zeile des 10. Verses im 41. Psalm.

Inzwischen fanden Textforscher heraus, daß »die Ferse erheben« eine hebräische Umschreibung für »hintergehen« ist!

Damit wäre Licht in eine Bibelstelle mehr gebracht. Wäre! Wenn nicht die Einheitsübersetzung im 41. Psalm weder »Ferse erheben« noch »hintergangen« schriebe, sondern »hat gegen mich geprahlt«. Da haben wohl zu viele Köche an der Übersetzung gekocht.

Selbst der Fußwaschung – eine hygienische Notwendigkeit in einer Zeit, da man Sandalen trug oder barfuß ging – gewinnt der Johannes-Autor symbolische Perspektiven ab. Wenn Jesus seinen Jüngern die Füße wäscht, dann als Symbol, daß, »wer sich selbst erniedrigt, erhöht werden wird«, wie es beim Propheten Ezechiel steht. Fußwaschen war eigentlich Sklavenarbeit, deshalb sträubt sich ja auch Petrus: »Nimmermehr sollst du mir die Füße waschen!« Doch Jesus tut es.

In einem anderen Johannes-Bericht werden Jesus die Füße von Maria von Bethanien gewaschen. (Diese Szene ist also nicht identisch mit der Fußwaschung durch die Sünderin, wie sie bei Lukas steht.) Diese Maria wäscht Jesus nicht die Füße, sondern salbt sie, wie es unter Vornehmen üblich war:

Da nahm Maria ein Pfund echtes, kostbares Nardenöl, salbte Jesus die Füße und trocknete sie mit ihrem Haar. Das Haus wurde vom Duft des Öls erfüllt.

(Joh. 12,3)

Indische Narde war einer der kostbarsten Duftstoffe in der Antike, und auch heute noch liefert eine Abart der deutschen Narde ein klassisches Parfüm: Lavendel. Der Preis dieses Nardenöls unterschied sich kaum von dem, den wir heute für Duftwasser zahlen müssen. Judas, der die Kasse der Jünger verwaltete, kannte ihn, denn er klagt:

»Warum hat man dieses Öl nicht für dreihundert Denare verkauft und den Erlös den Armen gegeben?«

(Joh. 12,5)

Jesus gibt darauf eine Antwort, die nur aus seiner Todesahnung heraus zu verstehen ist:

»Die Armen habt ihr immer bei euch; mich aber habt ihr nicht immer bei euch.«

(Joh. 12,8)

Wenn Judas – woher eigentlich? – den richtigen Preis für Nardensalbe kannte und seine Angaben stimmen, dann war sie ungewöhnlich teuer. Denn zur Zeit Jesu war der Denar eine römische Silbermünze, die 4,55 Gramm wog und einen Wert von etwa 1,50 D-Mark hatte. Ein Pfund Nardenöl kostete also die enorme Summe von 450 D-Mark! Unvorstellbar teuer für damalige Zeiten. Aber es kommt noch ärger! Ein Pfund wog damals nur 325 Gramm. Rund gerechnet kostete also ein Gramm Nardenöl 15 D-Mark.

Kosmetikpreise haben sich demnach immer schon in höheren Regionen bewegt. Bei Arzneien war das anders, wie aus der Beschreibung einer Wunderheilung hervorgeht:

Als er dies gesagt hatte, spuckte er auf die Erde, dann machte er mit dem Speichel einen Teig, strich ihn dem Blinden auf die Augen ...

(Joh. 9,6)

Nichts Ungewöhnliches, Speichel und Lehmpackungen waren gängige Naturheilmittel. Ungewöhnlich war höchstens der rasche Erfolg dieser Wunderheilung. Ein Erfolg, der den Eltern des Geheilten Angst einjagte:

... denn die Juden hatten schon beschlossen, jeden, der ihn [Jesus] als Messias bekenne, aus der Synagoge auszustoßen. (Joh. 9,22)

Hier aber irrt der Johannes-Autor! Oder richtiger: Hier hat er eine Rechtsprechung, die erst zu seinen Lebzeiten aufkam, auf die Zeit Jesu zurückprojiziert. Doch damals – und auch noch zu des Paulus Zeiten – gab es keine »Exkommunizierung« für die Anhänger des Jesus aus Nazaret.

Zwei Textstellen dieses Evangeliums – das ergaben Stilanalysen und Wortvergleiche – stammen mit Sicherheit von anderen Verfassern als der übrige Text. Die eine ist die Begegnung Jesu mit der Ehebrecherin, die nach dem Gesetz, da auf frischer Tat ertappt, hätte gesteinigt werden·müssen und die dieser Strafe nur entgeht, weil Jesus die Pharisäer mit der berühmten Aufforderung verwirrt:

»Wer von euch ohne Sünde ist, werfe als erster einen Stein auf sie.«

(Joh. 8,7)

Nach Inhalt und Stil gehört diese Erzählung mehr zu dem gleichnisfreudigen Lukas, und tatsächlich steht sie in alten Bibelausgaben auch dort, nämlich unter Lukas 21,38.

Nicht vom Autor des Johannes-Evangeliums ist außerdem das gesamte 21. Kapitel, in dem das Wiedersehen der Jünger mit dem auferstandenen Jesus beschrieben ist. Der ursprüngliche Text dieses Evangeliums schloß mit der klaren Aussage:

... damit ihr durch den Glauben das Leben habt in seinem Namen.

(Joh. 20,31)

Gegen die Kraft dieser Formulierung fällt der jetzige Schlußsatz des Nachtrages in seiner banalen Hilflosigkeit ab:

Es gibt aber noch vieles andere, was Jesus getan hat. Wenn man alles aufschreiben wollte, so könnte, wie ich glaube, die ganze Welt die Bücher nicht fassen, die man schreiben müßte. (Joh. 21,25)

DIE SIEBEN STERNE SIND DIE ENGEL DER SIEBEN GEMEINDEN,
UND DIE SIEBEN LEUCHTER SIND DIE SIEBEN GEMEINDEN.
(Offb. 1,20)

Die Offenbarung des Johannes

Kein Zweifel mehr: Dieses letzte und seltsamste Buch des Neuen Testaments kann weder vom Jünger Johannes noch vom Verfasser des Johannes-Evangeliums geschrieben worden sein. Sein Verfasser hieß offensichtlich tatsächlich Johannes und schrieb seine »Offenbarung« auf der Insel Patmos am Eingang der Ägäis zwischen den Küsten Kleinasiens und Griechenlands. Dorthin war er etwa um 95 n. Chr. durch den Kaiser Domitian wegen seines Glaubens verbannt worden. Dieser römische Kaiser wollte allen Völkern seines Reiches die Anbetung des Kaisers als Gott aufzwingen.

Die »Offenbarung« ist das einzige apokalyptische Buch des Neuen Testaments. In der Literatur seiner Zeit aber war es eines von vielen.

Sprechen wir heute von Apokalypse oder von apokalyptisch, dann wollen wir damit Weltuntergang und Weltuntergangsstimmung ausdrükken. Doch das griechische Wort »apokályptein« bedeutet nicht »untergehen«, sondern »offenbaren«. Und offenbart soll in dieser Schrift werden, was Christen beim Ende der Welt bevorsteht und wie sie sich darauf vorbereiten können.

Nimmt man die Schilderung des Autors wörtlich, dann entstand das Buch auf höchst ungewöhnliche Weise. Er behauptet, ein Engel habe ihm ein kleines Buch gegeben, mit dem Befehl:

»Nimm und iß es! In deinem Magen wird es bitter sein, in deinem Mund aber süß wie Honig.« (Offb. 10,9)

Er habe, schreibt der Autor, diesen Befehl ausgeführt. Nun kennen wir zwar den Ausdruck »einen Schmöker verschlingen« – aber keiner wird glauben, daß jemand ein Buch Seite für Seite wirklich ißt. Auch im Falle jenes Johannes glauben die Altphilologen, daß das »Essen« eine Umschreibung ist, mit der er sagen wollte, er habe die Gedanken eines bereits existierenden Buches verdaut, mit seinen Gedanken angereichert und neu formuliert. Inzwischen wissen wir, daß tatsächlich in der »Offenbarung« zwei Schriften zu einer verarbeitet wurden.

Aber dieses »Bücheressen« weist noch in eine andere Richtung, nämlich ins Alte Testament. Genauer zum Propheten Ezechiel, der bereits ähnliches formuliert hatte:

»Iß diese [Schrift-]Rolle! . . . Ich aß sie, und sie wurde in meinem Mund süß wie Honig.« (Ez. 3,1–3)

So wie mit der Deutung des Bücheressens geht es einem beim Lesen der Offenbarung an vielen Stellen. Eben glaubt man, den Sinn erahnt zu haben, bietet sich schon eine weitere Deutung an. Die Offenbarung ist im doppelten Sinn ein »Buch mit sieben Siegeln«.

Erstens heißt sein Hauptteil »Das Buch mit sieben Siegeln«, und zweitens spielt die Sieben, die Zahl der Vollkommenheit, in ihm eine gewichtige Rolle. Sieben Gemeinden werden angeschrieben, sieben Engel blasen Posaunen, sieben Tonschalen werden ausgegossen, sieben Leuchter angezündet. Die Zahlensymbolik feiert in der Offenbarung Triumphe. Vieles bleibt uns verschlossen, weil nicht mehr nachvollziehbar.

Über die Unterschiede in der Zahlengläubigkeit hat George Bernard Shaw in seiner Schrift »Über das Christentum« gesagt, was dazu zu sagen ist: »Für uns trägt die Zahl Sieben den Stempel des Aberglaubens. Wir wollen an nichts glauben als an Millionen. Ein mittelalterlicher Arzt gewann das Vertrauen seines Patienten, weil er ihm sagte, daß seine Organe von sieben Würmern verzehrt würden. Eine solche Diagnose würde einen modernen Arzt ruinieren. Der moderne Arzt sagt seinem Patienten, er sei krank, weil in jedem Tropfen seines Blutes Millionen Mikroben schwärmten, und der Patient glaubt ihm unterwürfig und augenblicklich.« Wie wahr, wie wahr!

In der »Offenbarung« machen Zahlensymbole, Farbdeutungen und Namensmystik die verschiedenen Visionen so dunkel, so vieldeutig, so – sagen wir es frei heraus – unverständlich, daß man den Titel »Buch mit sieben Siegeln« für alle Bücher übernommen hat, deren Aussage nicht oder nur schwer zu begreifen ist. Goethe hat diesen Ausdruck im »Faust« sogar im übertragenen Sinne verwendet: »Mein Freund, die Zeiten der Vergangenheit sind uns ein Buch mit sieben Siegeln.« Die Ostkirche hat denn auch lange gezögert, bevor sie diese apokalyptische Schrift, die obendrein voller Wiederholungen steckt, in ihre Bibeltexte aufnahm.

Die »Offenbarung« ist fraglos ein frommes Buch, leider auch ein kaum verständliches. Mehr als irgendein anderes Buch der Bibel wurde es zur Weide kabbalistischer Geheimniskrämer und pseudowissenschaftlicher Gratwanderer.

Die wenigen Sätze dieses Textes, die ohne Symbolgehalt, ohne mystischen Doppelsinn sind, kann man an den Fingern einer Hand abzählen. Das wäre nicht weiter schlimm, denn Symbolik kann sehr poetisch und muß durchaus nicht unverständlich sein. Voraussetzung für das Verständnis von Symbolen ist jedoch, daß sie sich auf Gedanken und Vorstellungen beziehen, die dem Leser bekannt sind.

Das aber ist für heutige Leser bei der »Offenbarung« nicht der Fall. Nehmen Sie zum Beispiel Albrecht Dürers großartigen, bedrohenden Holzschnitt der »Vier apokalyptischen Reiter«. Von ihnen ist in der »Offenbarung« im 6. Kapitel die Rede. Sie sind die Vorboten des Weltgerichts. Wer aber weiß, daß ihre Farben und ihre Requisiten außerdem die vier Plagen symbolisieren sollen, mit denen Jahwe das verderbte Volk Israel bedrohte: Raubtiere, Krieg, Hunger und Pest?

Gewiß doch, das muß man nicht wissen, aber kurz vorher steht eine andere Allegorie:

Zwischen dem Thron und den vier Lebewesen und mitten unter den Ältesten stand ein Lamm, es sah aus wie geschlachtet und hatte sieben Hörner und sieben Augen. (Offb. 5,6)

Dieses Sinnbild hat engeren Bezug zur christlichen Religion, allerdings muß man wissen, daß »Lamm« das Symbol für Jesus ist, daß »sieben (!) Hörner« die vollkommene Macht verkörpern und »sieben Augen« das allumfassende göttliche Wissen meinen.

Die Schwierigkeit beim Lesen der »Offenbarung« ist nicht ihre Symbolik, sondern daß sie aus vier verschiedenen Quellen stammt.

Erste Quelle: die alttestamentarischen Propheten mit allen kabbalistischen Finessen. Die Offenbarung ist den prophetischen Schriften des Alten Testaments näher als irgendeinem Text des Neuen Testaments.

Zweite Quelle: die frühchristliche Symbolik der Endzeit-Erwartung, die durchaus nicht immer unserer heutigen christlichen Symbolsprache entspricht.

Dritte Quelle: hellenistische Denkformen, Begriffe aus der griechischen Geisteswelt.

Vierte Quelle: Anspielungen auf die Politik Roms. So wird in diesem Text die magische Zahl Sieben nicht nur im alttestamentarischen Sinne gebraucht, sondern sieben kann auch eine Anspielung auf die sieben Hügel Roms oder auf die sieben Cäsaren sein, die bis zur Abfassung dieses Textes die Geschicke Roms lenkten.

Bei jedem Satz muß also der heutige Leser raten, welche dieser vier Möglichkeiten für die Deutung eines symbolischen Ausspruchs in Frage kommt. Dagegen ist ein Satz wie

Sie haben ihre Gewänder gewaschen und im Blut des Lammes weiß ge-
macht... (Offb. 7,14)

relativ leicht aus der christlichen Symbolsprache zu erklären: Jesus, das Lamm Gottes, hat durch sein vergossenes Blut die Seelen gereinigt. Daß in diesen zwölf Worten außerdem noch ein halbes Dutzend Anspielungen auf Stellen im Alten Testament stecken, müssen wirklich nur Bibelexegeten wissen. Nicht mal die sind sich einig, auch nicht beim folgenden Satz:

»Ich werde ihm einen weißen Stein geben, und auf dem Stein steht ein neuer
Name, den nur der kennt, der ihn empfängt.« (Offb. 2,17)

Um das zu verstehen, muß einer schon Hellenistik, Kabbalistik, Mystik und einschlägige Nebenfächer studiert haben, damit er wenigstens den Anfang eines roten Fadens in die Finger bekommt.

So könnten Deutungsversuche dieses Satzes aussehen:

○ Steine und Tonplatten, auf denen Namen geschrieben wurden, dienten in Griechenland als Gutscheine, Eintrittskarten und zur Legitimation. In diesem Fall ist der weiße Stein die Eintrittskarte in den »neuen Himmel«, den die »Offenbarung« prophezeit.

○ Weiß ist in der jüdischen Mystik die Farbe der Freude, des Sieges – daher »weißer Stein«.

○ In Kleinasien war die Vorstellung verbreitet, daß ein Mensch, der den Namen eines anderen kannte, damit auch Macht über ihn besaß. Wenn also auf einem weißen Stein ein Name steht, den nur der Besitzer des Steins kennt, heißt das, daß kein anderer Mensch Macht über ihn hat – nur Gott, denn nur der kann einen Stein mit der Farbe des Sieges und der Freude verleihen.

An anderer Stelle der »Offenbarung« (9,3-5) ist von Heuschrecken die Rede, die alle Menschen quälen, die nicht das Siegel Gottes an der Stirn haben, »daß ihnen Pein bereitet werde, fünf Monate lang«.

Erste Frage: Warum ausgerechnet Heuschrecken?
... weil sie die achte ägyptische Plage waren? ... weil der Prophet
Joël sie zum Symbol des Heeres machte, das die Erneuerung der Welt
ankündigte? ... weil Johannes der Täufer und viele Propheten sich von
Heuschrecken ernährten?

Zweite Frage: Wieso dauert die Qualzeit ausgerechnet fünf Monate?

Erste Deutung: Weil die Lebenserwartung normaler Heuschrecken
ebenfalls nur fünf Monate beträgt? Zweite Deutung: Weil die Sintflut fünf
Monate dauerte? Dritte Deutung: Weil die Fünf in der antiken Zahlenmystik eine Unglückszahl war?

Es darf geknobelt werden.

Die Verwirrung wird total, wenn man beim Lesen der »Offenbarung«
berücksichtigt, daß im Hebräischen und im Griechischen jedem Buchstaben ein bestimmter Zahlenwert innewohnte. Das typische Beispiel
für solche Verschlüsselung aus Wort- und Zahlenspielerei ist folgende
Stelle:

*Ein anderes Tier stieg aus der Erde herauf. Es hatte zwei Hörner wie ein
Lamm, aber es redete wie ein Drache ... Es tat große Zeichen ... alle zwang
es, auf ihrer rechten Hand oder ihrer Stirn ein Kainszeichen anzubringen.
Kaufen oder Verkaufen konnte nur, wer das Kainszeichen trug: den Namen
des Tieres oder die Zahl seines Namens ...*

Und jetzt folgt die Aufforderung!

*Hier braucht man Kenntnis. Wer Verstand hat, berechne den Zahlenwert des
Tieres. Denn es ist die Zahl eines Menschennamens; seine Zahl ist sechshun-
dertsechsundsechzig.*   (Offb. 14,11–18)

Die Quizrunde ist eröffnet! Hübsch der Reihe nach: Ein Tier, ein böses
Tier mit zwei Hörnern, erhält in diesem Text eine Zahl zugeteilt; diese
Zahl aber ist auch der Name eines Menschen, der demnach ebenfalls böse
wie das Tier sein dürfte. Welcher Name ist in der Zahl 666 versteckt?

Antwort: Nero, Cäsar. Gegenfrage: Wieso?

Da sich der Zahlenwert hebräischer und griechischer Buchstaben nach
seiner Stellung im Alphabet richtete, braucht man nur die Zahl 666 zu
zerlegen und die entsprechenden Buchstaben einzusetzen. Im Hebrä-
schen ginge das so:

$$50 + 200 + 6 + 50$$
$$N \quad (E) \quad R \qquad O \qquad N$$

und

$$100 + 60 + 200$$
$$K \quad (E) \quad S \quad (A) \quad R$$

Das Spiel ist auch mit griechischen Buchstaben möglich, nur verringerte sich der Zahlenschlüssel 666 um 50 auf 616.

Tatsächlich wurde in einigen Abschriften der »Offenbarung« mit dieser Zahl operiert.

All diese Deutungen erfolgen, wie es so schön heißt, ohne Gewähr.

Warum werden solche literarischen Versteckspiele getrieben? Waren sie nur eine Modetorheit, ein »Sich-interessant-machen-Wollen«, oder gab es einen realen Anlaß?

O ja, es gab einen, sogar einen sehr handfesten – die Christenverfolgungen. Wer auch nur im Verdacht stand, Anhänger der neuen christlichen Lehre zu sein, wurde bespitzelt, sein Schriftverkehr überwacht. Schriftwechsel untereinander war aber notwendig, denn die jungen Gemeinden brauchten geistigen Zuspruch.

Deshalb bedienten sich die frühen Christen einer Symbolsprache, die den römischen Zensoren nicht vertraut war und die bei einer Entdeckung verschiedene Deutungen zuließ. Durch den ständigen Umgang mit Symbolen waren die zeitgenössischen Leser auf Andeutungen und verklausulierte Anspielungen trainiert. Wir haben ja Ähnliches in den Kriegsjahren erlebt. Damals konnten auch wir zwischen den Zeilen lesen. Wir wußten, daß das Wort »Frontbegradigung« im Wehrmachtsbericht für »Rückzug« stand, und selbst heute noch fordert die Lektüre mancher Pauschalreiseangebote ein Gespür für verschleiernde Umschreibungen.

Die »Offenbarung« ist – so gesehen – eine Art Widerstandsliteratur, deren volle Ausdeutung uns noch vor viele Rätsel stellt. Deshalb ein Vorschlag: Beginnen Sie mit dem Bibellesen, wo immer Sie mögen, nur bitte nicht gerade mit der »Offenbarung«.

Ähnliches ist auch vor der Lektüre des nächsten Kapitels zu sagen – es beschäftigt sich als einziges mit einem nichtkanonischen Text! Das »Evangelium des Thomas« steht nicht in unseren Bibeln. Eine Minderheit unter den Bibelwissenschaftlern meint jedoch, es verdiene einen Platz darin.

KEIN PROPHET WIRD ANGENOMMEN IN SEINEM DORFE.
KEIN ARZT PFLEGT DIE ZU HEILEN, DIE IHN KENNEN . . .
(Log. 31)

Die Spruchsammlung des ungläubigen Thomas

Von Thomas, genannt Didymus (Zwilling), einem der Jünger Jesu, wird im »Evangelium nach Johannes« berichtet, daß er nicht bereit war, an die Auferstehung seines Meisters zu glauben. Er erklärte:

»Wenn ich nicht die Male der Nägel an seinen Händen sehe und wenn ich meine Finger nicht in die Male der Nägel und meine Hand nicht in seine Seite lege [in die der Legionär seine Lanze gestoßen hatte], glaube ich nicht.«

(Joh. 20,25)

Als Jesus erscheint, erfüllt er ihm seinen Wunsch und sagt:

Sei nicht ungläubig, sondern gläubig . . . Selig sind, die nicht sehen und doch glauben.

(Joh. 20,27–28)

Diese Bibelstelle ist der Ursprung unseres Ausdrucks »ungläubiger Thomas«.

Von diesem Jünger war schon im Mittelalter bekannt, daß er ein Evangelium geschrieben haben sollte. Abschriften davon kursierten, wurden aber zu den vielen gefälschten Schriften gerechnet, die im ersten Jahrtausend nach Christus an vielen Orten auftauchten.

Außer dem Evangelium wurden ihm, der als Missionar nach Indien gegangen sein soll, auch noch die sogenannten »Thomas-Akten« und ein »Kindheits-Evangelium« mit törichten »Wundern« zugeschrieben. Beide Texte wurden Ende des vorigen Jahrhunderts endgültig als späte Fälschungen entlarvt.

Auch den sogenannten »Logien des Thomas«, einer Sammlung von Aussprüchen Jesu, drohte ähnliche Verdammung.

Doch ab 1946 sah es damit ganz anders aus. Fast zur gleichen Zeit, da die Schriftrollen vom Toten Meer gefunden wurden, entdeckten ägyptische Bauern eine koptische Handschrift mit Aussprüchen Jesu unter dem Titel »Evangelium des Thomas«.

Der Fundort war mindestens so sensationell wie der Fund selbst: Die Papyrusstücke waren in einer der Grabkammern bei Luxor im Gebiet von Nag-Hamadi versteckt gewesen.

Dieser Papyrus unterschied sich durch drei Eigenschaften von allen anderen wiederentdeckten Evangelien, die nicht im Kanon aufgenommen worden sind.

Erstens: Es ist vorzüglich erhalten.

Zweitens: Es ist kein erzählendes Evangelium, sondern eine Sammlung von 114 Aussprüchen Jesu, die kommentarlos aneinandergereiht sind.

Drittens – und das war das wichtigste: Diese Abschrift stammt aus der Mitte des 2. Jahrhunderts n. Chr. Die Schlußredaktion dieser Spruch-Anthologie dürfte um 140 n. Chr. erfolgt sein, also etwas später als die der kanonischen Evangelien, aber früher als die anderer apokrypher Jesus-Schriften. Der knappe und plastische Stil, der Verzicht auf Deutung und Nutzanwendung geben diesen Aussprüchen Ursprünglichkeit.

Interessant ist, daß jeder Ausspruch mit der formelhaften Einleitung beginnt: »Jesus sprach ...«

»... *Wenn ein Blinder einen Blinden führt, fallen sie beide hinab in eine Grube.«* (Log. 34)

»... *Wer das Verständnis dieser Worte findet, der wird den Tod nicht schmekken.«* (Log. 1)

»... *Selig der Mensch, der gelitten hat; er hat das Leben gefunden.«* (Log. 58)

»... *Wehe über das Fleisch, das von der Seele abhängt! Wehe über die Seele, die vom Fleische abhängt.«* (Log. 112)

»... *Es ist nicht möglich, daß ein Mensch zwei Pferde besteigt und mit zwei Bogen schießt, und es ist nicht möglich, daß ein Diener zwei Herren dient; oder er wird den einen ehren und den anderen beleidigen.«* (Log. 47)

Den gleichen Gedanken des letzten Logions haben auch Matthäus (6,24) und Lukas (16,13) formuliert, wie sich überhaupt viele der Aussprüche des »Thomas-Evangeliums« in den kanonischen Evangelien wiederfinden, dort allerdings meist breiter erzählt und mit Nutzanwendungen versehen. Wegen seiner Ursprünglichkeit halten deshalb einige Bibelexperten dieses

»Thomas-Evangelium« für eine Variante jener Quellschriften, auf die die vier Evangelien aufbauten.

Die Unterstützung und Auswertung dieser Spruchsammlung ist noch lange nicht beendet. Sie ist besonders schwierig, da es bei solchen Zitaten-Sammlungen unschwer möglich ist, sie ständig zu ergänzen und zu verändern; was sicher auch geschah.

Fest steht: Unter den Aussprüchen sind viele, die nah an Jesu Lebzeit heranreichen. Das zeigt sowohl deren altertümliche knappe Formulierung wie auch das Fehlen des alttestamentarischen »Lohngedankens« in diesen Sprüchen. Jesus lehnte ja dieses Prinzip des »Sei brav, damit es dir gutgeht« ab. »Himmlischer Lohn für sittliches Handeln«, wie es Immanuel Kant ausdrückte, war Jesu Sache nicht, und die Thomas-Sprüche bestätigen dies klarer als die kanonischen Evangelien.

Fest steht auch, daß bereits jetzt viele Thomas-Logien erfolgreich zur Deutung dunkler Stellen der kanonischen Evangelien herangezogen werden konnten.

So bereitete zum Beispiel bei Lukas ein Satz schon immer Verwunderung und Kopfschütteln:

»Wenn jemand zu mir kommt und nicht seinen Vater und seine Mutter und sein Weib, seine Kinder und seinen Bruder und seine Schwester und dazu auch sein Leben haßt, kann er nicht mein Jünger sein.« (Lk. 14,26)

So wie unsere Bibeln diesen Ausspruch Jesu zitieren, könnte man meinen, Jesus verlange, daß sich seine Anhänger von ihren Verwandten lossagen. Das stimmt nicht. Als Logion 101 gibt es diesen Ausspruch nämlich auch im »Thomas-Evangelium«. Dort allerdings ist er um achtzehn entscheidende Worte länger. Diese Ergänzung lautet:

»Und wer seinen Vater und seine Mutter nicht lieben wird wie ich, wird mir nicht Jünger sein können.« (Log. 101)

Dieser Hinweis auf die Bereitschaft zur Liebe fehlt bei Lukas, durch ihn erhält das Jesus-Wort aber eine neue Aussage: Er wollte unter seinen Anhängern keine Lauen und Gleichgültigen, sondern Menschen, die aus dem vollen Gefühl lebten, die hassen und die lieben konnten.

Der Ordnung halber sei nicht verschwiegen, daß Kenner der hebräischen Sprache eine andere Deutung der Stelle aus dem Lukas-Evangelium anbieten. Sie meinen, daß damals das Verb »hassen« die Bedeutung von

»an die zweite Stelle setzen« hatte und nicht jene Antihaltung beinhaltete, die es in modernen Sprachen bekam. Dann wäre das Lukas-Wort auch ohne Thomas-Zitat zu verstehen. Die Einheitsübersetzung vertritt diese Meinung und hat bei dieser Lukas-Stelle das übliche Wort »hassen« durch »hintansetzen« ausgetauscht.

Fazit: Das »Thomas-Evangelium« ist nützlich, aufschluß- und hilfreich.

Falsch wird es wohl von jenen eingestuft, die es über die anderen Evangelien stellen, weil einige der Aussprüche bis in die Jerusalemer Urgemeinde zurückverfolgt werden können.

Töricht sicherlich, wer es ablehnt, nur weil es nicht zu den kanonischen Evangelien gehört.

Schade in beiden Fällen, daß es außer in der Fachliteratur noch keine deutsche Ausgabe dieser 114 Logien gibt, damit auch interessierte Laien sich selbst durch Vergleiche mit den anderen vier Evangelien ein Bild machen können. Auch dies wäre ein Weg zum Bibelverständnis.

Um den ungläubigen Thomas ranken sich mehr Legenden als um die anderen Apostel. Genaugenommen war er nicht ungläubiger, sondern gläubiger als die anderen Jünger! Schließlich ist er der einzige von ihnen, der den auferstandenen Jesus mit »Mein Herr und Gott« anspricht. Allerdings erst, nachdem er sich handgreiflich von dessen leiblicher Wiederkehr überzeugt hatte.

Im Johannes-Evangelium wird Thomas mit einem Beinamen erwähnt: »Thomas, genannt Didymus«. Didymus heißt auf griechisch das gleiche, was Thomas auf hebräisch heißt, nämlich »Zwilling«. Frühe Christen deuteten dies so, als sei Thomas der Zwillingsbruder Jesu gewesen, doch dafür fehlt jeder Anhaltspunkt.

Nicht ganz unwahrscheinlich ist eine andere legendäre Behauptung, nach der Thomas als Missionar nach Indien gegangen sei. Wer auf einer Indienreise nach Madras kommt, bekommt dort bei Mailapur den Felsen gezeigt, auf dem er im Jahre 67 durch Schwert und Lanze getötet worden sein soll.

Der heilige Thomas ist nicht nur der Schutzpatron Asiens, sondern die katholische Kirche Indiens führt noch heute ihre Gründung auf ihn zurück. Im Jahre 52 soll er das Land betreten haben. Deshalb wurde ihm zu Ehren 1952 eine der bedeutendsten Kathedralen Indiens geweiht.

Sehr früh – im Jahre 232 – wurden seine Gebeine von Indien nach der mesopotamischen Stadt Edessa überführt, in der er ebenfalls missioniert haben soll. Vieles spricht dafür. In Edessa bildete sich eine der frühesten Christengemeinden, und in dieser Stadt wurden die Ruinen der ältesten christlichen Kirche aus dem Jahre 142 freigelegt.

Die Gebeine des ungläubigen Thomas sollen am 21. Dezember in Edessa eingetroffen sein, aus diesem Grund legte man seinen Festtag im Heiligenkalender der katholischen Kirche auf dieses Datum.

Eine gute Wahl, nicht nur wegen des legendären Ankunfttermins! Der 21. Dezember ist nämlich der kürzeste Tag des Jahres. Gibt es einen besseren Termin für den Zweifler unter den Jüngern?

Doch seit einigen Jahrzehnten kann, wer mag, den heiligen Thomas einige Stunden länger feiern! Sein Fest wurde 1969 auf den 3. Juli verlegt.

MAN HAT DEN HERRN AUS DEM GRAB WEGGENOMMEN,
UND WIR WISSEN NICHT, WOHIN MAN IHN GELEGT HAT.
(Joh. 20,2)

V. Kapitel
Das Ende – Der Anfang

Wiederaufnahme des Prozesses gegen Jesus?
Kajaphas – Ein politischer Pragmatiker
Keiner der Jünger meldete sich als Zeuge
Holz – Mangelware in Jerusalem
Die große Herausforderung: Die Auferstehung

»Es wäre das An- und Ausziehen nicht wert, wenn mit dem Tod
alles vorbei wäre.«
Otto von Bismarck

PROTOKOLL DER LETZTEN STUNDEN

Den überzeugendsten Beweis für die historische Existenz Jesu liefern die Berichte von seiner Kreuzigung. Denn hätten die Evangelisten einen unnatürlichen Tod für ihn erfinden wollen, wären sie sicher nicht auf die Kreuzigung gekommen.

Sie war den alttestamentarischen Juden unbekannt und wird deshalb an keiner Stelle des Alten Testaments erwähnt und auch nicht mit dem Messias in Verbindung gebracht.

Im Alten Testament ist lediglich von einer Art postumen Anprangerung die Rede, bei der die bereits Hingerichteten am Kreuzbalken zur Schau gestellt wurden. Frauen übrigens mit dem Gesicht zum Querbalken.

Die Kreuzigung war die schimpflichste römische Hinrichtungsart. Nur bei Nichtrömern wurde sie verhängt. Die Römer sollen sie von den Karthagern übernommen haben.

Der jüdische Gerichtshof konnte vier Hinrichtungsarten verhängen: Steinigung (sie war die häufigste), Verbrennung, Enthauptung oder Erwürgen. Doch zur Zeit Jesu, unter der römischen Besatzung, durfte das jüdische Gericht zu keiner der vier Todesarten verurteilen. Todesurteile waren der römischen Besatzungsmacht vorbehalten. Das erschwerte den religiösen Gegnern Jesu ihr Vorgehen. Sie mußten eine Anklage (er)finden, die aus römischer Sicht ein Todesurteil rechtfertigte.

Kajaphas (oder Kaifas), der Hohepriester, wußte, daß von den drei Anklagepunkten, die der jüdische Gerichtshof zusammengestellt hatte, nämlich

○ Jesus wolle den Tempel zerstören;

○ er, Jesus, sei Gottes Sohn;

○ er sei der König der Juden;

346

nur der dritte ausreichte, um vom römischen Gericht ein Todesurteil zu erreichen, notfalls zu erzwingen. Und ein Todesurteil wollte Kajaphas. Im »Evangelium nach Johannes« wird es unmißverständlich von ihm ausgesprochen:

»*Ihr bedenkt nicht, daß es besser für euch ist, wenn ein einziger Mensch für das Volk stirbt, als wenn das ganze Volk zugrunde geht.*« (Joh. 11,50)

Der Johannes-Autor muß sich der Tragweite dieser Überlegung bewußt gewesen sein, denn er wiederholt sie nach dem Verhör in leicht abgeänderter Form: ».. . es ist besser, daß ein einziger Mensch für das Volk stirbt.«

Ein Satz so recht nach dem Herzen politischer Pragmatiker. Kajaphas war einer. Er kam aus sehr reichem Haus und verkehrte mit Pontius Pilatus. Er war durch Einheirat in die Priester-Aristokratie gekommen und im Jahre 18 von den Römern zum Hohenpriester ernannt worden. Desgleichen lief eigentlich nie ohne Bestechung.

Kajaphas' Entschluß, Jesus aus dem Weg zu räumen, stieß auf zwei Schwierigkeiten. Die eine war leicht zu beheben, nämlich die richtige Anklage zu finden. Die zweite war ein Wettlauf mit der Zeit. Die Verurteilung und Vollstreckung sollten und mußten vor Beginn des Pascha-Festes erfolgen. Dafür hatte Kajaphas gute Gründe.

Erstens: Während des Pascha-Festes war Jerusalem ein Gefahrenherd für Unruhen. Zu viele Menschen kamen in diesen Tagen nach Jerusalem, die aus den verschiedensten Gründen mit dem Besatzungsregime oder den korrupten Priestern unzufrieden waren. Die Römer wußten das und verstärkten für diese Zeit ihre Garnison.

Zweitens: Je länger sich ein Prozeß gegen Jesus hinziehen würde, desto größer war die Gefahr, daß sich seine Anhänger formierten und den Prozeßverlauf beeinflussen konnten.

Deshalb mußte der Prozeß gegen Jesus vor Pascha-Beginn durchgepeitscht werden.

Folgen wir den Berichten der Evangelisten, dann blieben für diese Nacht-und-Nebel-Aktion ganze zwölf – noch dazu nächtliche – Stunden. In dieser Zeitspanne waren folgende Stationen zu überwinden:

○ Verhör und Verhandlung vor dem Sanhedrin, dem jüdischen Hohen Rat, der für die Rechtsprechung in religiösen und profanen Fällen zuständig war. Vorsitzender der 71köpfigen Versammlung war der Hohepriester.

○ Erstes Verhör durch Pilatus, eventuell Verhör durch Herodes, von dem allerdings nur Lukas berichtet.

○ Zweites Verhör durch Pilatus.

○ Urteil, Geißelung und Kreuzigung.

Und das alles in einer Stadt, in der Besatzungsrecht galt, in der die Römer das letzte Wort hatten. Entweder war dieser Kajaphas ein demagogisches Organisationsgenie, oder alles verlief anders, als es uns in den Evangelien überliefert ist.

Rekapitulieren wir: Jesus war, wie hunderttausend andere auch, mit seinen Jüngern zum Pascha-Fest nach Jerusalem gekommen, zu dem jeder Jude von seinem zwölften Lebensjahr an nach Jerusalem ging, um »den Altar Jahwes zu schauen, an der Stelle, welche er erwählt«.

Während dieser Zeit, die zusammen mit dem »Fest der ungesäuerten Brote« acht Tage dauerte, ruhten alle Geschäfte und jede Gerichtsbarkeit. Was keinen Aufschub duldete, mußte vor dem Fest erledigt werden.

Jerusalem und seine Umgebung müssen zur Pascha-Zeit einem Heerlager geglichen haben. Flavius Josefus spricht von drei Millionen Menschen, die zu einem Pascha-Fest in die Stadt Davids gekommen seien. Die Zahl wirkt reichlich hoch gegriffen, andererseits ließ Nero im Jahre 62 n. Chr. die geschlachteten Opferlämmer zählen, und seine römischen Zahlmeister kamen auf die stattliche Summe von 256 500! Bedenkt man, daß die ärmere Bevölkerung statt Lämmer nur Tauben zu spenden brauchte, und rechnet man pro fünfköpfiger Familie ein Lamm, dann kommt man tatsächlich auf über zwei Millionen Pilger. Flavius Josefus scheint in diesem Punkte nicht allzusehr übertrieben zu haben.

Das Pascha-Fest feierte man zur Erinnerung an den Auszug aus Ägypten. Damals hatten die Hebräer ihre Türpfosten mit dem Blut frischgeschlachteter Lämmer bestrichen, um dadurch ihrem Gott ein Zeichen zu geben, daß er die Söhne in diesem Hause mit seinem Zorn verschonen möge.

Man opferte nicht nur Lämmer, man aß sie auch – in der Familie oder in einer Gruppe von Freunden; auf alle Fälle mußte das Opfermahl in Gemeinschaft eingenommen werden. Zum Lamm gab es Brot, das gebrochen wurde, weil es flache, ungesäuerte Teigfladen waren, die beim Schneiden zerbröckelt wären.

Zum Brot gab es bittere Kräuter und Wein. Viermal wurde der Becher gefüllt und jedesmal der Segen über das volle Gefäß gesprochen. Gemeinsam sang man dann die Psalmen 114 und 115, die vom Auszug aus Ägypten berichten, oder las die entsprechenden Stellen im 2. Buch Mose.

Bevor diese Feierlichkeiten begannen, mußte das Urteil gegen Jesus gesprochen und vollstreckt sein. Nach normalen, bürokratischen Zeitkriterien ein unmögliches Unterfangen.

Immer wieder sind Berechnungen angestellt worden, um anhand der vier Evangelientexte jenen Werktag zu bestimmen, an dem – kurz vor dem Pascha-Fest – dieses Schnellverfahren hätte durchgeführt werden können. Keine der vielen Theorien hat zu einer überzeugenden Klärung geführt. Unter den Mutmaßungen haben inzwischen diese drei die meisten Anhänger gefunden:

○ Der Prozeß fand am Donnerstag vor unserem Karfreitag statt. Stimmt diese Annahme, dann hat sich der Markus-Autor geirrt, denn er schrieb, Jesus kam nach Jerusalem »am ersten Tag der ungesäuerten Brote«. Das aber wäre der Freitag gewesen, und der war bereits ein Feiertag.

○ Vielleicht war aber der Freitag noch kein Feiertag, dann hätte an diesem Tag der Prozeß stattfinden können. Nach dieser Theorie begann das Pascha-Fest erst am Sabbat. Dafür allerdings gibt es in der Überlieferung kein Beispiel.

Folgt man dieser zweiten Theorie, dann hat sich der Lukas-Autor geirrt, nach dessen Bericht der Leichnam Jesu von Pontius Pilatus am »Rüsttag« freigegeben wurde – »und der Sabbat leuchtete auf«. Am Rüsttag, dem Freitag, wäre Jesus also bereits tot gewesen.

Übrigens: Mit der poetisch klingenden Formulierung »der Sabbat leuchtete auf« ist nicht die Morgenröte des Samstags gemeint, sondern das Anzünden der Lampen für den Sabbat. Das mußte nämlich bereits am Freitagabend geschehen, denn auch diese Arbeit war am Sabbat verboten. Im Klartext heißt der Satz also: Am Freitagabend, als die Leuchter für den Samstag angezündet wurden, trug man Jesus zu Grabe.

○ Vielleicht lag zwischen Verhaftung und Verurteilung Jesu und dem Pascha-Fest ein größerer Zeitraum. Er wurde nur von den Evangelisten verkürzt, um zu betonen, daß Jesus das Pascha-Opferlamm gewesen ist. Diese Verbindung wird besonders im »Evangelium nach Johannes« hervorgehoben.

Drei Theorien – keine überzeugt ganz. Die stärkeren Argumente hat die dritte Annahme für sich.

Doch seit einigen Jahren können auch die Verfechter der ersten Annahme ein starkes Argument für sich anführen: Das Pascha-Fest begann am 14. Nissan (Nissan entspricht etwa unserem April). Es war das Datum des ersten Frühlingsvollmonds, denn der jüdische Kalender war und ist nach den Mondphasen aufgebaut, so daß bei ihm die Monate kürzer sind als die unseres Sonnenkalenders. Nur eine religiöse Gruppe – auf Seite 251 ist es bereits angedeutet – hielt sich nicht an diese Einteilung: die Essener. Ihr Kalender war nach dem Sabbat-Zyklus eingeteilt.

Wenn Jesus das Pascha-Fest nach diesem Kalender gefeiert haben sollte, dann wäre für ihn und seine Jünger bereits der Donnerstag der Tag des Opfermahls gewesen, ein Tag früher als bei den orthodoxen Juden, für die er noch ein Arbeitstag war.

Die Anhänger dieser Theorie versäumen nicht, auf einen weiteren Hinweis in den Evangelien aufmerksam zu machen, der ihre Hypothese stützt. Sie folgern so: Bekanntlich gehörten zur Gruppe um Jesus auch Frauen, und außerdem weiß man, daß beim Pascha-Fest Frauen und Männer bei Tische saßen. Warum nahm dann Jesus seine Jüngerinnen nicht mit? Eine Erklärung wäre: Weil nach Essener-Brauch keine Frauen beim Mahl dabeisein durften.

Wenn Jesus nach deren Kalender das Pascha-Fest gefeiert haben sollte, dann könnte alles so abgelaufen sein, wie es die Evangelien berichten: Verhaftung Donnerstag nacht, Verurteilung und Hinrichtung am Freitag, der noch ein normaler Arbeitstag war.

War der Freitag noch ein Arbeitstag?

Im »Evangelium nach Markus« findet sich dafür ein Hinweis. Als die Jünger Jesus fragen, wo sie das Pascha-Mahl vorbereiten sollen, antwortet er ihnen höchst rätselhaft:

»Geht in die Stadt, dort wird euch ein Mann begegnen, der einen Wasserkrug trägt...« (Mark. 14,13)

Welch eine Anweisung! Wie sollen die Jünger in einer überfüllten Stadt einen Mann mit einem Wasserkrug finden? Das ist sehr modern gefragt. Damals war dies gar nicht so schwierig, wie es uns heute scheint: Wasserholen war Frauensache, ein Mann war also unter den Frauen am Brunnen leicht herauszufinden. Wasserholen war aber auch eine Arbeit, die am Sabbat verboten war – es kann sich also nur um einen Werktag gehandelt haben.

Viele Hypothesen, viele Möglichkeiten – doch die Frage nach der Datierung von Verhaftung und Kreuzigung bleibt vorläufig weiter offen. Sogar innerhalb der katholischen Kirche. Während die römischen Katholiken bereits das Oster-Halleluja anstimmen, beginnt für die griechisch-orthodoxen Christen gerade erst die Fastenzeit.

Das einzige, was wir verbindlich wissen: Jesus hatte am Abend mit den Jüngern die Stadt durch das Osttor verlassen, das wie alle Tore während des Pascha-Festes auch nachts geöffnet war.

In einem Grundstück, das man Getsemani nennt, sagte er zu ihnen: »Setzt euch und wartet hier, während ich dort bete!« (Mt. 26,36)

Matthäus schreibt auch, was er betete, nämlich:

»Mein Vater, wenn es möglich ist, gehe dieser Kelch an mir vorüber. Aber nicht wie ich will, sondern wie du willst.« (Mt. 26,39)

Diese herzbewegenden Worte überdecken einen anderen aufschlußreichen Satz dieser Szene:

Und er ging ein Stück weiter, warf sich zu Boden und betete.

(Mt. 26,39)

Dieses »warf sich zu Boden« zeigt die Verzweiflung, die Jesus befallen hatte, denn Juden beten normalerweise im Stehen.

Fest steht auch, daß in der Nacht bei diesem Pascha-Fest – wann immer es war – die Temperatur um den Nullpunkt gewesen sein muß:

Die Diener und die Knechte hatten sich ein Kohlenfeuer angezündet und standen dabei, um sich zu wärmen; denn es war kalt. (Joh. 18,18)

Beim Verhör vor dem Hohenpriester scheint mit allen aus Schauprozessen wohlbekannten Methoden gearbeitet worden zu sein: Nicht einer der Jünger sagt für Jesus aus. Keiner von denen, die durch ihn geheilt wurden, meldet sich zu Wort. Falsche Zeugen werden gegen ihn vorgeführt. So heißt es bei Markus:

Viele machten zwar falsche Aussagen über ihn, aber die Aussagen stimmten nicht überein. (Mk. 14,56)

Matthäus bestätigt dies:

. . . obwohl viele falsche Zeugen auftraten. (Mt. 26,60)

Widersprüche bei gekauften Zeugen – sollte Kajaphas sich wirklich einen solchen Regiefehler geleistet haben? Und: Was wurde aus diesen falschen Zeugen? Nach jüdischem Brauch hätten sie gesteinigt werden müssen! Wie bei jedem Schauprozeß gehörten auch zu diesem Schläge und Folter. Alle vier Evangelien berichten davon.

Solche Einmütigkeit ist nicht bei allen Fakten dieser letzten Tage gegeben. So erwähnt nur das Johannes-Evangelium die Pharisäer als Gegner Jesu im Hohen Rat.

Das ganze Verhör vor dem Hohen Rat war eine Farce, allerdings eine blutige, um die Voraussetzung für die Überstellung Jesu ans römische Gericht zu schaffen. Zu diesem Vorspiel gehörte auch die Frage des Kajaphas an Jesus, ob er Gottes Sohn sei. Sie war im Grunde unwichtig. Denn wie auch immer die Antwort lauten würde, für die Römer wäre sie kein Grund gewesen, ein Todesurteil auszusprechen.

Über die Antwort Jesu auf diese Frage ist viel Papier beschrieben worden. Nach Markus antwortet Jesus: »Ich bin es.« Bei Matthäus heißt es: »Du hast es gesagt.« Lukas berichtet: »Ihr sagt es, ich bin es.« Andere Lesart: »Ihr sagt, daß ich es bin.«

Für uns scheint nur die Antwort, wie sie bei Markus notiert ist, eine verbindliche Aussage; alle anderen klingen wie Ausflüchte, durch die dem Gesprächspartner die Wertung überlassen bleibt. Ein Irrtum, wie sich inzwischen herausstellte. Altphilologen konnten belegen, daß es damals in Palästina als unhöflich galt, wichtige Fragen einfach mit Ja oder Nein zu beantworten. Es war üblich, sie in Floskeln wie »Ja, es ist tatsächlich so, wie sie vermuten« einzukleiden. Demnach sind alle drei Textstellen klare Bejahungen.

Das Verhör brachte, wie nicht anders zu erwarten war, für Kajaphas den gewünschten Erfolg: Er konnte Jesus dem römischen Statthalter Pontius Pilatus zur Verurteilung wegen Anstiftung zum Aufruhr gegen Rom vorführen.

Das Verhör Jesu war die große historische Stunde des Pontius Pilatus. Hätte er auch nur eine Drei-Zeilen-Notiz über das Verhör Jesu anfertigen lassen und wäre sie erhalten geblieben, dann wäre dies das wichtigste Dokument der Geschichte und er der entscheidende Kronzeuge aller Zeiten. Er hat es nicht getan, und deshalb gilt er auch nur bei koptischen Christen als Heiliger.

Ob er die Voraussetzungen für einen Heiligen hatte, darf – nein muß! – nach neueren historischen Forschungen bezweifelt werden. Eine bemerkenswerte Persönlichkeit war er wohl. Vor allem aber eine historische. Er ist ein entscheidender Eckpfeiler, wenn der alte Streit, ob Jesus wirklich gelebt hat, mal wieder auflebt. An Pontius Pilatus kommen auch die Zweifler nicht vorbei.

Seine Lebensdaten sind verbürgt: Er war ein Günstling am römischen Cäsarenhof, verheiratet mit Claudia Procula, einer Enkelin des Kaisers Augustus (deshalb durfte sie auch ausnahmsweise ihren Mann in die Provinz Palästina begleiten). Bevor er nach Palästina kam, war er in Germanien Prokonsul. Seine Karriere endete jäh, als er eine Menschenansammlung um einen Scharlatan in Palästina für eine Zusammenrottung gegen Rom deutete und alle töten ließ. Der Kaiser berief ihn ab. Vielleicht wurde er wieder ins unwirtliche Germanien zurückversetzt? Andere Quellen wollen von seinem Selbstmord wissen.

Pilatus verdankte seine Karriere Kaiser Tiberius. Das machte ihn beeinflußbar, denn fiel er bei Tiberius in Ungnade, war sein Sturz besiegelt. Kajaphas und seine Hintermänner wußten das offenbar, wie die Drohung an Pilatus beweist:

»Wenn du ihn freiläßt, bist du kein Freund des Kaisers [mehr].«

(Joh. 19,12)

Auch scheint es zweifelhaft, ob Pilatus das Verhör so pro Jesus führte, wie die Evangelien berichten. Die Vermutung, daß sie den Römer in so positivem Licht schilderten, um mehr Schatten auf Kajaphas werfen zu können, ist so abwegig nicht, wenn man den jähzornigen, halsstarrigen Charakter berücksichtigt, den Pilatus bei anderen Gelegenheiten bewies. Es wäre dann hier das System wieder angewendet worden, das bereits im Alten Testament bei David und Saul den einen auf Kosten des anderen erhob.

Jeden, der die Besatzungszeit in Deutschland miterlebt hat, muß es auch verwundern, daß ein jüdisches Gericht den obersten Besatzungsoffizier innerhalb von Stunden zu einer Entscheidung über Leben und Tod zwingen konnte. Schon damals dürfte das kaum ohne vorherige Kontakte möglich gewesen sein.

Doch folgen wir dem biblischen Pontius Pilatus, der widerwillig der aufgeputschten Volksmenge nachgibt und Jesus zum Tod durch Kreuzigung verurteilt. Danach soll er sich zu jener Geste der Mißbilligung aufgerafft haben, die bei uns zu dem geflügelten Wort »Ich wasche meine Hände in Unschuld« wurde. Doch auch das Händewaschen ist nur eine jener Zutaten, die die Evangelisten hinzufügten, um die Parallele Jesus–

Messias hervorzuheben, denn wie auf Seite 216 nachzulesen, steht dieser Ritus bereits im 73. Psalm, und den hat Pontius Pilatus sicher nicht gekannt.

Bis in unsere Tage bewegt dieser Prozeß, der die Welt veränderte, nicht nur gläubige Menschen. Allein in unserem Jahrhundert wurden zwei Revisionsanträge zur Wiederaufnahme des Verfahrens gegen Jesus an den Obersten Gerichtshof Israels gestellt. Der vorläufig letzte im Juli 1972. Grotesk wie die Anträge waren die Ablehnungsbegründungen: Der erste Antrag wurde wegen fehlender Unterlagen abgewiesen, der zweite, weil es sich hier nicht um ein juristisches, sondern um ein historisches Problem handele. Das wird es wohl auch bleiben.

Nach dem Urteilsspruch lief die römische Justizmaschinerie mit jener unmenschlichen Präzision ab, die ihr den Ruf einbrachte, die perfekteste der Weltgeschichte gewesen zu sein. Zuerst die Geißelung mit 120 Stockschlägen, keinen mehr und keinen weniger. Dann wurde auf dem Weg zum Hinrichtungsplatz vor dem Verurteilten ein Schild mit dessen Namen und Vergehen hergetragen, das dann oben am Kreuz befestigt wurde. Die Inschrift, von Pontius Pilatus verfaßt, lautete: »Das ist der König der Juden«. Wie triefend vor Hohn diese Bezeichnung war, begreift man, wenn man sich den blutenden, geprügelten Jesus vorstellt, dem die Kleider in Fetzen vom ausgemergelten Leib hingen. Die Juden des Gerichtshofs hatten ja auch versucht, diese Aufschrift zu verhindern, doch Pilatus wischte jeden Einwand vom Tisch: »Was ich geschrieben habe, habe ich geschrieben.« Nur der Johannes-Autor macht aus diesem Schimpf ein zukunftweisendes Symbol für die jungen heidenchristlichen Gemeinden. Er vermerkt:

Die Inschrift war hebräisch, lateinisch und griechisch abgefaßt.

(Joh. 19,20)

Das entsprach kaum der Realität, aber Tafeln, auf denen die Vergehen der Verurteilten aufgeführt waren, gehörten zum Hinrichtungszeremoniell. Sie waren aus Gips, in den die Buchstaben eingeritzt wurden. Holz war zu kostbar für solche Registraturformalien.

Auf dem Weg zur Hinrichtungsstätte trug der Verurteilte den Querbalken des Kreuzes. Der Längsbalken lag bereits am Kreuzigungsplatz bereit. Aber selbst der Querbalken war so schwer, daß die durch Auspeitschung geschwächten Todeskandidaten oft auf dem Weg zum Hinrichtungsplatz zusammenbrachen. Auch von Jesus ist dies auf seinem Weg über die »Via Dolorosa« überliefert.

Tag für Tag gehen seit Jahrhunderten Gläubige aus aller Welt über diese »Via Dolorosa«, die »Straße der Schmerzen«, in Jerusalem. Jesus ist sie nie gegangen. Sie kann nicht sein Leidensweg gewesen sein, denn dort, wo heute diese schmale Gasse entlangführt, war einst die nördliche Stadtmauer Jerusalems – und auch diese lag gut acht Meter tiefer. So hoch sind die Schuttmassen, die das heutige Jerusalem von dem zur Zeit Jesu trennen.

Am Hinrichtungsplatz außerhalb der Stadtmauern wurde der Quer- auf den Längsbalken befestigt und der Todeskandidat ans Kreuz geschlagen. Doch die Kreuzigungsdarstellungen der mittelalterlichen Künstler vermitteln eine falsche Vorstellung von der Höhe dieser Kreuze. Sie waren niedriger, als sie auf den Bildern dargestellt sind. Die Bibel liefert dafür einen indirekten Beleg. Bei Johannes heißt es:

Sie steckten einen Schwamm mit Essig auf einen Ysopzweig und hielten ihn an seinen Mund. (Joh. 19,29)

Ysop-Pflanzen aber werden nicht viel höher als einen Meter, also konnten die Kreuze nicht höher als drei Meter gewesen sein.

Auch die Kreuzigung selbst ist auf den alten Gemälden und Kruzifixen falsch dargestellt. Die Verurteilten wurden zwar mit drei Nägeln ans Kreuz geschlagen, deren längster durch beide Fußgelenke drang, die beiden Nägel jedoch, die die Arme halten mußten, wurden nicht durch die Handteller getrieben, denn deren Knochengerüst ist zu schwach, um den Oberkörper zu halten, sondern durch die Unterarme geschlagen (Stigmatisierte bluten demnach an falschen Stellen!).

Oft ragte aus dem Längsbalken des Kreuzes noch ein Spund in Beckenhöhe, das sogenannte »cornu« (Horn), das als Stütze für den Oberkörper diente. Dies war aber nicht etwa eine humanitäre Hilfe für den Gekreuzigten. Diese Stütze diente ganz im Gegenteil dazu, seinen Tod recht lange hinauszuzögern. Es konnte Tage dauern, bis ein ans Kreuz Geschlagener durch Herzversagen starb. Dauerte es den Bewachungsmannschaften zu lange, schlugen sie das »cornu« ab und zerbrachen dem Gekreuzigten die Beine. Dadurch sackte der Körper schneller in sich zusammen, und das Blut staute sich im Herzen – Koronarinsuffizienz. Exitus.

Diese Prozedur des Schenkelzertrümmerns wendete die Wachmannschaft bei den beiden Räubern an, die zusammen mit Jesus gekreuzigt worden waren. Bei Jesus war dies nicht mehr notwendig – sein Herz hatte bereits zu schlagen aufgehört.

Einer der Soldaten hatte sich davon überzeugt. Er

... stieß mit der Lanze in seine Seite, und sogleich floß Blut und Wasser heraus.
                                                                    (Joh. 19,34)

Warum sollten die Evangelien solche Nebensache berichten, wenn sie
nicht der Wahrheit entsprach? Dafür gab es doch keinen Grund.
Oder?

Ja, es gab einen Grund, und der wog mehr als die Wirklichkeit: Auch
Jesu Sterben sollte den Prophezeiungen entsprechen, die für den Tod des
Messias gemacht worden waren.

Eine besagte: Der Messias wird zusammen mit Verbrechern sterben.
Also wurde Jesus zusammen mit zwei Räubern gekreuzigt.

Eine andere im Psalm 34 verkündete:

*Der Gerechte muß viel leiden; doch allem wird der Herr ihn entreißen. Er
behütet alle seine Glieder, nicht eines von ihnen wird zerbrochen.*
                                                                    (Ps. 34,20)

Damit auch diese Prophezeiung erfüllt wurde und Jesu Glieder so unver-
sehrt blieben, wie die eines Pascha-Lammes bleiben müssen – worauf der
Johannes-Autor ausdrücklich hinweist –, kam es zum Lanzenstich.

Diese Randepisode zur Kreuzigung hat Anlaß zu vielen obskuren
Spekulationen gegeben. Dies sei – so liest man alle Jahrzehnte mal wieder –
der medizinische Beweis, daß Jesus noch nicht tot gewesen sei.

Das ist genauso falsch wie der Speer des Legionärs, der im Völker-
kundemuseum zu Wien aufbewahrt wird.

Markus, Matthäus und Lukas bestätigen übereinstimmend, daß Jesus
»in der neunten Stunde« starb. Also gegen drei Uhr nachmittags, denn die
Stundenzählung begann um sechs Uhr morgens mit der ersten Stunde.
Alles, was in dieser »neunten Stunde« geschieht, wird von den Evangelisten aus der überhöhten Schau messianischer Erfüllung dargestellt. Selbst
dann, wenn die Berichte sich nicht decken, bleiben sie auf dieser gemeinsamen Linie. So sind drei verschiedene Formulierungen der letzten Worte
Jesu überliefert. Nach Lukas sagte er:

»Vater, in deine Hände lege ich meinen Geist.«   (Lk. 23,46)

Nach Johannes spricht er:

»Es ist vollbracht.« (Joh. 19,30)

Nach Markus und nach Matthäus ruft er mit lauter Stimme:

»Mein Gott, mein Gott, warum hast du mich verlassen?«
(Mt. 27,46; Mk. 15,34)

Der letzte der drei Aussprüche drückt genau das Gegenteil dessen aus, was die beiden anderen sagen. Sie verkünden Demut in Gottes Willen und Sieg im Tod, während der dritte hilflose Verzweiflung darüber erkennen läßt, daß an ihm, durch den so viele Wunder geschehen waren, nicht ein weiteres geschieht.

So ist es in vielen Büchern über Jesu Tod zu lesen, aber diese Meinung wird auch durch ständige Wiederholung nicht richtiger!

Entsinnen Sie sich, daß ich Sie auf Seite 17 bat, nicht zu vergessen, daß die Juden sich die Psalme nicht nach Nummern merkten, sondern nach der jeweiligen ersten Zeile! Nun: »Mein Gott, mein Gott, warum hast du mich verlassen?« ist die erste Zeile des 22. Psalms, der in unseren Bibeln die Überschrift »Leiden und Hoffnung des Gerechten« trägt und aus dessen Versen keine Verzweiflung, sondern tiefes Gottvertrauen spricht, wie zum Beispiel in Versen wie diesen:

Von Geburt an bin ich geworfen auf dich, vom Mutterleib an bist du mein Gott: Du aber, Herr, halte dich nicht fern! Du, meine Stärke, eil mir zur Hilfe.

Es lohnt, den ganzen Psalm zu lesen, denn es gibt wenige, die so genau auf Jesus am Kreuz passen wie dieser.

Auch der letzte Ausspruch, der im Lukas-Evangelium überliefert wird, »Vater, in deine Hände lege ich meinen Geist«, ist aus einem Psalm, den man ebenfalls ganz lesen muß, um zu erkennen, daß Jesus damit das große Thema der Erlösung durch Gott ausspricht:

»In deine Hände lege ich voll Vertrauen meinen Geist; du hast mich erlöst, Herr, du treuer Gott.« (Ps. 31,6)

Damit rückt dieser Ausspruch in die Nähe des großen »Es ist vollbracht« des Johannes-Evangeliums.

Der Johannes-Bericht vom Sterben Jesu unterscheidet sich durch eine Äußerlichkeit von den Mitteilungen der anderen drei Evangelien. Nur bei

Johannes stirbt Jesus im strahlenden Schein der Mittagssonne, bei den drei anderen Autoren löst sein Tod Katastrophen aus:

Da riß der Vorhang im Tempel von oben bis unten entzwei. Die Erde bebte, und die Felsen spalteten sich. (Mt. 27,51)

Lukas berichtet sogar von einer kosmischen Katastrophe:

Es war um die sechste Stunde, als eine Finsternis über das ganze Land hereinbrach. Sie dauerte bis zur neunten Stunde. Die Sonne verdunkelte sich... (Lk. 23,44)

Das darf man beileibe nicht wörtlich nehmen! Weder kann es bei Vollmond – und das Pascha-Fest wurde zum ersten Frühlingsvollmond gefeiert – eine Sonnenfinsternis geben, noch ging es den Autoren der Evangelien um reale Naturereignisse. Genausowenig wie dem römischen Dichter Vergil, der schon bei Caesars Tod die Sonne sich verfinstern ließ.

Den Evangelisten ging es nicht einmal, wie dem Vergil, um jene Natursymbolik, die sich bis zum »Kaiserwetter« erhalten hat. Für sie war auch bei diesen Angaben wieder vor allem eines wichtig: Es mußte genau das geschehen, was die Schrift beim Tod des Messias prophezeit hatte. Prophet Amos hatte gerufen: »Soll deshalb die Erde nicht beben?« Doch, sie sollte! Also bebte sie. Weiter hatte Amos prophezeit:

»An jenem Tag – Spruch Gottes, des Herrn – lasse ich am Mittag die Sonne untergehen und breite am hellichten Tag über die Erde Finsternis aus.«
(Am. 8,8–9)

Also herrschte nach Jesu Tod Sonnenfinsternis. Jedenfalls in den Evangelien.

Mit Jesu Tod war der römischen Justiz Genüge getan, Kajaphas hatte sein Ziel erreicht. Es blieb nur noch die Bestattung Jesu.

Särge oder abgegrenzte Friedhöfe kannte man nicht. Die Beisetzung war Angelegenheit der Familie oder der Freunde. Da aber von den Jüngern noch immer jede Spur fehlte, überläßt Pilatus den Leichnam Jesu einem seiner heimlichen Anhänger namens Joseph aus Arimathäa. Der stellt sein eigenes Grab zur Verfügung. Grab ist ein irreführendes Wort, die Toten wurden in Felsenhöhlen außerhalb des Stadtgebietes beigesetzt. Ein mannshoher Rollstein verschloß die Öffnungen. Vorher wurden die Körper einbalsamiert und in sechs Meter lange Leinentücher gewickelt.

Johannes (19,39) erwähnt, daß zum Einbalsamieren »eine Mischung von Myrrhe und Aloë, ungefähr 100 Pfund« verwendet wurde. Das damalige Pfund zu 325 Gramm gerechnet, ergibt dies immerhin 65 Pfund.

Im Dom zu Turin wird ein solches Leichentuch als Reliquie verehrt. Es soll das Leichentuch Jesu gewesen sein. Die jüngsten Untersuchungen mit Hilfe einer Computer-Analyse (was immer das sein mag) wurden 1977 vom Polytechnischen Institut der Universität Virginia (USA) durchgeführt. Zwar war nicht zu erfahren, wo und wie diese Untersuchungen stattfanden, doch die Ergebnisse verbreiteten sämtliche Presseagenturen. Danach steht fest:

○ Das Tuch wurde zur Zeit Jesu gewebt.
○ Blütenpollen in seinem Gewebe stammen von Pflanzen, die es nur in Palästina gibt (das hatte bereits vor einem Jahrhundert der Schweizer Gerichtsmediziner Max Frei festgestellt).
○ Die menschlichen Umrisse auf dem Turiner Tuch sind nicht von Menschenhand geschaffen, erklärte der amerikanische Raumfahrtwissenschaftler Don Lym.
○ Fotos, bei ultraviolettem Licht gemacht, bestätigten: Der Mann, der in dieses Tuch eingehüllt war, wurde gegeißelt. Spuren von Blut, Schweiß und Sputum sind deutlich zu erkennen; ebenso Nagellöcher in den Unterarmen und im Fußgelenk.
○ Gerichtsmediziner Robert Bucklin aus Los Angeles glaubt, anhand der Abdrücke auf dem Tuch beweisen zu können, daß der Mann zwar keine Dornenkrone auf dem Kopf trug, wohl aber eine ganze Haube aus Dornen, die ihm große Schmerzen verursacht haben muß.

Dies alles sagt jedoch noch nicht, daß es sich bei diesem Tuch ausgerechnet um jenes handeln muß, in das Jesu Leichnam gewickelt wurde. Denn zu jeder Kreuzigung gehörte die vorherige Geißelung, und im Palästina des ersten Jahrhunderts nach Christus waren Kreuzigungen an der Tagesordnung. Als Titus im Jahre 70 Jerusalem belagerte, mußten zeitweise die Hinrichtungen durch Kreuzigung eingestellt werden – aus Mangel an Holz!

Es gibt allerdings eine Überlegung, die das Tuch möglicherweise doch mit Jesus in Verbindung bringen könnte. Monsignore Ricci, der sich seit vierzig Jahren in Rom mit dem Leinentuch und seinem Weg von Jerusalem nach Turin beschäftigt, erklärte mir seine Theorie: Üblicherweise blieben die Toten in diese Tücher gehüllt, bis sie mit ihnen verwesten. Dieses aber blieb erhalten. Also, folgerte Ricci, ist der Tote, der in dieses Tuch eingewickelt war, nicht verwest, sondern entweder wieder ausgewickelt worden oder auferstanden. Er und seine Anhänger können sich dabei auf das Zeugnis bei Lukas und Johannes berufen, bei denen es fast völlig gleichlautend heißt:

Petrus aber stand auf und lief zum Grab. Er beugte sich vor, sah aber nur die Leinenbinden (dort liegen). (Lk. 24,12)

Beweist der Bibeltext die Echtheit des Tuches, oder beweist das Tuch den Bibeltext? Der Hinweis auf das zurückgebliebene Leichentuch hat im reliquiensüchtigen Mittelalter dafür gesorgt, daß dieses Leinentuch »gefunden« wurde. Ein Stück mehr, durch das das Unbegreifliche von Jesu Auferstehung greifbar wurde.

Echt oder falsch? Bis Ostern 1988 wird die Ungewißheit über das Grabtuch auf jeden Fall anhalten. Dann aber hofft der Erzbischof von Turin, Kardinal Ballestrero, die Ergebnisse der Untersuchung nach der Radiokarbon-Methode (C-14-Methode) vorlegen zu können. Papst Johannes Paul II. hat 1986 einer solchen Untersuchung zugestimmt.

Seine Vorgänger hatten sie verweigert, weil zu befürchten stand, daß dabei allzuviel von dem Gewebe zerstört werden würde. Für die neuesten Meßmethoden werden jedoch nur wenige Quadratzentimeter benötigt.

Reliquien wie das Grabtuch sind nur ein Teil von vielen Hilfen, die die Kirche den Gläubigen bietet, die so unvorstellbare Auferstehung zur vorstellbaren Tatsache zu machen. Zu diesen »Glaubenshilfen« gehören auch Äußerlichkeiten. Um nur die bekannteste zu nennen: Seit Jahrhunderten kommt in christlichen Familien Karfreitag Fisch auf den Tisch, weil Fisch die erste Speise war, die der auferstandene Jesus zu sich nahm. So hat die unbegreifliche Vorstellung der Auferstehung wenigstens auf dem Küchenzettel einen festen Platz, den niemand anzweifelt.

Wie behutsam das schwierige Thema der Auferstehung im Neuen Testament dargestellt wird, zeigt sich unter anderem daran, daß an keiner Stelle von irgendwem behauptet wird, er habe mit angesehen, wie Jesus von den Toten auferstanden sei. Auferstehung ist nur im Glauben wahrzunehmen. Erklärungen, so feingesponnen sie auch sein mögen, können für ein solches Ereignis keine befriedigende Antwort bringen. Sie sind Ausreden für das eigene Unvermögen, zu glauben.

Der Hinweis bei allen vier Evangelisten, daß das Grab leer war, hat schon früh denjenigen, die an der Auferstehung Zweifel anmeldeten, Grund zur Annahme geliefert, Jesus sei am Kreuz nicht wirklich gestorben, sondern habe nur das Bewußtsein verloren und sich in der Kühle des Grabes wieder erholt und sei nachher den Jüngern erschienen. Da aber ein zum Tode Verurteilter nicht weiter in Palästina oder einer anderen römischen Provinz leben konnte, entdeckte man Indien als neuen Wirkungskreis für Jesus, der dort als Yuz Asaf Wunder wirkte.

Da diese Theorie in den letzten Jahren wieder einmal auflebte, einige Hinweise, wieso seriöse Neutestamentler sie für falsch halten:

○ Als Beleg werden die »Thomas-Akten« zitiert. Diese sind nicht identisch mit dem Thomas-Evangelium, von dem auf Seite 340 die Rede war, sondern bei ihnen handelt es sich nachweislich um Fälschungen aus dem Mittelalter.

○ Der Name Jesus, hebräisch Jeschua, war damals in Palästina so gebräuchlich wie Yuz Asaf in Indien oder Meier und Müller heute bei uns. Es gab Dutzende von Wunderheilern mit diesem Namen. Sowohl in Palästina wie in Indien.

○ Wie leicht es zu Namensverwechslungen zwischen jüdischen, griechischen und indischen Namen kommen konnte, erlebte der Jesuiten-Missionar Franz Xavier, der 1541 in Indien landete. Er war entzückt, wie bekannt der Name Christus war. Xavier irrte, er hatte den Namen Krischna als Christus verstanden.

Soviel zu diesem Thema, das sicherlich zur nächsten Sauregurkenzeit doch wieder durch den Blätterwald rauschen wird.

Die Auferstehung Jesu, der sich damit als Christus bestätigte, ist die entscheidende Stelle der Bibel, die jeden Leser zur eigenen Stellungnahme zwingt. Hier geht es nicht um historische Richtigkeit, nicht um literarische Feinheit, nicht um archäologische Bestätigung, hier stellt die Bibel eine Forderung, die im eigentlichen Sinne des Wortes eine Heraus-Forderung ist und immer bleiben wird. Jeder ist aufgefordert, aus sich heraus Stellung zu beziehen. Zu dieser Textstelle kann es keine Kommentare geben, höchstens Fragen. Aber auch die können nur Wegweiser zu einer Antwort sein, die, wie immer sie ausfällt, nur für jeden einzelnen gültig ist. Hier sind die Fragen – die Antworten liegen bei Ihnen:

○ Wieso nehmen die Evangelisten übereinstimmend an, der Rollstein vor dem Grab wäre von außen von einem Fremden weggerollt worden? Warum nicht durch Jesus von innen?

○ Wenn eine Gruppe, vielleicht die Jünger, vielleicht Essener-Mönche, vielleicht der Klüngel um Kajaphas, den Leichnam geraubt haben sollte, wieso machten sich dann diese Leichenräuber die Mühe, den Leichnam aus dem Leinentuch auszuwickeln? Das, wie die Evangelisten bestätigen, zurückblieb.

o Gab es für Pilatus Gründe, den Leichnam Jesu durch seine Legionäre beseitigen zu lassen, wie apokryphe Schriften behaupten? Welche könnten das gewesen sein?

o Sind vielleicht alle Berichte vom Besuch der Frauen am leeren Grab erst später dazu erfunden worden, um auch damit ein weiteres Mal die alttestamentarischen Messias-Prophezeiungen zu bestätigen? Paulus zum Beispiel erwähnt die Frauen nicht!

o Konnten die Frauen möglicherweise in der Morgendämmerung ein anderes leeres Grab für das des Jesus gehalten haben? Wenn ja – warum hat dann Kajaphas diesen Irrtum, der ja für ihn negative propagandistische Folgen hatte, nicht sofort aufgeklärt?

o Warum wurde die Auferstehung Jesu erst nach sieben (!) Wochen, zum »Fest der Wochen«, öffentlich bekanntgegeben?

Niemand kann einem jeden von uns die Antworten auf diese Fragen abnehmen. Dieses Blatt müssen Sie selbst beschreiben . . .

»Alles ist mir erlaubt – aber nicht alles nützt mir.«
(1. Kor. 6,12)

VI. Kapitel
Paulus – Vollender oder Veränderer?

Aus Saulus wurde nie ein Paulus
Katholische Briefe in protestantischen Bibeln
Paulus contra Petrus
Bekehrung durch Beschneidung?
Paulus – Ein Weiberfeind?

»Ist es nicht sonderbar, daß die Menschen so gerne für die Religion fechten
und so ungern nach ihren Vorschriften leben?«
Georg Christoph Lichtenberg

Absender unbekannt

Die 21 Apostelbriefe machen etwa ein Drittel des Neuen Testaments aus. Jeder von ihnen antwortet auf konkrete Fragen einer bestimmten Personengruppe, meist einer Gemeinde. Diese Situationen muß kennen, wer die gelegentlich ungewöhnlichen Ratschläge in einigen Briefen richtig verstehen will. Das aber ist schwierig, da die »Apostelgeschichte« die einzige Informationsquelle über das Leben in den jungen Gemeinden ist. Sie ist jedoch unvollständig und nicht immer objektiv.

Die Aufteilung der Briefe ist von Bibelausgabe zu Bibelausgabe verschieden. Allgemein eingebürgert hat sich wenigstens die Teilung in die »Briefe des Paulus« und die »allgemeinen Briefe«:

○ Vierzehn Briefe des Paulus sind zwar bekannt, allerdings erkennen einige Bibelredakteure nur dreizehn an. Sie tragen den Forschungsergebnissen Rechnung und haben den »Brief an die Hebräer«, der mit Sicherheit nicht von Paulus geschrieben worden sein kann, aus seiner Briefsammlung herausgenommen. Die Einheitsübersetzung jedoch rechnet den Hebräer-Brief wieder zu den Paulus-Briefen, obgleich »er nicht von Paulus selbst stammt, sein Verfasser aber deutlich von paulinischen Gedanken beeinflußt ist«.

○ Um keine Gelegenheit zur Verwirrung auszulassen, werden die »Allgemeinen Briefe« in einigen Bibelausgaben – auch in der Einheitsübersetzung – als »katholische« Briefe bezeichnet. Das hat nichts mit der Konfession zu tun, sondern »katholisch« steht hier für »allgemein«. Warum denn einfach, wenn es auch kompliziert geht! »Allgemeine Briefe« heißen sie, weil sie keine Angaben über ihre Empfänger enthalten.

Aber auch ihre Absender sind durchaus nicht verbürgt. Der evangelische

Bibelexperte Willy Marxen formuliert sogar herzerfrischend deutlich, diese Briefe seien »samt und sonders nicht von denen geschrieben, die im Briefkopf genannt sind«.

Stilvergleiche und exakte Entstehungsdatierungen, wie die Bibelwissenschaft sie in den letzten Jahrzehnten durchgeführt hat, erlauben solchen Satz, für den ein Theologe noch vor einem guten Jahrhundert von seiner Kirche gemaßregelt worden wäre.

Die Wissenschaftler meinen: Der Fischer Petrus dürfte kaum ein so gepflegtes Griechisch geschrieben haben wie das, in dem seine beiden Briefe abgefaßt sind (sein Sekretär hätte allerdings ungehobelte Sätze so zurechtdrechseln können).

Klarer sind die Forschungsergebnisse beim Jünger Judas (nicht Iskariot), der möglicherweise ein Verwandter Jesu war und von dem ebenfalls einer der sieben »katholischen« Briefe stammen soll. Dieser Judas müßte schon ein recht biblisches Alter erreicht haben, wenn er wirklich diesen Brief, der nach neuesten Erkenntnissen um 100 n. Chr. entstand, geschrieben haben soll . . .

Diese Briefe waren alle Sendschreiben, also an mehrere Empfänger gerichtet, und dienten als Vorlage für Predigten bei den jungen Gemeinden. Sie sind Bausteine für das Fundament der christlichen Kirche.

Es gab natürlich viel mehr solcher Briefpredigten als nur die sieben in unseren Bibeln. Die Magie der Primzahl Sieben – nur durch eins oder sich selbst teilbar – dürfte bei der Auswahlbegrenzung wieder einmal eine Rolle gespielt haben. Das ist bedauerlich, denn diese Begrenzung hat einige durchaus lesenswerte Sendschreiben aus der Bibel verbannt. Sie gelten heute als apokryphe Schriften, sind aber, was Echtheit und Inhalt angeht, durchaus denen der Bibel ebenbürtig.

Neben der Teilung nach Verfassern ist eine zweite üblich. Sie unterscheidet drei Pastoralbriefe, also solche, die an bestimmte »Pastores« (Hirten) der Gemeinde gerichtet waren, und die sogenannten »Gefangenschaftsbriefe«, das sind jene, die Paulus während seiner Gefangenschaft in Rom und in Ephesus schrieb.

Diese Unterteilung ist einige Jahrhunderte alt. Eine andere ist wesentlich jüngeren Datums: Erst in unserem Jahrhundert wurden die Bibel-Briefe aufgeteilt in jene, die tatsächlich von Paulus stammen, und in jene, die er mit an Sicherheit grenzender Wahrscheinlichkeit nicht geschrieben haben kann. Das Ergebnis dieser Forschungen war eine mittlere Sensation: Vier Briefe der vierzehn sind bestimmt nicht vom Apostel Paulus geschrieben. Ihre Verfasser sind unbekannt. Mehr noch: Strengen wissenschaftlichen

Kriterien hielten nur sieben der vierzehn Briefe stand. Diese sieben zeigen »seine Handschrift«, auch wenn er sie, wie damals üblich, diktierte.

Es sind dies die beiden Briefe an die Korinther; sein Brief an die Römer; sein Schreiben an die Galater (griechische Bezeichnung für keltische Gallier, die sich im 3. Jahrhundert v. Chr. in Kleinasien ansiedelten und deren Nachkommen die Felsenwohnungen im türkischen Göreme bauten); der Brief an die Gemeinde von Philippi; das Schreiben an einen Privatmann namens Timotheus; der erste Brief an die Thessaloniden.

Dieses Schreiben ist nicht nur der älteste aller Paulus-Briefe, sondern auch die älteste Schrift des Neuen Testaments. Paulus verfaßte ihn auf seiner zweiten Missionsreise in Korinth, etwa im Jahre 50 oder 51. Alle anderen Briefe stammen aus wesentlich späterer Zeit.

Die moderne Forschung hat jedoch nicht nur die Zahl der echten Briefe dezimiert, sie konnte auch nachweisen, daß Paulus mindestens drei wesentliche Briefe mehr geschrieben hat, die jedoch als verloren gelten müssen. Würden sie gefunden, stünde ihnen ein Platz in unseren Bibeln zu.

Die Briefe des Paulus sind – das muß man sich immer wieder vor Augen halten – den Ereignissen um Jesus näher als die Evangelien-Berichte! Um so erstaunlicher, daß in ihnen wesentliche, mit Jesus verbundene Personen und Themen nicht erwähnt werden. Kein einziger Hinweis auf das »Vaterunser«, auf den Verrat des Judas Iskariot, auf Mutter Maria und auf die Frauen am leeren Grab.

Nach Jesus ist Paulus der wichtigste Name im Neuen Testament. Keiner der Jünger, keiner der Evangelien-Verfasser hat für die Entstehung des Christentums soviel getan wie dieser Mann aus Tarsus. Durch ihn ist aus dem Glauben Jesu eine Lehre geworden. Er hat das, was Jesus predigte und lebte, instituiert. Er hat die christliche Theologie begründet.

Nicht wenige Christen jedoch, die der kirchlichen Überlieferung gespalten gegenüberstehen, sagen, er habe die Ziele Jesu verfälscht.

Fest steht: Wer in abendländischer Tradition aufwuchs, kommt auf seinem Weg zu Jesus Christus an Paulus nicht vorbei. Er allein hat den »abendländischen« Schlüssel zu Jesus.

Was war dieser Paulus für ein Mensch? Aus dem Religionsunterricht wissen wir: Paulus hieß eigentlich Saulus und verfolgte im Auftrag des Hohenpriesters von Jerusalem frühchristliche Gruppen. Erst als ihm bei Damaskus in einer Vision Jesus erschien, änderte er zum äußeren Zeichen seiner Wandlung vom Christen-Verfolger zum Christus-Bekenner das Anfangs-S seines Namens in ein P. Aus einem Saulus wurde ein Paulus.

Diese Geschichte ist so bekannt wie falsch. Kein Wort steht davon in der

Bibel. Von Geburt an war »Saulus« (Schaul) der jüdische und »Paulus« der römische Name jenes Mannes, durch den das Christentum eine Weltreligion wurde.

Sein Geburtsdatum ist genausowenig bekannt wie sein Sterbetag. Wir wissen aber, daß er der Sohn orthodoxer jüdischer Eltern war, die in Tarsus an der Südküste Anatoliens lebten, das damals zum Römischen Reich gehörte. Die Stadt heißt heute noch Tarsus, doch von ihrer einstigen Betriebsamkeit blieb nichts. Wer sie besucht, kommt in einen verschlafenen Provinzort. Sein Vater verdiente seinen Unterhalt als Zeltmacher. Auch Paulus arbeitete auf seinen Missionsreisen in diesem Handwerk. Entweder als Weber, der aus Ziegenhaar Zeltplanen machte, oder als Gerber, der Lederzelte herstellte.

Die Zeltmacherei muß mehr als nur ihren Mann ernährt haben, denn die Eltern des Paulus – und damit auch er – waren römische Staatsbürger. Das war keine Selbstverständlichkeit. Juden bekamen diese nur sehr selten zuerkannt. Wie sein Vater sie erhielt, ist unbekannt. Vielleicht konnte man sie auf »anatolische Weise« erwerben – durch Kauf.

Seine römische Staatsbürgerschaft hat Paulus vor dem Tod am Kreuz gerettet. Der jüdische Gerichtshof – eben der, für den er vor seiner Bekehrung als Geheimagent Christen verfolgt hatte – ließ ihn in Jerusalem wegen Tempelschändung verhaften, weil er Heiden in das Tempelinnere geführt haben sollte. Sicher eine falsche Anschuldigung, denn Paulus war streng pharisäisch, in Respekt vor der Tora, erzogen.

Er wurde wegen dieses »Kapitalverbrechens« verurteilt, konnte als römischer Bürger jedoch darauf bestehen, daß sein Fall vor dem kaiserlichen Gerichtshof in Rom verhandelt wurde. Dem römischen Provinzstatthalter war es sicher recht, diesen unbequemen, weil juristisch beschlagenen Angeklagten abschieben zu können. Er überwies ihn nach Rom.

Das Ende des Paulus ist nicht bekannt. Aus der »Apostelgeschichte« wissen wir nur, daß er in Rom zwar als Gefangener, aber mit ziemlichen Freiheiten lebte. Sollte er dort hingerichtet worden sein, dann durch das Schwert. Auf diese Todesart hatte er als römischer Bürger Anspruch.

Mehr als dreißig Jahre ist Paulus missionierend durch viele Länder gereist. Wegkundige haben errechnet, daß er an die 20 000 Meilen zurückgelegt hat – jede römische Meile, »mille passuum«, zu 1000 Legionärsdoppelschritten gerechnet, jeder Schritt fünf Fußlängen. 20 Millionen Schritte wären das! Doch Paulus wanderte nicht per pedes apostolorum, sondern benutzte entweder Reisewagen, in denen man nicht unbequemer vorankam als in den Postkutschen der Goethe-Zeit, oder reiste per Schiff. Das allerdings war unbequem und gefährlich wegen der Stürme und der Piraten. Die »Apostelgeschichte« berichtet, daß 276 Menschen an Bord des breitbugigen Frachtseglers waren, mit dem er als Gefangener nach Rom gebracht werden sollte und das in einem Sturm an Maltas Küste strandete.

Damals war eine günstige Zeit für Reisen. Friede herrschte in der antiken Welt. Ein ausgebautes Straßennetz hielt das Römische Reich von Afrika bis Britannien zusammen. Paß-, Zoll- und Sicherheitskontrollen wie in unserer Zeit blieben Paulus erspart, und auch Sprachbarrieren hatte er nicht zu überwinden – alle Welt verstand die »Koine«, das Umgangsgriechisch.

DIE DOPPELTE TAT DES PAULUS

Durch zwei große Leistungen hat Paulus die Richtung für die Weiterentwicklung der Lehre Jesu gewiesen.

O Einmal hat er geklärt, daß man sich christlich taufen lassen kann, ohne vorher den jüdischen Glauben angenommen zu haben.

O Zum anderen hat er das Christentum zur Religion der Sklaven, Armen und Ausgebeuteten gemacht, indem er verkündete, daß die Not des einzelnen ein Zeichen der Erwählung durch Jesus ist.

Mit der Auffassung, auch unbeschnittene Heiden können Christen werden, war Paulus unter den anderen Aposteln ein Außenseiter. Er wußte das. Seine Kontakte zu den anderen, die die Lehre Jesu weitertrugen, waren spärlich. »Von den anderen Aposteln sah ich keinen außer Jakobus, den Bruder des Herrn«, schrieb er in einem seiner Briefe.

Zu Petrus, den er in seinen Briefen mit dessen hebräischen Namen Kephas nennt, geriet er in eine Kontroverse, die man auch getrost Streit nennen kann. Im »Brief an die Galater« hat er ausführlich darüber berichtet. Anlaß war die Absonderung der beschnittenen Judenchristen von den unbeschnittenen Heidenchristen. Die Frage, ob die Beschneidung als Zeichen der Bekehrung notwendig sei, kommt uns heute wie Haarspalterei vor, für die frühen Christen war sie Diskussionsthema Nr. 1. Seitenweise hat sich Paulus – der dagegen war – in seinem »Brief an die Römer« dazu geäußert. Natürlich ging es nicht nur um den Ritus der Beschneidung, der war nur äußeres Zeichen dafür, daß ein Christ den jüdischen Glauben als Grundlage der Lehre Jesu akzeptierte.

Die Tatsache, daß diese Frage zum Thema des »Apostelkonzils« von

Jerusalem gemacht werden mußte, zeigt, welche Bedeutung ihr in den verschiedenen Christengemeinden beigemessen wurde. Damals stand es auf des Messers Schneide, ob sich die junge Religion, noch ehe sie einen festen Platz in den Herzen der Gläubigen gefunden hatte, in eine judenchristliche und eine heidenchristliche Sektion spalten würde.

Das Konzil entschied im Jahre 49 n. Chr.: Wer zum Christentum übertritt, braucht sich nicht beschneiden zu lassen.

Der Beschluß war getroffen, aber unterschwellig glomm das Für und Wider in den jungen Gemeinden weiter. In Antiochia zum Beispiel sonderte sich Petrus mit einer Gruppe beschnittener Judenchristen von den Heiden ab, die sich nicht dieses chirurgischen Eingriffs unterzogen hatten. Paulus machte ihm deshalb vor versammelter Gemeinde den Vorwurf:

»Wenn du als Jude nach Art der Heiden und nicht nach Art der Juden lebst, wie kannst du dann die Heiden zwingen, wie Juden zu leben?«

(Gal. 2,4)

Paulus hat das nicht nur gesagt, sondern auch schriftlich den anderen Gemeinden mitgeteilt.

Im Jahre 56 n. Chr., also noch sieben Jahre nach der Entscheidung des Konzils zu Jerusalem, fand diese Auseinandersetzung statt, was zeigt, wie stark jenes Thema noch immer schwelte. Dabei war zu dieser Zeit die Aufteilung der Missionsgebiete zwischen Paulus und Petrus längst geregelt: Petrus bekehrte Juden, Paulus predigte die Lehre Jesu in der heidnischen Welt. Er hatte nicht nur Heiden als Gegner, sondern es gab auch viele Widersacher in den Gemeinden. Dazu gehörten getaufte Juden, die nicht an seine Wandlung vom Christen-Verfolger zum Christus-Verkünder glaubten, aber auch judäische Missionare, die die Christen zu überreden versuchten, sich beschneiden zu lassen.

Wenn das frühe Christentum aus dem Ghetto einer jüdischen Sekte herausgeführt wurde – möglicherweise unter Veränderung der Botschaft Jesu –, dann ist dies einzig und allein Paulus zu verdanken. Er allein hat die Parole ausgegeben:

Es gibt nicht mehr Juden und Griechen, nicht Sklaven und Freie, nicht Mann und Frau; denn ihr alle seid »einer« in Christus Jesus. (Gal. 3,28)

Damit aber dieser Schritt zu einem Glauben, der über sozialer Schichtung und nationaler Bindung steht, möglich wurde, mußte die Botschaft des Jesus aus Nazaret so dargestellt werden, daß sie für Nichtjuden begreif- und nachvollziehbar war.

Vor allem ein Wort hat Paulus geholfen, diese Aufgabe zu meistern: Gnade. Jene Gnade, die Jesus durch seinen Tod allen Menschen gebracht hat. »Gnade« ist das Lieblingswort des Paulus in all seinen Briefen. Es ist ihm eigentümlich im doppelten Sinn, denn in keinem der Evangelien wird es als Jesus-Wort zitiert.

Dies ist um so bemerkenswerter, da diese später als die paulinischen Briefe niedergeschrieben wurden. Paulus und die ersten Christen wußten weniger Einzelheiten von Jesus, seinem Leben und seiner Lehre, als wir aus den Evangelien wissen!

Bitte lesen Sie den letzten Satz noch einmal! Nur zu leicht vergißt man beim Lesen der »Apostelgeschichte« und des Briefteils, daß die Evangelien noch nicht geschrieben waren, als die Apostel auszogen, Jesu Botschaft zu verkünden!

Das einzige, woran sich jene Menschen halten konnten, die sich hatten taufen lassen, waren Predigten der Apostel und Briefe wie die des Paulus! Er gab die Richtung für das Leben als Christ an. Im Römerbrief hat er eine Maxime formuliert:

Eure Liebe sei ohne Heuchelei. Verabscheut das Böse, haltet fest am Guten. Seid einander in brüderlicher Liebe zugetan, übertrefft euch in gegenseitiger Achtung. Laßt nicht nach in eurem Eifer, brennt im Geist und dient dem Herrn. Seid fröhlich in der Hoffnung, geduldig in Bedrängnis, beharrlich im Gebet. (Röm. 12,9–12)

Damit nahm er Einfluß auf die Moral seiner Zeit. Einige meinen, er hätte dies mit solchen Sätzen auch ohne die Legitimation durch die Lehre Jesu tun können. Tatsächlich gehen manche seiner Formulierungen über das hinaus, was uns an Jesus-Worten in den Evangelien überliefert ist. Dies sind zum Beispiel zwei ganz eigenständige paulinische Erkenntnisse:

Gott liebt uns nicht, weil wir gut sind, sondern damit wir gut werden.
(Kol. 1,19)

Alles ist mir erlaubt – aber nicht alles nützt mir. (1. Kor. 6,12)

Aus dem 1. Korintherbrief wird gern zitiert, wenn es mal wieder gilt, die Frauenfeindlichkeit des Paulus zu beweisen.

Wie steht es damit?

Richtig ist: Was Paulus in diesem Brief über die Stellung der Frauen sagt, wird im Zeitalter der Gleichberechtigung nicht gern von den Kanzeln gepredigt. Einiges klingt tatsächlich moralinsauer:

Es ist gut für den Mann, keine Frau zu berühren. Wegen der Gefahr der Unzucht soll aber jeder seine Frau haben, und jede soll ihren Mann haben.
(1. Kor. 7,1–2)

Deutliche Worte – weit, weit weg vom alttestamentarischen »Seid fruchtbar und mehret euch«. Angst vor der Unzucht statt Spaß an der Lust kuppelt nach Paulus zwei Menschen zusammen. Doch die Einheitsübersetzung gibt diesen Sätzen durch einen kleinen stilistischen Eingriff eine neue Wendung: Sie setzt den ersten Satz in Anführungszeichen und macht ihn dadurch nicht zur Antwort des Paulus auf eine Anfrage, sondern zur Frage, die aus der korinthischen Gemeinde an ihn gestellt wurde. Die Stelle liest sich jetzt so:

Nun zu der Anfrage eures Briefes! »Es ist gut für den Mann, keine Frau zu berühren.«

Zum Vergleich die gleiche Stelle aus der Zürcher Bibel:

Was aber das betrifft, wovon ihr mir geschrieben habt, so ist es für den Menschen gut, kein Weib zu berühren.

Bei den calvinistischen Protestanten ist die Unbeweibtheit also klar die Auffassung des Paulus. Im Gegensatz zur Einheitsübersetzung.

Mache sich jeder seinen eigenen Vers darauf.

Unterstützt wird die protestantische Auffassung von der Frauenfeindlichkeit des Paulus durch eine Stelle im gleichen Brief:

Bist du an eine Frau gebunden, suche dich nicht zu lösen; bist du ohne Frau, dann suche keine. (1. Kor. 7,27)

Doch so einfach läßt sich Paulus nicht in die Anti-Frauen-Liga einreihen! Denn diese zwei Zeilen wurden geschrieben, als man das Weltende für greifbar nahe hielt, so daß es, wenn schon nicht verständlich, doch wenigstens begreiflich ist, daß Paulus rät, sich den kommenden Weltuntergangsereignissen ungebunden zu stellen.

Wer da meint, diese Erklärung sei an dünnen Haaren herbeigezogen, wird eines anderen belehrt, wenn er ein paar Zeilen später im gleichen Brief liest:

Denn ich sage euch, Brüder, die Zeit ist kurz. Daher soll, wer eine Frau hat, sich in Zukunft so verhalten, als habe er keine. (1. Kor. 7,29)

Wozu sollte man auch, wenn die Welt bald unterging, sie vorher noch bevölkern?

So wichtig wie die Zeit, in der diese Zeilen geschrieben wurden, so wichtig ist es auch, zu wissen, an wen sie gerichtet waren – in diesem Falle an die Gemeinde in Korinth.

Korinth war eine Stadt der Ausschweifung. Von den 600 000 Einwohnern war ein Drittel Sklaven. Die Stadt hatte den denkbar schlechtesten Ruf. So ungehemmt war das Sexleben in ihren Mauern, daß aus ihrem Namen das griechische Verb »korinthiazesthai« abgeleitet wurde, und das bedeutete »ein ausschweifendes Leben führen«. In dieser Gemeinde wußte jeder sofort, was Paulus meinte, wenn er schrieb:

Eine Frau aber entehrt ihr Haupt, wenn sie betet oder prophetisch redet und dabei ihr Haupt nicht verhüllt. Sie unterscheidet sich dann in keiner Weise von einer Geschorenen. (1. Kor. 11,5)

Den Kopf kahl scheren – das war eine Strafe, die auf gewerbsmäßige Unzucht stand. Prostituierten wurden die Köpfe kahlgeschoren. In vielen Bibelausgaben heißt es wenige Sätze weiter:

Deshalb soll die Frau eine Macht auf dem Haupte haben, um der Engel willen. (1. Kor. 11,10)

In der Einheitsübersetzung wird daraus:

. . . soll die Frau mit Rücksicht auf die Engel das Zeichen ihrer Vollmacht auf dem Kopf tragen.

Beide Texte meinen das gleiche: Frauen sollen einen Schleier tragen.
Der Schleier war das Zeichen fraulicher Ehrbarkeit und Beleg, daß ein
Mann Macht (oder Vollmacht) – daher das Wort – über sie hat, daß sie
verheiratet ist. Aus diesem Hinweis bei Paulus entstand die heute noch
gültige Sitte, daß Frauen ihren Kopf bedecken, wenn sie eine katholische
Kirche betreten.

Eine andere Formulierung in dieser Briefstelle klingt seltsam vertraut –
»mit Rücksicht auf die Engel« oder »um der Engel willen«. Sie kam schon
einmal in diesem Buch vor. Sie steht als Zitat aus den Qumran-Rollen auf
Seite 252. Bei den Essenern waren Frauen von dem gottesdienstähn-
lichen gemeinsamen Mahl ausgeschlossen »um der Engel willen«.

Wenn Paulus nach Lourdes käme ...

Paulus war kein bequemer Diskussionspartner, aber auch seine Gegner
waren nicht von der sanften Art. Seine Missionsreisen waren keine »Aus-
flüge«, sondern Erkundungsfahrten, bei denen er nicht selten Kopf und
Kragen riskierte. Als bestes Beispiel mag sein Aufenthalt in Ephesus
gelten, wo er sich den Zorn der ansässigen Andenkenfabrikanten zuzog.

Ephesus war damals die Hauptstadt der römischen Provinz Asien. Eine
prachtvolle Stadt. In ihrem Amphitheater hatten 24 000 Zuschauer Platz.
Von weither pilgerten Menschen zu einem der sieben damaligen Weltwunder, dem Tempel der Artemis. In ihm wurde jedoch nicht die Artemis, die
griechische Göttin der Jagd, verehrt, die die Römer dann Diana nannten,
sondern die kleinasiatische Artemis, die Göttin der Fruchtbarkeit. Von ihr
erhoffte man sich Segen für die Ernte wie auch für den Schoß der Ehefrau.

Wer von den Wallfahrern es sich leisten konnte, kaufte als Amulett und
Souvenir eine kleine Nachbildung ihrer Statue in Silber. Der Andenken-
handel mit diesen Anhängern blühte, und nun kam dieser Paulus und
predigte, daß diese Amulette nur jenen nützten, die sie herstellten und
verkauften.

Die Fabrikanten und Händler waren selbstverständlich nicht bereit,
diese geschäftsschädigenden Predigten so ohne weiteres hinzunehmen. Sie
organisierten eine Massenkundgebung der Betroffenen, die mit einem
Protestmarsch gegen Paulus und seine Anhänger endete. Freunde mußten
Paulus klammheimlich aus der Stadt bringen, sonst wäre er von der Menge
gelyncht worden.

Wenige Jahrzehnte zuvor hatte Jesus noch die Wechsler aus dem Tempel vertreiben können, ohne daß er unmittelbar bedroht wurde, in Ephesus aber kochte die Volksseele gegen Paulus, der es gewagt hatte, das Geschäft mit den religiösen Gefühlen beim Namen zu nennen.

Jesu Zorn, des Paulus Warnung vor der Vermarktung des Glaubens – sie sind außenseiterische Einzelgänger-Aktivitäten von vorvorgestern, in einem Jahrhundert wie dem unseren, in dem sich Scharen von Souvenirhändlern in allen Wallfahrtsorten breitmachen.

Schlimmstes Beispiel: Lourdes. Wer sich einmal durch das Gedränge der Einkaufsstraßen dieses Wallfahrtsortes schieben läßt, fühlt sich wie auf einem Jahrmarkt: Bernadette auf Eieruhren, Plastikflaschen in Gestalt der Jungfrau Maria mit abschraubbarem Kopf für Lourdes-Wasser und für Air-travel-Pilger Lourdes-Wasser in Tablettenform! Täglich bis kurz vor Mitternacht kann man in den Magazinen alles kaufen, bis zur Jungfrau mit Batteriebeleuchtung.

Nichts hat sich geändert seit den Zeiten der Artemis von Ephesus. Hinzugekommen ist nur der Heiligenschein. Vielleicht, wer weiß, brauchen viele Gläubige solche Äußerlichkeiten so wie Soldaten ihre Regimentsfahnen.

Wie Händler und Fabrikanten, möglicherweise auch Priester, wohl reagierten, wenn einer mit der Glaubenskraft des Paulus sich ihnen entgegenstellte!

Erst der Hintergrund eines solchen religiösen Souvenirkitsch-Panoptikums läßt ahnen, was Männer wie Paulus auf sich nahmen, um die Lehre von Jesus (oder das, was sie dafür hielten) zu verbreiten. Dann erst begreift man, was sie um des Glaubens willen auf sich nahmen:

Ich war oft auf Reisen, gefährdet durch Flüsse, gefährdet durch Räuber, gefährdet durch das eigene Volk, gefährdet durch Heiden, gefährdet in der Stadt, gefährdet in der Wüste, gefährdet auf dem Meer, gefährdet durch falsche Brüder. Ich erduldete Mühsal und Plage, durchwachte viele Nächte, ertrug Hunger und Durst, häufiges Fasten, Kälte und Blöße ... Wenn schon geprahlt sein muß, will ich mit meiner Schwachheit prahlen.

(2. Kor. 11,26–30)

Die Schwäche des Fleisches, die Stärke des Geistes – das große polarisierte Thema aller Texte in der Bibel. Jahrhundertelang wurde uns geraten, sie »im rechten Geist« zu lesen. Doch was ist der rechte Geist? Es kann nur der sein, den jeder Leser in sich trägt, der seinen Blickwinkel bestimmt.

Nur wer die Bibel unverkrampft und ohne Vorurteile liest, findet den direkten Weg zu ihren Texten, die alles – die frommen Kommentare wie die zerstörende Kritik – von nun fast zwei Jahrtausenden überdauert hat. Gibt es einen besseren Beweis ihrer Überlegenheit?

Über 200000 Bücher erscheinen Jahr für Jahr allein in der Bundesrepublik – zu diesem einen Buch aber greifen seit fast zweitausend Jahren immer wieder Menschen aller Hautfarben und Sprachen. Warum? Weil hinter jedem ihrer mehr als 773000 Worte eine Absicht steckt, die Immanuel Kant auf jene knappe Formel brachte, die am Anfang dieses Buches steht. Es gibt keinen besseren Satz, mit dem dieses Buch abgeschlossen werden kann: »Die Endabsicht des Bibellesens ist, bessere Menschen zu machen.«

Literaturverzeichnis

A. Bibelausgaben und Nachschlagwerke

Andreas-Bibel in vorläufiger Einheitsübersetzung, Band 1–5, Salzburg 1976
Archäologisches Lexikon zur Bibel, *Negev, Abraham* (Hg.), München/ Wien/Zürich o.J.
Atlas zur Bibel, *Rowley, M.*, Wuppertal 1965
Biblisches Lexikon für Jung und Alt, *Northcoll, Cecil*, Konstanz 1973
Das Alte Testament und seine Lebensordnungen, Bd. 1 u. 2, *de Vaux O. P., Roland*, Freiburg 1964
Das Neue Testament, verdeutscht und erläutert von *Michaelis, Wilhelm*, Leipzig o.J.
Das Neue Testament, übersetzt von *Wilckens, Ulrich*, Hamburg 1971
Das Sachbuch zur Bibel, *Scharbert, Josef*, Aschaffenburg 1965
Die Bibel nach der Übersetzung Dr. Martin Luthers, Berlin 1908
Die Bibelkorrektur, *Hengge, Paul*, Wien/Stuttgart 1979
Die gute Nachricht, Bibelgesellschaften und Bibelwerke, Stuttgart 1976
Die Heilige Schrift des Alten und Neuen Testaments, Zürich 1942
Eine Bibel – viele Übersetzungen, *Nida, E. A.* (Hg.), Stuttgart
Einheitsübersetzung der Heiligen Schrift, Das Neue Testament, Stuttgart 1979
Führer durch das Neue Testament, *Charpentier, Étienne*, Patmos Verlag, dt. Bearbeitung von Schierse, F. J., Düsseldorf 1983
Handbuch zur Bibel, *Alexander, David und Pat* (Hg.), Wuppertal 1974
Kleines Bibellexikon, Konstanz 1972
Kommentar zum Neuen Testament aus Talmud und Midrasch, 5 Bände, *Strack, Hermann L.*, und *Billenbeck, Paul*, München [7]1978

Lexikon der ägyptischen Kultur, *Posener, Georges*, Wiesbaden 1960
Lexikon der Alten Welt, Zürich/Stuttgart 1965
Lexikon der Maße und Gewichte, *Hellvig, Gerhard*, Gütersloh 1979/1982
Lexikon der Symbole, *Bauer, Wolfgang, Dümotz, Irmtraud*, und *Golovin, Sergius*, Dreieich 1980
Neue Jerusalemer Bibel (Einheitsübersetzung), Freiburg 1985
Neue Schulbibel, Zürich 1973
Praktisches Bibellexikon, Freiburg im Breisgau 1969
Reclams Bibellexikon, *Koch, Klaus, Otto, Eckhard, Roloff, Jürgen*, und *Schmoldl, Hans*, Stuttgart 1978
Theorie und Praxis des Übersetzens unter besonderer Berücksichtigung der Bibelübersetzung, *Nida, E. A.*, und *Taber, R.*, Stuttgart 1969

B. Allgemeine Literatur

Afanasjew, Georg: Moses ist an allem schuld, München 1972
Albright, William Foxwell: Die Bibel im Licht der Altertumsforschung, Stuttgart 1957
Allegro, John M.: The Dead Sea Scrolls, Harmondsworth 1956
Arenhoevel, Diego: So wurde Bibel, Stuttgart 1974
Augstein, Rudolf: Jesus Menschensohn, München 1974
Bailey, A. E.: Daily Life in Bible, Times 1943
Bamm, Peter: Welten des Glaubens, München 1959
–, Frühe Stätten der Christenheit, München 1955
Barreau, Jean-Claude: Die Memoiren von Jesus, Frankfurt/Berlin 1978
Barthel, Manfred: Die Jesuiten, Düsseldorf 1982
Bauer, Hans, und *Leander, Pontus:* Kurzgefaßte biblisch-aramäische Grammatik mit Texten und Glossar, Halle (Saale) 1929
Ben-Chorin, Schalom: Bruder Jesus, München [3]1970
Blinzler, Josef: Der Prozeß Jesu, Regensburg [4]1969
Böttcher, Helmuth: Gott hat viele Namen, München 1964
Bornkamm, Günther: Jesus von Nazareth, Stuttgart 1956
Bruin, Paul: Steht das wirklich in der Bibel?, Luzern/München 1978
Budge, W. E. A.: The Babylonian Story of the Deluge and the Epos of Gilgamesh, o. O. 1920
Bull, Norman J.: Das Abenteuer Bibel, München 1981
Bultmann, Richard: Die Geschichte der synoptischen Tradition, Göttingen 1958

Burrows, Millar: Die Schriftrollen vom Toten Meer, München 1960
–, Mehr Klarheit über die Schriftenrolle, München 1958
de Camp, L. Sprague und *Catherine C.:* Geheimnisvolle Stätten der Geschichte, o.O., o.J.
Canu, Jean: Die religiösen Männerorden, o.O. 1963
Carmichael, Joel: Leben und Tod des Jesus von Nazareth, München o.J.
Craveri, Marcello: Das Leben des Jesus von Nazareth, o.O. 1970
Dimier, Catherine: Was nicht im Alten Testament steht, o.O. 1965
Frischauer, Paul: Es steht geschrieben, Zürich 1967
Garden, Ernest: Sagt die Bibel die Wahrheit?, Lüneburg 1957
Haemmerling, Konrad: Die fünf Weltreligionen, Berlin 1947
Hergge, Paul: Die Bibel-Korrektur, Stuttgart 1979
Hennecke, Edgar: Neutestamentliche Apokryphen, Tübingen 1959
Hinker, Wolfgang, und *Speidel, Kurt:* Wenn die Bibel recht hätte, Stuttgart 1970
Holl, Adolf: Jesus in schlechter Gesellschaft, Stuttgart 1971
Huxley, Julian: Die Wüste und die alten Götter, Wiesbaden 1956
Josephus Flavius: Altertümer, jüdischer Krieg, o.O. 1954
Kaufmann, C. M.: Handbuch der christlichen Archäologie, o.O. 1922
Keller, Werner: Da aber staunte Herodot, Düsseldorf 1972
–, Und die Bibel hat doch recht, Düsseldorf 1955
–, Und die Bibel hat doch recht in Bildern, Wien/Düsseldorf 1963
Kinard, Malvina, und *Crisler, Janet:* Das biblische Kochbuch, Freiburg 1978
von Kleist, Heinrich: Die Erzählungen und kleinere Schriften, Berlin 1935
Koenigswaldt, Hans: Lebendige Vergangenheit, München 1974
Koldewey, Robert: Das wiedererstehende Babylon, o.O. 1925
Kühner, Otto Heinrich: Das Jahr Null und die Bibel, o.O. 1962
Langewiesche, Marianne: Spuren in der Wüste, o.O. 1970
Lehmann, Johannes: Moses – der Mann aus Ägypten, Hamburg 1983
–, Die Jesus GmbH, Düsseldorf 1972
–, Jesus Report, Düsseldorf 1970
Lissner, Jvar: So habt ihr gelebt, Olten/Freiburg 1955
Magnusson, Magenus: Auf den Spuren der Bibel, München 1978
Marxsen, Willi: Einleitung in das Neue Testament, Gütersloh 1964
Mazar, Benjamin: Der Berg des Herrn. Neue Ausgrabungen in Jerusalem, Bergisch Gladbach 1979
Morison, Frank: Wer wälzte den Stein?, Hamburg 1950
Morton, H. V.: Auf den Spuren des Meisters, Berlin 1960

Omlin, Jos. A.: Der Papyrus 55001, Turin 1968
Paillard, Jean: Vier Evangelisten – vier Welten, Frankfurt 1961
Plöger, Josef G., und *Knoch, Otto* (Hg.): Einheit im Wort (Informationen, Gutachten, Dokumente zur Einheitsübersetzung der Heiligen Schrift), Stuttgart 1980
Pritchard, James B. (Hg.): Alltagsleben in biblischer Zeit, Frankfurt 1974
Rehork, Joachim: Archäologie und biblisches Leben, Bergisch Gladbach 1972
Salibi, Kamal: Die Bibel kam aus Asir, München 1985
Schubart, Walter: Religion und Eros, München 1966
Shaw, George Bernard: Komödien des Glaubens, Zürich 1947
Sizoo, Alexander: Die antike Welt und das Neue Testament, Konstanz 1955
Speidel, Kurt, und *Hinker, Wolfgang:* Wenn die Bibel recht hätte, Stuttgart 1970
Schierse, Franz Joseph: Patmos – Synopse, Düsseldorf 1968
Schneider, Wolf: Überall ist Babylon, Düsseldorf 1960
Schott, A.: Das Gilgamesch-Epos, o. O. 1934
Stählin, Wilhelm: Auch darin hat die Bibel recht, Stuttgart 1964
Strauss, David Friedrich: Das Leben Jesu, Tübingen 1864
Uhlig, Helmut: Die Sumerer, München 1976
Yadim, Yigael: Hazor, Hamburg 1976
Weiser, Alfons: Was die Bibel Wunder nennt, Stuttgart 1975
Wellhausen, Julius: Israelitische und jüdische Geschichte, o. O. 1921
Zink, Jörg: Die Wahrheit läßt sich finden, Stuttgart/Berlin 1972

Personen- und Sachregister

Vorbemerkung

Das Register enthält die Namen der im Buch genannten *Personen, Sachen, Orte, Titel* und *Institutionen*. *Namen* von *Personen* und *Gottheiten* sind durch *kursive Schrift* gekennzeichnet, *Titel* von *Büchern, Zeitungen* und *Schriften* stehen in *Anführungszeichen, ausgenommen Bibelausgaben* und *-teile*. Die einzelnen Bücher der Bibel stehen zumeist unter den Namen ihrer aus der Bibel bekannten Autoren. Für Stichworte, die sehr häufig vorkommen, wie z. B. Altes Testament, Neues Testament, Bibel, Israel usw., werden nur die wesentlichen Textstellen angegeben. Die Umlaute ä, ö und ü sind als a, o und u alphabetisiert.

A

Aaron 98, 110
Abba Schaul 29
Abel 45 ff.
Abendland 302
Abendmahl 251, 254
Abimelech 127
Abischag 153 ff.
Abraham 28, 63–78, 80, 82, 113, 115, 118, 133
Abrahams Schoß 81
Abram (s. a. *Abraham*) 63
Abschalom 151
Adam 41–47, 49, 273
Adamah 43
Adamsapfel 42
Adoma 73
Adonia 154 ff.
Afrika 368
Ägäis 129, 334
Ägypten 90 ff., 96, 112 f., 179, 183, 208, 213, 325

Ägypter 90, 96, 98 f.
Ahab 171 ff.
Ahitofel 213
Ai 117
Alexander der Große 61, 94, 109, 161, 187, 203, 361
Alexandria 22 f., 33, 227
Allegro, P. L. 251
Alphäus 289
Altar 161
Altes Testament 14–22, 28, 30, 32 f., 58, 61, 81, 94, 99, 126, 130, 185, 195, 200, 211, 217, 226, 229, 243, 249, 251, 260, 270, 294, 318, 325, 330, 335 f.
Amen 195, 229
Amenophis IV. s. *Echnaton*
Amman 102
Ammon 128, 152, 155
Ammoniter 128
Amos 240, 358
Amytis 184
Anatolien 367

Andreas 123, 289, 324
–, Bibel 123
»Annales« *(Tacitus)* 268
Anripatros 57
Antiochia 268, 369
Apis 111
Apokalypse 227, 238, 334f.
Apokryphen 17f., 202, 243, 365
Apostel s. a. Jünger 322f.
Apostelbriefe 261, 364ff.
»Apostelgeschichte« 50, 322ff.,
   364, 367f.
Aram 155
Aramäer 172, 178
Ararat 53f.
Arche Noah (Noach) 51–55
Armenbibeln 24
Artaxerxes 190, 199f.
Artemis 57, 373
Artemis-Tempel 373
Asien 373
Askalon 130
Asnath 88
Assur 59, 177
Assyrer 180f.
Assyrien 176, 179, 213
Astarte 124, 199
Astric, Jean 19
Astronomie 274f.
Athen 204, 256, 305, 319
Atlas 41
Auferstehung 206ff., 227
Augustus 274, 353

B

Baal 109, 121, 123f., 162, 173, 176
Baal-Hadad-Tempel 162

Baal-Kult 119, 172f., 190, 211, 230,
   239
Baalbek 123
Bab-ili 58
Babel 58, 183
–, Turm zu 33, 57–62
Babylon 28f., 57, 124, 179,
   182–187, 276
Babylonische Gefangenschaft 74,
   186, 189, 211, 230
Bailey, Kenneth 278–281, 284
Ballestrero, Kardinal 360
Balthasar 276
Bamm, Peter 44
Bar-Kochba-Aufstand 130
Barkai, Gabriel 16
Barreau, Jean-Claude 270
Bartholomäus 289
Baruch 230, 234
Baruch Spinoza 19
Bathseba 148, 154
Baum der Erkenntnis 41
Beduinen 250
Beerscheba 150
Belschazzar 186
Ben Akiba 223
Ben Sira 227
Benjaminiten 134, 143
Bergpredigt 302f.
Beschneidung 146, 203f., 279,
   368f.
Betesda 326
Bethanien 291
Betel 117
Betlehem 135, 146, 242f., 273, 285
Bibel 12–16, 23f., 33, 55ff., 66,
   98f., 117, 139, 141, 163, 165,
   183, 204, 226, 228, 237, 266,
   294, 316, 340, 361, 374f.

Bietak, Manfred 95
Bilha 79
Bilkis, Königin von Saba 165 ff.
Bismarck, Otto von 134
Boas 118, 136 f.
Botta, Paul-Emile 48
Bozra 103
Brecht, Bert 11, 15
Brescia 14
Britannien 368
Britisches Museum, London 42
Bronzenes Meer 163
Bruin, Paul 281
»Buch der Aufrechten« 120
»Buch der Könige« 73
»Buch der Richter« 115, 122–127,
132–135
Bucklin, Robert 359
Buddha 285
Bund 28, 56, 188 f., 258, 260
Bundeslade 110 f., 148, 151 f., 163
Byblos 23, 162

C

C-14-Methode 54, 158, 263, 360
Caesar, Gaius Julius 49, 64
Caesarion 166
Cäsaren 337
Caspar 276
Chabur 177
Chaldäa 59, 65
Chantir 95
Cherubim 44 f.
Chosroes 277
Christen 22, 26, 31, 63, 74, 99,
262, 268, 296, 309, 324, 339,
366–369

Christentum 207 f., 254 f., 266,
367 f., 369
Christenverfolgungen 339
Christus 268 f., 282, 361
Chrodewang, Bischof von
Metz 112
Chronik 150, 188 f.
Churchill, Winston 64
Claudel, Paul 194
Claudia Procula 353
Claudius, Matthias 193
Codex 24
–, Sinaiticus 263
–, Vaticanus 263
Cranach, Lucas 41

D

Damaskus 28, 73 f., 366
Dämonen 296, 309 f.
Dan 113, 150
Daniel 186, 236 ff.
Däniken, Erich von 111,
235
Darius 187
»Das Buch mit sieben Siegeln«
(Offenbarung) 335
David 64, 129, 137–158, 168, 170,
179, 188, 203, 232, 245, 273,
279, 353
Debora 28, 127
»Debora-Lied« 127 f.
Deissler, Alfons 31
Delila 131 f.
Denar 332
Denin, Avinoam 104 f.
Der el Bahari 159
Descartes, René 56

»Deuteronomium« (5. Buch
Mose) 17, 109f., 112, 161
Dheilly, Joseph 123
Diaspora 189, 234
»Die Geschichte von Tobias und
Sara« *(Claudel)* 194
Dionysius Exigerus 274
Domitian 334
Dornbusch 96f.
Dornenkrone 96, 359
Drafftkorn-Kilmer, Anne 214
Droysen, Johann Gustav 361
Dschebel Machmal 161
»Duineser Elegien« *(Rilke)*
211
Dürer, Albrecht 41, 336
d'Alembert, Jean le Rond 253

E

Ebla 38, 64, 72f.
Ebrum 73
Echnaton 31f., 89
Ecole biblique (Jerusalem) 46,
261, 306
Edelsteine 158
Eden, Garten 38, 44
Edom 102, 155
Edonai 30
Efraim 113
Eglon 124f.
Ehebruch 86, 218, 332
Ehud 124f.
Einbalsamierung 92
Einheitsübersetzung 8, 20f., 25,
29, 35, 38, 43, 45, 78, 82, 87,
89, 109, 120, 126, 135, 190, 209,
215, 217, 219f., 228, 251, 262,

288, 292, 299, 305, 307f., 316,
330, 343, 364, 371f.
El 124
El Cid 172
El Dschib 121
Elat 160
Elhanan 139f.
Elija 171, 173f., 176, 211
–, Himmelfahrt 175
Elisabeth 281
Elischa 173, 175f., 178
Elohim 30
»Encyclopaedia Britannica« 51
Engel 80f., 124, 195f., 279, 282,
334f., 373
Enlil 55
Ephesus 57, 283, 365, 373
–, Konzil zu 283
Ephron 71
Epidaurus 308
Epiphanes s. *Ptolemaios V.*
Episkopen 302
Eridu 52, 59
Erlösung 357
Ernst, Max 272
Erzengel 195f.
Esra 189ff.
Essener 246–258, 326f., 350, 362
Ester 198–201, 251
Euphrat 32, 39f., 59, 65f., 68, 94,
176f., 276
Eva 29, 41, 43, 45
Evangelien 260f., 269, 272, 285,
293, 304, 310, 323f., 341, 353,
356, 370
»Evangelische Unterweisung«
268
Exodus 95, 99f., 102f.,
113

»Exodus« (2. Buch Mose) 17,
20, 112, 348
Exorzismus 210
Ezechiel 235 f., 331, 335
Ezjon-Geber 160

F

»Faust« *(Goethe)* 210, 335
Feigen 311
Feigenbaum 311, 329 f.
Fest der Wochen 362
Fitzmeyer, Joseph (SJ) 259
Flavius Josephus 252 f., 255, 269,
274, 348
Frauen 29, 70, 83 f., 118, 165, 199,
290 f., 350, 362, 366, 371 ff.
Frei, Max 359
Freud, Sigmund 100
Friedrich der Große 247, 253
Friedrich I. Barbarossa 127
Fronarbeit 155, 169

G

Gabriel, Erzengel 196
Gad 149
Galater 366, 368
Galiläa 115, 267, 269 f., 279, 285,
319
Garizim 248
Gärten, Hängende 57, 184 f.
Gazar 68 f.
Gebal 23, 162
Gebaliter 162
Gedser 156
Gefangenschaftsbriefe 365

Gelobtes Land 113–116
»Genesis« (1. Buch Mose) 17, 33,
112
Genezaret, See 308
Gensfleisch, Johann (Gutenberg)
18 f.
Germanien 353
»Gesellschaft für deutsche
Sprache« 20
Gesetz, mosaisches 190
Gesetze, altbabylonische
107 f.
Getsemani 351
Gibea 140, 143
Gibeon 120 f.
Gibeon, Schlacht um
119 f.
Gideon 125 f.
Gihon 179
Gilboa, Schlacht von 145
Gilead 82, 113
Gilgamesch-Epos 48 f., 52 f.,
55
Gison (Gishon) 39 f.
Gizeh 57, 95
Gleichnis 13, 302, 314 ff.,
320 f.
Goethe, Johann Wolfgang von
100, 120, 210, 314, 335
Gold 158 f.
Goldenes Kalb 111
Golgota 285
Goliat 131, 138 ff.
Gomorra 73, 77
Griechen 322
Griechenland 308
Großglockner 53
Grünewald, Mathias 272
Gutenberg s. *Gensfleisch*

385

H

Habakuk 243
Hagar 71
Haggai 244
Haggard, Henry 157
Haile Selassie 166
Halikarnassos 57
Halleluja 30, 217
Hallstatt 88
Hammurabi 106f.
–, Gesetzstele 106
Haran 67f.
Harnack, Adolf 27
Hartmann, Walter 268
Hatschepsut 158
Hawila 39f.
Hazor 117, 156, 162,
  240
Hebbel, Friedrich 196
Hebel, Johann Peter 193
Hebron 248
Hegel, Georg Wilhelm Friedrich
  267
Heiden 296f., 368f.
Heidenchristen 302, 304, 308ff.,
  318, 354, 368f.
Heiland 277, 314
Heilige Drei Könige 276
Heinrich der Löwe 276
Heisenberg, Werner 38
Heliopolis 89, 123
Helios 123
Hellenisten 323
Hellenistik 336f.
Herakles 42
Herbinius 40
Herimann 24
Hermes 204

Herodes 94, 257, 274f., 279, 285,
  290
Herodot 60f., 75, 83, 91
Hesbon 102
Hesekiel s. Ezechiel
Hesperiden 41f.
Hethiter 72, 106, 111, 123
Heyse, Paul 291
Hieroglyphen 88f., 92, 100
Hieronymus 18, 51, 109
Hilleh 185
Hiob s. Ijob
Hiram 159ff., 164, 167, 280
Hirten 279
Hiskija 179–182
Hobbes, Thomas 212
Hochzeit zu Kanaan 327
»Hohelied« 84, 213, 223ff.
Hohepriester 328, 346f., 351, 366
Holbein, Hans d.Ä. 41
Holofernes 196f.
Hor 40f.
Horeb 106, 112, 174
Hoschea 238f., 242, 295
Hosianna 316
Huch, Ricarda 13f.
Hunde 194
Hurriter 67f.

I

Ibrahim 64
Ijob (Hiob) 150, 209–213, 244
Indien 361
Innsbruck 272
Irwin, James 54
Isaak 63, 74, 113, 129
Ischtar s. Astarte

386

Isebel 171, 173, 176
Islam 38, 64, 74, 283
Ismael 71
Israel 30, 96–100, 134, 141, 149,
151f., 155f., 170, 176, 179, 183,
230, 258, 289, 297, 311, 329
–, Nordreich 238
Israel (Jakob) 81, 92
Israeliten 115, 118f., 121–127, 129,
137, 141f., 151, 155, 171, 175

J

Jaël 127f.
Jahwe 16, 28–31, 37, 73, 75, 80,
96–99, 108, 111, 122–125, 143,
150, 170, 174, 176, 180, 185f.,
203, 213, 217, 223, 234, 238,
254, 279, 297, 303, 309
Jaïr 139
Jakob 61, 63, 78–82, 88, 92, 96,
113
Jakobus (Jünger) 281, 289, 368
Jakobus (Vater des Jüngers
Judas) 289
Jamnia, Synode von 18
Jaspers, Karl 62
Jean Paul 44
Jebusiter 140, 151f., 232
Jehova 30
Jehu 173f., 176
Jericho 36, 113, 118, 279, 322
Jerobeam II. 240
Jerusalem 73, 111, 117, 130, 140,
143, 148, 151, 165f., 181ff., 186,
190ff., 204f., 208, 232, 234, 248,
261, 264f., 280, 285, 316, 318,
322, 326, 347f., 355, 359, 366

–, Konzil zu 368f.
–, Tempel zu 189, 213, 311, 316
»Jerusalemer Bibel« 306
Jesaja 182, 232f., 239, 242, 260,
284, 328
Jeschua s. *Jesus*
Jesus 65, 118, 146, 175f., 178, 216f.,
231, 294–303, 305, 361, 366,
368, 370, 373
–, Auferstehung 316f., 322, 333,
360ff.
–, Geburt 273–278, 282–284
–, Geißelung 348, 354, 359
–, Grablegung 358f.
–, Kindheit 278–285
–, Kreuzigung 281, 327f.,
346–350, 353–359
–, Tod 355–358
Jesus Sirach 168, 213, 226–229
Jesusbild 286, 293
Jiftach (Jephta) 128f.
Jirku, Anton 138
Joab 144f.
Joahas 177
Job s. *Ijob*
Joël 239, 338
Johanna 290
Johannes (Apostel) 178, 196,
255f., 262f., 265, 281, 289f.,
325–334, 340, 347, 349, 352, 354,
357, 359f.
Johannes der Täufer 257f., 281,
285, 295, 319f., 326, 338
Johannes Paul II. (Papst) 8, 227,
283, 360
Jojachin 183
Jona 240f.
Jonathan 145
Jordan 101, 115, 128, 163, 258

Joschafat 160
Joseph 78, 81–86, 88–93
Joseph (Mann Marias) 273, 278,
281ff., 284, 329
Joseph aus Arimathäa 358
»Joseph und seine Brüder«
(Th. Mann) 82
Josia 73
Josua 115–122, 135, 156
Judäer 208, 211
Juda 113, 120, 144, 149, 151f., 155,
170f., 176, 290
–, Südreich 176, 179, 182f., 242ff.
Judäa 208, 285f.
Judas (Jünger) 245, 289, 331, 365
Judas Iskariot 288ff., 366
Judas Makkabäus (der Hammer)
203, 206
Juden 17, 22, 81, 150f., 185f., 189,
199ff., 207, 213, 268, 279,
286, 290, 296ff., 301, 304, 321,
328f., 332, 351f., 354, 367, 369
Judenchristen 302f., 368f.
Judit 193, 196ff.
»Judith« (Hebbel) 196f.
Jünger 261, 289f., 296, 309, 325,
328, 350

K

Kabbalistik 295, 336f.
Kabul 164
Kadesch 106
Kain 29, 45ff.
Kairo 23, 95
–, Ägyptisches Museum 90
Kajaphas 287, 346ff., 352f., 358,
362

Kalvarienberg 285
Kamele 76, 127, 167
Kamisch (Kemosch) 73
Kanaan 78, 90, 115ff., 121, 123,
129, 138, 142, 160, 227f.
Kanaaniter 123, 160, 162, 226
Kanon 18
Kant, Immanuel 12, 342, 375
Kapernaum 300
Karl der Große 15
Karthago 325
Katharinenkloster 97
Katholiken 17, 37, 207, 209, 226,
257, 262, 283f., 350
Katholische Bibelanstalt Stutt-
gart 20
»Katholischer Erwachsenen-
Katechismus« 284
Keilschrift 66, 121, 177, 275
Kennedy, John F. 49
Kephas, s. Petrus
Kepler, Johannes 274
Kerubim 233
Kinder 298f.
»King Solomo's Mines«
(Haggard) 157
Kleinasien 334, 337
Kleist, Heinrich von 44
Kohelet (Prediger Salomo) 213,
220f.
Koine 318, 368
Koldewey, Robert 184
Köln 207
Kolumbus, Christoph 40
Kommunismus 323
Königliche Astronomische
Gesellschaft 275
Konstantin 277
Koran 64

Korinth 366
Korinther 239, 366, 371f.
Kreta 129
Krethi und Plethi 147
Kunst, Hermann 270
Kyaxares 184
Kyrios 31
Kyrus 187

L

Laban 78f.
Lachisch 179
Lachmi 140
Lagas 46
Lamm Gottes 336f.
Laodicea, Synode von 18
Lawara, Kloster 271
Layard, Sir Austin Henry 48
Lazarus 81, 291, 321, 327
Lea 79
Leichentuch 359f.
*Lenin (Wladimir Iljitsch
    Uljanow)* 12
Lepton (Lepta) 305
Levi (Matthäus) 289
Leviatan 212
Leviten 112
»Levitikus« (3. Buch Mose) 17,
    55, 75, 112, 135, 188
Liberius, Papst 18, 278
Lichtenberg, Georg Christoph 363
Loccum 7
»Loccumer Richtlinien« 7
Loch Ness 248
Logien (des *Thomas*) 340f.
Lope de Vega 231
Löser 135ff.

Lot 70, 77, 133
Lourdes 373f.
Louvre, Paris 106
Lukas 64, 81, 217, 261, 264, 271,
    273f., 278, 281, 284ff., 289, 295,
    302, 311, 318–324, 331, 333, 341ff.,
    352, 356, 360
Luther, Martin 13f., 17ff., 25, 36,
    41, 118, 165, 179, 196, 221,
    235, 283, 290, 298f., 301f., 305,
    307, 316, 328
Luxor 341
Lym, Don 359
Lyon 325

M

Machpela 71
Madan 40f.
Magdala 291
Magier 276f.
Makkabäer 202–208
Makkabaja 203
Malachias 245
Mammon 228
Mamre 80
Manasse 113
Mann, Thomas 82
Manna 103ff., 110
Mara (Oase) 103
Marduk 61
Maria (Mutter *Jesu*) 273, 278,
    281ff., 366
Maria Magdalena 290–293
Maria von Bethanien 331
Marianne 279
Markus 13, 261, 280, 304–317,
    320, 350ff., 357

Marshall, Howard 267
Martha 291
Märtyrer 324
Marxen, Willy 365
Masoreten 16, 30, 251
Matthäus 64, 118, 216, 239, 245,
  252, 280, 284, 289, 294–303,
  316, 320, 341, 351f., 357
Maurice, Charles, Herzog von
  Talleyrand 62
Mausolos 57
Maya 60
Megiddo 156
Melchior 276
Memphis 95
Menschensohn 238, 266, 270
Mentelin 19
Merkur 81
Mernephrat 102
Mesopotamien 49f., 58f., 65ff.,
  72, 74, 161, 275
Messias 146, 161, 217, 231,
  233, 258, 269, 273, 275, 278,
  294f., 310, 327, 354, 356
Micha 239, 242, 273, 311
Michael, Erzengel 196
Michaelis, W. 292
Michal 145, 148f.
Michelangelo, Buonarroti 31, 109,
  114, 147
Midiam 96, 106
Midian 127
Millo 164f.
Mitanni-Reich 64, 67f.,
  72
Moab 113, 137, 152, 155
Moabiter 138
Mohammed 74
Morgenland 276

Moses 28, 37, 93–99, 101ff., 105,
  114f., 128, 190, 211, 229, 262,
  279, 300, 303, 307
Mosul 48
Mount Everest 53
Mystik 337

N

Nablus 248
Nabonid 186
Naemi (Noomi) 135ff.
Naftali 113
Nag-Hamadi 341
Nahum 243
Napoleon I. Bonaparte 65
Nasir 131
Natan 154
Natanael 329f.
Nazaräer s.a. Jesus 260, 268,
  279
Nazaret 282
Nebo 113
Nebukadnezzar II. 57, 166, 183f.,
  186f.
Negeb 113
Nehemia 188, 190ff., 211
Nero 268, 338, 348
Neues Testament 17f., 21, 25, 58,
  175, 178, 216ff., 231, 238,
  255f., 260–263, 265, 270, 277,
  284, 292f., 312, 360, 366
Niederdollendorf 271
Nil 28, 90, 94, 101, 161
Ninive 47f., 177, 179, 181, 241
Nippur 214
Nir Eliahu 320
Nisir 53

Nissan 286, 349
Noah (Noach) 28, 35, 49, 51, 55, 63
Nofretete 32
Noomi s. Naemi
»Numeri« (4. Buch Mose) 16f., 112, 131
Nuzu 68f., 71

O

Obafja 240
Oberster Gerichtshof Israels 354
Octavian 260
Offenbarung 196, 261, 334–339
Ofir 157–160
Ölberg 152, 311
Olympia 57
Omri 170f.
Oppert, Jules 65
Origines 14, 270
Osterfest 350
Ostkirche 335
Otto IV. 276

P

Palästina 93, 130, 203f., 208, 267, 273f., 308, 318f., 352, 361
Palimpsest 24
Panot, Friedrich 53
Papier 24f.
Papyrus 21ff., 84, 89, 249, 341
»Papyrus Rylands« 262
Paradies 38–41, 44
Parrot, André 61

Pascha-Fest 99, 189, 280, 286, 347–351
Pastoralbriefe 365
Patmos 334
Paul VI. (Papst) 283
Paulinische Briefe 364, 370
Paulus 239, 252, 261, 268, 281, 296, 318, 324, 332, 364–374
–, Briefe 324
Pelasger 129
Pelletier 52
Pentateuch (5 Bücher Mose) 16, 22
Pergament 19, 21f., 24, 249
Pergamon 23
Perser 199, 201
Perseus 94
Persien 276
Pest 149f.
Petinato, Giovanni 72
Petrus 280, 289f., 296, 301, 304, 365, 368f.
Pferdezucht 68, 117, 167f.
Phallus 14, 106
Pharisäer 255, 286f., 299, 301, 304, 332, 352
Philippi 366
Philippus 289, 329
Philister 128ff., 138f., 141ff., 145f.
Philo 33
Philosophie, griechische 227
Phönizier s.a. Kanaaniter 159, 162
Picasso, Pablo 272
Pilatus, Pontius 216, 268, 286, 347f., 352ff., 358, 362
Pines, Prof. 18
Pischon 39f.
Pisga 113

Pius II. (Papst) 283
Plagen, ägyptische 99 f., 336,
 338
Plinius der Jüngere 268
Pompeius 208
Potifar 82 ff.
Potifera 88
Presbyter 302
Priester 74 f., 87 f., 91, 107, 162,
 165, 169, 172, 254, 302, 308,
 312, 321
Propheten 174, 230–245, 294 f.,
 311, 338
Protestanten 17, 37, 193, 209,
 226, 237, 262, 283, 371
Psalmen 32, 124, 149, 213–217,
 330 f., 348, 357
Psalter s. Psalmen
Ptolemäer 203
Ptolemaios V. (Epiphanes) 23
Punt 158 f.
Purimfest 198 f.

Q

Quadrans 305
*Quirenius, Publius Sulpicius
 (Cyrenius)* 274
Qumran 21, 228, 232, 246,
 249–258, 326, 373

R

Rabbiner 269, 289, 298, 320,
 330
Rabschake 181
Rachel 78 f.

Radiokarbon-Methode
 s. C-14-Methode
Rafael, Erzengel 195 f.
Rahab 118, 212
Ramses II. 94 f., 99, 101 f., 106
Ramses III. 129
Ramses-Stadt 95 f.
Ras Schamra 121
Rebekka 71
Regenbogen 56
Regenbogen-Bibeln 24
Regenbogenhunde 56
Rembrandt van Rijn, Harmensz
 109, 114, 138, 194, 272
Remus 94
Rhodesien 158
Rhodos 57
Ricci, Monsignore 359 f.
Richter, Ludwig 194
Rilke, Rainer Maria 211
Rollsiegel 42, 80
Rom 268, 304 f., 308, 319, 336 f.,
 353, 359, 365, 367 f.
Römer 278, 287, 346 f., 352, 366,
 368, 370
Romulus 94
Rotes Meer 101
Rousseau, Jean Jacques 314
Rut 135 ff., 175

S

Sabbat 37, 288, 290, 305, 320, 349
Sabbatzyklus 251
Sacharja 244, 294
Sadduzäer 255, 286 f.
Salibi, Kamal 116
Salome 257

Salomo (Salomon) 73, 112, 117 f.,
144, 148, 152–169, 179, 280
Salomos Tempel s. a. Jerusa-
lem 73, 152, 162 f.
Salz 188 f.
Samaria 143, 171–173, 177 f., 190,
296, 321
Samariter 178 f., 190, 296, 321
Samariter, barmherziger 178,
321 f.
Samson s. *Simson*
Samuel 120, 138–150, 213
Sandelholz 158 f.
Sanhedrin 346 f., 367
Sanherib 179 f., 182
Sarai (Sara) 69 f., 76
Sargon II. 94
Satan 150, 210 ff., 244
Saul 138 f., 141–149, 353
Saulus (Paulus) 366 f.
Schaddai 30
Schamasch 106
Schilfmeer s. Rotes Meer
Schiller, Friedrich von 196, 219
Schinar 58, 65
Schöpfung 35–38
Schreibtäfelchen 320
Schrift 32
Schriftgelehrte 299 f., 312, 321 f.
Schriftrollen 15 f., 249–257, 326
Schrifttafeln 74, 160
Schweine 309 f.
Sektierertum 246
Selbstmord 213
Seleukiden 203
Seleukos I. 208
Semiramis 58, 184 f.
Semiten 121, 146
Septuaginta 22, 28, 202, 284, 318

Serafim 233
Shakespeare, William 211, 231,
324
Shaw, George Bernard 324, 335
Sichem 127
Sieben (Zahl) 22, 36 f., 57, 78,
118, 161, 196, 207, 214, 257,
289 f., 295, 327, 335 ff., 362,
365
Sila (Maß) 184
Siloa-Tunnel 179
Simbabwe 158
Simon 288 f.
Simri 173 f.
Simson 131 f.
Sinai 97, 105 f., 115, 303
Sinai-Halbinsel 101, 106
Sinear 59, 65
Sintflut 47–55, 58, 338
Sinuhe 68
Sisera 127 f.
Sklaven 69, 107
Smith, George 47 f.
Smyrna 325
Sodom 70, 73 f., 77 f.
Soncino, Gerson Ben Moshe 14
Sprachverwirrung, babylonische
58, 62
Springer, Axel 270
Stadt Davids s. Jerusalem
Stämme Israels s. Israel, Israeliten
Stern von Betlehem 274 f.
Strafgericht Gottes 58
Strauss, Richard 257
Suetonius 269
Sukkot 100, 163
Sumer 58, 64 f.
Sumerer 59 f.
Susanna 290

»Susanna im Bade«
(Buch Daniel)   18, 237
Symbolik   22, 41f., 47, 55, 96,
244f., 264f., 289, 302, 311,
327f., 331, 335f., 339
Synagoge   186, 268, 298, 300,
320, 332
Syrien   274

T

Tacitus   37, 268
Talent (Maß)   302
Talit (Obergewand)   308
Talmud   29, 280
Tanis   95f.
Tannin   212
Tarschisch (Tarsis)   159, 241
Tarsus   366f.
Taufe   250, 368
Tefilin   16, 300
Tel Aviv   16, 132
Tell Chaside   132
Tempelprostitution   234f.
Tempelsteuer   300f.
»Testament Adams«   243
Thessaloniden   366
Thomas   269, 289, 340–343
Thomas-Evangelium   269,
339–343
Thutmoses   94
Tiberias   291
Tiberius   268, 353
Tigris   32, 39f., 53, 59, 68,
276
Tilmun   38, 42
Timna   130, 156
Timotheus   366

Titus   359
Tobias s. *Tobit*
Tobit   193–196
Tora   17, 162, 287, 289, 300, 330,
367
Totenbücher, ägyptische   108
Totenerweckungen   313
Totes Meer   15, 21, 193, 249, 251,
257
Trajan   268
Turin   84, 359f.
Tyrus   159f., 280

U

Ugarit   121, 123
Universität
–, Aberdeen   267
–, Amerikanische, Beirut
116
–, Berkeley   214
–, Hebräische, Jerusalem   18,
104
–, Virginia   359
Unsterblichkeit   227
Ur   28, 49, 59, 61, 65f.
Ur-Evangelium   273
Urartu   54
Uria   148, 154
Uruk   46, 59
Urusalima   151

V

»Vater unser«   295, 366
Venedig   15, 237
Vergil   358

Vespasian 249
Via Dolorosa 354 f.
Vielgötterei 169, 211
Vierzig (Zahl) 22, 101, 109,
295
Volkszählung 273
*Voltaire (François-Marie
Arouet)* 253
Vulgata *(Hieronymus)* 18,
109

W

Wagner, Richard 109
Walther von der Vogelweide 15,
225
Waschti 199
Weihnachten 264
Weisheit 226
Welfen-Evangeliar 24
Wellhausen, Julius 36
Weltwunder 57
Wendrin, Franz von
40
Wickert-Institute 210
Wien 356
Wilde, Oscar 257
Wintersonnenwende
278
Woityla, Karol 227
Woolley, Sir Charles Leonard
49
Wunder 99, 103 ff., 312 ff.,
327
Wunderheilung 297, 307, 312 f.,
319, 327, 332

X

Xavier, Franz 361
Xerxes 61

Y

Yadin, Yigael 116 f., 156, 162, 257
Ysop 216, 355
Yuz Asaf 361

Z

Zab 53
Zacharias 281
Zaphanat-Paneah 88 f.
Zarathustra 211
Zaretan 163
Zebaoth 30
Zefania 244
Zehn Gebote 105–108, 110, 112
Zeloten 29, 288
Zibahim 73
Zikkurat 60 f.
Zion 152, 185, 232
Ziusudra 49, 52
Zizit (Kleiderquasten) 308
Zoar 113
Zoba 152
Zuhar 73
Zürcher Bibel 21, 46, 61, 78, 82,
133, 215, 233, 236, 290, 292,
305, 330, 371
Zwei-Quellen-Theorie 273
Zweistromland s. Mesopotamien

395

Gerhard Prause
Niemand hat Kolumbus ausgelacht
Fälschungen und Legenden der Geschichte richtiggestellt

352 Seiten und 16 Seiten Schwarzweißabbildungen, gebunden

ECON Verlag, 4000 Düsseldorf 30, Postfach 30 03 21

464 Seiten incl. 131 Farb- und 82 Schwarzweißabbildungen, gebunden

ECON Verlag, 4000 Düsseldorf 30, Postfach 30 03 21

240 Seiten und 8 Seiten Farb- und 8 Seiten Schwarzweißabbildungen, gebunden

ECON Verlag, 4000 Düsseldorf 30, Postfach 30 03 21

304 Seiten und 24 Seiten Farbabbildungen,
gebunden

ECON Verlag, 4000 Düsseldorf 30, Postfach 30 03 21

320 Seiten incl. 142 Schwarzweißabbildungen, gebunden

ECON Verlag, 4000 Düsseldorf 30, Postfach 30 03 21